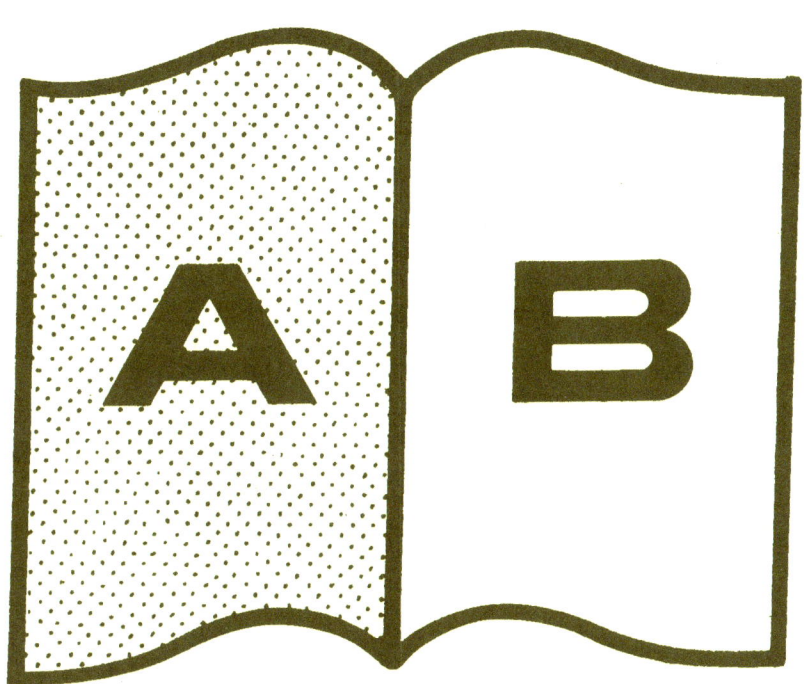

Contraste insuffisant

NF Z 43-120-14

Y. 3980
12.

Y.776.
2.

A
MONSEIGNEVR
LE DVC DE VANDOSME,
de Beaufort, d'Estampes, de Mer-
cœur, Prince de Martigues, Pair
de France, & Gouuerneur de Bretagne.

ONSEIGNEVR,

Voici vne autre sorte de Vaffelage que celuy que ie vous rendois il y a quelque temps pour vne terre que ie tiens par heritage de ceux qui m'ont donné l'estre, & dont le fief releue d'vne de vos Duchez. Car celuy-là est vn Hommage temporel qui n'a que la terre pour obiect, & qui par les loix des Majeurs demande vne Redeuance passagere, qui ne se rend qu'vne fois en la vie du Possesseur. Mais celuy-ci est vne Reconnoissance Spirituelle que ie rends à la Grandeur de vos Vertus, comme l'autre à celle des tiltres qui vous esleuent entre les Dieux du Siecle. O MONSEIGNEVR, que ceste derniere soumission est bien plus exquise que la premiere, puisque l'vne est de necessité, l'autre volontaire, celle-là d'obligation, celle-ci d'election; l'vne a des Dignitez & des Biens qui ne sont qu'autour de vous,

vous, l'autre a des Qualitez attachées à voſtre Ame, & qui la ſuiuent par tout comme voſtre ombre ſuit voſtre corps, & a ces vrays Biens que l'homme porte auec ſoy, & qui ne luy peuuent eſtre iamais enleuez par l'inconſtance de la fortune. Certes apres auoir rendu mes deuoirs à feu Madame de MERCOEVR Princeſſe toute Deuote & Religieuſe, & à la Digne fille de ceſte Sainte Mere celle que le Ciel vous a donnée pour Compagne, & témoigné au public ſans aucun intereſt que d'honnorer la Vertu, combien i'eſtime celle qui les rend ſi recommandables; ie penſerois pecher contre les obligations dont noſtre Maiſon eſt redeuable à voſtre Grandeur, ſi comme l'Aifné d'vne famille de Gentilshommes tous confacrez à voftre feruice, ie ne vous faifois part des Ouurages de ma plume, qui eft, apres mes vœux pour voftre Conferuation, ce que vous peut rendre vn pauure Prelat que fa Refidence attache aux extremitez du Royaume. C'eft ce que ie fais par ce CLEORESTE que ie remets non pas fous l'ombre, mais dans la fplendeur de voftre Nom autant Illuftre par vos propres merites, que par la gloire de voftre Naiffance. Car bien que ce foit dire tout ce qui fe peut imaginer d'efleué, de vous appeller l'Image viuante de ce Grand HENRY la Merueille des Monarques; fi eft-ce que voftre courage qui fouftient

par

par de dignes & genereuses actions l'honneur que vous auez d'estre sorti de luy, ne contribuë pas moins à la Magnificence de vos Trophées, que l'auantage du Sang de France dont vous estes composé. Les Princes comme vous, au rang desquels on ne peut rien adiouster, doiuent establir toute leur Grandeur en de beaux faicts qui puissent eternizer leur Memoire, & les rendre autant recommandables dans l'estime des Peuples que leur qualité les esleue au dessus du Commun. La Bretagne l'vne des Belles & Importantes Prouinces de la France, que le Roy a soumise à vostre Gouuernement, en rendant vne obeyssance fidele à vos commádemens, forme la fidelité de son obeyssance à l'exemple de l'obeyssante fidelité que vous rendez à nostre Iuste Monarque, & vous apprenez dans l'eschole de bien obeyr à celuy-ci, la leçon de bien commander à celle-là. Si la Vertu des Enfans est la Couronne de leurs Peres, le bonheur des Peuples est l'honneur des Princes qui les gouuernent. Ce que ceste Riche Coste a de fleurissant, est vne Guirlande pour vostre Generosité & vostre Vigilance. Que si la Magistrature monstre l'homme, la bonne conduitte fait connoistre le Prince, dont les Vertus Heroïques doiuent estre de Capitaine, non de Soldat. Il me suffit d'auoir faict voir en vous ceste qualité, qui est

comme

comme la Clef de la voûte, & celle
qui comprend en eminence toutes
les autres, ainsi que le Soleil la clairté des moindres Astres. Ie sçay que
vostre Valeur a tant d'autres rayons
que ie ne les puis enfermer dans
la petite estenduë d'vne Lettre
d'Entrée, si comme ce grand Ma-
thematicien ie ne voulois representer tous les mouuemens & les
flambeaux des Cieux dans vne
Sphere de crystal, & plustost marquer la temerité de mon entreprise que signaler l'ardeur du desir
qui me presse à vous honnorer.
I'aime donc mieux cacher ma foiblesse sous vn ingenieux silence, &
me contenter de grauer au front
de ce Liure, ce que fit le premier
Empereur des Romains dont vous

portez le nom, fur le colier d'vn Cerf auquel il donna auec la vie la liberté de courir par le Monde, *Cæsar m'a lasché.* Auec ceste Inscription que pourra craindre cet Ouurage ? puis qu'il portera pour Sauuegarde le Nom & la fortune de ce CÆSAR, duquel estant Vassal Hereditaire, ie suis par vne forte inclination,

MONSEIGNEVR,

Seruiteur tres-humble &
tres-obeyssant,

IEAN PIERRE E. DE BELLEY.

PROIET DE CE TABLEAV
de la perfaitte Amitié.

L'ORATEVR *Romain a perfaittement bien traitté le sujet de l'Amitié en son Lælius. Plusieurs autres ont manié ceste matiere sinon si elegamment & doctement, tousiours loüablement, puisqu'elle est si belle & digne de l'employ des meilleures plumes. Mais presque tous y ont trauaillé par le chemin des preceptes, qui est, selon Seneque, long, penible & embarrassé, peu par celuy des exemples, qui est droit, clair & facile. Ie ne dis pas que les Histoires ne nous remarquent auec vn grand soin certains Pairs d'Amis qui se sont, par leur estroitte vnion de cœurs, rendus admirables & signalez en ceste Vertu, comme Thesee & Pirithoë, Damon & Pythias, Oreste & Pylade; & que ceux qui ont escrit de l'Amitié ne se seruent pour embellir & fortifier leurs discours, de semblables exemples. Mais que dans vne Histoire particuliere quelqu'vn ait entrepris de faire connoistre comme dans la glace d'vn miroir, tous les traicts*

& les

PROIET.

& les qualitez qui peuuent rendre vne Amitié perfaitte, c'est ce que iusqu'à present ie n'ay point encore veu, & que ie m'essaye de depeindre en ce TABLEAV DE LA PERFAITTE AMITIÉ, que ie te propose ici, mon cher Lecteur, sous le nom de CLEORESTE. Ie l'appelle ainsi, pour le distinguer de cet ancien ORESTE, qui s'est rendu autant signalé par ses fureurs que par son Amitié; & pour monstrer que celuy que ie depeins est vn ORESTE genereusement iudicieux, qui à trauers les eslancemens des diuerses passions qui l'ont agité, a tousiours conserué en son cœur vne flamme viue & égale pour son cher PYLADON. Ie ne nie pas que ie n'aye en l'imposition des noms de mes deux perfaits Amis, ORANT & HELLADE, eu quelque visée à ceux d'ORESTE & de PYLADE, que i'ay depuis changez en ceux de CLEORESTE & de PYLADON, pour les raisons qui sont couchées au courant de ce Narré, & pour l'application que ie fais en la fin de ma nouuelle Histoire à ceste ancienne. Mais quelque ressemblance que i'y remarque, quelques paralelles que i'ajuste, il y a autant de difference entre l'vne & l'autre que du Leuant au Couchant, & que de la fable à la verité. car ce que nous lisons de l'ancien ORESTE, est meslé de tant de feintes que s'il y a quelque rayon de verité, il demeure prisonnier sous l'iniustice

PROIET.

stice de tant de nuages qu'il ne se peut faire voye à trauers tant de brouillars. Or parce que la Raison doit porter le flambeau deuant l'Histoire, ie te descouuriray en ce Prelude le plan de ce bastiment, le dessein de cet Oeuure, & le PROIET DE CE TABLEAV DE LA PERFAITTE AMITIÉ. C'est vne parole d'or qui meriteroit d'estre grauée sur le Diamant, & qui ne se peut iamais assez dire, que celle qui est sortie de la bouche & coulée de la plume du Pere de l'Eloquence des Romains, que l'Amitié est le Soleil du Monde, & que ceux-là en ostent cet Astre, & mettent l'Vniuers en vne mortelle Eclipse, qui en soustrayent l'Amitié. Sans doute elle est le sel & le Soleil de ceste vie, & comme tous les ruisseaux vont à la Mer, & la Mer se conserue par sa saleure, & ceste saleure luy vient des rayons du Soleil; aussi l'Amitié est l'element des cœurs, l'aliment des esprits, l'esprit de la masse du Monde, l'ame de ce grand Tout. C'est elle qui lie les personnes & en fait des familles, elle vnit les familles & en fait des Citez, elle ioint les Citez en Prouinces, elle attache les Prouinces & en fait des Royaumes, elle enchaisne les Royaumes & en compose des Empires, & comme elle n'est qu'vnion, elle rapporte tout à l'vnité, c'est le nœud de la societé humaine, & le ciment des Republiques & des nations. C'est elle qui combat la Nature, & qui met de la communication

PROIET.

cation & du commerce entre des peuples divisez de tant de terres & de mers, & plus encor de mœurs. Elle est le sel qui conserue tout, qui assaisonne tout ; elle est le Soleil qui embellit, eschaufe, éclaire, viuifie tout par sa lumiere : & comme sans cet Astre le Monde ne seroit qu'vne Grotte sombre, sans l'Amitié il ne seroit qu'vne cauerne de brigands, vne fosse de serpens. Mais pour ne faire ici vn Traitté d'vne Preface, pour venir à mon Projet, ie me contenteray de dire que comme le Soleil est le seul œil de ce grand Polyfeme que nous appellons Vniuers, il est le seul Astre qui a la lumiere par essence, les autres ne l'ayans que par la participation qu'ils en ont de ceste premiere source, & n'estans brillans qu'autant qu'il leur communique de sa splendeur : aussi l'Amour est dans le Petit-monde, qui est l'homme, ce que le Soleil est dans le Grand. Elle tient non seulement le premier rang entre les Passions de l'ame, mais elle est la Reine & la Regente de tous les mouuemens du cœur. De sorte qu'elle est en l'homme ce que l'esprit est en l'ame, ce que l'ame est au cœur, ce que le cœur est au corps, & le centre où aboutissent toutes les lignes & de la Raison & des Passions, des parties inferieure & superieure, & le piuot sur lequel tourne le tout de l'homme ; non seulement elle conuertit tout en soy, mais tout se conuertit en elle, de la mesme façon que les estoiles quand il est iour s'v-

nissent

PROIET.

nissent à la clairté du Soleil, ou plustost s'enfoncent & s'engloutissent dans sa lumiere. Tous les mouuemens de nostre ame se rapportent à nostre Amour, laquelle regne absolument sur nostre volonté, tout ainsi que la volonté exerce son empire sur toutes les facultez de nostre ame. elle est le ressort principal & la grande roüe de tous les bransles de nostre interieur. elle est la veine caue où se ramassent toutes les autres. elle est le tronc où se reünissent & la racine, & les branches, & les fleurs, & les fueilles, & le fruicts. elle est le fondement & la baze de tout nostre edifice. Si nostre volonté luy est soumise, quel hommage ne luy rendront nostre Entendement & nostre Memoire, qui ne sont que ses deux yeux & ses deux bras? Nostre volonté est bonne ou mauuaise selon la qualité de ce qu'elle aime. Ils se sont rendus abominables comme les choses qu'ils ont aimées, dit vn Profete parlant des pecheurs. L'Amour est mon poids, dit S. Augustin, ie ne vay que là où il me porte. ce qu'est l'inclination aux insensibles, l'instinct aux sensibles, l'est l'Amour aux raisonnables. Et comme le Soleil éclaire les Planettes infericurs & superieurs, aussi l'Amour domine également la basse que la haute partie. Ton appetit sera sous toy, dit le Seigneur au premier homme, & tu le gouuerneras. Dans les deux appetits Concupiscible & Irascible les Philosophes content onze
Passions.

PROIET.

Paßions, qui sont ces vents enfermez dans ces deux cauernes d'Aeole, qui causent tant de tempestes dans le cœur des mauuais, qui est, comme dit le sacré texte, semblable à vne Mer boüillante. & tous ces mouuemens se rapportent à l'Amour comme à leur principe, & ainsi que les ruisseaux à leur source. Et pour en faire voir l'Anatomie & l'Oeconomie, qu'est-ce que la Haine sinon vne action du cœur qui a en horreur ce qui est contraire à ce que nous aimons? Le Desir n'est-il pas aussi vni à l'Amour que le rayon au Soleil, & la chaleur au feu? veu que l'Amour selon Platon n'est autre chose qu'vn Desir de ce qui est Beau ou Bon, ou iugé tel par nostre Entendement. L'Auersion contraire au Desir, n'est-ce pas vn esloignement du cœur, qui procede de ce que l'Amour nous dicte que ce qui le cause est rejettable? La Ioye ne procede-t'elle pas de la possession ou de l'espoir de posseder ce que nous aimons? La Tristesse d'en estre priuez? voila les vents de la cauerne Concupiscible. La Colere qu'est-ce qu'vne impetuosité d'esprit, qui nous pousse à la vengeance de ce qui offense nostre Amour? L'Espoir sinon l'aisle de l'Amour tendante vers la chose aimée? Le Desespoir sinon vne angoisse qui presse le cœur, quand il n'y a point d'apparence que nous possedions iamais ce que l'Amour nous fait desirer? La Crainte sinon vne deffiance de paruenir au but de nostre Amour? & enfin la

Hardiesse

PROIET.

Hardieſſe ſinon vn mouuement qui nous donne le courage d'entreprendre ce que nous eſtimons nous deuoir acheminer à ce que pretend noſtre Amour? voila les productions de l'Iraſcible. Ainſi l'Amour comme la poule ramaſſe ſous ſes aiſles tous ces pouſſins, apres les auoir faict eſclorre & leur auoir donné la vie. Elle eſt ce Centurion qui meine ces paſſions au combat des Vertus ou des Vices, & qui leur dit va, & elles vont, vien, & elles viennent. Si noſtre volonté eſt le premier mobile des facultez de nos ames, l'Amour en eſt l'Intelligence, c'eſt elle qui l'a fait mouuoir, & qui luy donne tel branſle qu'il luy plaiſt. Il importe donc infiniment de bien regler ceſte Amour, & de la rendre autant ſoumiſe à la Raiſon que la volonté luy eſt ſoumiſe, & que nos puiſſances le ſont à noſtre volonté. C'eſt la Clef de la voute, la pierre de la teſte de l'angle, la lampe & l'œil de l'ame, ſi ce flambeau eſt clair elle eſt toute lumineuſe, ſinon elle eſt toute en tenebres. Noſtre volonté eſt vn poulpe qui prend la couleur de l'obiect où elle s'attache, elle eſt touſiours couuerte des liurées de ſon Amour. Si elle eſt du Ciel, la voila toute celeſte, ſi de Dieu, diuine, ſi de la terre, elle eſt terreſtre, ſi mauuaiſe, la voila perduë. Mais pour entrer dans la vraye connoiſſance de ce reſſort, il m'a touſiours ſemblé que la Clef eſtoit en ceſte diſtinction que font les Philoſophes de l'Amour

PROIET.

Paſsions, qui ſont ces vents enfermez dans ces deux cauernes d'Aeole, qui cauſent tant de tempeſtes dans le cœur des mauuais, qui eſt, comme dit le ſacré texte, ſemblable à vne Mer boüillante. & tous ces mouuemens ſe rapportent à l'Amour comme à leur principe, & ainſi que les ruiſſeaux à leur ſource. Et pour en faire voir l'Anatomie & l'Oeconomie, qu'eſt-ce que la Haine ſinon vne action du cœur qui a en horreur ce qui eſt contraire à ce que nous aimons? Le Deſir n'eſt-il pas auſſi vni à l'Amour que le rayon au Soleil, & la chaleur au feu? veu que l'Amour ſelon Platon n'eſt autre choſe qu'vn Deſir de ce qui eſt Beau ou Bon, ou iugé tel par noſtre Entendement. L'Auerſion contraire au Deſir, n'eſt-ce pas vn eſloignement du cœur, qui procede de ce que l'Amour nous dicte que ce qui le cauſe eſt rejettable? La Ioye ne procede-t'elle pas de la poſſeſſion ou de l'eſpoir de poſſeder ce que nous aimons? La Triſteſſe d'en eſtre priuez? voila les vents de la cauerne Concupiſcible. La Colere qu'eſt-ce qu'vne impetuoſité d'eſprit, qui nous pouſſe à la vengeance de ce qui offenſe noſtre Amour? L'Eſpoir ſinon l'aiſle de l'Amour tendante vers la choſe aimée? Le Deſeſpoir ſinon vne angoiſſe qui preſſe le cœur, quand il n'y a point d'apparence que nous poſſedions iamais ce que l'Amour nous fait deſirer? La Crainte ſinon vne deffiance de paruenir au but de noſtre Amour? & enfin la

Hardieſſe

PROIET.

Hardiesse sinon vn mouuement qui nous donne le courage d'entreprendre ce que nous estimons nous deuoir acheminer à ce que pretend nostre Amour? voila les productions de l'Irascible. Ainsi l'Amour comme la poule ramasse sous ses aisles tous ces poussins, apres les auoir faict esclorre & leur auoir donné la vie. Elle est ce Centurion qui meine ces passions au combat des Vertus ou des Vices, & qui leur dit va, & elles vont, vien, & elles viennent. Si nostre volonté est le premier mobile des facultez de nos ames, l'Amour en est l'Intelligence, c'est elle qui la fait mouuoir, & qui luy donne tel bransle qu'il luy plaist. Il importe donc infiniment de bien regler ceste Amour, & de la rendre autant soumise à la Raison que la volonté luy est soumise, & que nos pussances le sont à nostre volonté. C'est la Clef de la voute, la pierre de la teste de l'angle, la lampe & l'œil de l'ame, si ce flambeau est clair elle est toute lumineuse, sinon elle est toute en tenebres. Nostre volonté est vn poulpe qui prend la couleur de l'obiect où elle s'attache, elle est tousiours couuerte des liurées de son Amour. Si elle est du Ciel, la voila toute celeste, si de Dieu, diuine, si de la terre, elle est terrestre, si mauuaise, la voila perduë. Mais pour entrer dans la vraye connoissance de ce ressort, il m'a tousiours semblé que la Clef estoit en ceste distinction que font les Philosophes de l'Amour

PROIET.

d'Amitié, & de l'Amour de Conuoitise. Celle-là est vne Amour desinteressée, qui ne regarde que l'auantage de la chose aimée, & qui fait qu'on luy desire vn bien qu'elle n'a pas, & tasche-t'on de le luy procurer autant que l'on peut, & si elle le possede, on s'en resioüit & on s'en conjoüit auec elle. Celle-ci est vne affection interessée, qui comme le Ciel a tous ses yeux au dedans de soy, qui ne regarde l'obiect aimé qu'autant que l'on en peut tirer de l'honneur, du profit, ou du plaisir, qui sont les trois biens qui embrassent tous ceux dont on peut ioüir en ceste vie. Ce qui a faict croire à quelques vns que ceste premiere sorte, qui est la meilleure & plus excellente, ne se pouuoit pratiquer qu'entre personnes de mesme sexe, relegans la seconde entre celles qui sont de sexe different. En quoy ils se trompent bien fort: car qui ne void que les Courtisans n'aiment leurs Maistres & leurs Princes que pour les auantages d'honneur & d'vtilité qu'ils en attendent? & que plusieurs aimerõt des femmes honnorables sans en esperer, ny desirer aucun plaisir que celuy de les honnorer & de se plaire en leur Vertu? Ceux dõc qui appellent Amitié ceste bienueillance qui se forme entre ceux de mesme sexe, & Amour celle qui se pratique entre les hommes & les femmes, ne me semblent pas bien fondez, bien que ce soit vne façon de parler assez commune. Reuenant donc à la
premiere

PROIET.

premiere & plus iudicieuse distinction, il est aisé à iuger que l'Amour d'Amitié est la vraye & perfaitte Amour, & que celle de Conuoitise ne peut iamais estre qu'imperfaitte, & que pour l'ordinaire elle est vicieuse. Certes comme il se treuue beaucoup plus de pierres communes que de precieuses, aussi dãs le Monde pour vne vraye Amour d'Amitié, il y en a dix mille qui n'ont autre fondement que la conuoitise des biens, des honneurs, ou des plaisirs. & c'est par ceste rareté qu'il faut iuger de l'excellence d'vne Amitié sincere, qui ne respire que la gloire & l'auancement de la personne aimée. Mais voici vne seconde distinction qui éclaircira de plus en plus ce sujet, & qui seruira comme de fonds à ce Tableau. L'Amitié & l'Amour, qui sont vn mesme mouuement de l'ame, different principalement en ce point, que l'Amitié n'est point sans communication, mais l'Amour peut estre sans cela. De sorte que l'Amour peut bien estre sans Amitié, mais iamais l'Amitié sans Amour. L'Amour n'estant qu'vn mouuement, vn regard, & vn retour de l'ame vers vn obiect desiré, peut estre, & est souuent en plusieurs personnes, qui pour plusieurs respects n'osent pas descouurir leur passion, & ces personnes-là ont bien de l'Amour, mais non pas de l'Amitié, d'autant qu'elle n'est pas communiquée. Ce n'est pas tout, il faut pour faire vne Amitié que non seulement

PROIET.

l'affection soit communiquée, mais encor qu'elle soit reciproque : car si elle n'est mutuelle, elle sera Amour, mais non pas Amitié. Combien void-on d'Amans qui apres auoir caché long temps leur braise sous la cendre de la discretion, rompans ce silence l'euaporent par leur parole, ou au moins s'ils ne peuuent obtenir ce congé pour leur langue de leur modestie, par leurs œillades, leurs gestes, ou leurs escrits ? & cependant ils ne rencontrent pas tousiours des sujets correspondans à leurs flammes, ny qui se rendent susceptibles de leur tourment; & ainsi ils ont de l'Amour & de l'amertume tout ensemble, mais ils n'ont pas de l'Amitié. Ce n'est pas encor assez, il ne faut pas seulement que les parties qui s'entraiment ayent vne mutuelle affection, elle doit estre manifestée, & conniuë de l'vne & de l'autre, autrement elles auront de l'Amour & non de l'Amitié. Allons plus auant, il faut que ces parties ayent ensemble quelque sorte de communication qui lie leurs cœurs, sinon elles auront de l'Amour & non de l'Amitié. Et c'est selon la diuersité des communications que l'Amitié prend ses differences, tout ainsi que l'honneur selon les conditions des personnes ausquelles il est rendu. Si la communication est des biens faux & vains, l'Amitié qui en prouiendra sera vaine ou fausse; si des vrays, elle sera bonne, solide, & veritable; & d'autant plus
exquise

PROIET.

exquise que les biens seront plus excellens; comme la Manne de Calabre est d'autant plus vtile que les herbes sont meilleures & plus salutaires, sur lesquelles elle est recueillie. La communication des profits est vne société de marchands, & vne Amour mercenaire; celle des honneurs est pleine de vanité, celle des plaisirs est animale, & si elle n'est reiglée selon le iuste & l'honeste, elle est indigne du beau nom d'Amitié, autrement les bestes capables de ceste communication le seroient aussi de ceste Vertu, ce qui est contre le sens commun. Celle des sciences peut estre appellée sçauante, parce que ceste conference d'estudes & d'esprits rend insensiblement sçauans ceux qui s'assemblent pour ce suiet, comme faisoient autresfois les Philosophes en leurs Academies. Celle des Vertus est vertueuse. Que la communication soit des Vertus morales, l'Amitié qui en prouiendra sera moralement bonne. Si des Vertus diuines, elle sera diuine. Mais si elle est de la Reine des Vertus Chrestiennes, qui est la Charité, ô qu'elle sera excellente, puis qu'elle sera toute en Dieu, pour Dieu, de Dieu, & tendante à Dieu! La Pieté est vtile à tout, dit le sacré texte, comme la Charité embrasse tout, & la Loy & les Profetes, & est vn lien de perfection. O la belle chose de commencer en terre en ce païs de passage ceste dilection incomparable qui durera eternellement au Ciel!

PROIET.

Certes à qui a bon sens il est aisé à iuger que c'est en la communication de ceste Vertu que se treuue l'essence de la perfaitte Amitié, tout ainsi que le Phœnix ne se treuue qu'en l'Arabie heureuse. Tous les autres biens paroissent de paille & de verre à comparaison de cettuy-ci, qui est tout d'or & de pierreries. elle vaut mieux seule que toutes les autres ensemble, comme vn diamant vaut plus que tous les cailloux d'vn riuage de Mer, & peu de baume plus qu'vne grande quantité d'huile vulgaire. Si elle se respand sur les autres communications elle les perfectionne, tout ainsi que le Soleil se ioignant aux autres Planettes les rend bons par son aspect. elle rend mesme plus accōplies & plus fermes les amitiez ausquelles la parentée ou les deuoirs ciuils nous obligent sans nostre election. Et c'est en ceste Vertu que consiste l'Amour d'Amitié, parce qu'elle fait aimer Dieu pour l'amour de luy-mesme & de sa propre excellence, & le prochain pour l'amour de Dieu, sans aucune autre pretension que de la gloire de l'vn, & du bien de l'autre. C'est là vrayment ceste perle Euangelique, pour laquelle acquerir il faudroit vendre librement tout ce qu'on a, voire soy-mesme, comme fit S. Paulin. Qui a treuué l'Ami fidele a rencontré vn thresor, dit le Sage; & thresor inestimable. Et comme a chanté nostre Homere François,

Quand

PROIET.

Quand il se treuue vne Amitié bien faitte,
D'âge, de mœurs, en loyauté perfaitte,
C'est vn thresor qui cherement se doit
Garder, d'autant que bien rare on la void,
Lors que chacun contemple en sa partie
La sainte Amour dont la sienne est sortie,
Qu'on ne void plus se pratiquer ici
Depuis le temps que le monde obscurci
D'erreur, de faude, & de vices infames,
Ne cherit plus les vertueuses ames.
Car tousiours regne ici bas le malheur,
Quand la Vertu n'y est plus en honneur.

Or qui est celuy qui aura ceste bonne Amitié ? celuy qui craint Dieu, dit le Sage. Et celuy qui fuira l'Amitié du Monde, qui est ennemie de Dieu, dit sainct Iacques. Et quelle est ceste Amitié du Monde sinon l'Amour de Conuoitise, puisque tout ce qui est au Monde, comme nous enseigne S. Iean, n'est que conuoitise des biens, des plaisirs & des honneurs ? Ie ne dis pas pourtant que toute Amour de Conuoitise soit peché, veu que la Conuoitise en elle-mesme & simplement prise, selon la commune opinion des Theologiens n'est pas peché, bien qu'elle en soit l'amorce & l'allumette. Car qui ne void qu'vn valet peut seruir vn Maistre duquel il attend des biens ou des honneurs, & quelque auancement de fortune, sans pouuoir estre

PROIET.

accusé de peché; bien que son Amour ne soit pas perfaitte enuers son Maistre, qu'il deuroit aimer pour l'amour de luy-mesme, & sans auoir esgard à son propre interest, & ainsi luy obeyr & le seruir comme Dieu, selon le conseil de l'Apostre? Et qui ne sçait qu'vn ieune homme peut rechercher les bonnes graces d'vne Maistresse, de laquelle il espere des biens & des plaisirs par vn sainct & legitime mariage, sans offenser celuy qui a institué ce sacré & honnorable lien? Mais toutes ces Amours sont imperfaittes, puisque ce n'est pas aimer vn obiect en luy-mesme; mais se rechercher soy-mesme en cet obiect. Et ceux qui en ceste sorte d'Amour disent à la personne seruie & honorée, ie vous aime, sont des menteurs, & la verité n'est point en leurs bouches. Le vol de l'Amour d'Amitié prend vn essor bien plus genereux : car faisant passer l'ame de l'Amāt en la chose aimée, elle ne fait point de retour chez soy, mais elle demeure plus au sujet qu'elle aime qu'en celuy qu'elle anime. Vne once de ceste amour vaut mille liures de l'autre, Amour pure, Amour honeste, Amour genereuse, Amour perfaitte, de laquelle chantoit ainsi nostre grād Poete parlant à vn perfait Amy.

Cōme tu m'as aimé pour l'amour de m'oy-mesme
Sans espoir de loyer; aussi d'Amour extreme
Ie t'aime en recompense, & n'auras en retour
De m'aimer de bon cœur sinon que mon Amour.

Ceste

PROIET.

Ceste braue & vertueuse ardeur dédaigne tout autre obiect que le bien de la chose aimée, & comme vne Aigle forte qui vole sans s'abbattre, elle ne rabbat point ses aisles ny ses prunelles contre la terre, regardant fixement le Soleil de la Vertu. Car pour le dire en vn mot, l'ame de ceste vraye & viuante Amour d'Amitié c'est la Vertu, & elle peut aussi peu demeurer entre les pechez, que les abeilles & les Colombes parmi les charongnes. Elle ressemble à ceste pierre qui perd tout son lustre en la bouche d'vn homme mort; & quelle est la mort de l'ame sinon le peché? Ce qui faisoit qu'à vn pecheur vn Ange disoit par maniere de reproche, tu penses estre viuant, & & tu es mort. Et S. Iean, celuy qui n'aime pas, c'est à dire, qui n'a point la Charité, Vertu incompatible auec le peché, est en la mort. Et S. Paul, la vefue qui vit dans les mauuaises delices est morte en viuant: Tout ainsi que la Salemandre par son extreme froideur esteint le feu où elle se couche, & la ciguë la chaleur naturelle dans l'estomac où elle se coule, le peché estoufe la sainte ardeur de la Charité dans vn cœur. A raison dequoi le Sage disoit que la bouche qui ment tue l'ame; & l'Apostre, que le peché consommé engendre la mort; & le Psalmiste, que celuy qui aime l'iniquité hait son ame. & de quelle façon aura de l'Amitié pour son prochain celuy qui est ennemi

PROIET.

de soy-mesme ? Où le peché sejourne il en chasse l'Amitié, en la mesme sorte que les tenebres qui nous accueillent nous priuent de la lumiere. Il est impossible en l'Amitié toute fondée en communication, que nous participions aux qualitez de nos amis, puis qu'elle fait ressembler ceux qui la pratiquent, si elle ne prend sa naissance de leur sympathie. Or celuy qui par le peché veut perdre son Ami, merite de perdre son Amitié. & c'est vne marque infaillible de la fausseté d'vne Amitié, que de la voir contractée entre des personnes vicieuses. La vraye & viuante Amitié se balance & s'esleue sur les deux aisles de la Raison & de la Vertu. Celle-là regente, modere & gouuerne les Passions, en sorte que les ayant soumises à son empire, elle les applique au bien, & celle-ci les retirant des extremitez, les exerce dans vne mediocrité loüable. Et l'vne & l'autre esleuans le cœur de la terre, le retirent autant qu'elles peuuent des affections sensuelles, vaines, & interessées, pour ne l'appliquer qu'à vne dilection pure & spirituelle, en laquelle consiste le chef-d'œuure de la vraye Amour d'Amitié. Qui est arriué là peut dire hardiment auec ce Poëte,

Si i'aime, ce sera d'vne flamme pressée,
    Non brillante dehors,
Qui se contentera de viure en la pensée,
    Plus en l'ame qu'au corps.

PROJET.

Si i'aime, ce sera comme s'aiment les Anges,
    De l'esprit seulement.
L'Amour enfant du Ciel s'esloigne des meslanges
    Du plus bas Element.
Si i'aime, mon humeur à mon Amour semblable
    Mettra ma volonté
Sur le roc de l'honneur, & iamais sur le sable
    D'vn peu de volupté.
Si i'aime, ce sera d'vne Amour difficile,
    Preuue de ma Vertu.
Ie ne cherche iamais vn chemin si facile
    Par vn autre battu.
Si i'aime, ce sera vn cœur qui fort & ferme
    S'est tousiours deffendu,
Et repoussant l'assault iusques au dernier terme
    Ne s'est iamais rendu.
Si i'aime, ce sera des yeux & des oreilles,
    Les deux sens plus parfaits,
Goustant de l'Amitié les plus douces merueilles,
    Et les meilleurs effects.
Si i'aime, ce sera vn cœur chaste & fidelle,
    Et non ces cœurs volans,
Qui vont de branche en branche, & comme l'aron-
delle
    Ne volent qu'au Printemps.

C'est de ceste sainte, pure & perfaitte Amitié que ie fais voir le Pourtraict en ceste Histoire, où en la personne de CLEORESTE *paroistra sur le Theatre de ceste Scene l'Idée du perfait Ami & du fidele Amant. Il vous fera voir en la constante, égale & vniforme Bienueillance*
                             qu'il

PROIET

qu'il a portée à son PYLADON dés ses plus tendres ans, malgré toutes les trauerses de ses parens, & les disgraces de la fortune, ce que c'est qu'vne Amour d'Amitié pure & desinteressée, puis qu'il n'a pretendu autre chose que d'inuestir son Ami d'vne grande & bonne fortune qui le regardoit, sans auoir iamais esperé de luy aucun auantage. Vous verrez en ceste mesme genereuse ame vne Amour de Conuoitise pour les beautez D'EVFRASIE, si bien reglée selon l'honneur & la pudeur, & conduitte à la fin glorieuse d'vn sainct Hymenée auec tant de respect & de sincerité, que sans manquer à aucun deuoir de ciuilité ou de bienseance il l'a amenée au port desiré, faisant en soy remarquer la verité de ceste diuine parole, que l'homme vertueux sera comme vn arbre planté sur le courant des eaux, qui porte ses fruicts en sa saison, & dont les fueilles sont tousjours verdoyantes,

Tout ce qu'il entreprend, fauorable & prospere
Au gré de ses desirs estant tousiours porté.

Quoi, ie parle donc encor ici d'Amour? & dequoi donc mon cher Lecteur, puisque i'y combats les Liures d'Amour? Dy moy, & dequoi parlent les Romans que ie tasche d'abbattre? Vn homme auroit-il pas bonne grace qui se plaindroit dans les Liures du docte Bellarmin de n'y treuuer que des Côtrouerses, & à chaque page des refutatiôs d'heresies.

PROIET.

resies, auec les noms & les passages de leurs Autheurs? ne luy diroit-on pas? mon Ami, auisez que c'est le dessein de l'Autheur de renuerser ces fausses opinions, pour mieux establir la verité de nostre creance. Celuy qui lisant vn Casuiste se plaindroit qu'il ne parle que des pechez, ne seroit-il pas aussi agreable que celuy qui rabbatoit de la gloire de Rome, en ce que par les maisons & dans les ruës on n'y voyoit que des Italiens? Ouy mon Lecteur amiable, ie parle ici de l'Amour d'Amitié, & de l'Amour de Conuoitise, & i'en peins vn Tableau releué de toutes les couleurs dont ie me suis peu auiser. Platon & les plus sages Philosophes ont escrit de ceste matiere, qu'ils ont iugée si serieuse qu'ils en ont faict l'ame de la Sagesse, & ont appellé leur art de ce nom d'Amour de la Sagesse, ou de la Sagesse d'Amour, car c'est ce que sonne le mot de Philosophie. I'auoüe que l'Amour vicieuse nous rend vicieux, pourueu qu'on me confesse que l'Amour de la Sagesse nous rend sages, & l'Amour de la Vertu vertueux. Or c'est de ceste Amour de la Vertu que ie traitte en ceste Histoire, où i'espere que les plus seueres ne treuueront rien qui offense l'austerité de leurs mœurs. Mais de ceci plus amplement en ceste DEFFENSE DE CLEORESTE, que i'ay remise à la fin de cet Oeuure, & où ie te renuoye. Contentons-nous de dire (pour ne te retarder pas

d'auan

PROIET.

d'auantage au sueil de l'huis, mon cher Lecteur) ceste parole, apres t'auoir descouuert nostre PROIET, que si Platon estimoit heureuses les Republiques où les Rois philosophoient, ou bien où les Philosophes regnoient, ces Amitiez doiuent estre tenuës bonnes & perfaittes quand les Philosophes aiment, ou quand les Amans philosophent, ie veux dire quand les Amans sont vertueux, ou que les vertueux s'entraiment, & où les affections sont fondées, basties, reglées & conduittes selon le niueau de la Raison & de la Vertu. Car alors on peut bien chanter auec nostre Poëte,

   L'Amitié sincere & sainte
      Est sans martel & sans crainte,
      Sans les plaintes & soucis
      De ces Amoureux transis,
      Sans rapports & sans enuie
      Ennemis de nostre vie,
      Non sujette aux vains desirs
      Trauersans les vrays plaisirs,
      Et ne sentant rien d'immonde
      De ce qui s'attache au Monde.
      Car le feu pernicieux
      De cet enfant vicieux,
      Qui d'vne flammesche vaine
      Brûle la poitrine humaine,
      Ne peut en sa qualité

                                  Forcer

PROIET.

Forcer la fatalité
D'vn autre feu plus infigne,
Plus genereux & plus digne,
Qui n'a comme le Soleil
Superieur ny pareil,
Ayant pris fon origine
De l'eſtincelle diuine,
Qui ne participe en rien
Du mortel ou terrien,
A l'abri du vent qui trouble
L'eſprit d'vn orage double,
Mais touſiours d'vne teneur
Continuant fon bonheur,
Par l'indomptable deffence
De la tranquile innocence,
Qui trouue contentement
En foy de foy feulement;
Et tire par fantaiſie
Le Nectar & l'Ambroſie:
Qu'il faudroit vn haut difcours
Pour repreſenter le cours,
Et la venerable image
D'vne ardeur pudique & fage,
De qui les defirs reglez
Ne peuuent eſtre aueuglez
Par le luſtre ou par la force
D'vne chatoüilleuſe amorce!
Mais comme vn vin efpuré

Qui

PROIET.

Qui a l'Hyuer enduré,
Cet Amour tout pur demeure
En sa qualité plus meure.
Tousiours constant & entier,
Sans destourner du sentier
Par où la Raison le guide,
L'Honneur luy seruant de bride
En ces vertueux liens.
Les Amans comblez de biens
Par vne constance égale
Ne craignent point le scandale,
Ny le change, ny la mort,
Ny le scrupule qui mord
D'vne longue repentance
Le fond de la Conscience.
Tellement que pour aimer
On ne les pourra blasmer,
Puis qu'aimer est l'excellence
D'vne honneste bienueillance.
Car ceux qui tousiours ont eu
Leur Amour à la Vertu
Que les bons desseins estoffent,
En aimant ils philosophent.

CLEO

CLEORESTE.
LIVRE PREMIER.

QVATRE Gentilshommes dans vne grande prairie faisoient vn sanglant combat. Il ne pouuoit estre que furieux, puis qu'ils estoient sans pourpoint, & se battoient à l'espée seule. Ils ne donnoient coup qui ne portast; car estans sans poignard, ils auoiët bien en vne main dequoy s'offenser, mais non en l'autre dequoy se deffendre. Ce duel estoit espouuantable, d'autant que animez, ou plustost transportez de la seule colere, ils ne passoient, ou ne s'eslançoient l'vn sur l'autre vne seule fois sans s'attaindre, & la pluspart de leurs attaintes estoiët ou enormes ou mortelles. C'estoit à pied qu'ils se traittoient si rudement, & qu'ils se rastoient auecque tant de cruauté, sans vouloir prendre aucun auantage de leurs cheuaux, qui paissoient cepédant à l'escart dans le mesme pré, cherchans leur vie au lieu où leurs maistres recherchoient la mort. Il falloit bien que le sujet de leur querelle fust grand, puis qu'ils s'attaquoiét ainsi à outrance, n'empruntans aucune vigueur que de leur courage, & ne voulans terminer leur different que par la mort de leurs competiteurs. Tout ce qui est violent n'est pas de durée. Quand le feu est grand il a aussi tost consommé vne maison ou vne forest, & vne tempeste furieuse a aussi tost englouti vn vaisseau dans les ondes. En trois ou quatre passées l'vn d'eux enfila son homme de bande en bande, & se deffit ainsi de luy en l'enuoyant assez loin mordre la terre. Il vomit l'ame auecque le sang, & ce sang eust faict vne nouuelle fleur si l'on eust esté au temps des anciennes metamorfoses. L'herbe qui en fut arrosée en deuint de couleur de pourpre, peut-estre rougissant de voir les hommes surmonter en brutalité les bestes les plus sauuages. Car bien qu'elles soient sanguinaires & cruelles, & que leur vie consiste en la proye & en la mort des autres animaux, si est-ce que pour se repaistre & satisfaire à l'appetit enragé de leur faim, on ne void point qu'elles esgorgent celles de leur

leur propre espece, comme si l'instinct naturel qui leur tient lieu de raison leur imprimoit vn certain respect d'elles-mesmes en la conseruation de ce qui leur ressemble. Il n'y a que l'homme qui peruertissant l'vsage de sa raison, & comme Icare fit de ses aisles, tournant à son dommage ce qui luy a esté donné pour son bien, se porte d'vne rage desesperée contre son semblable pour satisfaire à l'aueuglement de son courroux & au desir de sa vengeance. D'où est né le prouerbe, que l'homme à l'homme est Loup : parce que le seul Loup entre les brutes estrangle vn autre Loup, non pas certes pour en faire curée, mais seulement lors qu'il est picqué du taon de la jalousie. Quelques Escriuains aussi ont remarqué que les harpyes (s'il y en a) sont des oyseaux ou des Gryphons cruels qui ont quelque traict de ressemblance au visage de l'homme, & que pour se voir surmonter en beauté elles ont vne si extreme haine des humains qu'elles se jettent contre eux auecque violence, iusque là que si elles rencontrent quelque statuë elles s'eslancent auecque impetuosité contre la face, & taschent autant qu'elles peuuent de la desfigurer. Ce sont des effects de l'enuie & de la jalousie en des animaux irraisonnables; mais quand ces mesmes passions s'emparent des esprits où la raison deuroit exercer sa seigneurie, alors on void prattiquer aux hommes des cruautez, qui comme les effets de la foudre ne se peuuent comprendre. Desia l'vn de nos quatre combattans estoit victorieux de son ennemy, auquel par excez d'animosité il passa deux ou trois fois l'espée au trauers du corps apres l'auoir estendu sur la place; signe qu'il ne vouloit pas l'espargner puis qu'il ouuroit tant de portes pour donner passage à son ame. L'ayant despesché, suiuant la barbare loy des Seconds, il vient au secours du sien, qui ieune, dispos, & gaillard, & n'ayant receu que de legeres attaintes, auoit reduit vn braue vieillard auquel il auoit à faire, en de dangereux termes. Ce bon homme estoit percé en diuers lieux; sa chemise desia toute empourprée de son sang faisoit connoistre en ses blesseures l'auantage de sa partie. Il auoit receu vn coup sur la teste qui luy faisoit couler le sang sur les yeux, & de là sur sa barbe grise, ce qui l'incommodoit extremement, & le rendoit en cet estat vn spectacle de pitié: neantmoins releuant la debilité

bilité de son âge & de ses forces abbatuës, par vn courage tout à faict genereux, il faisoit comme la montagne d'Aetna, voir des feux de magnanimité dans la glace de sa vieillesse, & dans la neige de ses cheueux, & pareil à la Palme se relançant contre le faix qui sembloit le deuoir accabler, il rendoit des deuoirs à se deffendre & à attaquer, qui passoient non pas la portée d'vn Vieillard vsé, mais d'vn homme vigoureux & robuste. Aussi auoit-il esté si vaillant en sa ieunesse, qu'il estoit malaisé qu'il dementist en ses vieux ans tant de hauts faicts d'armes qui l'auoient rendu signalé en sa plus fleurissante saison. Le Lyon, à ce que l'on tient, accroist sa fureur & sa force par les années, & plus il a de temps, plus est-il vigoureux & aspre aux combats. Le mesme se pouuoit dire de ce Vieillard icy, qui se voyant couuert de playes s'animoit comme vn Taureau eschauffé par la couleur de son sang, & la veüe de ses blesseures, accroissant ses forces par cela mesme qui sembloit les deuoir diminuer ; & par surcroist de desastre (car les malheurs ne vont iamais seuls) se voyāt sur les bras vn second Antagoniste, plus esleué qu'vn Hercule, qui ne pouuoit combattre contre deux, & pareil à vn Sanson qui eust attaqué toute vne armée, il l'accueillit d'vn frõt serain, & qui tesmoignoit que dans vn si grand peril il estoit sans effray, & que la Mort le pouuoit bien terrasser, mais de luy faire peur il n'estoit pas en sa puissance. Comme il vid venir à soy celuy qui s'estoit depesché de son homme, se souuenant que le seul salut des vaincus est de n'en esperer point, faisant bouclier du desespoir, il se lança furieusement & comme vn tourbillon dessus son ennemy, auquel il porta vne grande estocade. il le fit chanceler de ce coup là, lequel voulant redoubler il en fut empesché par celuy qui suruint, lequel se jettant entre leurs armes luy cria ; C'est maintenant que i'auray ma Maistresse, ou ta vie. Si le Ciel, repliqua le Vieillard, me laisse encore autant de force que i'ay de courage, tu n'auras ny l'vne ny l'autre, mais ie t'arracheray l'ame que tu viens par le sort du combat d'enleuer à vn plus homme de bien que toy. Quoy ? dit celuy qui estoit reuenu de son estourdissement, tu ne te confesses pas encore vaincu ayant à nous combattre tous deux. Non pas, repartit le braue Vieillard, quand vous seriez mille ; il est au pouuoir d'vne armée

de

de me tuer, non pas de me vaincre. Vous pouuez me rendre mort, mais iamais vaincu. ie ne manqueray iamais de courage pour mourir, quand bien ie manquerois de force pour me deffendre. Mon Pere, dit le nouueau suruenu, vous voyez que l'euenement des armes nous donne la victoire, ne vous perdez pas par voſtre opiniaſtreté; il n'y va point de voſtre honneur de vous rendre à vn si notable auantage que nous auons sur vous, nous confeſſerons eſtre pluſtoſt redeuables de noſtre triomphe au hazard, qu'à noſtre valeur; auſſi seroit-ce peu de gloire à deux ieunes Gentils-hommes pleins de vigueur & de fougue d'auoir reduit vn homme de voſtre âge aux extremitez où vous eſtes rangé. C'eſt pluſtoſt vne reproche qu'vne loüâge, de deuoir vne victoire au Sort, & non à la Vertu. promettez-moy de me dõner voſtre fille, sujet de noſtre combat, & nous voyla d'accord, de ceſte façon ie tiendray de vous la vie que ie vous donne; iettez-là voſtre eſpée & ie suis satisfaict. Tu me demandes vne chose, reſpondit le courageux Vieillard, que ie ne rendray iamais qu'auecque la vie, & n'y a force humaine qui me la puiſſe arracher des mains tant que l'ame

A 4

me battra dans le corps. Tu me donnes de plus vne chose que ie ne te demande pas, & que i'ayme mieux mourir mille fois que te la demander. Ie ne donne point ma fille par contrainte, & le couteau dans la gorge, elle est libre, & moy aussi, ie ne traitte point en esclaue de ma vie & de sa liberté. Seulement si vous estes homme de valeur, retirez-vous à cent pas d'icy, & nous laissez decider nostre differend à ce Gentil-homme & à moy, sans ioüir d'vn si honteux auantage que celuy qui vous est presenté par la fortune; & ie vous promets, si le Ciel me laisse la vie, de vous donner de l'exercice. Non, non, reprit le victorieux, ie ne suis pas ignorāt iusque là des loix du duel, ny si mal-auisé que de perdre vn seul point d'vne si belle occasion que m'offre le hazard pour auoir ma Maistresse, ou ta vie. Il se faut resoudre ou à quitter les armes, ou à mourir, ou à me donner celle pour qui i'ay combattu & terrassé mon Riual. Tant que i'auray l'espée à la main, reprit le resolu Vieillard, tu n'obtiendras iamais de ma bouche aucune parole ny promesse qui me puisse estre reprochée, & tu n'auras iamais ma fille tant que ie seray viuant. Ne voyez-vous pas, dit le Tiers, que nous
aurons

Livre I.

aurons plutost faict d'arracher l'ame de son corps que l'opiniastreté de son ame? C'est luy qui s'est tousiours opposé à vos desirs, & qui a seruy de perpetuel obstacle au dessein que vous auiez de posseder legitimement vostre Maistresse, quand il ne sera plus, la fille ne vous peut manquer; & puis mon sang demande vne prompte vengeance. si vous ne voulez m'ayder à m'en deffaire, comme la loy du Duel vous le permet, & celle de nostre amitié vous y oblige, laissez moy faire tandis que ie suis en chaleur, & ie l'auray bien tost despesché, ne retardez point par vos capitulations l'honneur de ma victoire. Cela dit, sans attendre aucune responsse du Vieillard, ils viennent fondre sur luy, & le reduisent en telle extremité que l'on peut penser; mais le braue Guerrier feignant d'ignorer vn peril si pressant & si manifeste, ne cherchoit qu'à vendre cheremēt sa vie, & à trainer auecque soy quelqu'vn de ses ennemis à la mort qu'il croyoit ineuitable: & comme celuy qui eust mieux aymé perdre mille vies que rabbatre vn seul point de son honneur, encore qu'il ne deust penser qu'à parer & à se deffendre, il ne laiſſoit pas de donner des coups fourrez, comme s'il euſt eſté en eſtat d'attaquer. A la fin laſſé tant de la durée du combat que de la perte de sõ ſang qui luy couloit de ſes bleſſeures, il eſtoit ſur les termes de ceder à la dure loy de la neceſſité, quand le Ciel protecteur de la Vertu & de l'Innocence, luy enuoya du ſecours en ceſte preſſante tribulation. Deſcendit de la montagne voyſine vn Pelerin, que ſon teinct, ſon pas, ſon viſage, & plus encore ſa parole teſmoignerent eſtre eſtranger, lequel ayant apperceu de loin ceſte ſanglante meſlée, eſtant accouru auecque toute la viteſſe & la diligence qui luy auoit eſté poſſible pour apporter quelque remede à ce malheur, & ſeparer ces combattans. Il arriua touſiours courant, & preſque hors d'haleine, lors que les deux champions ſerroient le Vieillard de ſi pres, qu'apres l'auoir taſté de toutes parts il ne luy reſtoit plus que ce courage inuincible qui luy faiſoit ſouſtenir de ſi bruſques attaintes. Auſſi toſt auecque ſon grand bourdon qu'il manioit d'vne adreſſe nompareille, & qui faiſoit voir qu'il auoit bien les armes à la main, ſe

portant

portant à trauers leurs efpées, il les côtraignit de s'efcarter vn peu pour oüir ces paroles qu'il leur dit en affez mauuais François : Meffieurs, ie ne fçay quel fujet vous auez d'affaffiner ainfi miferablement ce Vieillard, qui fe deffend auec autant de cœur que vous tefmoignez de lafcheté en l'attaquant, vous deuriez mourir de honte d'eftre deux, & vigoureux & ieunes contre vn homme acheué, & qui neantmoins fait tant de refiftance à l'impetuofité de voftre fureur. cela n'eft point traitter en Cheualiers, mais en voleurs & en bandouliers. Voto a Dios (ce mot luy efchappa de fon ramage) fi vous ne ceffez de le perfecuter, fçachez que ie fuis icy pour luy, & qu'au lieu d'eftre deux contre vn, vous aurez maintenant chacun voftre homme en tefte. Imaginez-vous de quel œil purent voir, & de quelle oreille entendre cet homme, les attaquans ; veu que non feulement il leur venoit arracher la vengeance & la victoire des mains fur le point qu'ils l'alloient cueillir, mais encore il les outrageoit de paroles iniurieufes, iointes à des brauades qui s'endurent mal-aifément par des gens
qui

qui font en colere, & qui ont l'espée à la main. Adiouſtez à cela que ſa contenance, & ſon langage le deſcouurirent Eſpagnol, & c'eſtoit aſſez d'eſtre de ceſte nation pour attirer ſur luy toute la haine des François, à cauſe de l'antipathie naturelle de ces peuples. Ce qui luy fit entendre ceſte reſponſe ; Quiconque tu ſois qui viens icy pour trauerſer noſtre iuſte & honnorable combat, ta langue & ta façon qui te monſtrent eſtranger excuſent en quelque façon ton ignorance és vſages de la France, tu es d'vne contrée qui n'a que du vent & de l'arrogance en partage, beaucoup de paroles & peu d'effects, & où les aſſaſſinats ſont auſſi communs que les duels y ſont rares. Voy celuy qui mord la terre à cent pas d'icy, & ſçache que par la couſtume des combats ſinguliers celuy qui le premier a deſpeſché ſon homme, peut ſur le champ aider à ſon Second à ſe deffaire du ſien ; tu nous vois en chemiſe, & d'vne maniere bien differente des bandouliers qui n'attacquent iamais les paſſagers que couuerts iuſques aux dents. Tu es ſans doute quelque veillaque Eſpagnol qui ne ſçais pas les regles de la

Che

Cheualerie; retire-toy doncques auecque ton bourdon, si tu ne veux entendre bourdonner nos espées autour de tes oreilles & en sentir apres le plat, le tranchant. laisse nous chastier la temerité & la fierté de ce Vieillard, si tu ne veux attirer sur toy la punition de ton arrogance & de ta folie. Le Pelerin Espagnol qui entendoit aussi bien nostre langue comme il la parloit mal, ne fit point d'autre replique à ces menaces, que de tirer vne grande lame de Valence cachée dans son bourdon, dequoy il commença à se seruir d'vne façon si brusque & si addroitte, que secondé du braue Vieillard, qui le crût arriué là à son secours comme vn Ange de Dieu, il mit bien tost en estat de se deffendre ceux qui ne pensoient qu'à offenser & attaquer; & de faict apres auoir tiré de braues coups à celuy qui auoit le premier porté son homme par terre, il luy en enfonça vn au dessous de la mammelle gauche, qui luy fit perdre en vn moment la parole & la vie, de là venant à se tourner vers l'autre, que le Vieillard amusoit tantost en parant, tantost en l'assaillant, il luy deschargea vn coup

coup sur le bras de l'espée, qui luy en fit perdre le mouuement & le maniment, si bien que se voyant hors de combat, & deux tels ennemis en teste, il ne fit point de difficulté de mettre son salut en ses jambes, & de s'enfuir autant viste qu'il peut, & ie croy que s'il court depuis ce temps-là, il est arriué au bout du monde. Alors le Vieillard se voyant deliuré par cet estranger d'vn si euident naufrage iettant là son espée toute sanglante, le courut embrasser, le visage arrosé de sang & de larmes que la tendresse & la ioye tirerent de ses yeux, dequoy baignant celuy du Pelerin, sans auoir le moyen de luy faire autre discours, il se pasma dans ces embrassemens. L'Espagnol à ceste pasmoison iugea mort celuy auquel il pensoit auoir sauué la vie, ce qui luy causa vn desplaisir tel que vous pouuez penser : neantmoins ayant mis sa main sur son estomac, & reconnu au mouuement pantelant de son cœur, & aussi à son pouls qu'il auoit fort foible, quelques restes de vie, il fit ce qu'il pût pour arrester le sang de ses playes, qu'il banda le mieux qu'il luy fut possible, & luy ayant
mouïl

moüillé le visage de l'eau fraische du prochain ruisseau, il vid ses yeux languissans
& offusquez de l'ombre de la mort, qui
commencerent à s'entr'ouurir, & d'vne
voix mourante qui sortoit d'entre des
leûres bleuës, il profera ces paroles ? Soit
que vous soyez vn Ange du Ciel, ou vn
Pelerin de la Terre, ô vous qui estes venu en vn temps si opportun pour me
sauuer sinon la vie, au moins l'honneur.
helas ! s'il vous reste quelque rayon de pitié pour mon ame, ie vous coniure de luy
procurer les derniers remedes pour l'a-
cheminer à son salut, aussi bien ne faut-
il plus faire estat de mon corps. Dieu qui
est là haut sera la recompense de ceste
incomparable Charité. Le Pelerin qui
vid que laissant là ce blessé pour aller
chercher vn Prestre, c'estoit mettre vn
homme entre les bras de la mort sans aide & sans consolation, crût qu'il feroit
mieux de le ietter sur vn des cheuaux
qui paissoient dans la prairie, & le mener
comme il pourroit au bourg le plus proche pour le mettre en mesme temps entre les mains des Chirurgiens, & des
Prestres, affin que les vns pensassent à son
corps,

corps, tandis que les autres auroient attention au salut de son ame. Ayant fait appreuuer ceste resolution au Vieillard, il le prit entre ses bras, & l'esleua sur vn des cheuaux, le chassant deuant soy comme vn autre Samaritain vers la bourgade voysine. Là tandis que l'on met le premier appareil à ses playes, qui furent treuuées fort dangereuses, mais non pas mortelles, & plus redoutables pour leur multitude (car il estoit percé de tous costez comme le tonneau des Danaïdes) que pour leur profondité, il s'accusa de ses fautes deuant vn Prestre, & tesmoigna beaucoup de repentir de s'estre laissé emporter en vn âge si auancé, à la rage des Duels, où se porte auec tant de precipitation la Ieunesse & la Noblesse de France. Il protesta qu'il n'y auoit rien de plus iniuste que cette erreur, qui mettoit le point d'honneur en vn aueuglement plus que brutal, & tout à faict desnaturé. Mais que le raffinement de ceste diabolique inuention consistoit aux Seconds, qui n'ayans ordinairement rien à demesler ensemble sur la querelle d'autruy, se vont temerairement precipiter entre les armes.

Com

LIVRE I.

Combien de fois appella-t'il enragée & maniacle la passion des François en ce sujet, qui fait que ceux-là mesmes qui detestent ceste pernicieuse coustume, sont contraints de la suiure, & d'embrasser vn faux honneur, à faute de bien connoistre en quoy consiste le veritable ? Son ame estant lauée de ses soüilleures par le benefice, diray-ie de l'absolution, ou de l'ablution ? puisque le Sacrement de Reconciliation est vn second baptesme, & ses blesseures estans pensées, il fut question de luy faire prendre du repos, durant lequel le Pelerin qui se pouuoit appeller son Ange Gardien, eut le moyen d'apprendre quel il estoit, & quel le suiet de la querelle qui auoit causé vn si furieux combat dont luy seul auoit esté spectateur, tesmoin, & l'vne des meilleures & principales parties. Il ne disoit pas qu'il en eust tué vn de ceux qui estoient demeurez sur la place auecque l'estoc caché dans son bourdon, estimant que celuy qui auoit pris la fuitte n'en seroit qu'vne trop éclattante trompette. Se voyant donc en vne terre estrangere, de laquelle il entendoit aucunement la lan-

Tome I. B

gue, & la parloit assez mal, & se sentant chargé d'vn meurtre, bien qu'il l'eust faict en deffendant l'innocent & le foible contre la violence de ses aggresseurs, & en repoussant la force par vne autre force, il pensoit à se retirer en seureté en son païs dont il n'estoit encore escarté que de quatre petites journées. Mais la curiosité de sçauoir les qualitez des combattans, de penetrer la cause de leur differend, & de connoistre à quoy se pourroit terminer vn si sanglant carnage, le retint en la maison du Chirurgien où le Vieillard estoit descendu, & reposoit, où s'entretenant auecque le Curé, cet Operateur, & quelques autres des principaux habitans du bourg, qui estoient accourus à la nouuelle de ceste venuë du blessé; il apprit que ce Vieillard estoit vn des Gentils-hommes de ceste contrée, non des plus signalez en rang ou en sang, & bien qu'il fust Noble, il n'estoit pas de si ancienne famille : mais au deffaut de cela il estoit fort riche, ce qui recompensoit abondamment ce qui deffailloit à l'antiquité de sa race, & à ces tiltres vains qui ne seruent qu'à remplir l'oreille, & à vuider

der la bourse de ceux qui en veulent souſtenir la ſplendeur par des deſpenſes autant inutiles que ſuperfluës. Qu'eſtant
veuf, & n'ayant qu'vne fille vnique d'vne
beauté ſinguliere, & d'vne Vertu fort recommandable, elle eſtoit l'obiet commun de tous les yeux du païs, ou pluſtoſt
le bel eſcueil où mille libertez faiſoient
naufrage. Si bien qu'eſtant recherchée
de pluſieurs, & par le Mariage (vnique
porte pour arriuer à la poſſeſſion de ce
threſor) ne pouuant eſtre qu'à vn, ſi les
jalouſies eſtoient grandes entre les Competiteurs, il ne faut point le demander.
Bien qu'elle fuſt differemment regardée,
elle eſtoit de tous neantmoins ardam-
ment aimée, & paſſionnément deſirée.
Car ſes biens non ſubiects au partage,
ioints aux beautez qui reluiſoient ſur
ſon front, & tout cela marié à des Vertus
qui rendoient ſon bel eſprit recommandable, faiſoit vn concours de graces en
cette Vierge, qui n'allumoit pas moins de
deſirs dans les cœurs de ceux qui pouuoient aſpirer à la gloire de la conquerir,
que ſa froideur & ſon honneſteté eſtei-
gnoient d'eſperances. Qui vantoit (ſelon

B 2

l'humeur de la nation où cecy se passoit) sa Noblesse ou l'ancienneté de sa race, qui la grandeur de ses tiltres, qui les dignitez de ses Ancestres, qui faisoit parade de sa valeur, qui de ses habits & de sa despense, qui de son sçauoir & de son esprit, qui de ses offices & de ses charges, qui de ses richesses & ses Seigneuries; chacun, selon la coustume des Amans, se mettant en sa meilleure desmarche & se faisant voir par où il pouuoit paroistre plus estimable. La fille comme vne matiere premiere susceptible de toutes formes n'en auoit aucune, & comme vn Soleil, bien qu'elle eschauffast tous ces courages, n'auoit en soy pour eux aucun degré de chaleur; ses volontez & ses affections estoient tellement soumises aux inclinations, & aux determinations de son Pere, que vous eussiez dit qu'elle ne respiroit que par son haleine, ne parloit que par sa bouche, & ne voyoit que par ses yeux. Ce n'estoit pas vne petite merueille de la voir libre parmy tant d'attaintes que les seruices & les vœux de ses poursuiuans donnoient à sa liberté, de la voir constante comme vn rocher parmy les vents

vents & les vagues de tant de souspirs & de larmes, & de la voir aussi froide que le marbre & le crystal au milieu de tant de feux qui l'enuironnoient. Le Pere d'autre costé qui la tenoit comme vn autre Michas pour vn Idole dans la maison, qui la deuoroit auecque les yeux, & qui la voyant si belle, si vertueuse, & si accomplie, la veilloit (sans se deffier de sa conduitte) auec autant de soin que le Dragon des Poëtes les pommes d'or des Hesperides. Et comme il la voyoit si remise à sa volonté, & ainsi qu'vne table raze en laquelle il pouuoit escrire ou marquer telles impressions qu'il luy plairoit, il ne pouuoit assez bien exprimer l'aise qu'il ressentoit de se voir Pere d'vne fille si correspondante à ses desirs, & dont l'vnité luy estoit plus precieuse que n'eust esté la multiplicité de beauconp d'enfans, qui eussent par leurs bigearres humeurs trauersé ses intentions. Et tout ainsi que le premier mobile, qui tire apres soy par la rapidité de son mouuement les spheres qui luy sont inferieures, leur laisse neantmoins leur cours naturel; de mesme ce bon Pere estudioit auec attention les

B 3

inclinations de sa fille, pour y ioindre ses determinations, ne voulant en rien gesner sa liberté en son election, veu qu'elle se soumettoit si franchement à sa conduitte. Et c'est ainsi pour dire en passant mon auis, que se deuroient comporter enuers leurs enfans les Peres prudents & bien auisez, en s'accommodant à leurs humeurs, quand elles sont iustes & raisonnables, veu que Dieu les ayant creez auec vne franchise naturelle, ils doiuent estre gouuernez auecque vne honneste liberté, principalement au choix de leurs vocations, & sur tout en l'election des parties pour le Mariage, taschans de contribuer plustost leurs conseils, que la contrainte en vn marché qui n'ayant que le commencement de libre, ne doit pas estre faict auecque gesne d'esprit. Car si la volonté oppressée & violentée n'est pas volonté, & si le Mariage consiste en l'vnion des volontez, qui se fait par vn consentement reciproque, qui ne doit estre nullement forcé, n'est-ce pas aneantir ce sacré lien, que d'opprimer ceste franchise de volonté qui donne l'essence à ce nœud que nulle puissance humaine ne peut dissou dissoudre, & qui ne se rompt que par la mort de l'vne des parties? A la fin ceste fille toute vertueuse qu'elle fust, encore n'estoit elle pas de marbre; & si les choses insensibles ont des inclinations naturelles qu'elles ne peuuent dementir sans vn extreme effort, beaucoup moins le pourront les creatures qui ont auecque le sentiment commun aux animaux, l'vsage de la raison, qui porte à des determinations plus puissantes. Le cœur humain qui est assis au milieu de la poitrine, comme le Roy des parties que l'on appelle nobles, panche naturellement en son assiette de quelque costé; les arbres pour droits qu'ils soient s'inclinent tousiours de quelque biais. Entre plusieurs humeurs dont nous sommes composez, il y en a vne qui necessairement predomine; parmy les diuerses couleurs qui peignent le visage de la nature il y en a quelqu'vne que nostre veüe fauorise plus particulierement; & parmy tant de fleurs qui embellissent vn parterre, il y en a quelqu'vne qui pour son coloris, ou pour sa forme, ou pour son odeur, ou pour quelque autre vertu secrette, attire plus fortement noſtre election, & qui ſe fait eſtimer par nous d'vne dilection de preference. Le Pere voyoit de bon œil tant de partis qui ſe preſentoient à la recherche de ſa fille, & tenant leurs viſites à beaucoup d'honneur, reconnoiſſoit leurs complimens auecque des termes & des ciuilitez autant ſinceres que ſes reſſentimens eſtoiĕt veritables: mais tout cela ſe faiſoit auecque tant d'indifference de ſa part, qu'encore qu'il connuſt bien la difference des perſonnages il ne ſe pouuoit arreſter à aucun, ſi premierement il ne reconnoiſſoit que ſa fille y euſt de l'inclination; comme de ſon coſté la fille ne ſe pouuoit determiner qu'à celuy que Dieu luy donneroit par la main de ſon Pere. heureuſe contention de vertu & de bienueillãce. Souuent le bon Vieillard auoit dit à ſa chere & vnique fille cela meſme que le Pere de Daphné dans les Transformations du plus ingenieux des Poëtes Romains;

Ma fille il s'en va temps que par vous i'aye un gendre
Qui me face renaiſtre en ſa poſterité.
Celuy que vous voudrez faites moy donc entendre,
Car voſtre affection ſera ma volonté.

Et la sage fille luy auoit respondu en mesme accent :

Mon Pere sous vos loix i'ay rangé ma franchise,
Ie prëdray celuy là que vous voudrez choisir,
C'est me violenter de vouloir que i'elise,
Puis qu'à vous contenter i'ay mis tout mon desir.

Ainsi disputoient amiablement le Pere & la fille à qui emporteroit la Palme, celuy-là de bien gouuerner, celle-cy de bien obeyr, celuy-là de conduire auecque prudence, celle-cy de se soumettre auecque modestie. ô le sainct & agreable combat qui a la Vertu pour objet, & la gloire pour Couronne! Pleust à Dieu que les parens se comportassent ainsi enuers ceux qu'ils ont mis au monde, en imitant Dieu dont la main est si souple & delicate au maniment de nos cœurs, dont il ne viole iamais la franchise. O si les enfans estoient de semblable façon soumis à ceux qui sont leurs Dieux terrestres, que tout iroit d'vn bel accord dans les familles, & que le concert du Monde rendroit vne harmonie agreable au Createur! A la fin la Prudence du Vieillard surmonta l'infir-

B 5

mité de sa ieune fille;car ce rozeau du desert ne peut resister si long temps à tant de diuerses halenées qu'elle ne fist voir quelque inclination qui la faisoit pancher pour vn plus que pour les autres; ce fut vne estincelle qui sauta dans sa poitrine du milieu des embrasemens qu'elle auoit allumez en tant de cœurs. Il est malaisé de toucher la poix sans qu'il en demeure en la main, de manier des charbons sans se brusler, & d'estre tous les iours parmy tant de prattiques amoureuses sans experimenter quelque bluette de ce feu qui s'esprend dans les cœurs plus glacez, & d'autant plus fortement que moins on en apperçoit la bruslure. Le ruzé Vieillard n'eut pas plustost apperceu l'election de sa fille en la particuliere dilection qu'elle témoignoit à l'vn de ses Amans qui sympathisoit d'auantage à ses humeurs, qu'il porta sa biëueillance vers ce personnage, loüant en ce choix le iugement de l'Amante, qui n'auoit pas assis ses affections sur le plus esleué en Noblesse, en titres, en richesses, ou en apparence; mais sur celuy qui en vn mediocre degré de fortune en auoit vn eminent de merite & de Vertu.

Que

Que si les meilleurs mariages sont ceux qui se font entre esgaux, comme les plus fortes amitiez celles qui se contractent entre les semblables; certes on pouuoit se promettre toute sorte de felicitez de cestuy-cy, puisque les naissances, les qualitez & les inclinations estoient extremement conformes. Il est vray que les moyēs estoient dissemblables, & que ceux du Gentilhomme estoient de beaucoup inferieurs à ceux de la fille: mais ceste difference est de peu de consideration à de gentils courages, qui portez au dessus de la terre ne s'arrestent pas à des pensées si basses & si grossieres. Le Pere, prudent qu'il estoit, aimoit mieux pour gendre vn homme qui eust besoin de richesses, que de donner à sa fille des richesses qui eussent affaire d'vn homme. C'est vne triste chose qu'vne bonne espée en vne mauuaise main. & les biens qui manquent d'entendement pour les conduire, ressemblent à ceste statuë du Prince des Assyriens qui estoit d'or & d'argent, mais n'auoit que des pieds de terre. Mieux vaut vn homme d'or reuestu de boüe qu'vn homme de boüe couuert de lames d'or.

Cepen

Cependant le iugement de la plufpart des Mondains eſt bien eſloigné de ces maximes; car l'Idolatrie des veaux d'or a touſiours ſon regne parmy les mal-auiſez. Ce ne fut point ſans allumer les ioües de la modeſte fille d'vne pudique honte, que ſon Pere luy manifeſta vn iour de quel coſté le pouls luy battoit : car quelque gentille & iuſte flamme qui arde dans le cœur des Dames bien nées, elles ne la confeſſent que ſous vne eſpece de contrainte; car les belles ſont ſi accouſtumées à vaincre, qu'elles ont de la peine à ſe reconnoiſtre pour vaincuës, faſchāt vn peu d'eſtre priſonnieres à celles qui ſont geollieres de tant de cœurs arreſtez dans leurs filets. En fin elle auoüa ſon inclination, à laquelle proteſtant de renoncer ſi ſon cher Pere y auoit tant ſoit peu de repugnance, tantoſt s'excuſant de la ſurpriſe de ſon cœur ſur la Vertu de ſon Amant, tantoſt ſur la douce violence de la ſympathie, tantoſt ſur les premiers mouuemens qui ne ſont pas en noſtre puiſſance, tantoſt ſur le charme ineuitable de la converſation, tantoſt ſur les attraits de la deference, tantoſt ſur l'influence

fluence des astres, tantost sur l'agreable necessité d'aymer qui nous ayme, tantost sur la permission qu'on luy auoit donnée de ietter les yeux sur tant de differents obiects pour les arrester sur vn, & y prendre vn contentement & vn dessein legitime. Et le Pere qui voyoit la confusion de son ame dans celle de ses propos, & dans le pourpre de son visage, estoit si satisfaict de contempler ceste couleur de Vertu sur le front de sa fille, que prenant ses excuses pour des enfans legitimes de la raisõ, auoüa tout ce qu'elle auoit dit, la loüant de son choix, comme de celuy d'entre tous ses Poursuiuans qui luy estoit le plus agreable. A dire le vray, ceste grande vnanimité en ces deux personnes ne pouuoit prouenir que de la tendresse paternelle, & de la reuerence filiale qui faisoit naistre ceste perfaitte correspondance de la vraye amitié, qui en deux bouches n'a qu'vn mesme oüy & vn mesme non. C'est ce parfum d'Aaron dont parle le diuin Chantre, qui se respãd du chef sur la barbe, & de là iusques à l'extremité du vestement. Que s'il est dit des premiers Chrestiens pour leur excellente
vnion

vnion & bonne concorde, qu'ils n'auoient qu'vn cœur & vne ame, cela certes se pouuoit dire de ce Pere & de ceste fille, l'vn ne respirant que le contentement & la volonté de l'autre. Ce fut donc vne grande ioye à ce Vieillard d'auoir descouuert le sujet principal des pures affections de sa fille ; mais elle ne fut pas moindre en la fille, de reconnoistre que son Pere appreuuast ses inclinations, & les treuuast aussi pleines de raison, qu'elles luy estoient agreables. L'Amant fortuné (ainsi pouuons-nous appeller celuy qui eut le fauorable aspect de ces deux astres,) sous l'aueu de ceste commune correspondance emplissant ses voiles du vent d'vne bonne esperance, cingla en peu de temps au port de ses desirs, receuant promesse du Pere de ne perdre point son temps en la recherche de la fille, & qu'il seroit preferé à tout autre, puis qu'il auoit esté treuué selon le cœur de celle qu'il recherche, de laquelle ce bon homme ne souhaittoit que la satisfaction. Cecy ne se peut pas celer long temps, & puis pourquoy cacher vn dessein si plein de lumiere, & qui ayant vn Sacrement pour
visée

visée, doit reietter les œuures des tenebres pour cheminer honnestement en la splendeur d'vn beau jour? Quand cet accord fut declaré, ce fut aux autres pretendans à sonner la retraitte : car celle qui leur auoit témoigné tant d'indifferences iusqu'alors, leur monstra vn visage si different de celuy qu'ils auoyent veu si plein d'attraicts, que n'ayant plus que des mespris pour eux, elle n'auoit des yeux & des entretiens que pour celuy qui par son choix, & le consentement de son Pere luy estoit destiné pour Espoux. Si donc elle auoit esté le commun obiect de leurs iustes desirs, le preferé fut celuy de leurs iniustes enuies. Voyla les freres enuieux de l'innocent Ioseph. Ils ne le peuuent plus souffrir, ny le voir de bon œil, ny luy dire vne seule bonne parole. Plusieurs se retirerent sans beaucoup de bruit, mais n'en pensans pas moins, semblables à ces calmes profonds qui sur la Mer presagent des tempestes. D'autres qui sceurent moins dissimuler leur mescontentement firent de grandes menaces que le vent emporta, pareils à la Mer, qui apres vne furieuse tourmente ne laisse se sur ses riuages que de la baue & de l'escume. Mais tous par diuers artifices ietterent le feu dans le courage de celuy qui sembloit le plus signalé de tous & en Noblesse, & en richesses, & en ces tiltres vains que l'ambition a inuentez pour tirer les hommes hors du païs, & les mettre au dessus du commun. Cetuy-cy selon le iugement de tout le Monde deuoit emporter la palme sur tous ses Riuaux, & n'y auoit celuy qui n'estimast que le Vieillard seroit bien honnoré de son alliance, & trop heureux de luy donner sa fille. Ce pretendant le croyoit bien ainsi, & auoit assez bonne opinion de soy-mesme pour se persuader que tous les autres luy cederoient volontiers & auec honneur, & que sa recherche ne pourroit auoir qu'vne issuë conforme à son desir. Cependant il se vid descheu de ses pretensions par la preference d'vn moins riche, mais plus sage, d'vn moins esleué en dignitez, mais mieux fondé en Vertu, d'vn moins presomptueux, mais plus auisé. Ce qui le mit en la fougue que vous pouuez imaginer dans le cerueau d'vn glorieux, qui reçoit vn rebut côtre son attente, te, & vn renuoy d'vn lieu où il esperoit vne reception auantageuse. Il fut aisé à ceux qui luy soufflerent aux oreilles d'allumer l'appetit de vengeance dans son courage, appetit qui est vne rage & vn aueuglement dont on ne peut attendre que des euenemens funestes. Les Roys & les Amans ne peuuent souffrir de compagnons. Il faut qu'il se defface de son Riual, ou qu'il meure; si le sort des armes le laisse viuant, il se figure sa conqueste d'autant plus glorieuse qu'on luy en represente le rebut honteux. Les pires conseils sont tousiours les plustost embrassez, & les plus promptement executez. Sans considerer que par ce procedé il s'acqueroit la haine de celle à qui il desiroit donner de l'Amour, & qu'il offensoit celuy qu'il pretendoit auoir pour beau-Pere. Sur la nouuelle de l'accord, auant que l'on passast aux fiançailles qu'il tenoit pour le tombeau de son espoir, il fit appeller son Riual par vn de ses Amis, qui en fit l'appel dans la maison mesme du Vieillard, lors que l'accordé entretenoit sa fille. Quelque industrie que prattiquast l'Appellant pour faire sçauoir à la sourdine l'intention de son Amy à celuy qu'il venoit appeller : les yeux de l'Amour si aigus qu'ils percent les bandeaux, firent connoistre à la Damoiselle qu'il y auoit de la brouillerie; aussi tost, selon le naturel de son sexe, elle en auertit son Pere, qui se voulant enquerir de l'affaire, c'est Monsieur, luy dit son gendre futur, qui m'auertit qu'vn Gentil-homme m'attēd pour acheuer vne partie à la paume. Ie vous entends, dit le Vieillard, mais encore ne suis-ie point si cassé que ie ne puisse noüer vne partie à ce ieu-là. Vrayment, dit l'Appellant, Monsieur n'est point homme à refuser, & il pourra auoir sa part de l'esbattement s'il m'en veut croire, & qu'il en ait enuie. Il ne tiendra point à moy, repliqua le Vieillard, & pour vous témoigner le desir que i'en ay, ie vous declare que ie sçay à peu pres vostre charge, & comme ce Gentil-homme tiendra fort bien sa partie, que ie la noüe entre vous & moy. Voyla comme ie l'entendois, dit l'Appellant, & certes ie tiens à beaucoup de gloire en seruant mon Amy, d'auoir affaire à vn si braue homme. Sus donc, dit l'Appellé, sans tant de paroles faites moy

moy voir mon ennemy l'espée à la main à pied ou à cheual, en la façon qu'il luy plaira, tandis que vous-vous accommoderez ensemble, bien que ie sois marry que n'ayant rien à desmesler l'vn auecque l'autre vous couriez ainsi sur mon marché. Ie ne puis esperer qu'vn heureux succés de nos armes, puisque la cause en est aussi iuste que l'appel des-raisonnable. Messieurs, dit l'Appellant, parce que mon Amy veut que le combat entre luy & son competiteur soit sans resource, parce que le sujet de la querelle ne peut estre à deux, il est dans vne prairie où ie l'ay laissé, qui se veut battre en chemise, à l'espée seule & à pied, il me semble que ce seroit vne honte aux Seconds de s'y prendre d'vne autre sorte. Soit ainsi que vous voudrez, dirent en mesme temps les Appellez, les armes nous sont indifferentes pour vuider nostre differend, & ce chemin nous semble le plus court. Ils se firent accommoder des cheuaux, & s'estans mis en selle, ils se rendirent incontinent au lieu assigné. Où s'estans mis en presence l'vn de l'autre, se fit ce memorable & furieux Duel que nous auons representé a l'en-

C 2

trée de ceste Narration; où les deux Riuaux demeurerent sur la place, l'Appellant s'enfuit, & le Vieillard y fust resté
pour les gages, si le Pelerin ne fust suruenu, & ne l'eust deliuré d'vn danger si
pressant. Voila ce qu'apprit l'Espagnol
de ceste querelle & de la meslée, tant de
ceux qui estoient presens, que d'vn la-
quais qui suruint, qui appartenoit au
Vieillard ; lequel cependant reparoit par
le repos les forces qu'il auoit perduës
auecque son sang, charmant par l'assoupissement du sommeil la cuisante douleur
de ses blesseures. Le Pelerin qui se sentoit
coulpable (bien qu'en se deffendant) de
la mort d'vn Seigneur qu'on luy auoit
depeint pour estre des plus signalez de la
Prouince, & qui redoutoit la Iustice de
France, la croyant en faict de Duels aussi
rigoureuse que celle de son païs, ne pensoit qu'à se glisser parmy la foule qui se
grossissoit à tous momens, plusieurs se
ramassans de toutes pars sur le bruit de
cet accident ; & de se sauuer par les montagnes en regaignant la terre où il
estoit né. Ce qu'il fit auecque tant de
souplesse, que sans s'amuser à recueillir
les

les remercimens qu'on luy vouloit faire de sa Charité pour auoir amené le Vieillard chez le Chirurgien, il s'esuanoüit de deuant leurs yeux, comme si par l'anneau de Gyges il eust eu la faculté de se rendre inuisible. Tandis qu'il va sans regarder derriere soy, de peur de perdre la faculté d'aller comme la femme de Loth, croyant à chaque pas auoir les Preuosts & leurs Archers aux espaules, ou toute la suitte de la Hermandad, reuenons à nostre Vieillard, qui eueillé d'vn long sommeil que sa foiblesse, & vn doux assoupissement de tous ses esprits luy auoit causé, n'eut pas plustost les yeux ouuerts qu'il les tourna à costé de soy, & puis par toute la chambre, comme cherchant la veüe de cet Ange Tutelaire qui l'auoit tiré de la gorge de la Mort & des portes de l'Enfer. La premiere parole que sa bouche profera à ce resueil, ce fut, ô mon Ange Gardien comment estes vous disparu de deuant mes yeux? Comme l'on pensoit qu'il resuast, non, dit-il, ie n'extrauague point, ce sont des nouuelles de mon Azarias que ie demande, de celuy qui sous la forme de Pelerin m'a faict euiter tant de perils, qui m'a rendu victorieux des demons qui m'assailloient, & faict esgorger les monstres qui estoient prests de m'engloutir. A ce langage enigmatique aux escoutans on crût encore plus fort qu'il estoit blessé dans l'imaginatiue, iusques à ce que demandant tout simplement qu'estoit deuenu le Pelerin, & s'il n'estoit point blessé, tous se regarderent l'vn l'autre, & chacun l'ayant veu, pas vn ne pouuoit rendre raison où il estoit allé. Quelque part que l'on soit, il suffit d'estre estranger pour estre de peu de consideration, & plongé dans le mespris. Sur tout parmy les François on faict aussi peu d'estat des Espagnols, que les Castillans en font des Gauaches, veu que pour estre l'obiect de leur rebut, c'est assez de n'estre pas de leur païs. Neantmoins à l'instance du blessé, qui vouloit à quelque prix que ce fust qu'on luy treuuast son Pelerin, on le chercha par tout, & il ne fut treuué nulle part. D'abbord (comme les premieres impressions sont puissantes) il s'imagina que ce pourroit bien estre vn esprit celeste reuestu d'vne forme humaine, qui

par

par permission diuine le seroit venu retirer d'vn si euident peril, & disant cela d'vne vehemence incroyable, plusieurs des assistans receurent ceste opinion pour vne creance : mais les moins faciles à persuader, & qui ne donnent pas lieu si aisément aux miracles, perseuererent à dire que c'estoit vn vray homme; cestuy-cy disant qu'il l'auoit touché, & qu'vn Esprit n'auoit ny chair ny os; vn autre qu'il s'estoit apperceu de la route qu'il auoit prise,& que si on alloit apres en diligence, on le pourroit rattrapper. Ce que le Vieillard commanda estre faict promptement, donnant charge que l'on courust de tous costez à pied & à cheual, & que l'on ne cessast d'aller qu'on ne l'eust rencontré & treuué, qu'on le contraignist de reuenir, d'autât qu'il ne vouloit pas mourir ingrat d'vn si grand bien-faict, mais le recompenser de la plus signalée reconnoissance dõt il se pourroit auiser, estimant peu de luy offrir comme Tobie à Raphaël, la moitié de son bien, mais le luy voulant tout remettre, auecque le thresor le plus precieux qu'il eust en la terre, qui estoit sa fille vnique. Qui ne diroit à l'eclipse de

C 4

ce Pelerin qu'il y a de la fable en ceste Histoire? & qui ne sçauroit la cause qui le fit ainsi subtilement retirer, auroit-il pas occasion de dire que i'en fay comme des Cheualiers de ces Romans, qui apres vn exploit genereux se retirent sans estre connus, aimans à faire le bien, & fuyans la vanité de paroistre vaillans? Ce que i'escris neantmoins est aussi vray que ces friuoles inuentions sont fausses; & ie m'estonne qu'en certains esprits la verité ait moins de credit que ces imaginations forgées à plaisir. On courut en tant de lieux, & auecque tant de promptitude, qu'il fut aisé de suiure le Pelerin à la piste: car n'estant pas vn fantosme, plusieurs l'auoient veu passer, bien qu'il fist son possible pour euiter les chemins battus & la rencontre des personnes. Deux gens de cheual l'attraperent, & l'ayans attaint & reduit dans vn destroit des montagnes, luy crierent de loin qu'il s'arrestast. luy qui croioit que ce fussent des Archers double son pas, faisant peu d'estat de leurs paroles. Ils s'auancerent par ioyeuseté, & luy mettans deux pistolets dans les yeux luy pensoyent verser la frayeur en l'ame:

mais

mais luy sans effray dans le peril, & qui connoissoit toutes choses excepté la peur, croyât fermement qu'on le voulust prendre pour le meurtre qu'il auoit faict, choisissant plustost de perdre la vie en galand homme que de perir d'vne mort infame, tirant le fer encore tout sanglant à qui le bois de son bourdon seruoit de gaine, commença à s'en escrimer si dextrement, qu'aidé de l'auantage du lieu, autant incommode à des gens de cheual, que fauorable à vn homme de pied, il mit les Cheualiers en estat de le fuir plustost que de le suiure. s'estant ainsi vertement demeslé d'eux, & les ayant écartez ils luy crierent qu'ils le poursuiuoient pour son bien, & que les bastons à feu dont ils luy auoient monstré la bouche n'estoient pas chargez pour l'offenser. Qu'ils estoient enuoiez là de la part du Vieillard auquel il auoit sauué la vie, pour le coniurer par tout ce qui peut obliger vn gentil courage, de ne le fuir point, mais de venir en sa maison y prendre vne part qui fera le tout; auantage qu'il ne deuoit refuser s'il n'estoit ennemy de sa bonne fortune. Le Pelerin crût à ces paroles emmiellées, & si diffe-

C 5

rentes du salut en souffré qu'ils luy auoiét faict, que l'hameçon estoit caché sous l'appast, & que c'estoit vn piege pour le surprendre. Ce qui luy fit faire ceste responſe: Dites à celuy qui vous enuoye que ie n'ay faict en le deffendant que ce que me commandoit outre la pieté Chrestienne la pitié naturelle, qui nous oblige de secourir ceux qui sont reduits à l'extremité. Que ie luy rends graces de ses offres, comme ie vous remercie de vos courtoisies qui me paroissent semblables à celles de Polyfeme, lequel à la fin ne promettoit que de deuorer. La grace que ie vous demande est que vous me laissiez regaigner mon païs, autrement ie vous vendray ma peau si cher qu'il vous en coustera vne partie de la vostre. Les cheualiers luy protesterent par des sermens fort solemnels, que la peur qu'ils luy auoient faicte n'estoit que par jeu, mais que leur arriuée estoit paisible, & que s'il la reiettoit, il estoit contraire à son propre bonheur. A cela l'arrogant Espagnol, Peur, dit-il, non pas si vous estiez vne armée, car si i'auois en teste autant de François que nos Peres en deffirent

rent à Ronceuaux, i'en ferois des montagnes de corps, ou i'en joncherois les plaines. Au reste si ces jeux sont à la Françoise, ils ne le sont pas à l'Espagnole, car nous ne presentons iamais les armes que pour tuer.

Quel ennemy ne mettroit pas
L'effort de ses armes à bas,
Si d'vn bras foudroyant en guerre,
Brauant la fortune & les cieux,
D'vn reuers ie porte par terre
L'orgueil des plus audacieux?
Le fer caché dedans ce bois
A desia par diuerses fois
Auctorisé ma renommée,
Conduit par ma guerriere main,
Qui à dompter accoustumée,
Ne donne iamais coup en vain.

Imaginez-vous si ces rodomontades estoient capables d'essayer la patience de deux Gascons, tellement habituez à brauer, que toute brauade leur est insupportable. Ils filerent doux neantmoins, & contraignirent leur humeur en consideration de celuy qui les enuoyoit, qu'ils eussent extremement desobligé s'ils eussent de faict ou de parole offensé le Pelerin

lerin. Ils renouuelerent leurs sermens pour asseurer l'Espagnol qu'ils n'estoient ny Archers, ny enuoiez par la Iustice; que son action estoit plustost digne de recompense & de loüange, que de blasme ou de chastiment. Ils protesterent de le suiure plustost iusques en Espagne affin de rapporter de ses nouuelles au Vieillard, & le faire sçauant de son nom & du lieu de sa naissance. Leur façon naïue & leur parler si franc rasseura l'Arragonnois, qui pour témoigner son courage; Si vous estes Gentils-hommes, leur dit-il, ie retourneray librement sur vostre parole, pourueu que vous me promettiez qu'il ne me sera point faict de déplaisir, bien que ie face vne espece de folie selon le iugement de ma nation, qui ne tient pas pour sage vn Espagnol qui se fie à vn François. La franchise de nos Cheualiers bien differente de la deffiáce Espagnole, fut telle, que non contents de luy donner leur foy, & de l'asseurer qu'on ne luy feroit aucun tort, & qu'eux-mesmes seroiēt ses deffenseurs si l'on attentoit de luy faire quelque outrage, ils descendirent de cheual, & luy ayans remis leurs espées

&

& leurs piſtolets le monterent ſur vn de leurs cheuaux, laiſſerent l'autre en la prochaine cabanne, & foibles, & deſarmez le ſuiuirent à pied pour luy oſter en cet equipage toute ſorte de meſfiance. L'Arragonnois eſtonné de ceſte naïueté accepta ce party, reuint ſur leurs briſées, riant auec eux, & leur diſant que iamais il n'auoit triomphé de deux braues François à ſi bon compte. Dans la bourgade où eſtoit le bleſſé, chacun s'eſtonna de voir reuenir le Pelerin de ceſte façon, voyla, diſoient les François qui l'accompagnoient, nous penſions le prendre priſonnier, & il nous rameine comme eſclaues; que diriez-vous de la vaillance d'vn Eſpagnol ? Mais quand il ſceurent la maniere de la victoire, ceſte premiere admiration ſe tourna en riſée. Il eſt aisé de lier celuy qui donne les mains, de terraſſer celuy qui s'abbat, & de vaincre celuy qui rend volontairement ſes armés. Auſſi en ce combat qui ne fut que de courtoiſie, les François ſe pouuoient dire victorieux, comme ils le ſont en la gentilleſſe & honneſteté ſur toutes les nations de la Terre. Quand il parut deuant

uant le Vieillard, les entrailles de ce bon homme furent tellement esmeües, qu'il s'en fallut peu que l'excés de ceste émotion ne luy donnast vn accés de fieure, & ne relaschast ses playes, quoy qu'elles fussent bandées. Approchez-vous, luy dit-il, ô mon fils, que ie vous embrasse, donnez-moy ces mains qui m'ont sauué l'ame, la vie & l'honneur, que ie les baise, ie ne souhaitte plus autre bien apres vous auoir rendu possesseur de tout ce que i'ay au Monde, que d'expirer entre vos bras. Les grosses larmes que la ioye tiroit des yeux du Vieillard, en attirerét de semblables de ceux des assistans: car il n'y a point de moyen plus fort pour faire pleurer les autres, que de pleurer soy-mesme, d'autant que nous imprimons aisément en autruy nos propres passions, quand nous les ressentons viuement, & quand nous les exprimons auecque des mouuemens accompagnez de vehemence. Aussi eust-il fallu estre insensible à la veüe d'vn semblable ressentiment, pour ne participer à la douceur de son effort. Tous verserent des pleurs, qui d'allegresse, qui de contentement

ment; qui de bienueillance, qui de pitié. L'Espagnol ne sçauoit que penser de tout cecy, & il démentoit en son cœur la mauuaise opinion qu'on luy auoit imprimée des François en son enfance, auoüant que c'estoit la nation du plus beau sang & du meilleur naturel qui fust en l'Vniuers ; & qu'en toute l'Espagne on ne treuueroit pas l'ombre d'vne telle foy, d'vne telle candeur, d'vne telle reconnoissance. Il respondit au Vieillard, que l'âge le conuia d'appeller son Pere, auecque les paroles les plus complaisantes, & les complimens les plus gracieux qu'il peut treuuer. Et ce bon homme le prenant au mot, & comme l'on dit, au pied leué, vrayment, repliqua-t'il, puisque ie vous ay appellé mon fils, & vous m'auez nommé vostre Pere, s'il ne tient à vous que ie ne sois vostre Pere, il ne tiendra pas à moy que vous ne soyez mon fils. Ou plustost vous serez en quelque façon mon Pere ; car si nous appellons Peres ceux qui nous ont donné la vie, ie vous puis nommer ainsi, puisque ie la tiens de vous. Si bien que ie vous regarderay desormais comme Iacob faisoit Ioseph, le

con

considerant comme son fils, puisque la nature le vouloit, & aussi comme son Pere, parce qu'il l'auoit nourry durant la famine, & de ceste façon luy auoit soustenu la vie, & de plus comme son Maistre & son Seigneur, à cause de la grande auctorité qu'il auoit en Egypte. Bien que ie ne sçache qui vous estes, & que vostre nation & vostre habit me dispense de vous connoistre, neantmoins vostre contenance vous marque vn rayon de Noblesse sur le front, & vous fournit de lettres patentes pour vous faire auoüer Gentilhomme : mais quiconque vous soyez, il ne tiendra qu'à vous que vous n'espousiez ma fille vnique, puisque vous m'auez arraché d'entre les griffes & de la Mort, & de celuy qui me la vouloit rauir, & que par ceste alliance vous ne soyez possesseur de tout ce que i'ay au Monde. Si ie pouuois vous offrir quelque chose par delà ce Tout pour tesmoignage de ma gratitude, ie le ferois librement ; mais si celuy-là fait ce qu'il doit, qui fait tout ce qu'il peut, ne faisant point de reserue auecque vous, ie croy que i'euite en ceste façon la qualité d'ingrat, qui ne

soüil

LIVRE I. 49

foüilla iamais la sincerité de mon ame.
Le Pelerin qui auoit bien d'autres pensées, & qui estant engagé ailleurs n'eust
pas pour toutes les beautez ny toutes les
fortunes du Monde changé l'immuable
fidelité qu'il auoit iurée à vn object qu'il
aimoit vniquement, se treuua si surpris de
ceste proposition que comme tout interdit & perclus de la langue il demeura
quelque espace les yeux baissez sans rendre aucune responce. Ce silence fut attri-
bué partie à vne honneste confusion qui
s'empara de ses ioües, partie à la difficulté
que l'on croioit qu'il eust de s'exprimer
en nostre langage : mais il y auoit bien
d'autres ressorts au dedans qui l'empeschoient de parler ; c'estoient des secrets
qui pour lors n'estoient pas communica-
bles, & qui luy seruoient de Remore pour
l'empescher de cingler à voiles enflées
sur le courant de la bonne fortune qui
luy presentoit son front le plus riant & le
plus serain que l'on sçauroit desirer. Les
diuers changemens de son visage eussent
assez faict connoistre l'alteration de son
esprit à qui eust eu le don de penetrer ses
pensées. Mais quelques signes exterieurs

Tome 1.   D

que nous donnions de nos ressentimens, il est tousiours malaisé aux hommes qui n'ont des yeux qu'en la teste de penetrer les replis du cœur, & de percer la cachette des tenebres. C'est vne connoissance qui est reseruée à celuy à qui rien ne peut estre caché, & qui void à nud les choses les plus couuertes. Ce fut alors que celuy qui brauoit la peur commença à fremir de crainte, redoutant que la douce & neantmoins forte violence de la franchise & bienueillance du Vieillard, ou que les beautez de la fille qu'il luy promettoit, ne vinssent à esbranler sa constance & à faire breche à sa foy. S'il eust esté en son pouuoir il eust volontiers imité Alexandre, qui se deffiant de sa Continence assez lasche pour faire teste aux tentatiõs, apres la desroute de Darius ne voulut point voir la Reyne & les autres Dames Persiennes captiues, ayant ouy dire merueille de leurs beautez; de peur, dit-il, que ce grand éclat ne me donne dans les yeux, & ne m'arrache la victoire de moy-mesme que ie prise plus que celle que ie viens de remporter sur mon ennemy. En quoy ce grand Prince est tellement loüé dans l'histoire,

stoire, que ceste action luy apporte plus de loüange que la conqueste de ce grand Empire, d'autant qu'il deuoit le triomphe des armes à la fortune, mais celuy de l'honnesteté à sa propre Vertu. Aussi confessa-t'il depuis, quand la bienseance l'obligea de voir ces belles prisonnieres, que leur éclat faisoit mal aux yeux, & que l'ame la plus continente auroit de la peine à soustenir leur veüe sans allarme & sans émotion. Nostre Pelerin aura sujet de dire le mesme quand il aura veu le sujet dont on luy parle, & de protester que la chose la plus difficile qu'il fera iamais pour celle qui est la cause & la nourriture de ses flammes, sera de resister aux attraits des beautez & des commoditez qui luy seront offertes. Ce n'est pas tousiours l'aduersité qui sert de pierre de touche à la loyauté; ie tiens que la prosperité y donne des attaintes d'autant plus viues qu'elles sont plus chatoüilleuses, & que plus de gens tombent à la droitte de bon-heur, allechez & emportez au mal par de molles tentations, qu'à la gauche du malheur, succombans au torrent du desespoir. Reuenu de l'extase où l'auoit plongé la profondité de ses pensées, il fut desireux d'aller au deuant de ces commencemens, & selon le conseil des prudens d'obuier aux principes, & rendre ces traits inutiles en émoussant leur pointe. O combien il est malaisé de se deffendre d'vn ennemy qui ne nous jette que des roses, ou des perles au visage! Nous resistons d'ordinaire aux titillations auecque tant de foiblesse, qu'il semble que nous soyons bien aises de nous y laisser vaincre. pour vn Vlysse qui se bouche les oreilles, & s'attache au mast de son vaisseau pour ne se laisser surprendre au traistre chât des Syrenes, plusieurs de ses compagnons se laissent charmer à ceste melodie qui les assoupit, & de cet assoupissement les porte dans le naufrage. C'est maintenant Pelerin qu'il faudroit prendre la fuitte, car ces offres & ces caresses sont les Preuosts & les Archers qui vous garrotteront auecque des liens d'or & de soye (veu que les bien-faits, selon le grand Stoique, sont les chaisnes des cœurs) & qui ayans reduit vostre liberté en seruitude, vous rangeront dans vne prison dorée, où se prononcera l'arrest de mort contre vostre fidelité, si vous n'en appel appellez au Tribunal d'vne supreme & inuariable Constance. Mais la Courtoisie a des charmes semblables à la proprieté de la Torpille, qui accrochée au hameçon glisse du long de la ligne vn tel engourdissement au bras du pescheur, qu'y perdant toute force il est doucement contrainct de laisser tomber la canne de sa main, & perd ainsi sa prise. Le Pelerin comme vn oyseau pris à la glus ou aux filets, s'empestroit plus il se pensoit desgager, & ses honnestes excuses luy seruans d'accusation, il donnoit d'autant plus auant dans les pommeaux, que plus il faisoit d'effort pour s'en desprendre. Il a beau amoindrir le seruice qu'il a rendu au Vieillard, cetuy-cy l'esleue iusques aux nuées, & le met au rang des choses qui ne se peuuent dignement payer. Quoy qu'il se die pauure, estranger, homme de peu de consideration, de nul merite, le iouet de la mauuaise fortune, & le but de toutes ses disgraces, il dit tout cela d'vne façon si molle & si pleine de gentillesse, qu'il se trahit par son propre discours, & & fait connoistre qu'il est Noble, de bon lieu, de bel esprit, plein de qualitez recommandables, non si malheureux qu'il se dit, estant malaisé que ce qui est amer au cœur soit si doux à la langue. Plus il se retire, plus il se fait suiure, & son refus plein d'humilité le faict desirer. Le Vieillard qui ne manquoit ny de ciuilité, ny d'accortise, connut l'oyseau à son ramage, & crût que c'estoit vn enfant de bonne maison en païs estrange, trauesti, & sans equipage, que quelque fantaisie auoit habillé en Pelerin, & qu'il ressembloit aux Medecins qui tendent la main en s'excusant, & prennent leur salaire auecque ceremonie. C'est vous, luy dit-il, que ie veux, sans consideration de vostre estre, de vostre naissance, de vos biens, de vos qualitez. Si vous estes pauure, ie vous feray riche; si miserable, ie vous rendray heureux; si presenté de la fortune, ie vous donneray accez à sa faueur; si estranger, ie vous naturaliseray & vous prendray pour regnicole; c'est vous que ie cherche, & non le vostre; vn homme, non des biens; vn gendre, non des qualitez. La Vertu n'est point attachée à certaine sorte de gens, elle se donne à tous ceux qui la recherchent; l'homme me desnué des tiltres vains que le Monde a inuentez, la satisfaict d'auantage. I'ayme mieux la Vertu sans Noblesse, que la Noblesse sans Vertu, puisque c'est celle-cy qui a engendré celle-là, la Noblesse n'estant autre chose qu'vn reiaillissement des actions vertueuses, à la façon de l'éclat qui sort d'vne pierrerie. A qui puis-ie mieux donner celle à qui i'ay baillé la vie, qu'à celuy qui me la renduë lors que i'estois sur le point de la perdre, recompensant de tous mes biens celuy qui m'a sauué l'honneur que i'estime plus que toutes les richesses du Monde? Le Pelerin se treuuoit si confus de tant de faueurs, que pour les reconnoistre, & les renuoyer doucement vers leur autheur, plus il taschoit à s'expliquer, moins se faisoit-il entendre. Et le Vieillard qui iugeoit à ses propos la confusion de son courage, en estoit plus satisfait que de toutes les excuses & soumissions qu'il eust peu luy faire. Comme ils en estoient sur ceste amiable contestation, vne littiere arriua auec vne grande suitte d'amis & de valets qui venoit prendre le Vieillard dans la bourgade pour le ramener en sa maison, qui n'estoit qu'à vne lieüe de là. A ce train & aux honneurs qu'il luy vit rendre, le Pelerin iugea que c'estoit quelque Seigneur principal; & bien qu'il desirast s'eschaper encore vne fois en se glissant parmy la presse, pour euiter ce doux escueil, & ce gracieux orage qu'il redoutoit, il ne fut pas en sa puissance, d'autant que le Vieillard ne le voulut non plus perdre de veüe que le Pilote sa tramontane, ne pouuant rassasier ses yeux d'vne presence qui luy estoit si agreable. Il vouloit faire monter le Pelerin dans sa littiere, mais parce qu'il le fallut coucher dedans à cause de sa foiblesse & de ses playes, il luy fit donner le meilleur des cheuaux qu'on luy auoit amenez, & voulut qu'il fut tousiours à la portiere, pour le pouuoir ou voir ou entretenir par le chemin. Chose estrange que l'ascendant d'vne forte bienueillance. Le parler estant deffendu au Vieillard de peur de la fieure, il coniura le Pelerin de cheminer à costé de sa littiere, pour repaistre ses yeux de la consideration de sa bonne mine. Et certes pour vn Espagnol il l'auoit si bonne, qu'il tesmoignoit & à son langage François, qui n'estoit

point

point si mauuais, & à sa façon attrayante qu'il auoit faict quelque seiour en France, & y auoit pris quelque chose de nostre air, & de la politesse de nostre nation : il auoit ceste grauité, ou si vous le voulez ceste fierté de la sienne meslée de tant de douceur, empruntée de la nostre, qu'il ressembloit à ces fruicts aspres de leur naturel, qui se rendent suaues au goust estans mis en confiture. En peu de temps & en cest ordre ils gaignerent la demeure du Vieillard. C'estoit vn Chasteau mignardement basti, & neantmoins assez bien flanqué, si bien que sa force qui estoit bonne pour la main ne derogeoit point à sa beauté, ce qui est assez rare ; il estoit accompagné de tours & de chapiteaux, dont les pointes accompagnées de diuerses figures auoient beaucoup de grace. Il estoit en si bon estat, qu'à ce seul aspect, outre la gentillesse de la symmetrie on iugeoit que le Maistre estoit riche & bon mesnager. La situation estoit sur le haut d'vn coûtau mediocrement esleué, qui par vne pante molle y donnoit vn accés facile, & auecque la pureté de l'air appelloit encore l'eau dans son enceinte par des canaux de fontaine. Ceste esleuation le faisoit dominer vne agreable vallée, & luy faisoit voir à son pied vne Seigneurie d'assez grande estenduë. Quant à la fertilité du terroir, il se tirera hors de doute quand i'auray dit le nom de la contrée, qui en a beaucoup au dessous de soy qui luy cedent en bonté, & peu qui la surpassent en abondance. L'on n'eut pas plustost posé la littiere en terre pour y prendre plus ayséement le blessé, & le porter auecque plus de commodité en sa chambre, que deux ou trois ieunes Damoiselles toutes esplorées se viennent ietter au col du Vieillard, & arrosent son visage de leurs larmes, qui témoignoient auecque la ioye de le reuoir le déplaisir de ses blesseures, & ce sembloit le regret de quelque autre perte. Il y en auoit vne si belle & si auantageusement vestuë qu'elle paroissoit sans difficulté la Maistresse, & de la mesme façon que fait le Croissant dans le Ciel quand la nuict a tendu ses voiles sur la face de nostre hemisphere. Ie ne veux point m'arrester d'auantage icy sur la peinture de sa beauté, & parce que ce n'est pas mon humeur, & parce que les effects

qu'elle

qu'elle produira au courant de ceste Narration, feront assez cōnoistre que la cause n'en pouuoit estre mediocre. Que si elle paroissoit si agreable toute enfoncée dans le dueil & la tristesse, que sera-ce quand la viue ioye s'emparera de ses ioües? Le Pelerin ne la vid point sans admiration & sans trouble; (car les plus grands courages sentent plus viuement les assauts de la beauté) & comme il estoit en peine de sçauoir qui elle estoit, il fut aussi tost hors de doute quád il oüit qu'elle dit au Vieillard; ô mon cher Pere, falloit-il que pour moy miserable & chetiue vous fussiez reduit en vn estat si douloureux? Ma fille, repliqua le bon homme, la Mort impitoyable vous a rauy vostre Amant; mais le Ciel benin vous a reserué vostre Pere, & pour marque de sa faueur vous a faict en mesme temps treuuer vn Mary. Vous qui auez tousiours esté si conforme à mes volontez, ne me desdirez pas maintenant qu'il y va de mon honneur & de ma parole, que i'estime plus que ma vie. vous la tenez de moy, & ie croy que vous ne refuserez pas de vous donner à celuy de qui ie la tiens, & que i'ay choisi pour
mon

mon Gendre. Le Ciel autheur des Mariages me l'a enuoyé comme vn Ange Gardien au milieu du plus preſſant danger où ie me ſois iamais rencontré. C'eſt ce gentil Pelerin que vous voyez, & que ie ne veux point que vous regardiez comme eſtranger, mais comme domeſtique, & comme celuy qui doit eſtre le Maiſtre de tous mes biens, comme de mon cœur & de voſtre perſonne. Mon Pere, reprit la vertueuſe Damoiſelle, vous ſçauez que tous les hommes m'auoient eſté indifferents, iuſqu'à ce que voſtre permiſſion me fit treuuer de la difference aux autres en celuy que la rage des Duels m'a oſté, ainſi qu'il eſtoit ſur le point de me poſſeder. Ie n'ay point d'autre choix que le voſtre, & comme ie ne donneray iamais ny mes affections, ny ma parole à celuy qui ne vous agreera pas, ie ne puis que ie n'eſtime celuy qui vous ſera recommandable, & qui me ſera donné de voſtre main. Ie m'offre pour victime en ſacrifice à vos deſirs, eſtimant que la meilleure façon de reconnoiſtre les incomparables obligations que ie vous ay, ſera de ſuiure ſans autre diſcernement

vos

vos ordonnances. Ce ne fut pas vn petit eſtonnement à toute l'aſſemblée, de voir des nopces ſi toſt prattiquées apres vne ſi ſanglante rupture des premieres. & pluſieurs des aſſiſtans qui auoient reſuſcité leurs eſperances par la mort des deux Riuaux, ne furent pas ſans meſcontentement ſans doute ſinon en leurs bouches, au moins en leurs cœurs couroit vn murmure ſemblable à celuy des filles d'Iſraël faſchées qu'vne Idolaſtre Dalila emportaſt le valeureux Sanſon, au preiudice de tant de belles Dames de ſa creance & de ſa patrie. Quoy diſoient-ils, faut-il que ce nouueau Paris emporte ceſte Helene à la barbe de tant de braues que produit noſtre nation ? faut-il que plus redeuable à ſa fortune qu'à ſa valeur, pour vn coup d'eſpée ou pour auoir ſecouru ce Vieillard en temps opportun, il ait vne telle recompenſe qui ſeroit mieux deüe aux ſeruices & aux merites de tant de Galands hommes qui periſſent d'amour pour c'eſt obiect ? Mais le plus eſtonné de tous fut le Pelerin, qui pouuoit lors dire en ſoy-meſme apres le diuin Chantre.

Tout

Tout coy ie me suis teu, ma franchise abaissée
  Le bien mesme a celé,
Dont ma close douleur s'est d'autant renforcée.
J'ay senty dedans moy mon cœur comme bruslé,
Et le feu prenant vie en ma triste pensée,
Un seul mot ne s'est pas de ma bouche escoulé.
O Seigneur de ma fin donne moy connoissance,
  Et de mes iours aussi,
Pour sçauoir ce qui reste à ma dure souffrance,
Et combien ie dois viure & demeurer ainsi.
Me voyla tout reduit sous ta forte puissance,
Deliure moy bien-tost de ceste angoisse icy.

Et à la verité il y auroit bien dequoy empescher vn habile homme qui se void engager insensiblement en vn mariage, sans que l'on s'enquiere de son consentement, ou s'il est en liberté de le contracter. Et pour l'acheuer de peindre, & sans auoir le moyen de faire aucune replique, il oüit le Vieillard qui dit à sa fille: Ie me suis bien tousiours promis de vous ceste aueugle obeïssance mon cher enfant, & ce sacrifice volontaire que vous faites à mes resolutions me plaist fort; or sus donc saluëz selon l'honneste liberté de nostre nation ce Cheualier couuert d'vne esclamme de Pelerin, & que ce soit comme celuy auquel vous deuez appartenir dans peu de
iours

iours par vn legitime mariage. Ce fut icy où l'Arragonnois pensa perdre terre, & sans doute la contenance luy eust manqué s'il n'eust pris auparauant, comme nous ferons voir, quelque nourriture en France, où les baisers des salutations (si abhorrez en Espagne & en Italie) sont aussi communs que simples & sans malice. Il salüa donc en ceste forme ceste fille, & en suitte, selon la coustume Françoise, celles qui l'accompagnoient ; mais ce ne fut pas (pour y estre peu habitué) sans peindre son visage des liurées de la Vertu d'honnesteté. Ce qui semant ses ioües de viues fleurs le fit treuuer aussi agreable à la Damoiselle qu'elle luy parust eminente en beauté. Le Vieillard fut mis à repos dedans son lict, & ses amis ayans pris congé de luy il ne resta que sa famille, qui estoit telle qu'on a de coustume de la voir en vne bonne maison. La nouuelle Amante vn peu esmeüe de sé voir aussi tost promise que vefue de son premier seruiteur, ne pouuoit retirer ses yeux de dessus ce nouuel hoste, tant pour satisfaire à la curiosité si naturelle à son sexe, que pour contenter l'honneste flamme me qui commençoit à brusleter autour de son cœur : mais le Pelerin de peur de s'esbloüir à la rencontre de ces viues lumieres, tenoit les siens baissez, ne voulant pas brusler les aisles de ses desirs à la lueur de ce flambeau, lueur qui luy sembloit d'autant plus dangereuse qu'elle estoit plus estincelante. C'est icy la fournaise où s'espreuuera l'or de sa loyauté, & où sa foy s'espurera iusques au dernier carat. Lecteur n'est-il pas vray que c'est auoir assez long temps suspendu ton esprit, & mis à l'essay ta patience ? Iusques icy tu as flotté dans les emblemes, tous ces propos t'ont esté des enigmes, tu as cheminé en des obscuritez, il faut que ie te face sortir de ces cachots, que ie t'ameine en plein iour, que ie dissipe ces ombres, & que ie te fournisse de filets pour sortir de ce labyrinthe. Ce qui distingue plus essentiellement les Histoires vrayes des fausses & controuuées, ce sont les deux marques & comme les deux poles d'vne bonne Narration, le temps & le lieu. par là comme par vne belle Aube qui nous meine peu à peu à la clarté d'vn beau iour, nous venons à descouurir l'aimable

visage

visage de toutes choses & le front de ceste verité fille du Temps, qui est le vray object de l'entendement humain, & la plus desirée lumiere de l'esprit raisonnable. Ie sçay que l'on peut donner de telles couleurs à vne fable, que sa vray-semblance la fera prendre pour verité, mais en fin ce fard tombe, ce masque se leue, & ce roseau paroist creux au dedans. Au lieu que les vrais euenemens, quelques deguisemens de noms & d'autres circonstances qu'on y apporte, ou pour cacher ce qu'il ne faut pas publier, ou pour orner & embellir le recit de quelques feintes, font tousiours connoistre leur front venerable, tout ainsi que les rais du Soleil, qui percent de temps en temps les nuages espais qui rebouchent leur clarté.

CLEORESTE.
LIVRE SECOND.

'Estoit donc sous le regne triomphant du Grand Henry, Pere valeureux de nostre Iuste & Victorieux Monarque, & peu apres ce memorable Traitté de Veruins, qui reconciliant les deux grandes, diray-ie Courōnes ou Coulomnes de la Chrestienté ? mit la France en vne Paix aussi douce que la Guerre qui auoit precedé auoit esté furieuse & funeste. desia nous respirions le doux air d'vne publique tranquilité, & chacun sous son figuier & sous sa vigne mangeoit le trauail de ses mains, & beuuoit la sueur de son visage. Tout estoit calme au dedans & au dehors du Royaume, nostre Neptune ayant calmé les ondes de toutes les reuoltes & mutineries, &

faict

faict accord auecque tous ses voysins, noſtre Alexandre mettant le pied sur le milieu du cuir tenoit toutes choses en vne iuſte balance, sous la suiettion de sa domination auſſi prudente que legitime; quand en Gascogne arriua ce sanglant Duel qui a ouuert la porte à ce Narré. Tout ainsi qu'apres vne longue tourmente, bien que les vents soient retirez, & que l'air soit sans orage, la mer toute bourſouflée ne perd pas si toſt l'émotion de ses ondes, mais retient quelque espace apres s'eſtre debattuë contre les Aquilons, les reſſentimens de sa colere, eſcumant à ses bords les reſtes de sa fureur: de meſme apres la rage des guerres ciuiles, la France qui eſtoit en chair, & accouſtumée au sang & au carnage, garda quelque temps apres l'vsage forcené des Duels, qui fut aſſez frequent. C'eſtoit bien au grand regret de noſtre Inuincible Potentat, que comme vne Bacchante maniacle elle alloit ainsi deschirant ses propres entrailles, & se repaiſſant comme Saturne de la chair de ses propres enfans. Mais il imitoit les Chirurgiens, qui ne gueriſſent les playes que peu à peu, la

E 2

principale force des remedes consistant au benefice du temps. Il ne faut pas tout à coup appliquer le fer & le feu aux vlceres, ny venir aux extremes remedes que quand les maux sont deplorez. Il fallut vser d'indulgence au commencement pour faire à la fin vne seuere Iustice. Ie sçay que nulle loy humaine ne peut auctoriser ce que Dieu a si expressément deffendu en la sienne. Mais encore voyons-nous pour euiter de plus grands maux, en des villes fameuses en saincteté des libertez souffertes que l'honnesteté deffend de nommer. Les Roys quoy que Souuerains ne sont pas tout-puissans, & les loix mesmes pour fortes qu'elles soient, & soustenuës du bras rigoureux d'vne exacte Iustice, plient quelquesfois sous la violence de la fureur. Il n'est pas tousiours au pouuoir du Medecin de guerir le malade, ses ordonnances se treuuent foibles sous l'effort d'vne pressante douleur; & vn cheual rebours sans bouche ny esperon est capable de renuerser & le corps & l'esprit, & de vaincre la science & la dexterité du plus adroit escuyer de la terre. Ie sçay que nostre nation

tion est diffamée par toutes les autres pour l'insolence & la manie des combats singuliers, & que plusieurs s'en prennent tantost à nos Roys, tantost à nos Loix, comme si la bonté des vns, ou la mollesse des autres entretenoit ceste deprauation : mais ceux-là sont ignorans de nos mœurs, & nous mesurás à leur aulne il ne se faut pas estonner s'ils faillent en leurs iugemens, & si leurs balances se treuuent fausses. C'est vn torrent qui emporte toute sorte de digues, & vne fougue qui ne se peut brider par la raison. La seuerité qui tient les autres nations en deuoir, nous écarte du nostre; & l'experience a faict voir que la deffense de ce malheur en a irrité le desir. Les Roys sont grands en pouuoir, mais ils le sont encore plus en exemple, leurs remonstrances sont plus fortes que leurs Edicts, & comme chacun se porte à ce qui leur plaist, chacun deteste ce qui leur desagrée. Qu'ils ne loüent point comme vaillans ceux qui se battent en ces rencontres, qu'ils publiét pour lasches ceux qui vont sur le pré, incontinent leurs opinions passeront pour maximes inuiolables. C'est là vn remede facile & appreuué des plus sensez & qui n'empesche point que l'on ne publie des deffenses plus rigoureuses, & que l'on n'en vienne à des saignées & à des purgations plus violentes contre ceux qui y contreuiendront. Voyla donc le temps de l'Histoire que i'ay sous la plume. Quant au lieu. A la racine de ces montagnes qui tirent leur nom de la Princesse Pyrene, ou pour parler auecque l'vn de nos Poëtes,

Au pied de ces hauts monts où la belle
Pyrene
Aymāt vn cœur ingrat endura tāt de péne,
Pour luy perdant la vie & la virginité,
Sans pouuoir adoucir ce courage indomté.

A l'ombre dis-ie de ces faistes esleuez, qui font vn rempart entre la France & l'Espagne, lequel dure depuis l'vne iusques à l'autre mer,

Et dont les cimes pointuës,
Qui auoysinent les nuës,
Et les rocs precipitez
Auec leurs superbes cornes,
Font de naturelles bornes
A ces peuples indomtez.

Il y a diuerses vallées arrosées des claires
eaux

LIVRE II. 71

eaux, qui descendent de ces sommets chenus, où l'hiuer sur vn thrône de neige semble tenir vn perpetuel Empire. Entre lesquelles il faut auoüer que celle de Bigone tient vn notable rang. L'air y est si doux, le climat si temperé, le terroir si bon qu'on n'y void rien de vuide, les vallons sont ionchez de fleurs, & tapissez de prairies verdoyantes, les plaines couuertes de bons bleds, les coûtaux bordez de vignes excellentes les vergers y produisent des fruicts delicats, les lieux les moins fertiles du bois en quantité, si bien qu'apres auoir prouueu abondamment ses habitans, elle a dequoy accommoder de ce qui luy reste les contrées voysines. A la teste de ce Maistre vallon, qui a la Cité de Tarbes pour capitale de la Prouince, & principal ornement est la bourgade de Baguieres, où sont ces bains si renommez: où l'on vient de toutes parts pour la guerison des diuerses maladies; de là sort ceste Riuiere d'or, le vulgaire l'appelle Ladour, comme qui diroit la dorée, parce que comme le Tage elle roule d'vne onde d'argent sur vn sable qui paroist d'or, & dont le cours est si vtile,

E 4

que par tout où il passe il laisse les marques de sa fertilité. Ce fut sur le riuage de ce doux courant, & dans les prairies qu'il baigne, que se fit ce memorable Duel. La dour ne deuois-tu pas rebrousser contremont à l'horreur d'vn tel spectacle? aussi ton beau crystal en fut-il troublé, & les fleurs qui te seruent de couronne en furent elles fannées. Ie sens bien que l'auidité du Lecteur ne sera pas encore rassasiée de la connoissance de ce temps, & de ce lieu, mais que sa curiosité voudra passer plus auant, & si elle peut, iusques au bout de la fusée; pareille à ces furets qui n'ont point de cesse qu'ils n'ayent rencontré le gibier aux derniers recours de la tasniere. Mais tout ainsi qu'à ceux qui sont trop aspres au combat & à la curée on met vne museliere, de peur qu'ils n'esgorgent trop de lapins, & ne despeuplent la garenne: de mesme nous mettrons vne bride à ce desir des trop curieux, & nous ferons en ce Narré comme à l'endroit le plus auguste du Tabernacle Mosaïque, où il n'y auoit point de fenestre, le iour y entrant seulement par la porte, encore estoit-il en partie offusqué

fufqué par la fumée des encenfemens,
& du thymiame que l'on brufloit quand
le grand Preftre y vouloit entrer. nous
enueloperons la verité dans des nuées &
des ombrages, qui la laifferont entreuoir par vne clarté fuffifante aux efprits
raifonnables, & qui ne chercheront que
le profit des enfeignemens, fans y adiou-
fter la glofe des interpretations & coniectures inutiles. Et comme il y auoit diuerfes courtines & plufieurs voiles qui enuironnoient le propitiatoire, pour le tenir en plus grande veneration, & aiguifer
la pieté de ceux qui l'abborderoient ; auffi fous le crefpe des noms empruntez, &
de quelques petites circonftances adiou-
ftées, nous tiendrons le fpectateur en
haleine, ioignans le plaifir au profit qu'il
deura tirer des exemples d'amitié cordiale, & de loyale fidelité qui luy feront
propofez. Ce que le Pelerin n'auoit appris
que par ambages & confufement dans
la bourgade touchant la querelle des
quatres Gentilshommes, luy fut ouuertement declaré dans le Chafteau ; fi bien
que les tayes luy tomberent des yeux,
& il vid au iour ce qu'il n'auoit apperceu

E 5

qu'en trouble & en tenebres. Il fut conduit par le commandement du Maistre par les Damoiselles & les seruiteurs de la famille en l'vne des meilleures chambres, comme celuy qui deuoit estre l'heritier & le possesseur de tout le bien. De vous raconter les complimens de ces filles bien apprises, & la diligence des seruiteurs à se rendre agreables à ce nouueau Seineur, leur promptitude à preuenir ses desirs, à obeïr à ses paroles, la passion qu'ils auoient de se faire connoistre par quelque office signalé, il seroit inutile. Le bel ameublement du lieu, les rares peintures qui y estoient, le bel ordre de l'aiencement, la netteté & la polisseure luy faisoient souuenir de ces Chasteaux enchantez, & de ce Palais imaginaire où Psyché fut conduitte par le Zephyre, excepté que les seruiteurs y estoient visibles. Le Vieillard auoit commandé qu'on luy fit voir tous ses habits, affin qu'il choisist celuy qui luy viendroit ou agreeroit d'auantage, attendant que le tailleur luy en eust despesché de neufs selon sa volonté. les offres de toutes les choses necessaires pleuuoient comme la neige

neige aux oreilles & aux yeux du Pelerin. La fille se retira auecque ses compagnes, pour laisser ce nouuel hoste en vn repos qu'elle n'emportoit pas auecque soy. helas! elle s'en va blessée au cœur d'vne playe dont elle ne guerira qu'auecque mille difficultez. L'inquietude, premier signe de la fieure d'aymer, l'accompagne, la paix s'enfuit de son cœur, & la fraische impression de cet obiect luy donne vne chaude allarme.

Soudain elle se sent doucement offensée
Par vne émotion qui blesse sa pensée,
D'vne secrette flamme elle se va paissant,
Et vn nouueau soucy dans son cœur nourrissant.
La valeur de son hoste aux effects reconnuë,
La grace de son front à ses yeux paruenuë,
Sa figure, son port, ses gestes esleuez
Sont d'vn burin de feu en son ame grauez,
Et le soin importun qui son cœur n'abandonne,
Aucun repos tranquile à ses membres ne donne.

Tandis qu'elle s'enuelopera dans ses resueries, comme vn ver à soye dans son peloton, & qu'elle se perdra dedans ce Dedale qui a bien vne entrée, mais point d'issuë; voyons ce que fait le Pelerin, qui a autant de peine de se deffendre de l'excessiue courtoisie de ces valets, qu'il en en auoit eu à se deffaire de la discourtoisie de ses ennemis. Ils vouloient ioüer auecque luy au Roy despoüillé, le coniurans doucement de changer d'habits, (comme s'il eust esté vn enfant prodigue nouuellement reuenu) & de prendre en la garderobe de leur Maistre celuy qui luy seroit plus propre. Tout le Monde adore le Soleil d'Orient, disoit cet Ancien Empereur, & la nouueauté n'est pas seulement agreable aux fleurs, mais en toutes choses; vne seruitude nouuelle a quelque image de liberté. chacun reuere à l'enuy ce nouueau Maistre. Qui aussi empesché, & peut-estre aussi affligé de ces honneurs, qu'vn autre en eust esté content, ne vouloit non plus changer d'habit que l'affection qu'il auoit pour celle à l'occasion de laquelle il s'en estoit chargé. Ses remercimens sont pris pour honnestetez, & plus il dit qu'il n'est rien, & plus on le tient pour quelque chose, parce que c'est l'ordinaire des grands de se raualer, comme des cœurs bas & abjets de se releuer par la vanité par dessus leur portée & leur naissance. Le Monde ne le croit pas, mais il est vray neantmoins que l'humilité est

la

la chere Vertu, & comme l'appanage des grãdes ames,& que l'orgueil est vne sotte enfleure des moindres esprits. Vrayment nostre homme pouuoit bien dire en ceste conjoncture auecque le Psalmiste;

Ie suis vn estranger, vn passant qui voyage,
Mes Peres l'ont esté tout de mesme autrefois;
Las ! desistez-vous donc, qu'vn peu ie me soulage
Deuant que ie m'en aille, & que plus ie ne sois.

De peur de l'importuner on le laissa en son habillement de Pelerin iusques à ce que la nuict descendant du Ciel auec son grand manteau parsemé d'estoiles, vint semer ses pauots sur la terre pour charmer les soucis des viuans par vn doux sommeil. Quoy que le lict où fut mis le Pelerin fust bien doux & delicatement preparé, neantmoins il luy sembla tout semé d'espines, pressé du soucy cuisant qui le deuoroit se voyant insensiblement engager en des liens contraires à son dessein & à sa parole. Ceste nouuelle Idée sur laquelle il n'auoit faict que passer les yeux, nageoit en son imagination en vne forme si specieuse, que s'il n'en eust rejetté les attraits par vne forte & constante resolution de perdre plustost la vie que de

chan

changer, selon sa deuise qui estoit, *Antes muerto que mutado*, il estoit pris. Et sans doute il en eust esté rauy s'il n'eust esté possedé d'vn autre ; mais ce second obiect treuua son ame si remplie des perfections d'vn premier, qu'il n'y eut plus de place pour y grauer son impression. Là où au contraire le Pelerin rencontrant en la fille vne ame desoccupée, y escriuit comme en vne carte raze & blanche les characteres d'vne forte passion. Aussi la pauurette de toute la nuict ne ferma point l'œil,

 Au contraire l'ayant à ses larmes ouuert,
 Seulette elle souspire, & sur son lict desert,
 Où mainte espine aiguë, & maint chardõ s'assemble,
 Absent absente l'oit, & le void tout ensemble.

O combien promptement vole le feu quand il s'esprend à vne matiere legere,

 Comme quand il auient que la flamme deuore
 Les blondissans thresors dont la plaine se dore.

O quel rauage fait celle de l'Amour dans le cœur d'vne fille, quand elle y entre par vne voye legitime, par la porte de l'honneur, & par la permission d'aymer que luy donnent ses parens ! Ce seroit nombrer les flots qui paroissent à la surface

face de la mer quand elle est esmeüe, que de vouloir conter les diuerses pensées qui l'agiterent durant la nuict,
Dont l'vne finissant l'autre recommençoit,
Ainsi de plus en plus son vlcere croissoit,
Elle souhaitta souuent, mais en vain, qu'vn doux assoupissement vinst noyer ces perplexitez qui la tourmentoient. Mais le sommeil est vne function si delicate, que plus on s'efforce de l'attirer, plus elle s'escarte de nous, & n'y en a point qui dorment moins que ceux qui sont en peine de dormir. En fin

L'Aube du iour naissant que l'Inde reueroit,
D'vn pourpre rayonneux les terres éclairoit,
Et sa vermeille main de fleurs entrelassée
Auoit du Ciel espars l'ombre humide chassée,
Alors qu'à sa compagne elle tint ces propos,
Pour soulager le mal qui troubloit son repos.
Compagne ie ne sçay quelles images vaines
Ont troublé mon sommeil, & augmenté mes peines,
Quel est ce nouuel hoste au peril eschappé,
Dont le fer estranger en ces lieux s'est trempé,
Combien de grauité reluit sur son visage,
Quelle grandeur d'esprit, de force, & de courage,
Ie croy, & mon esprit ne sera point deceu,
Que de quelque beau sang il deura estre yssu.
La faute d'asseurance aux perils ressentie
Accuse vne ame obscure & de bas lieu sortie.

Voyez

Voyez comme il a tost ce combat acheué,
Et le mauuais destin sans flechir espreuué.

J'emprunte toute ces paroles de la Muse Romaine renduës en nostre langue par nostre Virgile François auecque tant de grace & de force, qu'il semble que nostre Idiome aille du pair auecque le Latin. Et ie les ay treuuées si conuenables pour exprimer les sentimens de ceste fille nouuellement esprise, que ie n'ay point faict de difficulté de les substituer aux autres basses & rempantes que i'eusse peu coucher en leur place. Ceste compagne estoit vne sienne Cousine qu'elle aymoit comme sa Sœur, fille d'vne des Sœurs de son Pere, qui laissée orpheline en fort bas âge auoit esté esleuée aupres d'elle, & que pour sa fidelité elle auoit renduë sa confidente, ne luy celant aucun de ses secrets. Celle-cy comme l'Ame de la Didon du grand Poëte, au lieu d'amortir ce feu naissant y mit des allumettes, & d'vne estincelle fit en vn instant vn grand brasier. Pauurettes que faites vous ? vous ioüez à ce ieu qu'on appelle à l'aueugle, vous contez sans vostre hoste, & sans doute vous conterez deux fois, ou
pluftost

pluſtoſt vous vous meſconterez, & apres vous vous meſcontenterez. Le diſcours de ces filles ne pouuoit eſtre court, ſi vous conſiderez que c'eſtoit vn entretien de filles, & en vn ſuiet qui n'a point de fin. Tandis qu'elles y ſeront plongées, oyons ceux que tint au Pelerin le valet de chambre qui le vint habiller. Il entra doucement & reſpectueuſement, de peur de reueiller celuy qui n'auoit que bien peu ſommeillé. Auſſi toſt qu'il euſt reconnu qu'il ne dormoit pas, & qu'il eſtoit ſur les termes de ſe leuer, il luy offre de nouueau des habits de ſon Maiſtre, & le prie de permettre que le tailleur prenne ſa meſure pour luy en tenir vn preſt le lendemain de telle façon & de telle eſtofe qu'il luy plairoit, & que le Seigneur de la maiſon l'auoit ainſi ordonné. Le Pelerin ne peut treuuer d'excuſe plus puiſſante que de dire que par vœu il auoit chargé cet habit de Pelerin, & ne le pouuoit quitter qu'il ne ſe fuſt acquité de ſa deuotion. Ceſte proteſtation religieuſe fut vne barriere qui le deliura de toute importunité. Ioinct que ſon habit de Pelerin eſtoit ſi leſte, & luy venoit ſi bien

F

qu'il eust peu s'habiller plus richement, & auecque plus de fast & de pompe, mais non pas plus auantageusement, d'autant que les vestemens simples laissent ie ne sçay quel auantage au naturel, qui se void estouffé sous des ornemens superbes, lesquels au lieu de le releuer l'accablent. Il estoit d'vn fin camelot gris releué de boutons & de tauelle d'argent, son chappeau de mesme couleur, auec vn cordon de tresse d'argent, & bordé de mesme, l'esclamme ou camail de mesme estoffe que la soutanelle, recouuert à moitié d'vn marroquin de leuant fort delicat, sa iambe qui se voyoit iusques aupres de la iarretiere, estoit couuerte d'vn bas de soye gris, & recouuerte par dessus la cheuille du pied d'vn brodequin noir chaussé de fort bonne grace, son bourdon estoit d'vn bois rouge comme du bresil, ouuragé à la Mosaïque de pieces de nacre de perle entées dedans & regrauées au dessus de diuerses figures, & semé de larmes d'argent en plusieurs endroits; au dedans il y auoit vne lame dont il fit l'exploit que vous auez leu. Cet equipage témoignoit assez euidemment qu'il

estoit

estoit de bon lieu, & non pas de ces vagabonds qui font lucre de la pieté, & qui se couurent d'vn habit d'Hermite ou de Pelerin pour courir par le monde, & nourrir aux despens de la charité d'autruy vne mendicité grasse & oysiue. Qu'il eust des pistoles en sa bourse, il est à croire, veu qu'en ayant ietté vne dans la main de ce seruiteur qui estoit venu à son leuer, (comme s'il eust voulu luy payer ses gages pour auance) il le disposa à luy raconter tout ce qu'il desiroit sçauoir de ceste maison. Ce metal a vne vertu generale qui s'applique à tout ; car s'il fait taire les plus grands causeurs, il fait treuuer les paroles aux moins diserts. Et ie croy que ceux qui donnent la question aux criminels, tireroient bien mieux la verité de leur bouche, si au lieu d'eau ils les abreuuoient d'or : car il n'y a serrure qui ne s'ouure auec vne clef de ce metal, ny secret si serré qu'il ne crochete. Apres donc ce petit present que le valet prit d'aussi bon cœur qu'il luy estoit donné de bonne main, le Pelerin n'eut point de peine à luy faire dire tout ce qu'il sçauoit de conforme à ses enquestes ; il ap-

F 2

prit que ce Chasteau s'appelloit Montfleur, que le Vieillard en estoit Baron, & se nommoit Theobalde, & sa fille Quitere, qui est le nom d'vne Saincte fort venerée en Bigone, sa Cousine Oronce, que la Damoiselle qui les accompagnoit quand elles saluerent le Vieillard, estoit vne suiuante nommée Lyduine. Que le Baron estoit fort riche, & fort estimé pour sa valeur. Que ceste fille vnique estoit vn des principaux partis de la Prouince, & plus estimable encore pour ses Vertus que pour ses richesses & sa beauté. Qu'elle auoit esté vne pierre d'achoppement pour beaucoup d'esprits, qui auoient à ses pieds faict naufrage de leur liberté. Qu'elle auoit esté l'espoir des plus signalez, & le desespoir des moins apparens, & la commune delice de leurs yeux, comme le general tourment de leurs ames, le port de leurs vœux, la ruine de leurs attentes. Qu'en fin apres beaucoup de poursuiuans & de recherches elle auoit esté promise à Lucidor Gentil-homme du voysinage, qui estoit de mediocres facultez, mais d'insignes merites. Le Pere ayant esté aussi soigneux de s'accommoder

der aux inclinations de sa fille, dont il ne vouloit pas contraindre le naturel, qu'elle à se soumettre aux volontez de son Pere. Que la plus aspre mesdisance n'auoit iamais pincé sur la pureté de ses actions, & que la noire Calomnie, qui met de faux vices où elle n'en treuue point de vrays, auoit respecté iusques là son innocence, qu'il ne s'estoit rencontré aucun si malicieux qui eust auancé contre elle vne seule mauuaise parole. Que si le Pere estoit ialoux de l'honneur, point qui l'auoit porté à plusieurs hauts faits d'armes, la fille n'estoit pas moins ialouse de la conseruation de sa renommée. Qu'en fin ceste perle ayant esté destinée pour le gentil Lucidor, la fortune ennemie iurée de la Vertu, l'auoit rendu l'obiect de l'enuie de ses Competiteurs, & celuy de la rage d'Orlande Baron de Preual, qui se tenant pour le plus riche & qualifié de la trouppe, estimoit à affront qu'vn autre qui sembloit de moindre condition luy eust esté preferé. Que ceste fureur l'auoit porté à faire appeller Lucidor par son amy Psellion. Que Theobalde se faisant de la partie, s'estoit rendu Second de Lucidor contre Psellion. Que le sort des armes estant tombé plustost sur Lucidor que sur le Baron de Preual, il venoit se ioindre auecque Psellion pour se deffaire de Theobalde, si Dieu ne l'eust enuoyé sur le pré pour faire la separation, dont il estoit meilleur témoin que celuy qui en faisoit le recit. Mais encore, dit le Pelerin, qui prenoit plaisir à le faire causer, que dit on de l'issuë de ce combat ? car ordinairement des choses que l'on n'a pas veües, chacun en parle diuersement & selon sa passion. Nostre Maistre, reprit le seruiteur, qui se dit tenir la vie apres Dieu de vostre espée, l'a raconté si hautement & au bourg où vous le conduisistes, & hier apres que vous fustes retiré, nous en fit le recit si exact, qu'il n'y a personne qui en parle autrement qu'il ne faut, & tous auec vn tel auantage de vostre valeur, que l'on dit d'vne voix commune que iamais Espagnol ne s'estoit porté si vaillamment entre des François, qui ont la gloire d'auoir les armes à la main mieux que nation du monde. Le Pelerin ne se put tenir de sousrire à la rodomontade de ce valet, & apprit de là là que les Gascons ont leurs brauades, qui encherissent souuent sur celles des Espagnols. Aussi tost que vous eustes deliuré nostre Maistre d'vn si manifeste danger que celuy où il estoit reduit, continua ce garçon, il fit resolution de vous mettre en la place de Lucidor, & vous destina pour son gendre ; & d'effect il nous a commandé de vous seruir & de vous honnorer comme tel, n'attendant que sa conualescence, & que ses playes soient en tel estat qu'il puisse penser à ses affaires, pour donner ordre à vos nopces auecque sa fille, & vous rendre heritier de tout son bien, qui veut dire le plus accommodé Seigneur de ceste Prouince. Ie m'estonne, repliqua le Pelerin, qu'il ait pris vne si soudaine resolution en chose si importante que celle qui regarde le bien de toute sa maison, l'honneur de sa posterité, & le contentement de sa fille vnique, laquelle il ayme, comme il est aisé à voir vniquement. Il n'appartient à mon aduis qu'aux François d'auoir de ces boutades, & de faire de ces coups-là. Il est vray que ceux qui pour vn rien, pour vne parole ou vn regard de

F 4

trauers, pour vne pointille, & souuent pour moins que rien (ce qui arriue aux Seconds qui n'ont rien à desmesler ensemble, & quelquesfois sont amis) se vont de gayeté de cœur coupper la gorge, & mettent leur vie & leur salut si librement au hazard, peuuent bien encore mettre tout leur bien sur vne carte dont la chance est incertaine, & faire en cela non pas selon leur prudence, mais selon leur precipitation. Il ne sçait que ie suis, ny si ie suis Cheualier ou seulement Hidalgue, si ie suis libre ou esclaue, Chrestien ou More, Castillan ou Portugais, Noble ou Roturier, pauure ou riche, de bonnes ou de mauuaises mœurs, fils de famille ou sans suiettion. Ie luy ay dit que ie suis vn chetif Pelerin battu des disgraces de la fortune, qui n'ay vaillant que mon bourdon & ma cape, triste Soldat qui ne laissant que misere en mon païs, vay chercher ailleurs quelque meilleure auanture. Icy le valet; Monsieur en voulez-vous vne plus riante que celle qui s'offre à vous, & qui se iette, s'il faut ainsi dire, entre vos bras? à peine estes vous sorty de vostre païs (car il est aisé à voir

que

que vous estes Espagnol) à peine auez-vous abordé ceste frontiere, que vous voyez quel accueil la France fait aux estrangers dont elle est la mere nourrice, & comme marastre à ses propres enfans. vous voyez que ceux qui sont malheureux en Espagne deuiennent aussi tost heureux en France, comme quittans vn païs sterile & pierreux pour ioindre aux Isles fortunées. O combien estes vous redeuable au Ciel qui vous transplante si heureusement, que comme les Persiques vous vaudrez beaucoup mieux en ce païs icy qu'au vostre? Mon maistre n'a point tant d'esgard à vostre naissance qu'à vostre valeur, qui vous a faict connoistre en vn instant comme vn éclair vray enfant du tonnerre. Il a des biens, de la Noblesse, & des dignitez de reste, il vous peut rendre illustre & commode de ce qu'il a de trop; tout ainsi que tous les ans la France soulage les disettes de l'Espagne du surcroist de son abondance. Ie croy que vous ne serez pas si coiffé de l'amour de vostre nation, que vous n'aymiez plustost estre riche François que pauure Espagnol. Le Pelerin voyant que

F 5

ce valet continuoit en ses eleuations Gasconnes, qui luy couloient naturellement de la bouche & sans dessein, *Valga me Dios*, dit-il, les Espagnols ne sont iamais pauures, car bien qu'ils soyent necessiteux des biens de fortune, ils sont tousiours riches de gloire & d'honneur, en quoy consiste le plus grand thresor de la Terre. Ie ne sçay pas si c'est là ceste toison d'or, dit le seruiteur, dont vostre Roy fait sa plus grande Cheualerie; mais ie me souuiens d'auoir ouy dire à mon Maistre, que comme le Roy Catholique la vouloit donner à vn de ses Grands, qui auoit vne Commanderie de Calatraua de six mille ducats de rente, & sachant que sa Commanderie seroit vacante s'il prennoit le collier de la toison, il le refusa en disant, ie ne sçay si ie rapporteray bien ses paroles, *vna oueia no come tanto*, qui veulent dire en nostre langue, vne brebis ne mange pas tant, comme s'il eust dit, ie ne veux point d'vne brebis qui couste tant à repaistre. Comme il estoit Grand, reprit le Pelerin, & auoit cet honneur incomparable de se couurir deuant le Roy, il luy estoit aisé de refuser d'entrer

en

en la nauire des Argonautes: mais i'en sçay qui connoissans que cet ordre est vn des prochains degrez pour arriuer au Grandat, despensent vne grande partie de leurs biens pour paruenir à ceste dignité, aymans mieux estre riches d'honneur que des possessions qui ne sont que de terre. On appelle cela, dit le valet, en ceste contrée beaucoup de fumée, & peu de rost; & pour moy ie croy que c'est quitter l'ombre pour le corps, & la chair pour la laine, que de faire ce choix-là. Les cordons bleus de nostre Monarque se donnent à beaucoup meilleur conte, car ils se baillēt à la valeur, ou comme disent quelques vns, à la faueur, & non pas à la despense; aussi est-il deffendu de vendre les dons du S. Esprit. Quant à l'ordre de S. Michel, ses coquilles ne valent pas tāt que les Commanderies de vostre Calatraue, Alcantare, ou Santiague, aussi n'y a-t'il pas tant de presse à s'en charger. Le Pelerin prennoit vn si graud plaisir aux propos aigus & aux reparties de ce valet, qu'il luy eust volontiers doublé la pistole pour le faire continuer en ses rencontres. Il admiroit qu'vn François
de

de ceste condition eust si bon esprit; neantmoins il crût qu'il estoit permis aux Gascons de l'auoir gentil à cause du voysinage d'Espagne. Mais leur entretien fut interrompu par l'entrée de quelques autres que le Vieillard enuoyoit pour luy donner le bon iour, & sçauoir comme il auoit passé la nuict. Ie ne puis, respondit le Pelerin, que ie ne me loüe du bon traittement & des faueurs de Monsieur le Baron; ie me plains seulement de l'auoir coulée trop à mon aise, car vn pauure Pelerin comme moy & soldat de fortune n'a pas accoustumé de rencontrer souuent de si bon logis, ny de si fauorables hospitalitez. Monsieur repliqua le Chef de l'Ambassade, ce ne sont que des fleurs dont les fruicts auront tout autre goust en leur saison. Mon Maistre voudroit que sa maison fust toute d'or & de pierreries comme le Palais du Soleil, pour vous en faire le present plus riche, il vous offre tout ce qu'il a, il se donne soy-mesme, quoy plus? il vous donne sa fille qu'il prise plus que soy-mesme. Ce dernier mot fit vne viue attainte en l'ame du Pelerin, & bien que ce fust l'extreme

faueur

faueur du Baron, il le tenoit pour le dernier point de son desastre. Quoy, disoit-il en soy mesme, faut-il que la fortune me presente iusques là de faire mes felicitez malheureuses,

Et par trop de bō-heur me rendre infortuné.
Cruelle qu'elle est, & iamais assouuie de mes peines, pourquoy me leue-t'elle l'esperance de posseder celle que ie desire, en m'offrant importunement le bien que ie ne veux pas? C'est presenter de bonnes viandes à vn malade qui a le palais enfielé, & qui ne les peut bien sauourer. O si i'estois libre, l'agreable esclauage que celuy de Quitere, & que ie serois heureux de me pouuoir donner à elle, si i'estois à moy! Mais non belle Eufrasie, ie ne seray iamais si lasche que de recompenser vos feux d'vne desloyauté, vous estes vn rocher de Constance, ie le seray d'Amour.

Plustost la profondeur des gouffres de là bas
S'ouure pour m'engloutir, & fonde sous mes pas,
Que du Pere des Dieux la foudre se depite,
Et mon ame innocente aux ombres precipite.
Pasles ombres d'Erebe, & supplices diuers,
Qu'vne profonde nuict de frayeur tient couuers.
                                        Plustost

Plustost ô mon honneur que tu souffres ce crime,
Ny qu'vne telle tache à ma gloire s'imprime.

Reuenu de ces pensées comme d'vn profond sommeil, il respondit au messager; Mon amy, le Seigneur Baron me fait trop d'honneur, & a pour moy le soin que ie dois auoir de luy. C'est à faire aux sains de s'enquerir de l'estat des malades, de moy ie ne me portay iamais mieux, & suis plus prest de le seruir que iamais. Si ie ne l'incommode point, allez luy dire que ie me vay rendre en sa chambre. A peine acheuoit-il ceste parole, quand entra dans la sienne la belle Quitere plus fraische que la rose, & plus claire que l'Aurore quand elle vient semer l'horizon de ses viues couleurs. Aussi comme elle n'auoit point dormy de toute la nuict, esueillée par vne passion qui ne laisse guieres à repos ceux qu'elle possede, elle s'estoit leuée du matin, expres pour s'attacher d'vn long art toutes les graces dont elle auoit accoustumé d'accompagner son eminente beauté; car faisant dessein sur la personne de son hoste, qu'elle pensoit treuuer en autre equipage que de Pelerin, elle desira de luy sembler belle,

pour

pour acquerir la gloire de captiuer vn si grand courage, & prendre sur son affection les mesmes auantages qu'il auoit gaignez sur la sienne. Tout cecy estant iuste, & pour vne fin si sainte & si legitime, ne peut estre blasmé que par les ennemis de la Nature & de l'honneur. Ie pourrois bien enrichir ces pages, & les embellir du rapport des ornemens dont elle s'estoit parée; mais ceste curiosité aussi seante à son soin que messeante à ma plume, fera que ie me contenteray de loüer les veritables vertus de son ame, sans m'arrester à la peinture de ses graces & naturelles & empruntées, puisque celles-cy se peuuent leuer en vn moment, & celles-là passent aussi promptement que les fleurs. Celles qui l'accompagnoient moins belles & moins curieusement adiancées ne seruoient que comme les estoiles à la Lune, à releuer d'auantage son éclat. C'estoit bien assez pour esblouïr nostre Arragonnois, si ses prunelles se fussent fixement attachées à ce Soleil leuant : mais comme il faisoit ce qu'il pouuoit pour en destourner sa veüe, il ne se faut pas estonner si l'attainte fut foible,

puis

puis qu'il est malaisé de donner dans vn but qui varie, & de remplir vn vase d'vne liqueur qui est desia plein d'vne autre; ioinct que les traits preueus, selon l'ancien prouerbe, ou ne blessent point, parce qu'on les esquiue, ou ne frappent que legerement. Les belles paroles ont aussi bonne grace dans vne belle bouche, que la pierrerie enchassée dans l'or & l'émail. Les complimens de Quitere assaisonnez d'vne courtoisie accompagnée d'Amour, liurerent vne guerre aussi cruelle qu'elle estoit douce au cœur du Pelerin. Quoy? Monsieur, luy dit-elle, ie vous treuue vestu en passager, comme si vous ne deuiez pas prendre possession de ceste maison, pour y faire desormais vostre ordinaire demeure: Certes puisque vous l'auez acquise au peril de vostre vie, & à la pointe de vostre espée, rien ne vous peut plus legitimement appartenir que ce qui est à vous par le droict d'vne telle conqueste. Mon Pere se ressent si fort vostre obligé, qu'il croit ne vous pouuoir reconnoistre par vne moindre recompense, qu'en vous remettant & tout ce qu'il est & tout ce qu'il a. Madamoiselle, repliqua

le

le Pelerin, c'est payer vn seruice si petit par vne reconnoissance si grande, qu'il faudroit sortir hors du monde pour treuuer vne ingratitude pareille à la mienne, si ie ne me ressentois infiniment son obligé. Tout ce que ie crains est que venant à me connoistre, il ne perde la trop bonne opinion qu'il a conceüe de moy, & que ie ne perde sa bienueillance, pour ne pouuoir soustenir par de dignes actions les merites qu'il m'attribuë. L'amitié qu'il vous porte est si veritable, reprit Quitere, qu'elle ne peut iamais finir & il vous en veut rendre des témoignages si precis que vous n'en puissiez douter. vous auez le courage planté en trop bon lieu pour n'y correspondre pas, veu que l'amitié ne se payant que par elle-mesme, toute autre recompense est au dessous de sa valeur. Si la bonne volonté peut payer les faueurs dont il me preuient, ie me pourray vanter d'estre riche de reconnoissance, & pauure d'ingratitude, repliqua le Pelerin, & ie priseray tousiours fort peu ma vie & mon sang, pour luy témoigner par leur perte la sincerité de mes affections. Monsieur, reprit Quitere, vous nous auez defia rendu vn fi obligeant témoignage de voftre valeur, que quand vous-vous expoferiez à vn fecond peril, à peine nous pourriez-vous obliger d'auantage, parce que l'obligation eftant extreme, rien ne peut accroiftre ce qui eft infiny. Et de l'infinité de cefte obligation qui m'a redonné la vie en la conferuant à celuy de qui ie la tiens, s'enfuit que non feulement vos volontez font agreables, mais encore toutes vos autres actions, quand elles ne le feroient point d'elles-mefmes. Excepté (pardonnez à ma franchife) le port de cet habit, qui n'eft pas celuy que l'on doit porter en fa propre maifon, & qui femblant nous menacer de la priuation du contentement que nous apporte voftre prefence, ne nous peut eftre que déplaifant. Le Pelerin non moins eftonné des beautez que de l'efprit & du iugement de Quitere, fut en peine de refpondre à cefte fubtilité: neantmoins comme il fçauoit bien fe defmefler d'entre les armes auecque la pointe de fon efpée, auecque celle de fa langue il ne l'entendoit pas moins à fe tirer d'vn propos couuert &

em

embarrassé. Madamoiselle, dit-il, toute sorte de courtoisie est bonne à offrir, mais non à receuoir; dans les complimens plus ordinaires nous offrons nos biens, nos vies, nos maisons, tout ce qui depend de nous, à nos amis: mais leur discretion les empesche de nous prendre au mot, parce que ce seroit vne inciuilité aussi blasmable que l'offre en est loüable. Qui pourroit pardonner à mon effronterie, si dés le lendemain que ie suis arriué en vne maison où l'on me presente toutes sortes d'honneurs, ie voulois m'en faire accroire, & m'y porter en Maistre? ce ne seroit pas vser, mais abuser de son Amy. Ie suis homme de peu, de condition basse & obscure, de lignage mediocre, bien que plein d'honneur & de vertu. Monsieur le Baron me regarde comme vn Paon qui fait sa roüe en vn haut appareil, mais quand il aura veu la crasse de mes pieds, la petitesse de mon origine, il me fera bien tost plier bagage, & regaigner les steriles montagnes d'où ie suis issu. Si ie luy ay rendu quelque seruice qui luy ait esté agreable & en temps opportun, i'en suis plus redeuable à ma bon-

ne fortune qu'à ma valeur. Il y a des viandes que l'on desire asprement quand on est malade, & qui sont à contrecœur lors que l'on est sein, tels sont les appetits desreiglez de celles qui ont les couleurs pasles. Quelque Vertu que l'on aille imaginant en vn pauure, c'est vne grande indecence que la pauureté. le plus beau diamant du Monde enchassé dans du plomb perd beaucoup de son lustre. La Vertu en vn homme persecuté de la fortune, ressemble à ceste pierre qui perd son lustre dans la bouche d'vn mort. Qu'il se donne le loisir de me connoistre, & ie seray autant l'object de son mespris, que ie le suis de son estime. Il faut auoüer que les Espagnols sont admirables & à se rehausser par dessus eux-mesmes, & à s'abbaisser quand il leur plaist au dessous de ce qu'ils sont. Que si selon Aristote se loüer & se blasmer soy-mesme prouient de mesme racine d'orgueil, il faut dire que ceste nation est si vaine, que mesme elle a de la vanité à s'humilier. Fussent-ils nez de race de païsan ou de More, quand ils sont en païs estranger où leur naissance est inconnuë, ils se disent tousiours ou parens
du

du Roy, ou des plus grands du Royaume, se feignent des genealogies & des tiltres; se forgent des disgraces; & tant leur folie est belle, à force de dire ces vanitez ils se les persuadent à eux-mesmes comme des veritez, & là dessus taillent du Grand, ils sont illustres, ils sont Nobles, ils sont Caualiers, ou au moins Hidalgues comme le Roy. tesmoin celuy qui n'estoit en Castille qu'vn miserable va-de-pied appellé Pedraccio, qui se nomma Pedro en Arragon, el Señor Pedro en Cataloigne, el Señor Dom Pedro à Gennes, el Señor Cauallero Dom Pedro à Milan, el illustre Señor Cauallero Dom Pedro à Romme, il adjousta l'Illustrissime à Naples, se fit bailler de l'excellence, & en fin en Sicile pour couronner sa sottise, n'estant que natif du païs se disoit issu de la maison de Castille. dissemblables aux Echos dont la voix se perd à mesure qu'elle s'escarte, veu qu'ils augmentent leurs tiltres à mesure qu'ils s'esloignent, & pareils aux fleuues, qui sont d'autant plus larges & enflez qu'ils sont plus loin de leur source. Que si au contraire il leur prend fantaisie de s'amoindrir, ils se mettét si bas au dessous de leur qualité originelle, que comme les premiers monstrent par leur vanterie leur basse extraction, ceux-cy en se voulant raualer se releuent, & se font connoistre pour estre plus qu'ils ne disēt, parce qu'ils se disent beaucoup moindres qu'ils ne sont. Et en l'vn & en l'autre point il y a de l'arrogance & de la folie, les vns seroient bien marris qu'on ne les crust pas quand ils s'esleuent au dessus du sang des Goths, & les autres seroient bien déplaisans qu'on les crust quand ils s'abbaissent, veu qu'ils ne s'humilient que pour se donner carriere. pareils à ceux qui se masquent, & qui seroient bien faschez de s'estre mis en despense sans estre connus. Les Frāçois antipathiques aux Espagnols en toutes choses, seroient bien marris de ne leur estre pas contraires au reuers de ceste ineptie; car quand ils sont en des païs estrangers, & ne se voient pas dequoy faire vne despense conforme à leur naissance, ils se mettent dans l'abiection, & se disent beaucoup moindres qu'ils ne sont: & au contraire par vne humeur du tout extrauagante, aux lieux où ils sont nez, & leur race cōnuë, s'il faut ainsi dire, iusques

aux

aux entrailles, ils veulent ietter de la poudre dans les yeux de tout le Monde, faire les Nobles n'estans que Roturiers, faire les Capitaines n'estans que Soldats, & paroistre riches encore qu'ils soiét pauures. Ie ne sçay pas quelle est la meilleure, ou plustost la moins mauuaise de ces humeurs, mais cela sçay-ie qu'en l'vne & en l'autre il y a peu de verité, & moins de sagesse. Et que sçait-on si ce n'estoit point pour se conformer à nostre mode, que cet Espagnol estant hors de sa terre, se disoit moindre que sa façon ne monstroit? Tant y a que comme ils en estoient sur ces honnestes complimens, le messager que le Pelerin auoit renuoyé pour apprendre de la santé du Baron, rentra & l'asseura que sans l'incommoder il pourroit le visiter en sa chambre, marry qu'il estoit que ses playes l'empeschassent de luy venir rendre en la sienne les offices qui sont deus à la reception d'vn hoste que l'on cherit affectucusement. L'Amante non Aimée, & l'Aimé non Amant furent voir ce bon homme, qui d'abord témoigna autant de ioye à la veüe de l'Arragonnois, que de déplaisir de le voir en cet habit de Pelerin.

G 4

Seigneur, luy dit le Baron, les habits auſſi bien que les habitudes de la vieilleſſe viennent mal à la ieuneſſe, c'eſt ce qui vous a faict treuuer ma garderobe mal aſſortie pour voſtre vſage. I'ay autrefois eſté ieune, mais le François eſt ſi changeant en ſes veſtemens, que ſi nous voyons maintenant vn habit de la façon que nous les portions le temps paſſé, rien ne nous paroiſtroit de ſi ridicule. le Poulpe ny le Cameleon ne changent point de plus de couleurs, que nous de modes. Et faut auoüer que la fermeté de voſtre nation en la conſeruation de ſon habit, eſt plus eſtimable que l'inconſtance de la noſtre, laquelle d'ailleurs l'emporte en tant d'autres auantages, que ce luy eſt peu de ceder en celuy-là, auquel encore ne pouuons-nous eſtre blaſmez que de trop de viuacité en nos eſprits, laquelle faict que nous voulons eſſayer toute ſorte de formes, pour prattiquer ce mot, qu'il faut tout eſpreuuer, & retenir ce qui eſt meilleur. Mais ie vous coniure ſi vous me voulez conſoler, de permettre que mon tailleur prenne voſtre meſure, & vous habille à la Françoiſe de telle
eſtoſe

LIVRE II.

estofe que vous commāderez: car puisque vous auez à estre des nostres, il est raisonnable que vous vous pariez des liurées du beau rocher où vous deuez estre attaché, & si ie ne me trompe, y faire vn heureux naufrage. Seigneur Baron, reprit le Pelerin, entre les choses que ne pouuoit supporter le plus sage des mortels, c'estoit vn pauure glorieux, car il n'est rien de plus digne de haine, que de voir vn homme de neant qui se mesconnoist, & qui deuient fier comme vn cheual d'vn beau caparraçon. De moy i'ay appris dés ma ieunesse à fuir les extremitez qui sont tousiours vicieuses, ie n'enfle point mon cœur, ny ne releue mes yeux pour la trop grande estime que vous faites de ma misere, comme ie ne m'abbatrois point sous le mespris que mes ennemis auroient de moy. ie ne veux point que mon ame se rehausse par dessus sa portée, ny cheminer en vn estat releué au dessus de ma condition. pour estre sur des eschasses ie n'en serois pas plus grand, il n'est pas en mon pouuoir d'adiouster non pas vne coudée, mais vn trauers de doigt à ma taille. Ie desire que mes sentimens soient humbles, & en cela conformes à l'humilité de ma naissance, razant ainsi la terre ie ne tomberay iamais de si haut que ie me puisse froisser. Ie ne veux point estre de ces Roys de Theatre, qui n'ont rien de pompeux que leur habit. Ie serois fasché qu'on me prist pour vn autre. chacun se doit habiller selon son ordre, son estat, & sa vacation. Ie suis vn passager & Pelerin sur la terre, c'est pour cela que ie m'attache à cet habit, iusques à ce que mon vœu & mon pelerinage soit acheué. C'est doncque par vœu que vous estes ainsi vestu, dit le Vieillard, & non par la necessité que vous feigniez hier qui vous oppressoit. C'est & pour l'vn & pour l'autre, reprit le Pelerin. Or bien, dit le Baron, ie vous deliureray s'il plaist à Dieu de l'vne, & nostre Euesque qui est voysin d'icy, & fort de mes amis, vous dispensera de l'autre, car il a le pouuoir de commuer les vœux. Le Pelerin se treuua pris sans vert à ce discours, & ne sçauoit bonnement que repliquer à cela, neantmoins comme ces cheuaux qui ne vont iamais si viste qu'apres qu'ils ont bronché, & comme il auoit la bouche bonne

bonne il se roleua, disant que les dispensa-
tions estoient des dissipations quand elles
n'estoient pas fondées sur quelque cause
legitime. En voulez-vous vne plus legitime que le mariage? reprit le Baron. certes c'est vn lien qui attache les pieds, &
qui coupe tous les pelerinages du Monde; il n'est plus temps de courir quand on
y est engagé. I'ay mesme ouy dire à vn
Prescheur qu'en l'ancienne Loy les nouueaux mariez estoient exempts d'aller à
la guerre, quelque pressante qu'en fust la
necessité. Comment marier, reprit le Pelerin, & mes nopces sont elles dōc si prestes?
Quand on leuera le troisiesme ou quatriesme appareil de mes playes, respondit
le Baron, nous ferons le premier de vostre
mariage, si vous auez à gré celle qui est
maintenant à vostre costé. Quand on
parle de marier vne fille, & en sa presence, eust-elle les pasles couleurs, l'honneste
honte les luy fait perdre en vn instant.
Si Quirere estoit blanche comme vn Lys,
elle deuint à ce propos aussi vermeille
qu'vne rose; & le Pelerin ne luy ceda pas
en ceste couleur, car toute son asseurance
se perdit à cet éclat de foudre, pour faire
place

place au changement qui parut en son visage. Est-il possible Monsieur, dit-il au Vieillard, que vous vouliez donner vne chose si precieuse à vn homme si vil, & allier ainsi la lumiere auecque les tenebres? la perle auecque la boüe? vostre parole, dit le Baron, vous manifeste & vous trahit, vostre discours témoigne que vous estes autre que vous ne dites; & peut-estre que vous vous faites petit, pour paroistre plus grand quand nous viendrons à sçauoir qui vous estes. Seigneur, repartit le Pelerin, c'est vn prouerbe aussi iuste que necessaire, qu'il faut connoistre auant que d'aimer. L'Amour est enfant de la connoissance, & tout aueugle qu'on le peint, il est plus clairuoyant qu'on ne pense, & comment connoistre celuy qu'on n'a iamais frequenté, de qui l'on ignore les mœurs & l'origine? à peine connoissons nous perfaittement les humeurs de ceux auec qui nous auons pris vne longue nourriture, parce que l'homme est vn animal extremement caché, & qui a les replis de son cœur impenetrables. Ne vous engagez pas & moy aussi auecque tant diray-ie de facilité ou

de

de temerité? dans vne alliance dont nous puissions auoir, vous du repentir, moy du déplaisir. Quand on achete vn cheual, on le visite, on leue la housse ou la selle ; on ne se charge pas de marchandises empacquetées, on les desploye, on les considere. le mariage n'est pas vn marché qui se doiue faire auecque precipitation. Et bien qu'au siecle où nous viuons on en face vn trebuschet de tromperie, les plus sages se gardent de se mesprendre. Ie sçay qu'il n'y a qu'à gaigner pour moy, & à perdre pour vous, mais ie crains qu'estant lié d'vn nœud qui ne se peut rompre que par la mort, & ne treuuant en moy les qualitez ou de nature ou de fortune que vous desireriez, vous ne veniez à m'auoir pour vn spectacle ordinaire de mescontentement. Plus le Pelerin se disoit miserable, plus il irritoit le desir du Baron de le sauuer de la misere, & plus il se faisoit petit, plus il l'estimoit grand. Car il disoit ses raisons de si bonne grace, qu'il combattoit à la façon des Parthes en fuyant, & en la maniere de ceste Saffrette Galatée du Poëte, qui iette des pommes à son Amant, & se sauue dans vn taillis apres
s'estre

s'estre laissée entreuoir. A quoy le Baron, qui ne pouuoit se rendre en faict de courtoisie, d'autant que selon cet Ancien, il n'est rien de si des-honnorable que de se laisser vaincre aux deuoirs d'amitié : Seigneur, dit-il, ie ne regarde point les conditions qui sont autour de vous, c'est vous mesme que ie considere, ou plustost c'est moy-mesme en l'obligation incomparable & inestimable que ie vous ay. Ce n'est ny vostre grandeur, ny vostre bassesse, ny vostre richesse, ny vostre pauureté qui m'ont sauué la vie, c'est vous mesme, c'est vostre valeur, & c'est aussi à vous que i'addresse ma reconnoissance. N'est-ce pas vous qui m'auez tiré des mains de mes ennemis, & arraché de la gorge de la mort? Ie ne sçay pas, repliqua le Pelerin, si ce bonheur m'est arriué, ou si plustost ie ne vous ay point faict de tort en vous ostant la gloire de vous deffaire tout seul de ces deux meurtriers qui vous vouloient assassiner ; tant y a qu'en vous voulant separer, & en me deffendant i'en ay tué vn que sa rage a faict enferrer dans ma lame, & blessé l'autre qui s'enfuit aussi honteusement ayant lasché son espée,

pée, que laschement il vous poursuiuoit; est-ce là vne action digne d'vn si haut prix que celuy que vous me presentez? Quoy? dit le Baron, vous n'estimez à rien ce que ie tiens pour vn souuerain degré d'obligation que vous auez acquis sur moy. Certes c'est autant le propre des ames genereuses d'oublier les biens qu'elles font, comme de ne perdre iamais la memoire des bienfaits receus, soiez courageux en l'vn tant qu'il vous plaira, ie ne veux pas l'estre moins en l'autre. Les recompenses, respondit le Pelerin, ne doiuent pas seulement auoir proportion auecque le seruice, mais encore auecque la personne qui le rend. on reconnoist diuersément vn mesme hazard couru par vn simple Soldat, & par vn grand Capitaine. Si i'estois de vostre qualité ie pourrois aspirer à vostre alliance, mais pour estre Espagnol ie ne suis pas outrecuidé iusque là que de mesconnoistre mon indignité. ie n'ay pas encore oublié ce conseil si commun;

Te veux-tu marier? prës vne espouse égale,
Les partis inégaux ne s'accordent iamais.

Vous parlez en Oracle, reprit le Baron, c'est

c'est pourquoy ie prends vos paroles à contre-sens, c'est peut-estre que sous ce pauure habit vous cachez vne personne si releuée, que ie ne suis pas digne d'entrer en l'honneur de vostre alliance; vous ressemblez à ces marrons qui n'ont rien d'aspre que la peau, aux perles polies qui sont dans vne escaille rude, & à ces terres qui portent l'or infertiles en leur surface. Ie m'apperçoy bien ou que vous estes de plus grande qualité que moy, ou que vous estes engagé autre part, vous auez le cœur noble, le port releué, & la parole d'vn habile homme. ayāt l'esprit que vous auez, ie ne feindray point de coucher tout mon bien sur ceste carte. Dauid n'estoit qu'vn Berger quand il espousa la fille de son Roy, dont la conqueste ne luy cousta qu'vn coup de fonde. Sans m'enquerir d'auantage de vostre extraction, ie vous prendray pour gendre; mais ie me doute, & il y a grande apparence, que vous ne soyez quelque grand Seigneur en habit deguisé, ou que vous ne soyez marié ou Amoureux. L'vn & l'autre pourroit bien estre, reprit le Pelerin, mais plustost l'vn que l'autre. En quelque façon

que

que ce soit ie suis miserable, puisque ie suis descheu du plus haut point de ma felicité, & plus digne en cela de pitié que d'enuie. Quel que vous soyez, dit le Baron, si vous estes en aduersité en vostre païs, vous auez treuué vn refuge en celuy-cy, & vn asyle en ceste maison. Car ie n'auray iamais de bien que ie n'aye reconnuë l'obligation que ie vous ay en quelque façon que ce soit, fust-ce aux despens de ma vie. Imaginez-vous les agonies de nostre nouuelle Amante, tandis que le proces de la vie ou de la mort de ses affections se plaidoit ainsi deuant elle. quel estoit le battement de son cœur, quelles les pointes de sa curiosité, & quels vœux ne fit-elle pour obtenir gain de cause, & emporter celuy qui en si peu de temps l'auoit enleuée à elle mesme?

Merueille, qu'vn Amour qui à grand' peine est né
Vole desia si grand, comme tout empenné,
Et armé de brandons d'vne puissante flame,
Saccage tout son cœur, & embrase son ame.
Quand ce traistre vne fois attacque vn ieune cœur,
Il en deuient bien-tost redoutable vainqueur.

A la fin le Baron voyant que ce tournoyement de paroles ceremonieuses estoit vn cercle qui n'auoit point de fin,

Tome 1.   H

& voulant treuuer quelque resolution pour terminer ses doutes, Monsieur, dit-il au Pelerin, bien que ie sois peu curieux des affaires d'autruy, si est-ce que vos interests m'estans aussi sensibles que les miens propres, me font desirer de sçauoir de vous l'estat de vostre fortune, pour vous faire connoistre par mon assistance que vous n'auez point obligé vn ingrat. Ie ne sçay si c'est temerité ou inciuilité à moy de vous faire ceste demande, mais i'y mets ceste condition qu'elle soit faicte sans vous déplaire, car ie n'en veux rien sçauoir si vous ne voulez, ou s'il vous plaist de m'en declarer quelque chose, ie n'é desire sçauoir que ce qu'il vous plaira. Ie sçay que vous me pourriez faire la mesme responce de celuy qui enquis de ce qu'il portoit sous son manteau, ne voiez-vous pas, repliqua-t'il, que ie l'y porte caché affin que vous ne le sçachiez? Demander à vn homme qui veut estre inconnu quel il est, c'est luy faire vne desobligeäte courtoisie. Aussi vous proteste-ie que ce n'est point tant la curiosité qui me pousse à vous connoistre, comme vn honneste desir de reconoistre en la façon que

que ie pourray mon liberateur. Ce fut icy que l'Espagnol se vid si amiablement engagé à faire le recit de sa vie & de sa fortune, qu'il ne s'en peut excuser, ne demandant qu'vne grace au Baron, encore tout bas à l'oreille, qui fut qu'ayant à dire beaucoup de choses qui luy estoient importantes, il ne desiroit les manifester, qu'à luy & à sa fille, & tout au plus à sa niepce, s'il l'auoit agreable, encore sous le seau du secret, qui est inuiolable aux ames bien faictes. Ce que le Vieillard luy ayant promptement accordé, & sous diuers pretextes enuoyé deçà & delà, & en somme faict sortir les seruantes & les autres domestiques, Quitere & sa Cousine Oronce prindrent des chaires basses, & le Pelerin s'estant assis en celle qui estoit au cheuet du lict du malade, commença le discours de ses Auantures de ceste façon. Vous pouuiez bien me commander entre tant de choses memorables que i'ay veües & remarquées dans le Monde, de vous faire le rapport de quelqu'vne qui vous satisfist d'auantage que celle que i'ay à vous representer. Mais comme il n'est point de meilleur apprentissage que l'experience, aussi n'est-il point de pareille persuasion à celle que nous tirons de nostre propre exemple ; nous naissons Orateurs pour exprimer nos miseres, & quelque difficulté que i'aye à m'expliquer en vostre langue, i'espere me faire entendre, quand pour descrire les disgraces ie deurois emprunter la bouche mesme de la douleur. Voicy donc vne Histoire qui est le tableau de ma jeunesse, peint par mon infortune, & sensiblement graué dans mon souuenir. En la renouuellant elle ne me peut apporter aucun dommage, & son éclaircissement vous peut leuer d'erreur & faire du profit. Ie suis Arragonnois, natif de la Cité d'Huesca, fameuse pour la Pieté & pour les lettres, Noble de naissance, car feu mon Pere estoit vn des principaux Cheualiers de nostre ville, & ma Mere de l'vne des meilleures & plus illustres familles de Lerida. Ce qui m'a donné quelque connoissance de vos mœurs & de vostre langue, est que i'ay pris par l'espace de quelques années en mon âge plus tendre vne legere teinture aux lettres en ceste fameuse Cité de Toloze Chef du Languedoc, & Regente par son

son Parlement d'vne grande partie de la Guyenne. Cité grande, saincte, docte, belle, riche, puissante, & de laquelle on ne sçauroit dire de loüanges qui ne soient inferieures à sa valeur. C'estoit sous la discipline de ces excellens Maistres des sciéces & de la Pieté les Peres de la Compagnie de IESVS. Là il m'auint vne chose, qui est le fondement de tous mes biens & de tous mes maux, & laquelle ie ne puis raconter brieuement sans obscurité, ny longuement sans ennuy, ie la diray neantmoins au moins mal que ie pourray, assez promptement pour ne vous importuner, & clairement pour me faire entendre. Nous estions lors en la fameuse Vniuersité de ceste sçauante Ville, vne brigade d'Arragonnois assez ample, & parce que (selon la coustume de nostre nation) nous nous tenions tousiours serrez, & ne bougions d'ensemble, sans nous familiariser beaucoup auecque les François, on nous appelloit tantost l'armée, tantost la faction Espagnole, & cela non tant par hayne, que par ioyeuseté: car comme nous estions hors de nostre palier, & les plus foibles, nous filions doux.

& nous accommodions (comme l'eau à la façon du vase qui la reçoit) à l'humeur du païs où nous nous treuuions,

Sçachans qu'il falloit viure à la Romaine à Rome,

Et autre part selon les coustumes du lieu.

Et certes pour dire cecy en passant, bien que ce discours soit vn peu hors d'œuure, i'appreuue bien fort le conseil & la conduitte des parens qui enuoyent estudier leurs enfans en vn païs estranger, comme iadis les Romains qui faisoient instruire les leurs à Athenes. Parce que, outre l'aptitude qu'a la ieunesse pliable à apprendre vn Idiome different de son ramage naturel, elle se depaïse de bonne heure, & faict deux ou trois choses en mesme temps ; elle apprend la langue vulgaire auecque les mœurs & les affaires du lieu où elle est enuoyée, & outre cela elle faict les mesmes estudes & quelquefois mieux qu'en son païs. Ioinct que l'education qui se fait aux foyer dans les bras & les molles caresses des parens, abbatardit fort vn esprit, qui ressemble à ces arbres qui profitent d'auantage en vn solage sablonneux & aride qu'en vn gras & plus arrosé.

Ad

Adiouſtez à cela que les Lettres que l'on appelle humaines, ſont beaucoup plus fleuriſſantes, & l'ont touſiours eſté. (teſ-moin l'embleme de l'Hercule Gaulois) en France qu'en Eſpagne. Et i'ay ouy dire le meſme de la Medecine & de la ſcience des Loix. Et quoy que l'Eſpagne penſe tenir le haut bout en la Theologie, le ſeul nom de la faculté de Paris, & de la maiſon de Sorbonne eſt ſi grand qu'il ſuffit de le dire, pour faire tenir ceſte Academie pour la Mere, la ſource, & la Reyne de toutes les eſcoles de Theologie qui ſont, ie ne diray pas en l'Europe, mais en l'Vniuers. Ce fut ceſte raiſon qui fit que nos Peres de diuers lieux d'Arragon nous enuoyerent faire nos eſtudes en ceſte grande ville de Toloze, où la foy Catholique eſt triomphante, & ſans aucune meſlange de gens infectez d'hereſie, où les Egliſes ſont pleines de deuotion & de beaux ornemens, où la Iuſtice eſt ſans corruption, le peuple en grand nombre, les mœurs polies, bref où ſe treuuent toutes les qualitez qui peuuent rendre vne grande Cité recommandable, ſoit au dedans en ſes edifices, en ſes places, en ſes ruës, & en ses habitans ; soit au dehors en la merueilleuse fertilité de la campagne qui l'enuironne. Nostre escoüade y passoit vne fort heureuse vie, & bien que nous fussions estrangers, si est-ce que nous y estions, à n'en point mentir, beaucoup mieux venus & accueillis parmy les compagnies que ne sont les François en nostre terre, où par vne sotte humeur du vulgaire ignorant c'est assez d'estre estrager pour estre rebutté. Ce n'est pas que toute la liziere qui borde les Pyrenées du costé de Guipuscoa, de la Nauarre, de l'Arragon, & de la Catalogne, ne soit remplie de François, & que mesme il n'y en ait vn grand nombre dans le cœur & aux meilleures Villes de l'Espagne ; comme à Sarragoce, Barcelonne, Valence, Grenade, Seuille, Lisbonne, Leon, Tolede, Madrid, Burgos, Pampelonne. Car l'Espagne estant autant degarnie de peuple que la France en regorge, elle admet aisement ceux qui s'y retirent de ces quartiers icy ; mais ce sont pour la plus grand, part des personnes basses, & qui ne sont propres qu'à cultiuer les terres, ou à trauailler aux arts mechaniques, ou à seruir aux

aux mefnages, à quoy les Efpagnols font naturellement pareffeux, à caufe de leur grand courage qui les porte aux armes & à des fonctions plus releuées. Heureufe eftoit noftre brigade, fi auec l'innocence de noftre âge, & le bon accueil qui nous eftoit faict par tout, nous euffions peu conferuer la bonne intelligence entre nous mefmes. Mais comme il arriue ordinairement qu'vn peuple aguerry, & qui manque d'exercice militaire au dehors de fon eftat, fe mutine au dedans, & forme des feditions ou des guerres ciuiles ; de mefme les partialitez fe glifferent parmy nous, & d'vne querelle particuliere fe fit vn monopole qui nous fepara en deux factions & en deux bandes contraires. Et en quoy i'en fuis le plus blafmable, c'eft que ie fus l'vn des principaux autheurs de ces querelles & piccotteries. Mais parce que la caufe venoit de bien plus haut que ne portoit la capacité de noftre ieuneffe, il faut que i'y remonte pour vous faire voir la fource de noftre mef-intelligence. Il y auoit en noftre troupe vn ieune efcolier appellé Hellade, alors mon plus mortel ennemy,

maintenant le plus grand amy que i'aye au Monde. Son Pere & le mien auoient vne inimitié si cruelle & si inueterée, que ne la poüuans quitter ils la vouloient laisser pour heritage à leurs enfans, heritage malheureux, & qui ne peut trainer apres soy que les mesmes miseres qu'accueilloient iadis en leurs maisons ceux qui receuoient le cheual Seïan. Ouy, car s'il est ordonné de Dieu sous peine de son indignation que nous ne laissions point coucher le Soleil sur nostre colere, de peur de couuer en nostre sein le vipereau de la haine qui ronge les flancs de nostre ame, & luy donne la mort, que sera-ce de ceux qui laissent couler tant de Soleils, tant de iours, tant de mois, tant d'années sur leur rancune, & qui n'ayans aucun dessein de pardonner, comme ils desirent que Dieu leur pardonne, veulent mesme continuer en leur lignée leur animosité & leur vengeance, comme se voulans ressentir des outrages passez quand ils n'auront plus de ressentimens, & estendre leur auersion iusques dans le tombeau, ainsi que Polynice & Eteocle, ou bien dire apres ceste Reyne desesperée de la
Muse

Muse Latine, les imprecations qu'elle fit contre son fugitif Amant, souhaittât que les riuages d'Affrique fussent tousiours opposez à ceux d'Italie, & que mesme les flots des mers Tyrrhene & Libyque s'entrechocquassent tousiours, que les armes des deux nations fussent tousiours contraires, & que ses neueux fissent vne guerre immortelle aux Latins? Vrayment ceux qui prattiquét ces haines irreconciliables, peuuent bien dire que leurs os sont enuieillis, c'est à dire leurs mauuaises habitudes tellement enracinées, qu'ils ne s'en peuuent deffaire sans vn puissant effort, & vne assistance extraordinaire de la grace diuine, & chanter auecque le Roy Psalmiste;

De pourriture & de sang tout noircy
*   Coulent mes cicatrices*
Pour ma folie, & courbé de mes vices
* Ie marche à peine angoisseux & transy.*

Que les enfans sont auisez qui renoncent à vne succession si digne d'estre rejettée, & qui ne tirans de leurs parens que le bon exemple, les desauoüent pour Peres en l'imitation de leurs mauuaises mœurs. Neantmoins comme il est aisé de faire
prendre

prendre à vn vaisseau le goust de la premiere liqueur que l'on y verse, il est difficile de le luy faire perdre quand il en est vne fois imbu : de mesme quand on berce les enfans, & quand on les esleue auecque des impressions que l'on ente en leurs esprits, tout ainsi que l'on graue des figures sur la tendre escorce d'vne ieune plante, il est bien malaisé de leur faire quitter quand ils sont deuenus grandelets ces opinions dont ils sont preoccupez, & ce qu'ils reçoiuent en leur creance sans le connoistre, ils le deffendent apres auec vne opiniastreté qu'ils tiennent pour raison. Ie n'auois autre sujet de haïr Hellade (garçon de la meilleure ame, & du plus doux & aimable naturel qui soit en la Terre) qu'à cause que nos Peres estoient ennemis. Ignorant que i'estois que comme le fils ne porte pas l'iniquité du Pere, il ne le doit pas supporter en son iniquité. Mais pourquoy estoient-ils ennemis? c'est ce qu'il me faut deduire auparauant que ie vienne aux effects de nostre haine, qui n'estoit que fille de celle-là. Ils auoient estudié ensemble en l'Vniuersité de Lerida, qui est sur les confins de l'Arragon

& de

& de la Catalogne, & commune aux Arragonnois & aux Catalans. Ce fut là que nasquit leur discord, soit qu'il prist son origine de leur antipathie naturelle, ou des mauuais aspects de leurs estoiles, ou des fascheuses rencontres qu'ils eurent ensemble en ce lieu ; tant y a qu'ils furent presques tousiours en querelle, tantost se brauans, tantost se morguans, tantost se battans, tantost médisans l'vn d l'autre, chacun s'efforçant à mespriser & à raualer l'honneur de son contrariant. Les mauuaises femmes dont les Vniuersitez d'Espagne ne sont que trop garnies, aiderent à allumer ce feu, & par leurs rapports & caiolleries nourrissans leur courroux les mettoient tous les iours aux espées & aux couteaux, sans que iamais leurs communs amis leur peussent faire quitter ceste fascheuse humeur. Si le feu aussi bien que la colere se renforce & s'aggrandit par le progres, ceste contradiction de leur ieunesse fut vne haine formée en leur adolescence, & deuint vne inimitié capitale en leur virilité, qui les a accompagnez en la suitte de leur âge. Estans de retour à Huesca, en toutes choses

ses, ils se contrarioient, & à ce que l'vn faisoit l'autre treuuoit tousiours à redire. En fin le plus grand sujet de leur mortelle auersion fut cestuy-cy. Quand ils furent au temps qui conuie les hommes à prendre party, & à se ranger sous le joug du mariage, leur malheur qui les suiuoit par tout, voulut qu'ils se rencontrassent à faire leurs recherches, non pas certes en mesme sujet, mais en mesme ville. Et comme il est malaisé de se promener en mesme allée de iardin sans se pousser quelquefois, imaginez-vous si cheminãt tous les iours en mesmes ruës, & y faisant les passées qu'ont accoustumé de faire les Amans deuant les logis de leurs Dames, ils se deuoient rencontrer, & si leurs rencõtres ne deuoient pas ressembler à celles du chaud & du froid, qui forment les éclairs & les tonnerres dans les nuées. L'enuie qui fait son mal du bien d'autruy, & qui se baigne à faire déplaisir à ceux qu'elle regarde de trauers, leur donnoit égal desir de se nuire l'vn à l'autre, comme de s'auancer en leur dessein. En faict de mariages on auise à tout, & mesme à la renommée des ieunes hommes, comme à celle des filles.

Le

Le moindre soupçon est tenu pour verité, & vn bruict est pris pour vn oracle. Nisard Pere d'Hellade médisoit par tout & à outrance de Lothaire, qui fut le mien. Cetuy-cy plus moderé & plus retenu (ie le puis dire auecque verité, & sans soupçon de flatterie) se contentoit au commencement de se purger doucement des fausses accusations de Nisard; mais en fin sa patience outragée deuint vne fureur, & non content de recriminer, & de dire selon le mouuement de la colere, le pis qu'il pouuoit de son ennemy, voulut en venir aux armes, estimant que c'estoit à faire aux femmes de se vanger auecque la langue, mais que les hommes y deuoiẽt employer leurs bras. C'estoit en la Cité de Iaca, qui assise à l'embouchure du port de Canfran, opposé au passage des Pyrenées vne Citadelle redoutable. Mon Pere y estoit connu de plus longue main que Nisard, & comme rien n'attire tant la bienueillance que la discretion, il estoit mieux venu que l'autre parmy les compagnies, parce qu'il estoit aussi doux & reserué que l'autre fougueux & arrogant. Il cacha quelque tẽps pour de particulieres

con

considerations le dessein qu'il auoit pour Heduinge, qui depuis fut son espouse, & ma mere, soit qu'il craignist d'estre trauersé en ceste recherche, si elle venoit a estre éclairée par des enuieux ou d'autres pretendans, soit qu'il prist plaisir à couurir sa passion, car l'Amour comme le vin perd sa force par l'éuent. Cependant qu'il estoit captif de cet obiect, il feignoit d'estre libre, & de n'aimer en general que la beauté sur quelque visage quelle se rencontrast. Ceux qui logent en diuers lieux, n'ont d'ordinaire point de maison qui leur appartienne, & ceux qui se disent aimer en diuers endroits, n'aiment en effect en aucun, parce que l'Amour qui tend à l'vnion consiste en vnité; & si nos deux yeux ne peuuent en mesme téps voir qu'vne mesme chose, comme pourroit nostre cœur qui est vnique, se voir en mesme instant attaché à diuers obiects? Ainsi qu'il faisoit paroistre auoir des proiets en plusieurs lieux, diuerses filles firent des desseins particuliers de se soumettre ce grand courage par la puissance de leurs charmes, & la douceur de leurs attraits. Entre lesquels Eriberte, qui fut

depuis

depuis la femme de Nifard fe treuüa eftre du nombre. C'eftoit vne fille toute pleine d'honneur & de Vertu, & qui euſt mieux aimé mourir que d'offenfer fon hôneſteté en la moindre chofe. fille neátmoins, vafe fragile, rofeau du defert, & fille à marier, defireufe d'eftre recherchée, honnorée, caiollée, d'eftre treuuée belle, & plaire à plufieurs, pour en conquerir vn legitimement. Mon Pere dont la conuerfation eſtoit fort douce & pleine d'attraits, principalement entre les Dames, luy pleut extremement, & fi elle euſt efté autant libre comme elle eftoit fuiette, & Lothaire autant vuide d'autre affection qu'elle eftoit remplie de celle qu'elle luy portoit, il y auoit affez d'égalité en leurs conditions pour faire arriuer leur bienueillance à la perfection d'vn Hymenée. Elle l'euft fans doute ietté dans fes rets, s'il n'euſt eſté pris ailleurs; mais il fe treuüa tellement occupé d'vn autre fuiet, qu'il n'auoit plus de place en foy pour foy-mefme. Il n'en eſtoit pas ainfi d'Eriberte, qui n'eſtant preoccupée d'aucune autre paſſion, refiſtoit auecque beaucoup moins de puiffance aux traits que la bône grace

de Lothaire lançoit continuellement dedans son cœur. Quand elle luy témoignoit ses affections par des fauorables paroles, ou des regards que celles de son sexe sçauent mesnagerement dispenser, c'estoit auec vn sentiment autant sincere que celuy de Lothaire estoit deguisé, parce qu'à ces veritables marques de bonne volonté il ne correspondoit que par l'apparence, ayant beaucoup plus de passion sur les leûres que dans ses yeux, & en son maintien qu'il n'en receloit pour elle dans son ame. Ce n'est pas que ces charmes ne luy donnassent des assauts, n'estant pas de marbre, ny de quelque autre matiere insensible, & qu'il n'eust de la peine à s'empescher de reconnoistre ceste inclination gracieuse par quelque espece de reciproque affection, luy ayant ouy dire assez souuent lors qu'il nous racontoit ceste histoire, qu'vn des plus signalez seruices qu'il pense auoir iamais rendus à Heduinge ma Mere, durant qu'il la recherchoit pour l'espouser, estoit la resistance qu'il auoit faicte aux desirs qui l'assailloient du costé d'Eriberte. Car il n'y a rien qui prouoque tant à aymer que
de

de se voir aymé, la fumée n'attirant point plus fortement la flamme, ny le naphte le feu, ny le lunaire l'acier, ny l'ambre la paille, ny l'ayman le fer, qu'vne affection en appelle vne autre. La fidelité neantmoins qu'il auoit secrettement iurée à Heduinge, fut victorieuse de toutes ces illusions, ce qui le rendit triomphant de toutes les difficultez qui s'offrirent depuis en la recherche de son Amante. car en ces occasions

Il n'est point de puissance telle,
Que d'estre constant & fidelle.

D'autant que si l'eau qui est si molle, caue la pierre qui est si dure par l'aide & la succession du temps, que ne pourra emporter vne loyale perseuerance ? auec elle vn qui veut & qui aime, rend faisable l'impossible, & renuerse tous les obstacles qui se presentent à ses desirs. Comme il estoit en ces termes auec Eriberte, suruint Nisard à Iaca, qui resolu d'y prendre party, se treuua de naphte au feu qui sortant des yeux d'Eriberte se vint esprendre en son cœur. Aussi tost & l'Amour d'vn costé, & le desir de debusquer mon Pere qu'il croioit engagé en ceste poursuitte, luy mirent deux esperons dans les flancs, qui le firent fort auancer en sa recherche. Car si ces deux passions d'aymer & de haïr ont tant de force separées, qu'elle violence n'auront-elles coniointes? Il se declare aussi tost seruiteur d'Eriberte, & achemine son dessein à camp ouuert, comme il estoit honnorable, il n'auoit que faire de chercher les tenebres, ny de fuir la lumiere. Les parens qui desiroient loger leur fille, ne pouuoient desagreer les visites de ceux qui estoient portez de ce loüable desir d'entrer en leur alliance. Si Nisard vouloit supplanter Lothaire, cetuy-cy n'auoit pas moins d'enuie de trauerser Nisard: mais leur ieu estoit fort different, & l'auantage tresgrand du costé de mon Pere, car en la difference des pretensions les faueurs estoient bien dissemblables. Nisard qui auoit vne ardante passion pour Eriberte, n'estoit reconnu que par des apparences, encores estoient elles assez froides, & telles que la necessité de la bienseance les produisoit, parce qu'elle craignoit d'esloigner Lothaire de soy par des ombrages & des ialousies. & bien que

cetuy

cetuy-cy ne l'aimaſt que de paroles, & ne l'amuſaſt que pour faire deſpit à ſon ennemy, l'Amour, l'inclination naturelle, la ſympathie, ou vne influence d'eſtoiles la portoit à aymer Lothaire, ce qui ne pouuoit eſtre ſans vne auerſion de Niſard, d'autant qu'vn clou chaſſe l'autre. Que l'on ne parle point des yeux du Lynx à comparaiſon de ceux d'vn Amant, ceux-là ne penetrent que les corps, ceux-cy voyent iuſques dans les penſées. En peu de temps Niſard reconnut que Lothaire eſtoit le plus fauoriſé, & qu'il auoit rencontré en Eriberte vne ame preoccupée. Il commença à faire vne batterie puiſſante, comme s'il euſt voulu foudroyer la place pluſtoſt que de l'emporter par compoſition, comme ſi les menaces & les rodomontades eſtoient des moyens pour ſe faire aimer, bien que ce ſoient des procedures qui attirent la haine de tout le monde. Lothaire au rebours faiſoit des mines ſecrettes, qui enleuoient auecque de la poudre ſans bruit tous les deſſeins de ſon Riual, ne prenant pas moins de plaiſir à augmenter l'Amour d'Eriberte que la haine de Niſard. De ſorte que ce-

I 3

tuy-cy n'auoit que des auantages d'apparence, & l'autre ceux de l'effect. Et n'y a point de doute que si mon Pere eust eu de veritables pretensions pour Eriberte, il ne l'eust emportée sur le visage de Nisard. Mais comme il ne vouloit pas s'y engager, il ne se declaroit pas aux parens, comme faisoit l'autre, qui en fin pour abreger le chemin qui est entre l'espoir & la possession, & mettre tout à faict son imaginaire Competiteur hors d'escole, la fit demander en mariage à ses parens par des personnages si signalez, que ce qu'il n'eust peu obtenir par ses merites, il le croioit suppléer par la grandeur de ses entremetteurs. Les priez eussent bien gardé le respect qu'ils deuoient à sa valeur, & à la qualité de ses intercesseurs, s'ils n'eussent treuué que leur fille l'auoit perdu, car ils la treuuerent determinée pour Lothaire, qui ne la demandoit pas lors qu'ils luy proposerent la requeste de Nisard. Ils l'aymoient auecque tendresse, & ne vouloient point employer la rigueur pour faire plier sa volonté sous la gesne d'vne contrainte. Si bien que la response qu'ils firent à Nisard, fut bien

esloi

esloignée de celle que sa presomption luy faisoit attendre. Ils luy dirent franchement qu'il y auoit quelque secrette Remore qui l'empeschoit de receuoir ses affections, & qu'encore qu'ils luy eussent comme parens persuadé de l'agréer, & commandé comme Maistres, ils n'auoient peu vaincre l'opiniastreté de sa teste. Nisard au lieu d'estoufer augmenta son Amour par ce refus, tout de mesme que l'eau qu'on iette sur les fournaises, embrase leur ardeur au lieu de l'esteindre.

CLEORESTE.

LIVRE TROISIESME.

Il ne s'informa point d'auantage de la cause de ce renuoy, connoissant assez que l'affection qu'elle auoit pour Lothaire engendroit en elle ce mespris. Aussi-tost monterent en son esprit les vengeances, & accoururent en sa pensée les projects de se deffaire de celuy qui seruoit d'obstacle à son dessein. ny le douteux succes d'vne entreprise si temeraire, ny le scandale qui en prouiendroit, ny sa ruine euidente, quand bien il viendroit à oster du monde son ennemy, ne le purent diuertir de sa furieuse pensée. Il se fournit d'armes, & comme il auoit assez de valets, & non faute d'amis & de connoissances, il alloit auec eux de iour & de nuict par la ruë d'Eriberte,

pensant

pensant rencontrer Lothaire deuant sa porte, & là luy faire mesurer le carreau. Cela ne peut estre caché à mon Pere, qui de sa part n'alloit plus que bien accompagné, & mieux couuert, comme celuy qui ne pensoit point auoir de meilleurs amis que ses armes & son espée. Il eust pensé donner trop d'auantage à son ennemy sur sa reputation, s'il se fut escarté d'vn seul pas des lieux où il auoit accoustumé de se promener, ne souhaittant pas moins de l'auoir en teste que l'autre de le chocquer. La maison d'Heduinge n'estoit pas esloignée de celle d'Eriberte, bien qu'en vne autre ruë, & parce qu'il cachoit sa veritable affection autant qu'il pouuoit, par le conseil mesme de la fille, l'vne seruoit de voyle à l'autre, si bien qu'il voguoit sur ceste Mer d'inquietudes passionnées de la façon des forçats, qui tournent le dos au lieu où ils tendent, & le visage du costé d'où ils s'escartent. Il ne parloit que de nuict en vne fenestre escartée à Heduinge, laquelle de iour dans les Eglises ou dans les compagnies il ne regardoit que comme vne personne indifferente, n'ayant des yeux que pour Eriberte que chacun tenoit pour l'estoile de sa nauigation. Il amusoit si accortement Eriberte, que iamais elle ne s'apperçeut, ny seulement se douta qu'il fust engagé vers Heduinge. Comme si le iour n'eust pas esté assez long pour luy parler & le voir, elle desroboit encore des heures de la nuict, pour l'entretenir à la façon de nostre nation à trauers des ialousies. Nisard qui rodoit sans cesse par la ruë, faisant la sentinelle & l'espion pour treuuer ce qu'il eust bien desiré ne rencontrer pas, se glissa si secrettement en vn recoin qu'il eut le moyen d'ouyr les paroles qu'ils se disoient, lesquelles contrefaittes par Lothaire, & trop veritables en Eriberte, semblerent autant d'outrages à Nisard, car les faueurs faictes à son ennemy luy paroissoient comme des iniures pour soy. N'estant que trop asseuré par la voix que c'estoit Lothaire, il sort furieux de son embuscade, comme vn sanglier qui a aiguisé ses deffenses dans sa bauge, & donne la teste baissée sur son Competiteur; l'autre qui estoit bien resolu de l'accueillir, commence auecque luy vn cruel combat, le bruit qu'ils firent, les

estin

estincelles qui fortirent de leurs armes, firent accourir les deux bandes de leurs amis qui estoient escartées, & alors se fit vne forte meslée & vne petite bataille, pas vn neantmoins ne fut tué, & mesme peu y furent blessez, parce qu'ils estoient si bien couuerts, qu'encore qu'ils frappassent d'estoc & de taille, il y eut peu de playes, & beaucoup d'espées qui se fausserent. Le champ neantmoins demeura à Lothaire & à ses amis, les autres s'estans mis en route. Ce qui me fait croire qu'vn Amant qui est en faueur, ressemble à vn joüeur qui est en chance, lequel, quoy que l'on couche sur le ieu, l'emporte tousiours, comme estant en possession de la bonne fortune. Si cela accreut la rage de Nisard, ie le vous laisse à penser ; car comme il n'est rien de si glorieux que de remporter vne victoire en la presence de l'obiect aimé, il n'est rien de si honteux que d'y estre vaincu. Les Spartains auoient ceste ruze de mettre à la teste d'vn second combat ceux qui auoient fuy au premier, affin que le desir de renquerir l'honneur qu'ils auoient perdu, les fist ietter comme des desesperez à trauers le peril,

peril, & faire des efforts extraordinaires. Nisard brusloit d'enuie de reuoir Lothaire l'espée à la main, deslors ils accreurent leurs brigades, & le feu de ce courroux partagea tous leurs amis. Le Magistrat y voulut mettre la main, mais il ne sçauoit comme s'y prendre, car il n'y auoit point de tesmoins d'vne batterie faicte de nuict, & des coniurez il n'y en auoit aucun qui ne pensast plus à se vanger qu'à se plaindre. Durant le iour ils se voyoient aux places, & parmy les assemblées auecque autant de froideur que s'ils n'eussent eu aucune querelle, & cependant toutes les nuicts ils se frottoient à chaque rencontre. Durant ce trouble Nisard s'esloignoit des bonnes graces d'Eriberte, Lothaire s'y auançoit, mais la fille en estoit taxée, & les parens interessez en ce fascheux bruit. Le temps augmentoit l'Amour en Nisard, (car il n'est rien que l'on souhaitte auecque tant d'impatience que la iouyssance d'vn bien deffendu) & à mesure que sa haine croissoit, s'estendoit aussi le desir de vengeance qui luy rongeoit le cœur, & les deux aduersaires viuoient parmy tous ces dangers, sans autre contentement

ment que ce malicieux plaiſir qu'ils pre-
noient de s'entrenuire. Car ſi Lothaire
s'oppoſoit directement à Niſard, cetuy-cy
ſans y penſer traverſoit l'autre en la veüe
d'Heduinge, ce qui luy eſtoit vne affliction bien ſenſible. Ie me ſouuiens encore
d'vn Romance qu'il nous a autrefois reci-
té, par lequel il exprimoit ſon

REGRET.

SI toſt que de la voir ie n'ay plus ce bon-heur,
 Soudain ma paſſion me met à la tenaille
 D'vn regret importun, qui touſiours me trauaille,
Sans donner tant ſoit peu de tréue à ma douleur.
Il ſe gliſſe malin au rempart de mon cœur,
 Il l'aſſiege, il l'aſſaut, luy donne la bataille,
 Qui pis eſt, cruauté! quelque part qu'il m'aſſaille,
Il fait vne grand'breche, & demeure vainqueur.
Ha! regret importun ſi tu veux que ie meure,
 Ou que ton priſonnier à iamais ie demeure,
 Eſclaue dans les fers de ſi dure priſon;
Fay que pour vn moment ie puiſſe voir encore
 Cet aimable ſuiet, qui ſans fin me deuore,
 Et de qui le merite a vaincu ma raiſon.

On dit que parmy les montagnes où les
cheures paiſſent à grandes troupes, il
croiſt vne certaine herbe, qui n'eſt pas ſi
toſt ſous la dent d'vne d'entr'elles, que
tout

tout le troupeau s'arreste comme immobile, n'estant en la puissance du Cheurier de le pousser en auant, que premierement il n'ait arraché ceste plante d'entre les dents de celle qui la porte. Tous les effets & de priere & de violence que pouuoit faire Nisard pour ses amis & pour soy-mesme, estoient inutiles si les tayes ne fussent tombées des yeux d'Eriberte, & l'opiniastreté de son ame. Mon Pere eust prolongé le tourment de son ennemy (qu'il consideroit comme vn Ixion sur la roüe, ou comme vn Promethée sur le Caucase) autāt qu'il eust voulu, s'estant emparé de la volonté d'Eriberte ; mais quand elle eut reconnu sa supercherie, qu'elle qualifia mille fois depuis du nom d'infidelité & de trahison, elle fut aussi tost desgagée de ses filets, & remise en sa premiere liberté. Cecy arriua lors que Lothaire y pensoit le moins, & d'vne façon qui ne pouuoit estre preueüe par aucune prudence humaine. Peut-estre pour le punir de sa duplicité, peut-estre aussi pour recompenser l'honneste simplicité d'Eriberte, & les sinceres & ardantes affections de Nisard. Car en fin le Ciel qui

hait

hait les tromperies, pour témoigner qu'il n'en est point complice, ne les auctorise iamais d'aucun succes heureux. La beauté qui n'emprunte son lustre que du fard, n'est pas de longue durée, les subtilitez ne subsistent que peu de temps, mais la franchise qui a des fondemens plus asseurez, a vne consistance plus longue; Il en est en cecy comme des fontaines, les viues & qui procedent d'vne source naturelle coulent sans cesser, mais les artificielles ne iettent l'eau que durant quelque espace, dont la briefueté tesmoigne l'industrie. Tout à coup vn éclat de tempeste qui deuança son éclair, pensa mettre en cendre les pretensions de Lothaire, & pousser au tombeau toutes ses esperances. Nous auons dit qu'il ne faisoit point paroistre le dessein qu'il auoit pour Heduinge; & comme les filles sont vn assez mauuais meuble en vne maison, ses parens ne demandoient qu'à s'en deffaire honnorablement par la porte d'vn mariage. Pyrenio Gentil-homme Catalan, l'vn des riches Milords de Barcelonne, en deuint espris tout à coup, & sans faire beaucoup de bruit l'obtint de ses Parens

aussi

aussi tost qu'il l'eust demandé. Quoy que l'on presche de l'obeissance & soumission des filles, quand on leur donne le loisir ou la liberté de se choisir des maris, elles font voir quelquefois qu'elles ont des testes, & qu'entre les donner & les liurer il y a vn grand chemin. Toutes celles qui sont promises ne se promettent pas. l'importance est que si elles ne disent le mot, elles ne peuuent estre mariées. Et quand vne iniuste violence liureroit leurs corps; leur parole & leur volonté qui fait l'essence du mariage, leur demeure. Et n'y a force humaine qui puisse gesner ceste liberté. Ce tourbillon estonna la fille qui ne s'y attendoit pas, & en ceste surprise la recherche de mon Pere pensa faire naufrage. Quand on luy proposa Pyrenio, ce fut vn éclair qui luy silla les yeux, elle eut neantmoins vn peu de iugement de reste, qui la fit supplier qu'on luy donnast loisir d'y auiser. Ses parens s'y accorderent, estimans que ce n'estoit que par bien-seance qu'elle eust faict ceste responfe, affin de cacher son honnesteté fous ceste fueille, & monstrer qu'elle estoit fille, qui n'estoit pas comme plusieurs

LIVRE III.   145

sieurs autres pressée de l'impatient desir de se marier. au reste qu'elle auoit l'esprit si souple & si raisonnable, qu'elle ne feroit iamais difficulté de leur obeïr en chose qui luy estoit si auantageuse. Et neantmoins elle n'auoit demandé ce delay que pour auertir Lothaire de cet orage, & pour consulter auecque luy de ce qu'ils auroient à faire pour parer ce coup foudroyant. La resolution fut bien tost prise, qui estoit de se declarer, & de manquer plustost à la vie qu'à la fidelité qu'ils s'estoient iurée. L'Amour esleue les courages plus raualez au dessus d'eux-mesmes, & leur donne vne hardiesse qui ne se peut rendre à aucun effort. Heduinge sort de sa cachette, & respond qu'elle ne se peut rendre aux vœux de Pyrenio, pour estre desia engagée de parole à vn autre. On luy demande quel il est, elle auoüe franchement en ayant la permission de son Amant, que c'estoit Lothaire. Ceste nouuelle paruint aux oreilles d'Eriberte, aussi promptement qu'vn éclair qui se void en Occident, aussi tost qu'il naist du costé de l'Orient. Quelles furent ses fureurs & ses coleres, ie le laisse imaginer à

Tome I.   K

ceux qui peuuent comprendre les rages d'vne fille honnorable outragée d'vn tel affront. Alors les parens d'Eriberte reconnurent que ce qui auoit empesché Lothaire de se declarer en la recherche de leur fille, auoit esté ceste autre affection. blasmans d'vn costé Lothaire de l'auoir ainsi amusée, & comme ils disoiēt, abusée de paroles; d'autre costé l'excusans par l'inimitié qu'il portoit à Nisard, dont il auoit eu plus de dessein de trauerser la recherche, que de nuire à leur fille, & en fin loüans sa discretion, en ce qu'il s'estoit tenu dans le silence & la modestie, ne leur ayant auancé aucun propos, ny faict porter aucune parole qui le peust engager en ceste poursuitte, de laquelle il se retiroit sans leur donner sujet de plainte: Le desespoir d'Eriberte fut bien assez grand pour luy oster le desir d'estre iamais espouse de Lothaire, mais non pas pour la jetter tout à coup dans ces mortelles haines qu'on dit naistre des cendres des plus fortes amitiez. Ce qui parut en ce que iamais elle ne peut vouloir de mal à Lothaire, & ne luy fit sans plus que des reproches de sa duplicité. Voiez vn témoignage

gnage de la bonté de son naturel. Elle ne voulut pas le condamner tout à faict sur vn bruit de ville, sçachant que la renommée transforme souuent le visage des choses,

Aussi prompte à conter vn mensonge inuẽté,
Que lente à publier la pure verité,
Et ne se grossissant que de fausses nouuelles
Qu'elle porte par tout sur le vẽt de ses aisles.

Elle voulut voir Lothaire encore vne fois, & s'esclaircir nettement auecque luy de tout ce qu'on luy auoit rapporté touchant la mutuelle affection d'Heduinge & de luy. Lors qu'il nous racontoit ceste erreur de sa ieunesse, il auoüoit que de sa vie il n'auoit souffert vne semblable peine, que celle de se presenter deuant cet obiect dont la Vertu & la franchise meritoit vn autre salaire qu'vne si cruelle offense. Il n'est pas possible de dire la moindre partie de la confusion qui fut alors en son ame : car il estoit en mesme temps agité de trois differens mouuemens, qui le mettoient en des perplexitez inconceuables. Il aymoit l'honneur, & se voyant en deux paroles, il ne sçauoit où treuuer des excuses pour parer aux obiections de ceste partie qu'il auoit sur les bras. d'autre part la conuersation & la confiance luy auoit faict naistre insensiblement de la complaisance pour Eriberte, par ceste ineuitable necessité d'aymer quiconque nous veut du bien. Mais tout cela s'effaçoit à la presence de l'incomparable affection qu'il auoit pour Heduinge. Il ne sçauoit ny que penser, ny que dire, & moins encore que faire. Car que pourroit-il repliquer à vne personne à laquelle il auoit offert tant d'affection, quand elle luy reprochera son inconstance, en la quittant pour satisfaire à vne autre de qui il ne s'estoit iamais monstré fort empressé? De quel air pourroit-il demander pardon d'vne faute dont il ne se peut repentir? & de quel courage pourra-il rompre des nœuds qui luy sembloient si doux, & dont il auoit de la peine à se faire quitte? veu qu'il n'y a thresor que nous perdions plus mal volontiers, que l'ascendant que nous auons sur la bienueillance de quelqu'vn. Tantost il redoutoit que ceste entreueüe au lieu de guerir la playe de ceste fille offensée, n'y mist d'auantage le feu,

& ne

& ne la portaſt aux extremitez de la haine, & à luy faire vn traittement qu'il peuſt malaiſément endurer. Tantoſt il craignoit de s'empeſtrer luy meſme en des liens, dont il ne ſe pourroit deſgager que par vne violente rupture; & s'imaginoit qu'il falloit pluſtoſt deſchirer ceſte liaiſon pour contenter Heduinge, que s'amuſer à la deſcoudre. Tantoſt il ſe reſoluoit d'eſpargner tant de honte qui ſe deuoit emparer de ſon viſage, à l'aide du papier qui ne rougit point, & de luy eſcrire les plus douces & plauſibles excuſes qu'il ſçauroit inuenter. Mais le deſordre de ſa penſée eſtoit ſi grand, que ce qu'il traçoit, auſſi toſt il l'effaçoit. pareil à ces leſards qui oſtent auecque leurs queües les marques que leurs mains impriment ſur le grauier. Soudain il retournoit eſcrire ce qu'il auoit effacé. ſemblable à la mer qui jette par de petits flots des coquilles en ſon riuage, qu'elle rengloutit par des ondes ſuiuātes, & puis les repouſſe & les rauale par les ſuiuantes agitations, ſans donner aucune trêue à cet exercice. Il eſt impoſſible de bien peindre, ny de coucher des traicts hardis ſur la toile quand la main tremble.

l'archer à qui le bras varie n'attaint iamais au but. l'ame qui n'est pas bien rassise ne peut produire aucune raison qui soit receuable; non plus qu'vn visage ne peut faire voir tous les traits de sa forme dans vne eau agitée. En ceste perplexité la plume luy tomba des mains, & rendu immobile comme vn tronc, à peine pouuoit-il par ses souspirs euaporer son angoisse. Il ne sçauoit que dire au messager qui le conuioit de la part d'Eriberte de se laisser voir, ne sera-t'il pas doublement muet quand il paroistra deuant elle? D'vn costé il void que c'est vne ingratitude inexcusable de refuser sa veüe à vne personne qui luy auoit esté prodigue de sõ cœur, & qu'apres vne telle obligation il auoit si cruellement offensée. Aussi de la voir en ce pitoyable estat où elle deuoit estre reduitte, sans prendre part à ses peines au moins par la pitié, il luy sẽbloit que ce seroit vne cruelle discourtoisie, qualité fort esloignée de son naturel. De l'autre sçachãt qu'il ne luy pouuoit faire aucune response qui luy fust agreable, & redoutãt la ialousie d'Heduinge, qui ne pouuoit manquer de sçauoir ceste entreueüe, & craignant

gnant les faillies que ceste passion pourroit faire faire à Eriberte, il se voyoit entre l'enclume & le marteau; & de mettre ses doigts entre le bois & l'escorce, il iugeoit estre vne imprudence. En fin apres beaucoup de contradictions en soy-mesme, la balance pancha du costé de l'obeïssance au desir d'Eriberte, se promettant de rendre si bonne raison de ce pourparlé à Heduinge, qu'il leueroit toute sorte d'ombrage de son esprit. Il se resolut de donner ce dernier contentement à celle qui auoit reconnu ses feintes affections par de si perfaictes & veritables, & qui pour toute reconnoissance de tant d'Amour qu'elle luy auoit porté, & satisfaction du tort qu'elle en auoit receu, ne luy demandoit qu'vne seule veüe. c'estoient les termes du message, qui eussent peu amollir la dureté d'vn rocher. Il n'y a plume qui puisse exprimer le mouuement de ces deux ames à cet abbord; Lothaire a dit depuis, que quand il iroit sur la sellette pour estre iugé & condamné à vne mort honteuse comme criminel, il ne seroit pas si esperdu qu'il fut alors. tant est forte la douceur de l'amitié, &

violent l'effort de la beauté. Au commencement ils se contenterent de laisser parler leurs regards, parce qu'ils pouuoient mieux exprimer leurs pensées que n'eussent faict leurs paroles. & en se contemplant ainsi l'vn l'autre, l'vn se ressouuenoit de ce qu'il auoit dit, l'autre de ce qu'elle luy auoit ouy dire, chacun digerant à part vne amertume inexplicable. Les offenses qui sont ordinairement si fertiles en excuses, se treuuerent alors steriles en la bouche de Lothaire, sa langue attachée à son palais, & l'horreur de son crime luy leuant la voix, luy osta tout moyen de se faire entendre. Il desiroit parler le premier, pour preuenir son accusation par des excuses qu'il auoit premeditées : mais les belles paroles qui auoient accoustumé de naistre en sa bouche, quand il l'entretenoit de sa feinte passion, y moururent quand il fut question de dire la verité. ce qu'il auoit proietté de dire s'esuanoüit de sa memoire, faisant voir qu'vne moyenne émotion aiguise l'esprit, mais qu'vne excessiue l'estonne & le surmonte. Eriberte iugeant assez sa douleur & son regret par sa contenance

tenance, & ce silence luy estant plus elegant & plus persuasif que tout autre discours, crût à voir le trouble de son apprehension, qu'elle rameneroit à soy ce grand courage; & comme vn champion est à demy vainqueur, qui a mis tout le Soleil dans les yeux de son ennemy; de mesme qu'ayant toute la raison de son costé,& mis toute la confusion de celuy de Lothaire, elle domteroit sa legereté par la force de la raison. Ayant donc receu ceste perplexité pour marque du regret de son offense, elle luy fit entendre qu'elle estoit en resolution de luy pardonner. Sur quoy esclaircissant les rais de ses regards, & serenant l'air de sa face que le courroux auoit troublé & obscurcy, le receuant d'vn accueil plus doux qu'elle n'auoit faict à l'abbord, elle luy deslia la langue dont il prononça ces paroles. Ie prends le Ciel à témoin, vertueuse Eriberte, que ie n'eu iamais vn si sensible regret que celuy que ie porte dans le cœur de l'offense que ie vous ay faitte, faisant sonner à vos oreilles des termes qui procedoient plustost de mes leûres que du ressentiment de mon cœur.

en satisfaction dequoy il n'y a sorte de peine que ie ne vueille souffrir pour vous contenter, & pour me conseruer sinon l'honneur de vostre Amitié, au moins vostre commune bienueillance. Lothaire, dit Eriberte, il est plus aysé de commettre de telles perfidies que de les iustifier. Ce n'est pas auecque des complimens que l'on guerit des outrages. pleust à Dieu que vous eussiez autant de raison que de grace pour publier vos deffauts. Mais encore pour ne presser point vostre esprit auecque vehemence, dites-moy ce que ie vous ay faict pour vous porter à trahir si laschement ma facilité. pourquoy estant esclaue d'vn autre suiet, feigniez vous vn mouuement libre, pour me persuader faussement que vous viuiez seulement pour moy ? Gracieuse Eriberte, reprit Lothaire, deux raisons principales m'ont porté contre mon inclination naturelle à prattiquer ceste subtilité; l'vne, l'obeïssance que ie deuois à celle qui me possede, & à qui i'auois donné ma foy, laquelle desirāt couurir nostre affection de ceste fueille, m'a porté à ceste subtilité plus preiudiciable à mon humeur

LIVRE III. 155

meur qu'à voſtre honneur : l'autre, & plus forte, l'appetit enragé de vengeance qui m'a faict prattiquer ceſte ruze pour tra-uerſer mon ennemy, & luy nuire en la choſe du móde qu'il auoit le plus à cœur. Et faſché de voir tant de perfections que celles qui vous accompagnent, en de ſi mauuaiſes mains, i'eſſayois d'empeſcher qu'il ne poſſedaſt vn threſor qui ne me pouuoit legitimement appartenir eſtant engagé ailleurs. Mais, Madame, permet-tez-vous qu'à ces deux raiſons i'en adiou-ſte vne troiſieſme tirée de vous meſme, & que ie rende vos graces coulpables de mon deffaut? Penſez-vous que pour eſtre attaché à vne autre par les liens de la parole & de la foy, ie demeure inſenſible & exempt des attaintes de ceſte grande paſſion que vous cauſez en mon ennemy & en tant d'autres? Suis-ie moins paſſible qu'eux pour n'y eſtre point ſubject? Eſt-ce vn crime d'aymer ce qui eſt aymable, quelque part qu'il ſoit? Suis-ie ſeul au monde qui en meſme temps ait ſeruy deux Dames? nommez-moy vn Cheua-lier qui n'en ait iamais ſeruy qu'vne. Pe-trarque ſe vante de n'auoir iamais aimé

que

que Laure, mais c'eſt en papier, & que ſçait on ſi ceſte vanité n'eſt point vne feinte poëtique ? Ne conſeille-t'on pas aux Archers d'auoir pluſieurs cordes pour leurs arcs? pourquoy ſera-t'il interdit aux Amās d'vſer de ceſte prudence ? Et ſi par imagination d'vne choſe impoſſible Heduinge ſe fuſt rangée au vouloir de ſes parens, & donnée à Pirenio, ne m'euſt-elle pas baillé autant de ſujet de vous eſtre fidele, comme ſa fidelité me le deffend ? Ce n'eſt pas s'exempter de coulpe, reprit Eriberte, que de produire la multitude des coulpables; au contraire le peché d'imitation ſemble pire que celuy d'inclination. Vous auez l'eſprit plus ſubtil que conſtant, & pluſtoſt fin que iuſte. Il eſt vray que le cours du ſiecle iuſtifie aucunement voſtre conduitte, veu que l'on tient maintenant à galanterie de ſe iouër de la credulité de noſtre ſexe. J'auois bien remarqué en d'autres occurrences la viuacité de voſtre eſprit, mais ie ne l'auois iamais ſi parfaittement recónuë qu'en cette occaſion, où manquant de bonnes raiſons, vous colorez voſtre mauuaiſe cauſe de ſi belles apparences, qu'à peine que mon eſprit
ne

ne se laisse encore surprendre à vos ruzes maintenant que vos artifices me sont découuerts. Pleust à Dieu que i'eusse autant de sujet de vous pardonner, que i'en ay de me plaindre. Encore estoufe-ie ma plainte, quand ie pense à vostre foy donnée à vn obiect qui me surpasse autant en merite, que ie croy le surmonter en affection. Ie veux au preiudice de moy-mesme loüer vostre choix. Ie n'ay point l'esprit si plein d'inegalité, que ie voulusse vous posseder auecque iniustice. les hommes ne valent rien qui ne gardent point leur parole, & ie serois marris de posseder vn corps dont le cœut seroit separé de moy. Puisque vous auez aimé Heduinge auant que m'auoir veüe, & luy auez donné vostre foy auant que de me repaistre de vos vaines protestations, elle est trop mon amie pour luy vouloir enleuer ce qui luy appartient ; & sa Vertu m'est en trop grande recommandation, pour desirer que vous luy fussiez desloyal & ingrat pour reconnoistre ma bienueillance. Ceste consolation me reste en mon déplaisir, que si vous me quittez, c'est pour vne personne de tel prix, que sa valeur
efface

efface le regret & la honte que ie pourrois auoir qu'elle me fuſt preferée. Elle eſt
mon amie de longue main, & tellement
mon amie que ie luy deſire le meſme
bien en voſtre poſſeſſion que ie ſouhait-
trois pour moy-meſme. D'vne choſe vous
veux-ie prier, c'eſt que perdant l'eſperance de vous auoir, ie ne perde pas en vous
ceſte commune & honneſte bienueillance, qui eſt le bien de la ſocieté humaine,
aſſeurée qu'encore que vous ſoyez à vne
autre, ie ne laiſſeray d'honnorer voſtre
Vertu d'vne pure & ſincere affection.
I'auois flechy par mes prieres le cœur de
mes Parens, & les auois amenez à ce
point, qu'en agreant voſtre recherche ils
euſſent enteriné voſtre demande, ſi vous
l'euſſiez faitte de moy: mais la bienſeance
du mõde requeroit que cela vint de vous,
faire le rebours euſt eſté violer les loix de
la modeſtie. Mais depuis qu'ils ont ſceu
voſtre engagement autre part, ils m'ont
remonſtré l'inutilité de mon attente, &
me preſſent fort de receuoir le ſeruice de
Niſard, dont la conſtance, ou ſi vous le
voulez ainſi, l'opiniaſtreté à me demander
témoigne l'ardeur & la fermeté de ſon
affection.

affection. S'il faut que ie me rende à ce party, comme il y a grande apparence que ie cede à l'auctorité & au commandement des miens, si ie ne veux encourir leur iuste disgrace, asseurez-vous qu'espousant vostre ennemy ie n'espouseray nullement son inimitié, selon la loy Chrestienne qui nous ordonne d'aymer nostre prochain, mais non pas ses imperfections. Au contraire i'espere faire naistre par ceste alliance le bien de vostre reconciliation, au moins y feray-ie tous les efforts que l'on doit attendre d'vne ame desireuse de la paix, & de vous voir amis. Quelque mauuaistié que vous m'ayez faict ressentir, asseurez-vous que n'ayant point de fiel ie n'en garde aucune rancune ; au contraire ie croy cela de la veritable bôté de vostre Ame, que vous donnerez à mon Amitié vostre ancienne inimitié, & qu'à ma consideration vous embrasserez volontiers tous les moyens honnorables de vous reconcilier auecque Nisard. N'eust-il pas fallu renoncer à toute humanité, pour ne se rendre à l'extreme douceur & à l'heroïque Vertu de ceste Dame ? Aussi mon Pere tout attendry à la veüe de tant de bonté

bonté, ne luy peut de quelque temps respondre qu'en respondant des larmes, qui témoignoient assez euidemment & le regret de sa faute passée, & le desir qu'il auoit d'y satisfaire par toutes les reparations qu'elle souhaitteroit, la foy qu'il auoit donnée à Heduinge demeurant sauue. En fin par des complimens fort honnestes, mais souuent interrompus par ses souspirs, il luy protesta de conseruer precieusement sa memoire, en luy voüant vne perfaitte Amitié, & regrettant de ne pouuoir estre à elle pour n'estre point à luy-mesme. De ceste façon leur paix fut faitte, & Eriberte & Lothaire remis en leur liberté, celle-là de prendre Nisard, celuy-cy d'espouser Heduinge. Sur quoy ie ne puis que ie ne loüe les bons naturels, qui oublient si aisément les offenses receües, tout ainsi que les bonnes constitutions corporelles rendent non seulement facile la guerison des playes, mais à peine y laissent-elles la marque de la cicatrice. Ces deux Ames fort candides sortirent de ceste conuersation non sans regret de se quitter, mais sans aucune pointe d'animosité. Eriberte effaça de son souuenir
l'ou

l'outrage de Lothaire, bien esloignée d'en rechercher la vengeance, (constitution d'esprit fort rare en celles de son sexe) & la haine que Lothaire auoit côtre Nisard, s'esuanoüit en vn instant tellement de son cœur, que s'il n'eust esté retenu par des considerations mondaines, il eust esté luy-mesme rechercher d'accord son ennemy. Sa courtoisie alla iusqu'à ce point non seulement de souffrir ceste alliance d'Eriberte auecque Nisard, mais mesme il la pria de l'espouser, loüant comme vn Cesar son ennemy aux qualitez qu'il auoit recommandables. De dire que son dessein fust, ou pour se dégager des paroles feintes dont il auoit amusé sa simplicité, ou pour témoigner qu'il consentoit à ce qu'il ne pouuoit empescher, ou qu'il estimast que ce mariage moyenneroit leur reconciliation, il seroit difficile à deuiner. Tant y a que par là il fit voir sa franchise, & l'inclination qu'il auoit de se mettre en bonne intelligence auecque Nisard par le moyen d'Eriberte. La mesme disposition ne se treuua pas en Nisard, soit que son naturel fust corrōpu par vne forte haine, & sa raison alterée par le courroux, soit qu'il fist gloire de sa querelle, car il ne voulut iamais entendre à l'accord que leurs communs amis vouloient moyenner entr'eux. Et tout ainsi qu'vn bilieux ou vn melancholique changent les meilleures nourritures en mauuais suc, & conuertissent tout ce qu'ils prennent en la fascheuse humeur qui predomine en eux; de mesme ce glorieux faisant vanité de sa confusion, se vantoit (iugez auec quel fondement de verité) qu'il auoit faict quitter la carte à Lothaire, & que sur son front il auoit emporté Eriberte. Voylà comme les impertinens triomphent en leurs sottises. Les deux mariages furent bien-tost arrestez. Celuy de Nisard, d'autant qu'Eriberte frustrée de son attente donna les mains à la volonté de ses parẽs, qui iugeoient ce Gentilhomme estre vn party auantageux pour leur fille. & comme le fer arresté par la presence du diamant, court à son aiman ceste pierre estant retirée, de mesme ceste Damoiselle priuée de l'esperance que Lothaire luy donnoit, s'attacha aisément aux conditions qu'elle treuua aimables en Nisard, entre lesquelles ie croy que l'ardante affection

&ction qu'il auoit pour elle tenoit le premier rang. Les nopces de Lothaire & d'Heduinge furent aussi bien-tost concluës, parce que Pirenio qui auoit commencé son Amour par la demande de ceste fille, ne s'y estoit pas encore embarqué si auant qu'il ne s'en peust retirer auecque facilité. Ce qu'il fit auecque prudence, ne voulant pas auoir les restes de l'affection d'vn autre, mais rencontrer pour se pouruoir à son gré, en vn corps entier vne ame toute neufue & non occupée d'aucune autre impression. Il auoit des auantages quát aux biens de fortune, qui eussent sans doute faict pancher la balance de son costé au iugement des parens ; mais comme c'estoit la fille qu'il vouloit espouser, & voyant qu'elle tenoit vn autre party, il fit bien de lascher vn sujet dont la possession luy eust esté plus fascheuse qu'agreable. Ces festes mirent en resioüissance toute la Cité de Iaca. Mais comme les plus beaux iours sont subjects à des nuages, qui nous desrobent par interualles les rayons du Soleil, aussi la haine implacable de Nisard altera beaucoup de la serenité de ces allegresses publiques. Mon Pere protestoit tout haut qu'il ne tiendroit iamais à luy qu'ils ne fussent amis, qu'il estoit son seruiteur, & se resioüissoit de sa bonne fortune, le voyant vny à vne femme de tant de merite & de vertu. Ceste franchise attiroit sur mon Pere les yeux, l'Amour & la benediction de tout le monde. Au lieu que les brauades & les insolences de Nisard estoient odieuses mesme à ceux qui par sa nouuelle alliance estoient obligez de le fauoriser. Il ne tonnoit que Rodomontades, ne vomissoit que des menaces, & ne poussoit que des mespris contre mon Pere dont chacun prisoit la gentillesse & la valeur. Tant il est vray que iamais vn Lyon ne se peut perfaittement appriuoiser, ny adoucir vn naturel que la violence de la Passion a rendu brutal & sauuage. Les delices d'vn nouueau mesnage, qui ont accoustumé d'amollir les cœurs les moins traittables, furent semblables à l'eau de ce fleuue de Pelopomnese, qui empierre les lieux par où il coule; car au lieu de temperer son esprit le rendirent plus rebours & farouche. Les Tygres entrent en rage au son de la Musique, celle du bal de ses nopces le rendit

rendit, ce semble, plus irrité. Tandis que Nisard benissoit son Hymen auec Eriberte, il se mit à mesdire outrageusement d'Heduinge, & à maudire son alliance auecque son ennemy. Ce qui déplaisoit extremement à Eriberte, laquelle (redoutant peut-estre quelque recrimination) ne pouuoit souffrir que l'on offensast l'honneur de son amie, ny la reputatiõ de celuy qu'elle auoit fauorisé de l'honneur de son amitié. Les prieres continuelles qu'elle faisoit à Nisard pour le mettre bien auecque Lothaire, deuindrent à ce barbare des importunitez ; & le desir qu'elle auoit d'esteindre le feu de ceste inimitié dés Iaca, de peur qu'il ne sist quelque embrasement à Huesca, fut pris par cet ombrageux pour vn reste de la chaleur de son ancienne flamme, si bien qu'auant que sortir de Iaca, au lieu de se reconcilier auecque son ennemy, il pensa sinon faire diuorce, au moins se mettre en mauuais mesnage auecque sa nouuelle femme. A ces bigearreries elle presagea combien luy cousteroit l'obeïssance qu'elle auoit renduë à ses parens, & que la vie qu'elle alloit mener auec vn homme si coquilleux & hagard, ne seroit pas trop agreable. mais le dé en estoit ietté, le mariage faict, elle estoit entrée dans la nasse, il n'estoit plus question de regarder en arriere, ny d'en esperer d'issuë que par la mort. Il n'en estoit pas de mesme chez Lothaire, où la ioye estoit sincere, le contentement accomply, & où le ieu, la dance & les festins faisoient vn seiour agreable. Aussi les paisibles, & ceux qui aiment & recherchent la paix, sont-ils appellez à ceste beatitude qui fait posseder heureusement la terre. C'est ce qu'a chanté le diuin Psalmiste,

Que la paix loge entre les tiens.
　Qu'en tes murs discord ne s'esmeuue,
　Qu'en tes tours l'abondance pleuue,
　Que iamais n'y manquent les biens.
Du cœur me tire ces propos
　L'Amour qu'à mes freres ie porte,
　Mes prochains font qu'en ceste sorte
　Ie te souhaitte vn doux repos.

Ce ne fut pas assez au cruel Nisard de traitter ainsi rudement sa nouuelle espouse, & de luy faire voir son mauuais courage auant que de l'auoir introduitte en sa maison. Il ne se contenta pas de luy
deffen

deffendre de luy parler iamais de se reconcilier auec Lothaire, disant que cela luy faisoit soupçonner quelque chose de sinistre, & qu'il ne se fust passé auant son mariage ie ne sçay quoy de sinistre & contraire à son honneur, (qui estoit bien le plus grand outrage qu'on peust faire à vne honneste femme.) mais encore il luy commanda de mesdire de luy, de le haïr comme vn traistre, & de l'auoir pour mortel ennemy. En quoy la vertueuse femme refusant absolument de luy obeyr, detestant la haine & la mensonge comme Chrestienne & soigneuse de son salut, il luy dit des iniures que ie n'oserois rapporter, de peur que vous ne prissiez ma verité pour vne calomnie, & ceste calomnie pour vn reietton de la haine de ses deffauts que i'ay succé auecque le laict. S'il est vray que les abeilles qui font le miel, sont de toutes les mouches celles dont la picqueure est plus douloureuse, il est aussi veritable qu'il n'y a point d'offenses plus sensibles que celles qui prouiennent d'vne Ame dont on espere plustost de la douceur que de l'aigreur. Ce que Nisard ne peut obtenir d'autorité, il tascha de l'auoir par artifice. Il suppose des rapporteurs (que la malignité a tost rencontré des complices!) qui viennent souffler aux oreilles d'Eriberte, que ce n'estoit pas sans suiet que son mary estoit entré en ombrage de sa sincerité, veu que Lothaire parloit mal d'elle si hautement & si publiquement, qu'il n'y auoit compagnie où il ne se vantast des secrettes faueurs dont elle l'auoit obligé, pour tascher de le retenir en ses liens. Il ne faut pas beaucoup pincer ceste corde-là, parce que le ton en est fascheux, & capable à son premier resonnement de faire sortir hors des gonds la patience d'vne femme ialouse de son honneur. Qu'Eriberte fust credule, vous le pouuez iuger par sa facilité à tenir pour veritables les feintes promesses que Lothaire luy auoit autrefois faittes. elle continua en ceste imperfection qui prouient d'exces de bonté, & elle appliqua si soudainement sa creance à ces faux rapports, qu'il s'en fallut peu que la poison de la haine de son mary contre Lothaire, ne glissast dans son cœur. de le voir pour s'esclaircir de ce nuage, il n'en falloit plus parler : car en plublic

iamais

LIVRE III.   169

iamais Nisard ne l'eust permis, si en secret, & que ce pourparlé fust venu à sa connoissance, c'eust esté se rendre coulpable d'vn crime fort esloigné de son desir ; & sans autre formalité son proces eust esté faict, & elle condamnée sur ceste etiquette. Elle ne peut auoir recours qu'à sa plume, dont elle traça ceste lettre en l'exces de son despit, encore voulut-elle la communiquer à son mary auant que la faire tenir à Lothaire, pour luy faire connoistre par là qu'elle rompoit entierement auecque son ennemy. Il me souuient sinon des mots, au moins de la substance qui estoit telle.

LETTRE D'ERIBERTE
A LOTHAIRE.

CE n'est pas pour vous accuser d'infidelité, traistre Lothaire, que ie vous iette ces lignes deuant les yeux ; veu que vostre perfidie m'a faict le plus insigne seruice que vous eussiez iamais peu me rendre, & dont i'ay plus à vous faire des remercimens qu'à former des plaintes. Mais c'est pour vous reprocher la plus extreme lascheté qui puisse tomber en l'ame

L 5

d'vn Cheualier, qui est de mesdire d'vne Dame de laquelle on n'a iamais tiré aucun auantage. C'est moy qui vous verray tousiours d'vn front non alteré, parce que l'honnesteté y a estably son empire, mais vous ne sçauriez voir mon visage sans rougir, s'il vous reste quelque goutte de bon sang. La facilité que i'ay eüe à me dégager de vos protestations, vous deuoit suffire pour vous faire voir que si ie n'auois assez de cordages pour vous retenir en ma suiection, i'auois assez de courage pour vous laisser aller au gré de vostre inconstance. Comme i'ay eu peu de part en vostre possession, i'ay eu encore moins de regret en vostre perte. Vous pensiez autrefois m'amuser par vos belles parolles, mais c'est en vain que l'on tend des filets aux oyseaux qui volent haut & qui voyent de loin. ie reconnoissois assez clairement que vos discours ne naissoient que du bord de vos leûres, & vostre volage humeur se faisoit assez voir en la legereté de vos actions. Vous n'auez Dieu mercy trompé que vous mesme, si vous auez estimé pouuoir treuuer en moy ou des perfections que ie n'auois pas, ou des conquestes imaginaires. Vous sçauez bien que vos artifices n'ont iamais tiré aucune faueur de ma simplicité, que les loix de l'honneur ne la

reglassent

reglassent. C'est contre vostre conscience que vous parlez, si vous auancez des discours messeans, & indignes d'vn homme de bien. Mais quelle conscience cherchai-ie en celuy qui n'en a point eu d'offenser le Ciel de mille sermens, dont il accompagnoit des propos qui estoient en mesme temps dementis par les sentimens de son Ame? Cependant c'estoit pour introduire plus aisément en ma creance ses impostures, feignant de souspirer vne passion dont il ne se pouuoit guerir que par l'inconstance. Le pardon que vous m'auez demandé de vostre infidelité, vous conuainc assez de ce crime; Et ma facilité à vous l'octroyer vous deuoit apprendre que ie me resiouyssois de vostre changement, puisque ie me voyois deliurée de l'importunité de vous ouyr sans cesse souspirer vn mal dont vous ne pouuiez esperer de remede. Et en cela me sens-ie obligée à celle qui en est cause, puisqu'elle m'a releuée de la peine que i'eusse eüe à desabuser vostre esprit, & d'en arracher ses vaines pretensions. Ie ne seray iamais ialouse de son bon-heur, puisque ie luy cede volontiers ce que ie n'eusse peu emporter sur elle qu'à mon desauantage. Ie mets en mesme rang l'acquisition d'vn mesdisant & d'vn ingrat auecque celle d'vn cheual vicieux, qui est souuent
cause

cause de la ruine de son Maistre. Ie vous souhaitte en ce nouueau seruage le contentement que vous ne pouuiez attendre au mien, me contentant du mespris pour reietter en vostre face vos promesses du passé aussi fausses que vos calomnies du present, desquelles comme Chrestienne ie remets la vengeance à celuy qui en est le Dieu, & qui se l'est reseruée. Souuenez vous seulement, s'il vous reste quelque bluette de raison, que c'est cracher contre le Ciel que de mesdire de l'innocence, & que ces ordures retournent tousiours à l'infamie de leur autheur; c'est tirer des traicts contre vn rocher, qui rebroussent contre celuy qui les lance. Ie vous dy cecy pour le soin que i'ay de vostre reputation, qui se perd tandis que vostre malice tasche en vain d'interesser la mienne. Si vous estes sage, vous en prendrez occasion de vous corriger, sinon vostre folie ne doit attẽdre qu'vn iuste chastiment, que Dieu fera de vostre insolence par les mains des hommes. De moy il me suffit de vous dire, que si autrefois, lors que vos trompeuses illusions auoient quelque credit en ma pensée, vous me faisiez plus d'enuie que de pitié, maintenant la connoissance que i'ay de vos deffauts me donne plus de pitié que d'enuie.

De

Livre III. 173

De ceste Lettre qui n'estoit pas encore assez picquante à son gré, Nisard fit de grands trofées, il en fit courir des copies par Iaca, & depuis encore à Huesca, pour monstrer l'innocence d'Eriberte, & la trahison de Lothaire, & aussi pour engager sa femme en la haine implacable qu'il auoit conceüe contre son ennemy. Mais toutes ces industries tournerent à sa confusion, parce que ne se treuuant aucun témoin des medisances qu'on imposoit à Lothaire, ceste accusation estoit dementie par mille bouches, qui sçauoient combien son humeur & sa langue estoient esloignées de la calomnie. Au rebours donc de son dessein Nisard voulant iustifier sa femme, l'exposoit au soupçon, & en aiguisant la curiosité des esprits foibles, il apprit à ceux qui l'ignoroient, que les premieres affections d'Eriberte auoiét esté pour Lothaire, sur quoy chacun fit des gloses à sa fantaisie, & tint-ont des propos fort desauantageux à l'honneur de ce nouueau marié. Mon Pere qui à la veuë de ceste Lettre reconnu aussi-tost de quel costé venoit le vent qui luy auoit esleué cet orage, s'en mocqua au commence mencement, mais ne voulant pas perdre l'amitié d'vne innocente pour la malice d'vn coulpable, il luy fit vne responfe qui luy feruit de collyre, pour luy redonner la veüe que le defpit luy auoit oftée, & pour luy faire voir à clair l'impofture & l'artifice de fon ennemy. Il fe purgea des calomnies qu'on luy attribuoit, & pour les confondre entierement, il mit dans fa Lettre des grandes loüanges de la Vertu d'Eriberte, des proteftations folemnelles de n'auoir iamais eu d'elle aucune faueur, qui ne puiffe eftre accordée honnorablement par vne fille vertueufe à celuy qu'elle croit la rechercher pour mariage, & auoüa que les difcours dont il l'auoit amusée, prouenoient pluftoft du deffein de trauerfer fon ennemy, que de luy porter aucun preiudice; & à la fin fe iettant fur le blafme de Nifard, qui n'auoit iamais voulu prefter l'oreille à aucun accord, il luy lançoit des charbons ardans au vifage, ou pluftoft il verfoit de l'huile fur la braife de fon courroux. La fidelle Eriberte ne manqua pas de remettre ce papier entre les mains de fon mary, mefme auant que de l'ouurir,

& voyez

& voyez le peu de iugement de cet homme, comme si c'eust esté vne amande honnorable, il publie ceste lettre où il y auoit des secrets & des traits qui le deuoient faire rougir ou pluftoft mourir de honte. Ne diriez-vous pas qu'il eust pris à tasche de ramasser toutes les ordures de sa maison, pour s'en faire vne coiffe? S'il en fut blasmé de ses propres amis, imaginez-vous comme il fut drapé par ceux qui ne l'aimoient pas. Quant à Lothaire, il n'eut point de cesse qu'il n'eust desabusé l'esprit d'Eriberte de la fausse impression qu'on luy auoit donnée de sa mesdisance. Ce qu'il fit par l'entremise de quelques Dames communes amies d'Heduinge & d'Eriberte. Ces deux hommes emporterent leurs haines à Huesca auecque leurs nouuelles espouses, là ils continuerent leurs dissensions par de nouuelles piccotteries. Mais Lothaire auoit tousiours l'auantage, parce que outre l'intelligence qu'il auoit dans la maison de **Nisard** estant bien auecque Eriberte, il auoit l'esprit si souple & si accord, que si l'autre par sa fougue & ses caprices se mettoit tous les iours plus auant en la haine publique,

blique, mon Pere alloit auançant en amis & en creance dans noſtre ville, attirant chacun à ſon party par la douceur de ſa conuerſation, & la facilité de ſes mœurs. Que ſi l'humeur extrauagante & altiere de Niſard diminuoit ſes amis au dehors de ſa maiſon, il perdoit tous les iours au dedans quelque choſe en la bienueillance de ſa femme ; car le mauuais traittement qu'il luy faiſoit, & le ſouuenir de ſa premiere flamme, ioint au recit qu'on luy faiſoit des felicitez d'Heduinge qui eſtoit adorée par Lothaire, la faiſoient quelquefois ſouſpirer de ſe voir en de ſi dures chaiſnes? non qu'elle euſt voulu penſer à faire la moindre choſe contre ſon deuoir, mais par vn deſir naturel que chacun a de ſe voir à ſon aiſe. Quelques années ſe paſſerent, durant leſquelles (les boutades de la ieuneſſe ayans cedé à la maturité du iugement) nos Contrarians ſe donnans garde l'vn de l'autre, ne ſongeoient point à s'attaquer. mais ce n'eſtoit qu'vne paix fourrée, parce que les ſemences de leur ancienne diſcorde auoiēt touſiours leurs racines dedans leurs cœurs. Durant ce temps-là naſquirent à

Niſard

Nifard plufieurs enfans, & apres quelques années de fterilité Lothaire eut de fa chere Heduinge ce miferable qui vous parle, & en fuitte vne fille qui porte le nom de Caffandre. C'eft tout ce qu'il a mis d'enfans au monde en l'efpace de fix ou fept ans que fon mariage a duré. Eriberte fut beaucoup plus fertile, car en ce mefme interualle elle eut cinq enfans de Nifard, dont l'vn mourut peu de iours apres fa naiffance, & les quatre autres font encore au monde, dont il y en a deux caufe de ma douleur, & deux de ma ioye. Ie vous tiens long-temps en fufpens fur l'appareil de mes infortunes, parce que ie fremis à l'abbord de leur recit, femblable à vn bleffé qui treffault quand il void l'horreur de fes playes. Mais puifque i'en fuis venu fi auant, il n'y a plus de moyen de s'en defdire, il faut que ie prenne en main ce calice d'amertume, & que i'en face part à voftre pitié. L'on dit que ce qui fit Achille fi genereux, ce fut que fon Precepteur le nourrit de moëlle de Lyon, & que ce qui rend les aiglons fi hardis, eft que leurs meres ne les efleuent que de fang & de carnage. Si les enfans de Nisard estoient nourris à la haine contre Lothaire, nous aussi n'estions bercez que des leçons qu'on nous faisoit pour haïr Nisard, comme l'ennemy capital de nostre Pere. Les enfans sont des arbrisseaux que l'on plic comme l'on veut, de la paste à qui l'on donne telle forme qu'il plaist, des singes & perroquets qui font & disent tout ce qu'ils voyent faire, tout ce qu'ils oyent dire. Ceste impression peu à peu se fit vne passion en nous, ceste passion deuint habitude, & ceste habitude apres passa pour raison en nos esprits. Quand nous-nous rencontrions parmy les autres enfans de nostre âge, ce n'estoit iamais sans nous battre, ou au moins sans nous iniurier. Mais tandis que nous estions en ces contestations enfantines, nos Peres renflammerent leurs animositez, qui en fin mirent en vne mesme année (comme nous croyons) Eriberte & Lothaire au tombeau. Soit donc que le mauuais traittement de Nisard rendist Eriberte moins soigneuse de luy plaire, ou bien qu'elle detestat comme bonne sa malice, & comme Chrestienne sa rancune, ou soit qu'elle eust quelque bluette

de

de son ancienne & premiere flamme dans sa poitrine, elle contredisoit sans cesse à son mary en ceste inimitié qu'il auoit contre mon Pere, & lors qu'il imprimoit en ses enfans des vengeances contre son ennemy, elle y resistoit autant qu'elle pouuoit, & leur persuadoit le contraire. ce qui ne se pouuoit faire sans auancer quelques loüanges de celuy que son mary blasmoit, ce qui luy donna vn cruel auertin, que l'on appelle marteau en teste, ou en vn mot ialousie. Les deux aisnez de ses enfans eurent le visage & l'humeur du Pere, l'vn estoit vn fils appellé Ernest, l'autre vne fille nommée Lucrece: mais les deux Cadets qui estoient aussi l'vn masle, l'autre femelle, auoient l'air, la beauté & la bonté du naturel de la Mere, les deux objects de mes contentemens & maintenant de mes regrets, en somme les deux suiets, l'vn de mon Amitié, l'autre de mon Amour, ainsi que vous entendrez par la suitte de mon Recit. L'vn est cet Hellade dont ie vous ay desia touché quelque mot; l'autre porte le nom d'Eufrasie, (le Pelerin le prononça en souspirant) beau nom le meuble le plus

M 2

precieux de ma memoire. Ce n'est pas sans raison que les Philosophes naturels remarquent si soigneusement les moindres actions & inclinations des enfans, que les Latins marquent d'vn mot qui signifie des petits feux, iugeans par ces productions innocentes du futur succes de leur vie, en la mesme façon que l'on presage l'abondance des fruicts de l'Automne, par les fleurs qui s'escloënt au Printemps. Il est vray que nous auions tousiours ma Sœur & moy maille à partager auecque les enfans de Nisard; mais si la guerre estoit immortelle entre nous, Ernest & Lucréce, les trêues & mesme la paix se faisoit quelquefois entre Hellade, Eufrasie & nous autres. leur humeur n'estoit pas intraittable, ny si farouche que celle de leurs aisnez, leur courroux n'estoit pas implacable, ils reuenoient apres auoir vn peu tenu leur petit cœur; augure sans doute de ce qui arriua depuis, & que ie suis sur le point de vous raconter. Mais il faut auparauant que ie promene mon discours dans les tragicques euenemens, qui firent accroistre le nombre des morts à Eriberte & Lo

& Lothaire. Ces deux Ames ou par vne secrette sympathie, ou par l'influence de quelque mauuais dessein, ne se pouuoient tenir de se retourner l'vne vers l'autre. Comme faut-il appeller ces naturelles inclinations qu'ont de certaines personnes de s'entre-vouloir du bien, sans pretension ny d'offenser Dieu, ny de blesser leur honneur, ny de contreuenir à leur deuoir? ie ne sçay si leur vray nom ne seroit point celuy d'Amourettes. J'entends par là vn certain empressement sans dessein, vn desir qui n'a autre but que la complaisance, vn enlassement de cœurs, vne imperfaitte vnion de volontez, vne inquietude aigre-douce, vne passion d'agréer, vne conuoitise insatiable d'aimer & d'estre aimé, vne recherche perpetuelle d'estre ensemble, vn ennuy en la presence, vn chagrin en l'absence, vn mouuement qui ne sçait ce qu'il cherche, vn voyage continuel sans sçauoir où l'on va, vne tendance aueugle sans connoistre en quel lieu, vne émotion ignorante de sa cause. Parmy ceux qui sõt touchez de cet auertin, & picquez de ce traict, il se passera souuent beaucoup d'années sans qu'il se passe aucune pratique directement mauuaise en leur intelligence, & bien qu'elle s'exerce entre des personnes d'âge, de sexe ou de condition qui ne peuuent legitimement pretendre à la fin du mariage, rien ne se fera neantmoins qui viole les loix de ce sainct lien, quoy que la fidelité y soit alterée, & le renom fort offensé. Il y a des departemens plus indiscrets que malicieux, qui sont pour l'ordinaire plus outrageux en apparence qu'en effect; & comme ceux qui sont tout à faict dans le vice, ont ceste finesse & ceste industrie d'en cacher les demonstrations, ceux qui ne se sentent point coulpables des actions reprehensibles, sont moins soigneux de se tenir dans les termes d'vne modestie estudiée, s'imaginans qu'il suffit de ne faire pas le mal, sans se soucier des soupçons & des ombrages qui peuuent naistre de la liberté de leur conduitte. Sur tout les femmes & les filles ont vne passion immoderée de paroistre belles aux yeux de qui que ce soit, & de se rendre agreables à vn chacun. Et bien que les plus sages choisissent plustost la mort,

que

que de vióler la fidelité qu'elles ont iu-
rées à leurs efpoux, neantmoins la vanité
de donner de l'Amour, de ietter beaucoup d'efclaues dans leurs liens, & de fe
voir adorées côme des Deeffes par ceux
qui idolatrent leurs beautez, les emporte tellement hors des termes de la bienfeance, que fouuent les plus chaftes font
les plus diffamées, tandis que les plus ru-
fées maintiennent leur reputation en
faillant fecrettement, & comme dit le
prouerbe, en viuant finon chaftement,
au moins cautement. Quant aux hommes, ou libres où mariez, & de quelque
qualité qu'ils foient, (ceux-là exceptez
qui efleuez fur vn haut faifte de vertu, fe
mocquent de toutes ces folies) ce leur eft
vn rauiffement fi grand de fe voir dans
les graces de quelque Dame, qu'il femble que ce foit là le merite premier qui
entraine apres foy par la rapidité de fon
cours toutes leurs paffions. Quand ils fe
voyent aymez, rien ne les peut empefcher d'aymer, vne fecrette gloire leur
enfle le cœur, qui leur fait treuuer vn tel
gouft en cefte complaifance, qu'il ne pri-
fent ny leur honneur, ny leur vie pour la

conseruer. Ie ne sçay si l'intelligence particuliere d'Eriberte & de Lothaire n'estoit point de ceste sorte d'amusemens que ie viens de depeindre. Ie ne veux pas encourir la malediction de Cham en descouurant ce qui peut-estre honteux à celuy qui m'a mis au monde, i'aimerois mieux me mettre de la part de Iaphet & de Sem, & voyler ce mal (s'il y en auoit) du manteau d'vn ingenieux silence; mais i'ay ouy tant de fois asseurer qu'il n'y en auoit point, que cela me fera dire tout simplement ce que i'en croy en la façon que ie le pense. Le traittement indigne porte aisément les femmes à l'appetit de vengeance qui leur est si naturel, & Lothaire voyant vn si beau suiet pour marier ensemble son ancien Amour auecque sa vieille haine, soit que l'image d'Eriberte nageast tousiours en vne belle forme dans son imagination, soit qu'il se flattast de ceste vanité d'auoir tousiours quelque part en son courage, soit que la pitié de la voir si mal traittée le conuiast à la soulager par sa communication, soit (ce qui est assez vray-semblable) que le desir de se vanger de son ennemy en luy

met

mettant des tintonins dans la teste, le picquast. Comme que ce soit, ses menées & ses conferences auec Eriberte ne peurent estre tousiours conduites si secrettement, qu'il ne parust quelque rayon de ceste flamme. Voylà Nisard ialoux, c'est à dire, vn taureau furieux en la ruë, vn tonnerre grondant en compagnie, vn demon en sa maison. Il l'est à camp ouuert, il tempeste, il menace, il outrage sa femme & de faict & de parolles, il corne la vengeance contre Lothaire, mais il treuue peu d'amis qui accourent à son secours, & qui vueillent le seconder en ce caprice; au contraire chacun le blasme comme le plus insupportable mary de la ville; tout le monde plaint Eriberte, elle est proclamée innocente ; & mon Pere de son costé se treuue tant de soustenans que Nisard ne pensant auoir qu'vne querelle particuliere, se treuue toute la Cité sur les bras, mocqué, rebutté, baffoüé, blasmé & sifflé par tout. Si cela redouble sa fureur, ie le laisse à vostre iugement. Mon Pere qui auoit le vent en pouppe & le haut du paué, se voyant en toutes façons maistre du dé & de la fortune, luy faict mille brauades, qui estoient moins supportables que des coups d'espée au fier Arragonnois. Auec vne petite armée de ses Amis, & secondé d'vn applaudissement general de tout le peuple, qui croyoit que la ialousie de Nisard se deuoit estoufer par ces remedes violens, tout ainsi qu'auecque le fer & le feu on guerit les gangrenes; il passe, & repasse deuant la maison de son ennemy, chacun crie viue le braue Lothaire. Il estoit lors la Lothe des cœurs affriandez de ses appasts, & s'il faut donner à vn particulier ce tiltre d'vn ancien Empereur, l'Amour & les Delices publiques. Ce triomphe de Mardochée ietta vne si furieuse enuie dans le cœur de l'orgueilleux Amon, qu'il ne pouuoit plus durer en sa peau. Où ne pouuoit arriuer la peau du Lion, c'est à dire, la force, il y attacha celle du Renard, la trahison & l'artifice. Le desespoir le porta iusqu'au desir de se deffaire de sa femme & de Lothaire, comme des deux plus grands ennemis qu'il eust au Monde. Et de faict soit la rudesse du traittement qu'il fit à ceste innocente, soit la douleur de la prison où

il

il la mit,& les fers dõt on dit qu'il la chargea, soit la poison (qui estoit l'opinion la plus commune l'abbatirent sous vne maladie, qui luy fit sortir l'ame du corps par vne hemorragie ou continuelle perte de sang, que l'on ne peut iamais arrester. le peu de regret que Nisard témoigna de sa perte, le rendit coulpable de ceste mort en la creance du vulgaire. Mais si le Soleil auoit éclairé sa faute, la terre la couurit aussi-tost,& aucun ne se faisant partie contre luy, la chose en est demeurée là. Eriberte est morte, & luy viuant, Dieu l'attendant à penitence s'il est chargé de ceste offense, ou le reseruant à quelque supplice extraordinaire s'il ne s'en repent. Peu de mois apres mon Pere tomba malade, & bien que son mal au commencement semblast leger, aussi tost qu'il s'en vid atteint il se iugea mort, disant qu'Eriberte l'aiournoit à la sepulture, & qu'vne mesme main le poussoit auec elle au tõbeau. Sa maladie fut lente & longue, il demeura quatre ou cinq mois dans le lict auec vne fieure etique & languissante, qui le minoit à veuë d'œil, & le menoit au monument. Outre cela il fut

tour

tourmenté de vomissemens horribles, de conuulsions estranges, & de contractions de nerfs tout à faict extraordinaires. les Medecins y perdoient tout leur sçauoir, & l'experience de leur art, ils auoüoient de n'auoir iamais veu de pareils symptomes. La mesdisance là dessus forgea des opinions de poison ou de charmes, qui n'estoient pas tout à faict sans fondement & sans apparence. Lothaire mesme le crût au commencement; mais remis en meilleure assiette par la remonstrance des Prestres & des Religieux qui l'assisterent spirituellement durant son mal, il nettoya sa fantaisie de tous ces ombrages, & se remit entre les bras de la Prouidence & misericorde de Dieu, il pardonna sa mort à quiconque en seroit la cause, renonça à toute rancune & inimitié. iusqu'à demander & faire demander pardon par son Confesseur à Nisard, duquel il auoit esté tant de fois outragé. Ceste longue affliction qui preceda sa fin, fut peut-estre la vie de son ame, & vne grace speciale de Dieu, qui le preuient par ce moyen-là de ses benedictions de douceur; il eust pû en plusieurs mauuaises uaifes rencontres demeurer fur la place, & mourir la rancune dans l'ame, & en eftat d'eternelle damnation, au lieu qu'il eut le loifir de faire icy bas sō Purgatoire dans les fouffrances de tant d'horribles douleurs qui effayerent fa patience, mais ne la vainquirēt pas. O que les mifericordes de Dieu font fidelles, que fes iugemens font de grands abyfmes, que profondes les richeffes de fa fapience, & fes routes peu connoiffables ! fes routes font toutes iudicieufes, par lefquelles il atteint fortement, mais fuauement à la fin qu'il a determinée ; mais elles furpaffent noftre capacité, car qui a iamais connu le fens & le fecret du Seigneur? qui a iamais conceu l'immenfité de fon infinie puiffance ? O combien il eft vray que Dieu chaftie les enfans qu'il aime, & qu'il fait mourir en la Croix ceux qu'il veut fauuer, en les rendant conformes à l'image de fon fils crucifié. Voyez en fin le mauuais courage de Nifard en cefte extremité où eftoit, & peut-eftre où il auoit reduit Lothaire, il ne voulut iamais ny le vifiter, ny prefter l'oreille à ceux qui luy demandoient pardon, parauanture

d'vne

d'vne faute que luy-mesme auoit faitte. S'il est vray que le cœur endurcy doit faire vne fin malheureuse, que doit-on attendre de celle de cet homme qui se monstre si peu Chrestien? La grace à Dieu, mon Pere qui auoit eu l'esprit si traittable durant sa vie, eut en sa mort vne telle docilité, qu'il fut comme vne boule de cire molle entre les mains de ceux qui veillerent autour de son ame, de laquelle ils tirerent tous les actes de foy, d'espoir, d'Amour, de patience, de benignité, de resignation à la volonté de Dieu, de contrition & de penitence qu'ils en voulurent exiger. & dans ce bucher aromatique ce Phenix des bons Peres mourant renasquit à vne meilleure vie. Ie serois trop long si ie voulois particulariser les circonstances qui rendirent sa mort si belle, que ie croy qu'elle est precieuse deuant Dieu. Celle-cy seulement qui fait à mon suiet, bien que ie fusse alors extremement ieune, en me donnant sa derniere benediction il me commanda d'aymer & d'honnorer Nisard & tous ses enfans, de ne penser iamais à l'inimitié qui auoit esté entr'eux, ny à faire aucun

cun ressentiment contre luy de sa mort, ne voulant pas croire qu'il y eust contribué en aucune maniere. ce fut la remonstrance qu'il me fit, laquelle demeurera à iamais grauée en ma souuenance & au plus profond de mon cœur. Le dueil de ma Mere fut inconsolable sur ceste perte, & son auis bien different de celuy du mort. Car faisant vn oracle d'indubitable verité du bruict commun, qui estoit que Lothaire auoit esté ou empoisonné, ou ensorcelé par Nisard, elle ne nous parloit tous que du sang de nostre Pere, qu'elle disoit demander vengeance de celuy qui auoit malheureusement accourcy le nombre de ses iours. C'estoit son entretien ordinaire. Ses redittes & ses persuasions eurent beaucoup plus de force sur nos ieunes cœurs de ma Sœur & de moy, que ce que nostre Pere ne nous auoit dit qu'vne seule fois, encore d'vne voix languissante & mourante, & sur le point de rendre son ame à Dieu. Ma Sœur principalement, & comme fille, & comme plus susceptible de ceste impression, & comme preschée plus souuent par ma Mere, se laissa aller à vne telle haine

haine de Nifard & de toute fa maifon, qu'elle ne pouuoit ouyr parler fans fremir de colere ny de luy, ny de toute fa parenté. Et ce venin fe gliffa fi auant dedans fes veines, (peut-eftre à l'imitation de ma Mere) qu'és Eglifes ou és compagnies fi toft que Nifard paroiffoit, ou quelques-vns de fes enfans, tout le fang leur montoit au vifage, & elles fe laiffoient tranfporter à des cris, & à des actions qui monftroient la foibleffe de leur nature en la force de leur paffion. Aux vns cela donnoit de la pitié, aux autres cela fembloit ridicule. Aux vns ce reffentiment paroiffoit iufte, aux fages exceffif. Rien à mon auis ne les pouuoit excufer que cefte qualité de femme & de fille, qui met à l'abry toutes fortes d'infirmitez. En ce temps-là mes parens confeillerent à ma Mere de m'enuoyer faire mes eftudes à Tolofe, qui n'eft diftante de noftre ville que de deux ou trois iournées, pour me depaïfer, & pour goufter vn peu la douceur de l'air François. Nifard y enuoya auffi quelque temps apres fon Cadet, parce que fon aifné tout à faict porté aux armes, ne pouuoit accommoder

moder son humeur à l'apprentissage des lettres. Ce fut donc là que nous renouuelasmes les querelles immortelles de nos Peres, & comme ils auoient en leur temps mis & Iaca & Huesca en factions, nous partageasmes de mesme les courages de ce qui se treuua d'Espagnols en l'vniuersité de Tolose, chacun attirant à sa cordelle ceux qu'il pouuoit gaigner pour sa deffense. La bourrasque de ces mutineries fut bien tost euentée par ces Religieux Peres de la Compagnie de IESVS, sous la discipline desquels nous faisions nos estudes. D'autant que non moins vigilans sur les mœurs de leurs Escholiers, que diligens à les bien instruire, il ne se peut faire ny desbauche, ny fripponnerie, ny desreglement, qu'ils n'en soient aussi-tost auertis, & n'y mettent vn ordre admirable. Le dernier supplice de la milice Scholastique est bien different de celuy de la iustice du Prince, car il n'est que trop reiterable ; nous fusmes foüettez pour nos batteries & refoüettez en enfans de bonne maison: mais comme les enclumes s'endurcissent sous les coups des marteaux, c'estoit vn remede qui affermissoit nos cœurs en leur mauuais propos plustost que de les en diuertir. C'est de tout temps (comme il est marqué dans l'histoire) que les Espagnols ont faict gloire de surmonter les gesnes les plus exquises, & les tourmens les plus cruels ou par constance, ou par opiniastreté. En fin ce que ne peut le tourbillon, l'emporta le zephyr, & nous despoüillasmes nostre haine par la douceur des rays du Soleil de la pieté, que nous n'auions iamais voulu relascher par le vẽt impetueux des chastimens plus exemplaires. On estoit sur le point de nous bannir des escholes comme dyscoles & incorrigibles, & de nous retrancher de la conuersation de nos compagnons comme des membres pourris & gangrenez; quand vn bon Pere Confesseur, auant qu'on taillast ces mauuais arbres, pria le Pere Prefect des estudes de luy permettre de les cultiuer vn peu, & de mettre du fumier à leur pied. Il nous entreprend separément, & sans faire icy vne longue liste de ses persuasions, il eut tant de pouuoir sur nos ames, tantost en nous representant l'horreur du peché, &

des

des peines qui luy sont preparées en enfer, tantost la beauté du Paradis que nous perdions pour vne miserable rancune, tantost l'effray de la mort qui nous talonnoit, & apres elle le iugement horrible du grand Dieu, tantost nous tansant aigrement, quand il nous voyoit insensibles à ses remonstrances, tantost nous coniurant par les entrailles de la misericorde de IESVS-CHRIST, & en l'honneur de sa saincte Passion & de ses sacrées playes, qu'en fin ce bon Samaritain guerit nos playes auecque l'huile doux & le vin mordicant. & peu à peu auecque la patience & la doctrine de salut il nous remit au train de la raison, & aux termes de nous reconcilier, & d'estre desormais amis & comme freres. A dire la verité, rien ne parle au cœur que le cœur, la langue pour bien penduë qu'elle soit, ne touche que les oreilles. Il parla si cordialement au cœur de Ierusalem, qu'il attaignit le vif de nostre mal, & y apporta les vrais remedes. ô que beny soit à iamais ce bon, deuot & zelé Religieux qui nous a retirez des portes & de l'ombre de la mort, pour nous remettre en la bonne voye. Il nous fit confesser, pour creuer par vne salutaire penitence l'apostéme qui nous chargeoit le cœur. Auecque ceste saincte preparation il nous fit approcher de la table sacrée, pour voir nos cœurs en ce corps precieux & sacré du Redempteur, qui est le sacré ciment du corps mystique de l'Eglise, & duquel sont bastis les murs de la spirituelle Ierusalem composez de pierres viues. nous mangeasmes ce pain celeste, ce pain des Anges communiqué en terre aux hommes de bonne volonté, ce pain sans leuain d'aigreur, ce pain vif & viuifiant, qui est la chair du Sauueur donnée pour la vie du monde. Que si le corps mort d'Elisée eut le pouuoir de redonner la vie à vn homme mort par son attouchement, quelles resurrections n'excitera dans les ames mortes par le peché celuy du Redempteur? Ce fut là nostre pierre Philosophale, qui changea nostre talent de plomb, ou plustost nostre maltalent de fer en pur or de charité. Par ceste viande, en laquelle il ne faut point sans peine de condamnation mesler le fiel & le vinaigre des rancunes, puisque c'est le Sacrement

ment de la commune vnion des Chreſtiens, nous euſmes quelque part à la douceur de cet Agneau qui ſe teut deuant ceux qui le tondoient, & qui ſaoulé d'opprobres ne deſtourna ny ſon viſage, ny ſes ioües de ceux qui crachoient en l'vn, & qui ſouffletroient les autres. Nous proteſtaſmes de ne le crucifier plus par noſtre animoſité, en l'abreuuant du fiel & du vinaigre de nos coleres. nous depoſaſmes toute malice, & comme des enfans nouuellement nez, ou pluſtoſt renez à la grace, nous deuinſmes raiſonnables, traittables, ſans deſſein d'aucune ſupercherie, amoureux du laict d'vne ſaincte amitié. La deuotion qui nous eſtoit auparauant inconnuë, ou ſi nous en auions quelque connoiſſance, ce n'eſtoit qu'en Idée, entra dans nos eſprits comme la Reyne de la droitte de Dieu, qui fit en nous vn changement de la main du Treſ-haut. nous deſpoüillaſmes le vieil homme, & nous reueſtiſmes du nouueau, ſi bien que nous n'euſmes plus comme les premiers Chreſtiens qu'vn cœur & vne ame, & ceſte ame & ce cœur eſtoient l'Amour de Iesvs-Christ, l'ame de nos cœurs, & le cœur de nos ames. Ceste diuine Amour s'estant emparée de nos poitrines par la frequentation des diuins Mysteres, accreut merueilleusement nostre mutuelle dilection. nous-nous estonnions autant de nostre haine passée que de nostre amitié presente, & nous-nous esmerueillions comme il estoit possible qu'vne si grande metamorphose se fust faitte en si peu de temps; nous oubliasmes tellement les causes de nostre haine, que nous ne pouuions deuiner pour quel suiet nous-nous estions haïs si capitalement, & nous treuuions tant d'occasions de nous vouloir du bien que nous admirions comme il s'estoit peu faire que nous ne nous fussions aymez plustost. Nous regrettions le temps perdu en ces debats, & auquel, faute de nous entreconnoistre, nous n'auions point gousté ceste douceur incomparable qui se treuue en la perfaitte amitié, & en l'vnion de deux volontez entierement conformes. Nous ressemblasmes à la racine de l'herbe Aproxis, qui ne s'allume pas peu à peu comme l'autre bois, mais s'esprend tout à coup en toutes ses parties.

Nostre

Noſtre correspondance ſe treuua ſi entiere, que quand nous euſſions eu à taſche dés le berceau de la faire croiſtre, nous n'euſſions peu l'eſleuer à vn plus haut faiſte qu'elle ſe treuua dés ſa naiſſance. nous-nous ſentiſmes tout à faict & tout à coup engagez l'vn à l'autre, & noſtre amitié accomplie en ſon origine reſſembla à ces riuieres qui portent bateau dés leur ſource. Si nous admirions nous meſmes cet effect, il ne cauſoit pas moins d'admiration en ceux qui le conſideroient; mais ils reſſembloient à ceux qui s'eſtonnent du mouuement de l'aiguille d'vn Cadran, ignorans les reſſorts de l'horloge qui ſont au dedans. les œuures de Dieu ſont perfaittes, & ſi ſoudaines qu'elles cachent leur cauſe dans la haſtiueté de leur effect. Nous ne pouuions plus durer l'vn ſans l'autre, & ie ne pouuois plus ſauourer vne bonne penſée que mon Hellade n'en euſt la communication, comme de ſa part il auoit les yeux & le cœur touſiours retournez vers ſon Orant (car c'eſt ainſi que ſe nomme ce chetif Pelerin qui vous parle. & l'ayman n'a point tant de tendance vers le Nort, qu'il auoit d'inclination vers la clairté de son Orient, & c'est ainsi que par faueur il m'appelloit pour l'ordinaire. I'estois l'Astre de son soucy, & il estoit le soucy de son Astre. ie paroissois à ses yeux comme l'Orient à ceux des oyseaux, qui saluënt le Soleil leuant de leurs diuers ramages. ie luy estois vn or riant, & le plus agreable obiect dont il se peust repaistre, & il me paroissoit comme vn feu S. Elme, signe de calme & de bonace, Non, il n'y eut iamais rien d'esgal à la bonté & à la sincerité du cœur de cet Amy. Il ne me flattoit point en mes deffauts, & ie le reprenoit librement des siens, nos entretiens estoient ronds & sans fard, nous viuions à cœur ouuert & sans ceremonie. tous nos petits biens estoient communs entre nous, & n'y auoit rien de particulier en nostre amitié, que ceste singularité de complaisance que nous n'auions point auecque les autres; non pas que nous n'aimassions nos compagnons, & sur tous nos Compatriots, selon l'ordre & la reigle de la Charité Chrestienne, Mais il s'en falloit beaucoup que leur Conuersation ne nous touchast au cœur

comme

comme faisoit nostre reciproque communication. Ceux que nous auions autrefois seduits pour faire des monopoles & factions, & les rendre complices de nostre haine, estoient conuiez à participer à nostre reconciliation, & à se resiouyr de l'oüaille esgarée & de la dragme perduë, recouurées. Nostre bienueillance qui auoit pour fondement solide l'Amour de Dieu, qui nous portoit à la Vertu & à la Pieté, ne pouuoit plus estre esbranslée, non pas mesme par toutes les portes d'enfer. Nostre Directeur qui auoit sceu les causes de nostre haine, pour en arracher tout à faict de nos cœurs & les surcots & les racines, nous auoit expressement faict renoncer à la haine qui auoit esté entre nos Peres, & protester sainctement, que ny leurs menaces, ny leurs caresses, ny la mort, ny la vie, ny la crainte, ny l'esperance, ny le present, ny l'auenir, ny la bonne, ny la mauuaise fortune, ny creature quelconque ne nous separeroient iamais de la Charité de Dieu respanduë en nos cœurs par la grace du Sainct Esprit, qui nous auoit esté communiquée aux diuins Myſteres. A la fin, la profeſſion de noſtre amitié fut ſi publique, noſtre changement de ſi grand exemple, & noſtre mutuelle affection ſi rare, & ſi eſleuée au deſſus des communes affections, que chacun nous regardoit auec admiration & loüange, comme ſi nous euſſions voulu renouueler en ce ſiecle ces pairs d'Amis ſi fameux, & dont l'Antiquité fait tant de feſte comme de Damon & de Pythias, de Theſée & de Pyrithoë, & ſur tous d'Oreſte & de Pylade. Noſtre Directeur auſſi content de nous voir venus à vne reſipiſcence ſi exemplaire, que le bon Pere de l'Euangile de voir le retour de ſon Prodigue enfant, nous conuia à la continuation de noſtre ſaincte amitié en nous appellant Oreſte & Pylade, par vne eſpece de Confirmation. Ce changement luy fut aiſé à faire & à rencontrer, car d'Oraht (qui eſt le nom d'vn Sainct Eueſque de Iaca, & qui depuis fut Archeueſque d'Auch en ceſte Gaſcogne) il luy fut aiſé de faire Oreſte, & d'Hellade Pylade. Cette inuention fut treuuée ſi plauſible que chacun nous appella ainſi; ce qui nous engagea fortement

ment à nous entr'aimer, portez à cela &
par l'applaudiſſement public, & par noſtre inclination particuliere. & ceſte couſtume fut-telle, que non ſeulement nous
reſpondions à ces noms-là, mais nous
treuuions eſtrange, & en fin mauuais
quand on nous appelloit autrement. Vne
ſecrette gloire d'eſtre diſtinguez des autres par vne ſi bonne marque, nous tenoit
tellement vnis, que qui frappoit ou iniu-
rioit l'vn, auoit incontinent l'autre ſur
les bras : nos biens, nos maux, nos querelles & nos accords ne ſe ſeparoient
point. Il n'y auoit celuy de nos compagnons qui ne redoutaſt de nous attaquer,
car nous eſtions auſſi toſt deux contre
luy. Pluſieurs fois noſtre Regent nous
voulant chaſtier pour des fautes aſſez
communes aux eſcholiers, nous-nous
preſentions au ſupplice l'vn pour l'autre,
& lors toute la Claſſe crioit Oreſte &
Pylade, & le Maiſtre les larmes de ioye
& de pieté dans les yeux nous pardon-
noit quelquefois en faueur de noſtre amitié. Mais ceſte Indulgence ne duroit pas
touſiours. Car n'eſtant pas iuſte que l'innocent patiſt pour le coulpable, ny que
celuy

celuy-cy fust, exempt de peine par les prieres de celuy-là, la correction se faisoit de celuy qui l'auoit meritée. Alors vous eussiez veu l'autre se debattre & pleurer non tant de la souffrance de son Amy, que de ce qu'il s'en voyoit exempt; & vne fois il arriua qu'Hellade me voyāt legerement punir pour vn petit manquement, en alla aussi tost commettre vn semblable, seulement pour estre par ceste coulpe compagnon de ma honte & de ma douleur. en chose petite grand exemple d'vne amitié desmesurée.

CLEORESTE.

LIVRE QVATRIESME.

N commerce si remarquable & si public ne peut pas estre ignoré de nos parens ; nos compagnons leur escriuirent non seulement nostre reconciliation, mais nostre estroitte amitié. de vous dire les fureurs qu'en conceut Nisard, & la colere où ma Mere entra contre moy, il est inutile. Nisard foudroya mille maledictions sur son fils, & fit pis ; car semblable au tonneau plein de moust, qui pour se purger au dedans se salit au dehors, il lascha des iniures contre le pauure Hellade, qui formoient vn pannache à sa propre teste en quelque façon semblable à celuy que portent les Cerfs. Il l'appelloit bastard, & fils de Lothaire, ce qui honnoroit fort la memoire d'Eriberte, &
le

le couronnoit d'vn chappeau de laurier fort triomphant. Nous receufmes des lettres, luy de fon Pere, moy de ma Mere, fi foudroyantes & fi pleines d'anatheme, que fi nous n'euffions efté bien inftruicts en la police de noftre Religion, nous euffions pensé eftre excommuniez lors que nous ne l'eftions plus. Toutes les fleurs de cefte furieufe Rethorique n'eftoient que maledictions, lefquelles bien qu'iniuftement lancées nous faifoient trembler, mais noftre Directeur à qui nous communicafmes ces efcrits, nous raffeura, & en imitant la Mere de Iacob, prenant toutes ces maledictions fur foy, nous dit que quand il y alloit du falut, il valloit mieux obeïr à Dieu qu'aux hommes. que cet inique commandement qu'ils nous faifoient de rompre noftre amitié, & de reprendre les erres ou pluftoft les erreurs de noftre ancienne haine, eftant contre la loy de Dieu, c'eftoit pieté que d'y defobeïr, & facrilege de leur complaire. Que fi pour vn fi bon fuiet nous eftions affligez, (parce qu'ils menaçoient de nous abandonner) nous tomberions en la beatitude de ceux qui font

per

persecutez pour la Iustice, & que nous pourrions chanter auecque le Psalmiste,

 Bien que le soin de mon Pere,
  Bien que l'amour de ma Mere
  A l'abandon m'ait quitté:
  En mon besoin plus extreme
  Le Seigneur n'en fait de mesme,
  Me recueillant sa bonté.
 Mon Dieu fay moy bien entendre
  Ton droit chemin qu'il faut prendre,
  Pour des haineux m'eschaper.
  Ne m'expose à la furie
  De ceux qui troublent ma vie,
  Desireux de me tromper.
 Plein d'espoir & de constance
  I'attens de Dieu l'assistance,
  Sans m'esbransler cependant,
  Et sans ceder à l'orage
  Ie raffermis mon courage,
  Tousiours son aide attendant.

Nous perseuerasmes donc en nostre bon propos, resolus de nous aimer iusqu'au tombeau malgré tous les empeschemens du monde. Ceux qui esperent en Dieu prennent en leurs bons desseins des aisles d'Aigle, ils volent sans s'abbatre & sans deffaillir. L'esprit humain est né auec vne liberté

liberté si absoluë, que tout ce qui la choc-que l'offense, & ce qui l'offense l'oblige à s'en ressentir, & ce ressentiment à resister & à s'opposer à ce qui le heurte. de là vient que la deffense d'vne chose en affine le desir, & que les difficultez releuent le prix des choses. Si nostre bienueillance qui estoit à l'extremité, eust peu s'accroistre, sans doute cet obstacle l'eust aggrandie, & si elle eust branslé, elle se fust affermie par ceste secousse; Nous continuasmes donc en nostre inuiolable societé, quoy que nos parens rechargeassent leurs maledictions, & redoublassent leurs menaces par leurs lettres. Il falloit que cet or pur de sincere dilection fust mis à la fournaise des aduersitez, & espreuué par la coupelle de l'absence. Le furieux Nisard ne pouuant souffrir qu'Hellade & Orant fussent Pylade & Oreste, crût que nous separer seroit nous diuiser, comme si l'vnion des cœurs ne se pouuoit pas maintenir malgré la distance des lieux. Il le retira de Tolose, & l'enuoya acheuer ses estudes à Lerida. Il faudroit mourir pour vous bien exprimer les douleurs que

que nous ressentismes à ceste separation, & les agonies où nous fusmes reduits; rien ne nous pouuoit consoler, & ce fut à ceste pierre de touche que nous reconnusmes combien nostre affection estoit veritable. Le bien ne se connoist iamais si bien par l'vsage que par la priuation. Cher Hellade luy disois-ie, ton depart me seroit beaucoup moins rigoureux, s'il me laissoit le pouuoir de te dire Adieu, mais aussi la douleur qui se peut plaindre, monstre qu'elle n'est pas à l'extremité. Seulement ie vous coniure pour l'Amour de IESVS nostre commun obiect, de m'oublier le moins que vous pourrez dans les tenebres où ie me vay enseuelir en vostre absence. Mõ clair Orient, me repliqua-t'il, c'est moy qui vay deuenir aueugle en perdant ton aimée clairté. Mais voyez ce flambeau qui luit sur nos testes, & sçachez que ses beaux rayons cesseront d'éclairer la face de la terre, quand l'amitié sacrée que i'ay pour vous prendra fin. que dis-ie? puis qu'elle a pour but l'eternité, elle l'aura aussi pour borne, & de ceste façon elle durera plus que la splendeur des Astres ny du

Soleil. Que si mon ingratitude arriuoit à ce comble de vous oublier, vostre Vertu m'est assez necessaire pour m'obliger à vous rechercher iusqu'au bout du monde. Vn iour que l'âge nous aura mis hors de page & donné à nous mesmes, nous-nous vangerons de ces absences contraintes par vne societé inuiolable, mais maintenant il faut subir la dure loy de la necessité. Adieu donc, puisque l'influence de nos estoiles nous fait separer, mais sans nous diuiser. conseruez moy en vostre souuenir, & croyez que vostre nom & vostre amitié seront à iamais le plus precieux thresor de ma memoire. Nous-nous arrachasmes ainsi d'entre les bras l'vn de l'autre, apres auoir meslé nos larmes, & faict naistre la pitié dans l'ame de tous ceux qui nous virent en ceste action. Quãd i'eu perdu de veüe ce cher Amy qui estoit ma Tramontane, ie demeuray immobile comme vn tronc, que d'obscuritez, que de trouble, que de confusion en mes pensées! Ie me retiray melancholique & sombre, plus poursuiuy & plus deschiré de mes regrets qu'Acteon ne le fut de ses chiens. Qu'on ne me me contrarie point, i'ay reſſenty depuis toutes les fureurs que l'Amour peut ietter en vn eſprit à qui il fait experimenter tous ſes eſlans; mais bien que ſa pointe ſoit aiguë,& ſa flamme cuiſante, elle n'eſt pas ſi ferme ny ſi conſtante, ny par conſequent ſi forte que celle d'vne genereuſe & ſainte amitié. La difference du ſexe a vne certaine amorce brutale qui amollit le courage,& qui a d'autant moins de priſe ſur l'eſprit, qu'elle eſt plus attachée au corps. vne pure & ſimple vnion d'ames, & d'ames maſles & courageuſes a beaucoup plus de correſpondance. Celles des filles & des femmes me ſemblent trop foibles pour ſouſtenir l'eſtrainte d'vn nœud ſi puiſſant & ſi durable que celuy d'vne perfaitte amitié. Ie ſçay bien neantmoins que l'Amour a de ſa part quelques auantages ſur l'amitié, à cauſe qu'il flatte les ſens de ie ne ſçay quelle mignardiſe & delicateſſe qui nous trāſporte, & que noſtre ame incapable de ſouſtenir à la fois l'effort de deux violentes paſſions, fait comme les enfans, de qui ſi vous frottez le pain de miel, ils lecherout le miel & laiſſeront là le pain. auſſi quand la manne de l'Amour est sauourée, la farine de l'amitié nous semble moins delicieuse. Mais à vne ame non troublée, & qui a le iuste vsage de la raison, il n'y a non plus de comparaison de l'Amour à l'amitié, que des femmes aux hommes. c'est pourquoy Dauid, qui se connoissoit perfaittement en l'vn & en l'autre, disoit qu'il aimoit son Ionathan par dessus l'Amour des femmes. Toutesfois pour vous dire librement ce qui m'en semble, comme ayant experimenté la violence de l'vne & de l'autre passion, ie croy que selon l'esprit l'amitié a plus de force, mais que selon le sens l'auantage demeure à l'Amour. Alors que i'estois encore ignorant des attraits qui font aymer vn sexe disseblable au nostre, i'auois pour la priuation de mon Amy de la douleur au sens & en la raison ; mais depuis que ma liberté s'est perduë dans les traicts d'vn beau visage, i'ay eu le moyen de reconnoistre ceste difference, & d'auoüer auecque les plus habiles qu'il n'est point de douleur ny de playe qui se face sentir comme celle qui prouient d'aymer ; principalement quand l'amitié ou l'Amour ont la Vertu pour fondemét;

car

car de ces autres brutales fureurs que plusieurs ressentent dans la pretension d'vn
plaisir qui est leur derniere fin, ie ne dai-
gnerois en parler, comme estans des paf-
sions animales, autant indignes de ma parole que de vostre audience. A n'en point
mentir, Platon auoit raison d'appeller l'a-
mitié Mere de la Vertu & de la gĕtillesse:
car rien ne pousse tant à bien faire que
ceste passion. Le desir de se rendre aimable rend le plus grossier subtil, & le plus
lourd honneste homme. On s'esuertuë
d'acquerir la science & les lettres, de se
rendre habile aux exercices honnorables,
on s'estudie à bien parler, à estre propre &
gentil, pour plaire à ce que l'on aime, &
se rendre digne d'en estre aimé. On dit
que les Palmiers ne poussent des fleurs, &
ne portent des fruicts qu'à l'aspect l'vn de
l'autre. La negligence que i'apportay en
mes estudes apres la perte de mon Amy,
me fit connoistre que sa presence me seruoit de motif pour me perfectionner, ie
me negligeay tellement que ie ne paroissois plus qu'vn fantosme, & le vray moyĕ
de me mesconnoistre, estoit de m'auoir
auparauant connu. ie ne viuois que de

O 3

soupirs & de regrets, & qui vouloit arracher des larmes de mes yeux, n'auoit qu'à faire sonner le nom d'Hellade ou de Pylade à mes oreilles. Toutes les consolations que l'on m'apportoit, m'estoient autant de desolations; & quoy que la memoire du bien passé nous donne du contentement, c'est ce qui me combloit de tristesse. Sur quoy ie me souuiens que ie ruminois ces vers.

SONNET.

LE souuenir du bien est si delicieux,
    Qu'il surpasse en douceur la mesme complaisance,
  C'est luy qui du passé refigure l'absence,
  En le rendāt present comme deuāt nos yeux.
Mesme le souuenir du mal est gracieux,
  Le soldat d'vne playe ennoblit sa vaillance,
  Le nocher sur le port vante l'experience
    Qu'il a contre les flots & les vents furieux.
Si donc le souuenir du bien nous reconforte,
  Si estant ruminé du plaisir nous apporte,
  Et si du mal encor la memoire nous plaist,
D'où vient qu'en repēsant à tes vertus celestes,
  A tes sages propos, à tes graces modestes,
  Tout ce que ie cōçoy sans te voir me déplaist?

                                           I'ache

J'acheuay ainsi mes estudes dans vne profonde melancholie, & ie croy que sans le secours des Muses & de la Pieté ie fusse mort d'ennuy. Ie ne m'estonne si le plus eminent Docteur de l'Eglise disoit qu'il estoit mort à moitié en la perte de son cher Alipius, car à n'en mentir point, en l'absence de mon Amy i'estois perclus de la meilleure partie de moy-mesme. O Ciel témoin irreprochable de nos pures, saintes, & incomparables affections, pourquoy permettois-tu la separation de ce qui estoit vny d'vne estrainte si cordiale? ou bien pourquoy vnissois-tu si fortement ce qui deuoit estre desioint par vne auctorité plustost barbare que paternelle? Destins que vous-vous plaisez en nos miseres! Parens que vous-vous ioüez à vostre aise de l'innocente suiettion de vos enfans! Combien de fois fus-ie en termes de rompre mes liens, & d'interrompre le cours de mes estudes, pour aller à Lerida visiter celuy sans qui ie ne pouuois viure? En cela ie me donnois, & i'auois sans doute vn peu plus de liberté que luy, car il auoit affaire à vn Pere farouche & cruel, & moy à vne Mere (excepté en ce suiet) la plus douce & la plus traittable de toutes les Meres. Et il s'en faut tant que les garçons craignent leurs Meres à l'égal de leurs Peres, qu'il me sembloit que mon Hellade estoit excusable s'il ne me venoit voir ; mais que ma crainte estoit iniuste & impardonnable, si elle m'empeschoit de le visiter. Animé de ce desir, il me vint vn iour vne boutade d'esprit, qui me fit faire des Stances qui en vostre langue se peuuent rendre ainsi.

STANCES.

SI de ces monts audacieux
  Dont la cime en pointe esleuée
  Menace le plancher des cieux,
  Ma franchise estoit captiuée,
  Ou bien si i'estois resserré
  Par delà le riuage More,
  Peut-estre au dueil qui me deuore
  Serois-ie vn peu plus moderé.
Mais estant forcé d'honnorer
  Vn Amy qui fait que ie viue,
  Et de pouuoir sans murmurer
  Souffrir qu'vn respect me captiue.

De

De sçauoir qu'en changeant de lieu
Ie puis terminer ma détresse,
Et que ie n'ose par simplesse
Dire à ce seiour vn Adieu.
Et pour augmenter mon ennuy.
Que la volonté violente
D'vne Mere puisse auiourd'huy
M'oster le bien qui me contente.
Qu'encore son auctorité
Comme par vne forte estrainte,
Sçache des glaces de la crainte.
Rendre mon esprit arresté.
Du flambeau qui est sans pareil
Plustost pour moy le iour perisse,
Qu'esloigné de mon clair Soleil
Plus long temps mon Ame languisse.
Plustost viue dedans les cieux
Le poulpe, & le Phœnix dans l'onde,
Que mon Ame en douleurs feconde
Viue loing du iour de mes yeux.
Sus donc mon cœur resoluons-nous,
Et en ces penibles alteres,
Pour voir nostre bien le plus doux,
Rompons nos chaisnes volontaires:
De ce respect trop limité
Nous pouuons passer la mesure,
Nostre amitié de sa nature

O 5

Ne connoist que l'extremité.
Et si les destins ont voulu
Que nostre feu tout autre excede,
Ay-ie vn cœur si peu resolu,
Qu'au moins pour treuuer mon remede,
Ie n'ose d'vn brusque despart
Monstrer à ceux qui me font craindre,
Que du corps qu'ils sceurent contraindre,
L'ame demeuroit autre part.
Mais partons ; ha ! mon lasche cœur,
Qu'à bon droit le dueil te desole,
Puisqu'encor ce respect vainqueur
Suspend l'effect de ma parole.
Las ! qu'il faut bien que de ce lieu
Le Demon à mes vœux s'oppose,
Puisqu'à partir tout me dispose,
Et ie n'ose sans dire Adieu.

Et de faict comme si d'vn gosier maschelaurier, & d'vn esprit aussi Profetique que celuy dont Apollon auoit doüé celle qui portoit le nom de ma Sœur, i'eusse poussé cet enthousiasme, il ne se treuua que trop veritable pour mon mescontentement. La prattique des diuins Mysteres, & sur tout le bon-heur que i'auois par la conduitte de mon Directeur Spirituel, d'auoir graué mon nom dans vn Liure de vie,

c'est

c'est à dire, au roolle de ceux que leur Pieté faisoit coucher au nombre des seruiteurs de Nostre Dame, en ces Saintes Congregatiõs qui sont instituées és maisons de la Compagnie de IESVS, me tint en deuoir, & m'empescha de faire vne escapade. Ie consultay le Pere de la nostre, & luy descouuris le dessein que i'auois de me desrober pour vne semaine, (il ne falloit que cela pour aller à Lerida & pour reuenir) affin d'aller visiter mon Pylade, luy protestant que sans la consolation de ceste veüe ie serois accablé de chagrin, & que ceste mauuaise humeur nuiroit au train de mes estudes. Ce bon Religieux me fit voir que c'estoit vne pure tentation, que ces equipées contreuenoient aux loix de la discipline scholastique, que i'en serois aigrement repris & chastié, que cela donneroit vn mauuais exemple, & peut-estre appresteroit autant de mocquerie à mes compagnons, comme ils auoient eu d'admiration de l'amitié sainte & pieuse qui estoit entre Hellade & moy. Cela me fit quitter ceste resolution. Mais tout ainsi qu'vn bras haussé pour frapper, demeure auecque douleur quand son

coup

coup se perd en l'air, n'ayant peu treuuer où l'asseurer; de mesme cet effort d'esprit qui m'auoit faict former ceste resolution qu'il me fallut arracher de l'ame, me fit ressentir en l'esprit les douleurs d'vne femme qui sent les tranchées sans pouuoir accoucher. Cela me jetta dans vne si profonde resuerie, que pesant à moy-mesme ie me faschois contre mon ombre. Vrayment c'estoit bien ce temps-là que ie pouuois chanter auecque l'vn de vos Poëtes.

PEINTVRE D'VN ENNVY.

ODE.

Ie n'ay repos ny nuit, ny iour,
Ie languis en ce beau seiour,
  Où tout me fasche, & rien ne m'aide.
  Mon mal m'oste le iugement,
  Et plus ie cherche de remede,
  Moins ie treuue d'allegement.
Au fort de ce cruel orage
  Qui me veut consoler m'outrage,
  Si ie pense à ma guarison
  I'en perds aussi-tost l'esperance.

LIVRE IV.

Ie n'ose sortir de prison,
Ny penser à ma deliurance.
Capricieuses fantaisies,
Melancholiques frenaisies,
Qu'ay-ie plus encor à souffrir?
Ciel, chagrin, regret, ma tristesse,
Ne dois-ie iamais ny guerir,
Ny mourir du dueil qui m'oppresse?
Mais suis-ie point dans vn tombeau?
Mes yeux ont perdu leur flambeau,
L'Amitié mon Ame a rauie.
Encor voudrois-ie que le sort
Me fit auoir plus d'vne vie,
Affin d'auoir plus d'vne mort.
Pleust aux destins qui m'ont faict naistre,
Qu'ils eussent retenu mon estre
Dans le froid repos du cercueil,
Que ce corps n'eust iamais eu d'ame:
Car dedans ce profond sommeil
I'eusse peu treuuer mon dictame.
Tout ne m'apporte que du mal,
Mon propre bon-heur m'est fatal,
Tous les Astres me sont funestes.
Si ie leue les mains aux cieux,
Ie treuue les esprits celestes
De m'alleger peu soucieux.
Las! ie ne sçay ce que ie veux,

Mon

Mon ame est contraire à mes vœux,
Ce que ie crains ie le demande,
Ie cherche consolation,
Sçachant où elle est i'apprende
De l'auoir sans permißion.

L'image de l'agonie où i'estois alors ne vous fait-elle point de pitié? Mais ie vous prie de me reseruer vos plaintes pour la fin de mon recit, parce que mon estat present comparé à celuy-là, est vne espine poignante aupres d'vne douce rose; comme ie suis doublement malheureux, ie suis aussi doublement deplorable. Cependant si vous-vous estonnez que l'absence d'vn Amy saintement & perfaittement aymé, ait peu attirer tant de regrets en mon Ame, accusez-en la foiblesse de mon âge, ou la force de ma dilection; & l'excusez en vous remettant deuant les yeux les excessiues douleurs que témoigna Dauid, ce Prince selon le cœur de Dieu, en la priuation de son Ionathan, qu'il aymoit, ainsi que nous apprend l'histoire sacrée, comme son Ame propre. La Pieté, dit la sainte parole, est bonne à tous, & est sans doute le remede à tous les maux de l'Ame. Ceste sombre humeur qui me posseda, me fit auſſi toſt croire que dans le Cloiſtre ie pourrois treuuer le repos que ie ne pouuois rencontrer dans le monde. Mais comme ce doux ſejour de Toloſe, qui a tant de charmes pour ceux qui le ſçauent gouſter, eſtoit pour moy vne ſolitude effroyable, ie ne pouuois me reſoudre à me ietter dans vn Cloiſtre, ſi Hellade n'eſtoit de ceſte ſainte partie. Voyla comme mon deſir eſtoit imperfaict, puiſque i'eſtois ſi fort attaché à la creature. Ie reſſemblois à ceux qui ſe noyent, & qui trainent auec eux à la mort ceux qu'ils peuuent empoigner, tenant à la maxime de ce Poëte, que

C'eſt vne conſolation
De mourir auec ce qu'on ayme,
L'horreur n'en eſt pas ſi extreme,
Ny ſi grande l'émotion.

Ie communiquay ce deſſein à mon Directeur, qui voyant de quel coſté le pouls me battoit, ne voulant pas eſtoufer en moy ceſte bonne penſée, me renuoya ſeulemēt à y penſer auecque maturité; diſant qu'il falloit eſpreuuer les mouuemens de l'eſprit, pour ſçauoir s'ils venoiēt de Dieu, d'autant qu'il eſtoit à propos d'eſſayer tout,

tout, pour retenir & cõseruer ce qui estoit bon. Apres il me fit voir que ce grand desir d'attirer Hellade auecque moy à ceste religieuse entreprise, iettoit vne paille en l'œil de ceste vocation, qui deuoit estre purement & simplement pour Dieu, sans aucune consideration des hommes; que le zele des Ames estoit bon, mais qu'il tenoit le second rang en la Charité, qui donnoit le premier à nous-mesmes. Que l'esprit de Dieu estoit esloigné du sens & du sang, & que Sainct Paul attiré du Ciel oublia aussi tost & ses parẽs & ses amis du siecle, sans acquiescer en rien, selon que dit l'Escriture, à la chair & au sang. Que ce seroit vne bonne œuure de persuader à Hellade de se retirer du monde, pour vacquer en la vie Religieuse au seruice de Dieu; mais que si sa resistance à ce dessein arrestoit le mien, ce seroit vn signe que ceste inspiration seroit fausse, & prouiendroit plustost d'vn Ange tenebreux que d'vn lumineux. Que ie ressemblois en cet estat à ces vaches qui trainoiẽt l'Arche, & la penserent verser quand elles entendirent la voix de leurs veaux. Que ie ne deuois point prendre ce nom en mauuaise part,

part, veu que les nouices en la vie de l'esprit, sont appellez par le Psalmiste de ieunes veaux qui commencent à pousser leurs cornes, & à affermir leurs ongles. Il me consola neantmoins en me disant que les choses n'estoient pas accomplies à leur principe, & que par traict de temps ceste pensée se pourroit perfectionner, en la mesme façon que l'or qui est tiré de la mine meslé de beaucoup de terre, mais qui perd sa scarie & sa crasse estant laué, nettoyé & purifié dans les eaux & les feux. Et à la verité c'est ne vouloir qu'à demy, ou plustost ne vouloir point absolument estre Religieux, que de ne le vouloir estre qu'à condition qu'vn autre le fust aussi; car si celuy-là venoit à ne perseuerer pas, si on l'enuoyoit en vn autre Monastere, si l'on priuoit de sa conuersation celuy qui la desire, quoy que ce desir soit simple & sans mauuais dessein, où en seroit la patience? Aussi certes n'estois-ie pas si enfant, que ie ne visse bien qu'il y auoit de l'enfance en ces souhaits, & qu'ils estoient plustost nageans dans vne imagination creuse & vaine, que dans vne resolution solide & determinée. Neantmoins poussé d'vn zele indiscret ie me resolus sãs prendre conseil que de ma folie, de faire vn voyage à Lerida, & de voir mon Hellade, ou plustost mon Elice, non pour aller par ceste estoile au port de la tranquilité, mais l'y tirer elle-mesme. Ie deslogeay donc sans trompette & sans prendre congé d'aucun, les tenebres d'vne sombre nuict voilerent ma fuitte, & estant esloigné de quelque iournée, ie fis par vn billet sçauoir à mon hoste que i'estois allé à Montserrat en Pelerinage, & que dans vne semaine il me reuerroit. Que les pensées des hommes sont vaines & remplies d'incertitude, & combien il est vray que si les hommes peuuent proposer, c'est à Dieu seul de disposer toutes choses selon le train de sa sage Prouidence! I'arriuay à Lerida trauaillé de corps, comme celuy qui n'auoit iamais faict de telle coruée, mais beaucoup plus du desir de voir Hellade. Las! que vis-ie? ie treuuay mon homme aussi esloigné des desseins qui me menoient là, que le Nort l'est du Midy. Vrayment il y a bien vne autre raison, pour laquelle ie loüe les Espagnols qui enuoyent estudier leurs enfans aux Vniuersitez

uerſitez de France. ie ne l'ay pas touchée tantoſt quand ie ſuis tombé ſur ce ſujet-là, mais ie reſeruois à pincer ceſte corde en ce lieu icy. Diray-ie ce que ie penſe? i'ayme l'Eſpagne comme vn Eſpagnol ſon païs, à l'extremité; car il deſdaigne toute autre terre, & croit que le Soleil ne luiſe que delà les Pyrenées; mais la verité m'eſt encore plus amie. Toutes les Vniuerſitez d'Eſpagne & d'Italie, encore à ce que l'on dit, ſont des Mers remplies d'eſcueils & de Sirenes pour la ieuneſſe, peu ſe tirent des desbauches bagues ſauues, parce que les ſujets de mal faire y ſont frequens, & les remedes rares, les objets puiſſans, l'âge labile & infirme. Et à n'en point mentir, l'Eſpagne & l'Italie ſont ſi vniuerſellemẽt diffamées pour le regard des plaiſirs qui flattent le plus les ſens, qu'on peut dire que la Frãce toute libertine & licentieuſe qu'on l'eſtime, eſt vne eſchole de pureté & d'honneſteté à comparaiſon de ces contrées que ie viens de nommer. Icy le feu eſt en apparence, & la glace en effect, là la glace de la retenüe n'eſt qu'vn monſtre, mais le deſreglement y eſt encore plus grand que ie ne le ſçaurois exprimer.

P 2

Ceste courte tyrannie piege de l'âge tendre, illusion de l'esprit, captiuité de l'Ame & trouble des sens, que l'on nomme beauté, & dont les femmes ne semblent auantagées que pour triompher honteusement des hommes, donna tellement dans les yeux d'Hellade à la premiere connoissance qu'il eut de la liberté du monde, qu'il se laissa empieter à ceste amorce que i'oy blasmer de plusieurs, & que ie voy euiter à peu. Son esprit qui estoit vif & vn peu precipité, se voyant affranchy de la sujettion des escholes & de la discipline de ces Religieux Peres, qui pour lors n'estoient pas encore introduits à Lerida, comme ils y ont esté appellez depuis au grand contentement & edification d'vn chacun, se treuua en vn pas dangereux. La licence en vn ieune adolescent c'est vn glaiue entre les mains d'vn furieux, vn rasoir en celles d'vn Chirurgien ignorant. Il s'escailla incontinent apres les contraintes qui l'auoient à Tolose tenu en vn iuste deuoir. Et comme vne eau retenüe par des digues se desborde auec impetuosité, quand elle a vne fois treuué vn passage; il prit le large dans le
vice,

vice, où il treuua des routes aisées pour
ses fantaisies. En vn mot, ie le treuua si
aueuglé d'vne mauuaise passion, que son
Ame ne viuoit plus tant en luy qu'en
celle qu'il aimoit, ny ne treuuoit non plus
de repos hors de sa presence, que les choses insensibles hors de leur centre. parce
que comme le feu fait tousiours pointer
ses flammes vers sa sphere, de mesme son
cœur addressoit sans cesse ses desirs vers
ce dangereux Nort, qu'il appelloit le port
de ses esperances, & que ie nommois la
mort de ses Vertus. Ceste Amour n'estant
ny ideale, ny à bonne fin, il ne faut point
demander si elle estoit vtile, honneste ou
delectable, car il y pouuoit plustost perdre
que gaigner, y acquerir de l'infamie que
de la gloire; & comme il pretendoit à des
delectations iniustes, son esprit desordonné estoit vn enfer portatif accompagné
de mille supplices. Les pleurs, les souspirs,
les sanglots & les plaintes estoiẽt sa nourriture, & le pis est que ce qui me sembloit
vn si grand mal, luy paroissoit comme le
plus grand & souuerain bien du monde.
Pour conceuoir vne horreur de la colere
& de l'yurognerie, il n'est rien de tel que

de contempler attentiuement les symptomes de ceux qui sont transportez de l'vne ou de l'autre fureur ; aussi pour se guerir du mal d'aymer, il ne faut que d'vn esprit sain considerer les rages, les folies, les aueuglemens, les inquietudes, & les desespoirs de ceux qui en sont attaints. Mais le malheur veut que la seule experience engendre en nous ceste sagesse, qui est l'œil & le flâbeau de nostre conduitte. Ce sujet des infortunées passions de mon Hellade s'appelloit (mais pourquoy soüilleray-ie vos oreilles de ce nom & infame & profane? & pourquoy luy en donneray-ie vn autre que celuy que l'Escriture donne à la Magdeleine deuant qu'elle fust Penitente?) c'estoit donc vne Pecheresse, ou si vous voulez que nous colorions ce mot de la fueille que luy donne le monde, c'estoit vne Courtisane. Pour estre perduë, il ne s'ensuit pas qu'elle ne fust belle; au contraire sa beauté estoit la cause de sa perte, & de celle de beaucoup d'inconsiderez, qui comme des papillons volages brusloient au feu de ses yeux de Basilic les aisles de leurs ieunes desirs. Elle auoit l'esprit vif & hardy, & si l'impudicité

n'eust

n'eust point corrompu son naturel par l'impudence, elle auoit d'assez bonnes qualitez, & peut-estre que qui l'eust tirée de la necessité, l'eust retirée de son vice. L'vsage & la prattique du monde luy auoit apporté beaucoup de connoissance, & bien qu'elle fust accorte, elle n'estoit pas pourtãt dans l'extremité de la malice. il y auoit encore du feu dans ceste boüe, & quelque espoir d'amandement en sa dissolution. Bien que sa conqueste eust esté facile à Hellade, & qu'vne porte d'argent luy en eust donné l'acces, il ne laissoit pas neantmoins d'en estre esperdumẽt espris, & d'estre fortement attaché à cet object. C'est grand cas que les honnestes femmes qui ne se rendent aux seruices & aux merites d'vn homme, que par la voye de l'honneur, qui est celle d'Hymen, ont tant de peine à les arrester apres la iouïssance, la liberté maritale emoussant la viuacité du desir; & que ceste race de femmes perduës au contraire ne possede iamais si puissamment qu'alors qu'elles sont possedées, d'autant qu'elles ont des amorces en leur accointance, & des charmes si forts en leur possession, qu'elles font desirer ce que l'on possede, à mesure que l'on possede ce que l'on desire. Si bien que leur vsage est plus tenant que leur pretension. Les enchantemens de ceste Syrene captiuoient tellement les sens & l'esprit de mon Amy, que mes remonstrances n'eurent aucun abbord ny en ses oreilles, ny en sa pensée. ie parlois à vn sourd, & alleguois des raisons à celuy qui auoit plus de besoin d'ellebore pour purger sa fantaisie, que de iugement pour discerner ce que ie luy disois. I'auois beau le menacer de rompre auecque luy, & luy protester que nostre amitié estant fondée sur la Vertu, ceste baze venant à manquer, il ne falloit plus qu'il fist estat de la mienne; il estoit si occupé de sa passion, que ie ne tenois plus qu'vne biē petite place en son Ame. Que pouuois-ie sinon pleurer sa folie auecque des larmes de sang, comme iadis Pylade la fureur de son Oreste? mais icy c'estoit Oreste qui souspiroit celle de Pylade. Il ne faisoit que tourmenter ses parens, & importuner ses amis pour emprunter de toutes parts, & par sa ruine conseruer ceste Amour funeste, qui depend presque tousiours de l'argent comme de sa nourriture.

riture. La vie qu'ils menoient en la liberté d'vne honteuse possession, se peut aisémēt iuger par la ieunesse de l'vn, & la subtilité de l'autre. Desia ma veüe leur estoit importune, parce que i'esclairois de trop pres, & reprenois auecque aspreté leurs deportemens. Et comme si la ville eust esté trop estroitte pour leur passion, ils s'escartoient quelquesfois dans les Cassines de ce beau champ qui rend l'assiette de l'Vniuersité de Lerida si pompeuse & si recherchée. Là cherchans les lieux solitaires à Ciel ouuert, ils rendoient son visage témoin de leurs folies, leur vie estoit vne aueugle imitation de la nature des brutes, ils communiquoient leurs secrets aux arbres, comme s'ils eussent eu autant d'oreilles que de branches, autant d'yeux que de fleurs, autant de langues que de fueilles, & souuent ils troubloient la pureté des eaux des plus claires fontaines par des actions indecentes. les Nymphes s'en cachoient de honte, & n'y auoit que les Satyres qui les regardoient, encor à trauers l'espaisseur du fueillage. Souuent i'eu desir de faire vne affrōt à ceste Circé, affin qu'elle arrestast ses charmes, qui changeoient ce ieune homme en beste. I'en auertis ses Maistres, mais il mesprisoit leurs paroles, & ne craignoit pas leurs corrections, parce que demeurant à la ville, il estoit possesseur de sa liberté; mauuaise possession en la main d'vn Adolescent. Le dirai-ie? tant s'en faut que mes prieres & mes larmes obtinssent rien sur son courage pour le destourner de son malheur, qu'au contraire il sçauoit si delicatement me representer les beautez & les imaginaires perfections de ceste enchanteresse, que ie commençay à la regarder; & sans doute si ie n'en eusse destourné mes yeux, en escartant mes pas de ce dangereux riuage, il m'eust rendu partisan de sa cheute, & compagnon de son precipice. La grace en soit à Dieu, qui accourcissant l'argent de ma bourse par les emprunts qu'y fit Hellade, me força d'vne heureuse contrainte de reprendre sur mes brisées, & retourner en France, où la Continence, à n'en point mentir, est plus populaire, & de plus facile prattique que par delà les Pyrenées. Ie m'en allay donc acheuer le cours de mes estudes, apres auoir faict voir à Hellade (s'il eust eu des yeux)

yeux) le deplorable eftat de fon Ame & de fa fortune. Que de pleurs ie refpandis pour luy, & fur la perte de mon temps & de mes pas à mon retour! Sans doute i'eufle mieux faict de croire ceux qui me diffuadoient ce voyage, parce que mon amitié qui fe nourrifloit de l'eftime que ie faifois de fa vertu, fe rallentift quand i'eu veu fa desbauche, le fcandale en demeura plus viuement imprimé en mon efprit par la veüe de fon malheur, & fon peché en fut rendu plus grand, en ce que ie luy en auois faict voir l'enormité, fans qu'il le quittaft, & faict connoiftre la volonté du Maiftre celefte, qui ne vifoit qu'à fa conuerfion & à fa fanctification, fans qu'il l'euft fuiuie. I'en fis le rapport à noftre Directeur, qui le pleura en la mefme façon que le bon Pere regretta fon Prodigue, qui fe perdoit dans les diffolutions en vne region loingtaine, y diffipant toute la fubftance des graces qu'il auoit receües fi abondamment de Dieu, lors qu'il eftoit en la Congregation de Noftre Dame, qui eft fous la Direction de la Compagnie de IESVS. Or foit qu'il obtinft cela de Dieu par fes prieres, foit qu'il qu'il auertiſt Niſard par lettres de la deſ-bauche de ſon fils; il fut dans peu de tēps rappellé de Lerida à Hueſca, & de ceſte façon arraché d'entre les bras de ceſte Lamie qui l'enſorceloit. Ce ne fut point ſans imiter ces laſches d'entre le peuple d'Iſraël, qui allans à la terre promiſe, & ſortans de captiuité regrettoient les oignons & les chairs des marmittes de l'Egypte. Il reſſembloit à ces enfans qui ſouſpirent apres le laict de leurs nourrices, & qui ſe faſchent quand on les ſeûre: & à ces perſonnes vlcerées qui ſe courroucent contre ceux qui les penſent, & qui par le retranchement d'vne partie gangrenée conſeruent en vie le reſte du corps. S'il eſt vray que le bienfaict perd ſon nom quand il eſt fait à quelqu'vn contre ſon gré, ce grand bien que l'on fit à Hellade de le retirer de cet abyſme, ne luy ſembla pas tel, au contraire il penſoit aller à la mort à meſure qu'on le rappelloit à la vie. Pour ne vous tenir pas d'auantage ſur le diſcours de nos eſtudes, & venir au temps qui me touche de plus prés, ma Mere penſant tirer quelque ſoulagement en ſes affaires de mon ſeruice, me retira chez ſoy

soy vn peu trop tost, & deuant que le fruict des miennes fust meur, & que les regions blanchissent à la moisson. Reuenu à Huesca, ie treuuay mon Amy vn peu consolidé des playes que les traicts des yeux de ce Basilic dont nous auons parlé, auoient faittes en son cœur. Le temps les auoit soudées, & à mesure que le temps effaçoit insensiblement ceste image de sa memoire, sa volonté en auoit moins d'ardeur, & son courage moins de langueur. Et à dire la verité, il n'y a rien qui face tant éclipser l'affection des Amans que la terre qui est entre-deux, ie veux dire vne longue absence. Il n'y a matiere si embrasée qui ne s'esteigne petit à petit, si on l'esloigne du feu. Principalement en ces passions vicieuses il est aisé de perdre de pensée ce que l'on perd de veüe, la faculté appetitiue n'estant point esmeüe par la priuation de l'obiect. Tout ainsi que le fer frotté d'ail, ou de graisse, ou en la presence du diamant ne court point à l'ayman ; de mesme Hellade ayant ceste mauuaise femme deuant les yeux à Lerida, ne m'accueillit pas selon les mouuemens de
nostre

nostre saincte amitié, d'autant qu'il n'y a point de conuenance entre le vice & la Vertu, les tenebres & la lumiere. Mais cet obstacle osté, il accourut à moy à mon retour de Tolose auec vn empressement merueilleux; & tout de mesme que deux fers frottez d'ayman s'approchent l'vn de l'autre par la vertu attractiue qui leur est demeurée de l'attouchement de ceste pierre, aussi nos cœurs imbus de l'inclination & de la souuenance de nostre ancienne amitié, se remirent si perfaittement à ceste entreueüe, que iamais plus depuis ils n'ont peu estre diuisez, & ne le seront pas mesme, comme ie croy, quand l'impitoyable mort diuisera nos corps & nos ames, car i'espere l'aimer encore en l'eternité. Helas! les Cantharides ne s'attachent qu'aux plus belles roses. Ceste amitié sacrée née comme vne abeille dans le miel de la deuotion, regardée des Anges, appreuuée de Dieu, & benie des hommes, fut la pierre de scandale & de mescontentement de nos communs parens. Car comme nous ne cherchions point de cachettes pour nous entreuoir, cheminans honnestement en la lumiere
d'vn

Livre IV. 239

d'vn beau iour, & si ie l'ose ainsi dire, en la splendeur des Saincts, nous-nous accostions parmy les compagnies; nous-nous entretenions dans les places publiques, nous frequentions ensemble les Eglises & les Monasteres, nous allions aux promenoirs & aux iardinages l'vn auecque l'autre; il ny auoit qu'en nos maisons où nous n'osions nous voir, parce que nous n'y estions pas les Maistres, & que ceux qui y commandoient ne l'eussent pas treuué bon, bref nostre conuersation estoit si publique, & chacun en estoit si edifié, qu'il eust fallu que nos parens eussent esté sãs yeux & sans oreilles pour ne l'apperceuoir pas, & pour n'en apprendre le rapport de ceux qui la voyoient. De là les coleres & les tempestes. De là les fureurs de Nisard contre Hellade, & les desespoirs d'Heduinge contre moy. Car ma Mere (Dieu me le pardonne si ie parle ainsi) estoit sans cesse attachée à mon collet ainsi qu'vne furie, & me lançoit plus de maledictions que le Ciel en ses orages ne darde de pointes de foudre contre les orguilleuses cimes de nos Pyrenées. Mais moy qui sçauois que ceste gresle estoit de
perles

perles, & que Dieu me rempliſſoit de benediction lors qu'elle me maudiſſoit pour vne bonne œuure, ne faiſois que ſecoüer les oreilles ſans faire aucune replique à ſes iniures. Ce qui la faſchoit doublement : car il n'y a rien qui renflamme d'auantage la colere d'vne femme qui tempeſte, que de luy repartir par le ſilence, d'autant que ſon coup ſe perd en l'air, & la reſponſe le ſouſtiendroit par quelque eſpece de reſiſtance. Sans ceſſe elle me reprochoit mon mauuais naturel, haïſſant ceux qui m'aymoient, & aimant ceux qui me haïſſoient; elle m'appelloit ingrat, deſobeyſſant, coulpable de la mort de mon Pere, en frequentant le fils de celuy qui l'auoit faict mourir, & mille autres pareilles fleurs que la Rhetorique de ſa paſſion faiſoit naiſtre en ſa bouche. A tout cela ie me rendois comme vn homme qui eſt ſourd, & qui n'a point de repartie en la lãgue. De l'autre coſté mon Hellade ne ſouffroit pas moins de perſecution; car ſon Pere irrité comme vn taureau que l'on anime à la iouſte, ne le menaçoit de rien moins que de le chaſſer de ſa maiſon, de le deſauoüer pour fils, de le
desheriter

desheriter, s'il ne se retiroit de ma conuersation. C'estoit peu que des paroles, mais quand ce forcené en vint aux mains & aux coups, ce fut autre chose que des esclairs & le bruit du tonnerre, car ce fut vne impiteuse gresle. le pauure garçon souffroit cela auecque patience pour punition, ce me disoit-il, des pechez qu'il auoit commis à Lerida, & du peu d'estat qu'il auoit faict de mes remonstrances. Ce Pere desnaturé en vint iusqu'à ce point de le menacer de mort, & de faict vn iour il tira son espée sur luy, & le poursuiuoit soit pour luy faire peur, soit pour l'offenser, mais Hellade treuua sa seureté dans la vistesse de ses iambes. Le premier mobile entraine apres soy les spheres inferieures par la rapidité de son cours, & les fait aller d'Orient en Occident contre leur mouuement naturel qui est retrograde. Ernest & Lucrece frere & sœur d'Hellade suiuoient la passion de leur Pere, & la belle Eufrasie encore par ie ne sçay quelle espece de condescendance, bien que ce fust en quelque sorte contre son inclination; car quoy qu'alors elle ne me voulust pas beaucoup de bien, iamais d'vne volonté libre elle ne me voulut de mal. Quant à ma Sœur Cassandre, elle estoit tellement trans-formée en l'humeur de ma Mere, qu'elle estoit L'Echo de ses criailleries, & repetoit en multipliant les maledictiõs de celle-là sur moy, qui peut-estre par la permission de Dieu retomberont sur sa teste, affin que ie chante ceste belle verité auecque le diuin Psalmiste;

Cettuy qui pour me nuire ourdit trame sur trame,
  Voyla de tout le mal qu'il me couue en son Ame,
  Conçoit peine & douleur, & son enfantement
  Ne se treuue à la fin qu'inutile tourment.
Il a de sa main propre vne fosse cauée,
  Puis il est cheut luy mesme en la fosse acheuée;
  Il sera l'artisan de son propre meschef,
  Et son mauuais dessein tournera sur son chef.

Et tant s'en faut que ces contradictions domestiques nous destournassent de nous frequenter, qu'au contraire nos esprits se picquoient de ces oppositions, & plus on s'efforçoit de nous separer, plus taschiõs-nous de nous estraindre. nostre intelligence estoit semblable à ces nœuds coulans, lesquels plus on les tire plus on les serre. & plus ceux qui nous vouloient desvnir disoient de mal tantost de luy à moy,

moy, tantost de moy à luy, nous-nous en estimions d'auantage, sachans

Que les fils d'Adam sont muables,
Sont mensongers, sont miserables,
Ne sont rien que legereté:
Pesez-les auec l'inconstance,
Vous les verrez en la balance
Plus legers que la vanité.

Malgré donc tous ces efforts nous demeurasmes inseparables, & nostre amitié malgré la haine de nos parens comme vn baume precieux edifioit toute la ville, qui se scandalizoit de voir que mesme apres la mort Nisard gardast de la haine contre Lothaire, n'y ayant point de feu si ardant de courroux qui ne s'esteigne sous les froides cendres du cercueil. Mais nous voicy à l'entrée de mes felicitez & de mes miseres tout ensemble, ou pour les mieux nommer, de mes heureux malheurs. Ouy,

Car ie ne me sens malheureux
Que d'auoir esté trop heureux.

ainsi que vous allez entendre. Dans l'oysiueté de la vie que nous menions, comme des enfans de famille nouuellement reuenus des estudes, temps à mon auis le plus doux, mais aussi le plus perilleux de toute la vie, nous allions de banc en banc voguans sur vne mer de libertez, & comme cherchans des escueils pour faire naufrage des nostres. Et voicy comme imperceptiblement la mienne se perdit. Hellade m'entretenant de la guerre domestique dont il estoit tourmenté à mon occasion, & benissant cet effect en consideration de la cause, me raconta que sa Sœur Eufrasie qui estoit sa Cadette, auoit adoucy son cœur enuers luy, & qu'estant vn courage sans fiel, elle se faschoit de le voir persecuté pour vne vertu Chrestienne, qui est l'amitié fille aisnée de la Charité. Car enfin, luy disoit-elle, que nous a faict Orant? Si Lothaire a autrefois offensé Nisard, qu'auons-nous affaire des outrages ou des querelles qui ne nous touchent pas? & à quel propos espouserons-nous les mauuaises humeurs & inclinations de ceux qui nous ont mis au monde? Il les faut imiter au bien, non pas au mal, & les suiure és vertus qu'ils nous enseignent, non pas és passions qu'ils nous monstrent. & apres cela, pourquoy ce fils portera-t'il la haine de l'iniquité de son Pere, puis qu'il n'a point participé à sa coulpe? Les fautes sont

sont personnelles,& ce seroit vne iniustice de punir quelqu'vn pour le crime d'autruy, s'il n'en estoit complice. De moy ie hay ceste haine-là, & i'ay tousiours souhaitté qu'vn bon accord entre nos familles ostast de la reputation de mon Pere ceste tache d'irreconciliable que ie voy que chacun y met. Elle disoit cela sans autre mouuement que de la raison, qui exerçant en son ame l'Empire sur ses passions, la rendoit Maistresse d'elle-mesme,& fort esloignée de ces bigearreries qui alteroiēt l'esprit de Nisard. C'estoit la bonté du naturel qui parloit en elle, plustost qu'aucun sentiment d'amitié qu'elle eust pour moy, & peut-estre que c'estoit la sympathie qui l'vnissoit auecque Hellade, qui luy donnoit ces pensées; car comme ils se ressembloiēt de visage, beaucoup plus de mœurs & d'inclinations. Elle ne disoit cecy à Hellade qu'en particulier, parce qu'elle redoutoit la tempeste de sa Sœur Lucrece & de son frere Ernest, qui tenoient obstinément l'humeur & le party de Nisard, & beaucoup plus la fureur de Nisard mesme, qui sans raison,& (comme dit le Psalmiste) gratuitement me haissoit à mort:

Q 3

parauanture parce que portant l'image de mon Pere, il detestoit en moy le front de son ennemy, ou s'il estoit coulpable de sa mort, il redoutoit en moy quelque dessein de vengeance. A ce rapport ie ne pouuois que loüer le bon esprit de ceste fille, dont l'œil ne m'auoit point encore blessé. Hellade m'en disoit innocemment & sans pretension mille biens, & qu'il aimoit ceste Sœur comme moy, & comme moy c'estoit à dire, comme soy-mesme. Ces discours me donnerent la curiosité d'approcher de ce flâbeau, où ie bruslay aussitost l'aisle de mes desirs. Ie voulus voir ceste Aduocate, qui deffendoit si bien ma cause sans procuration au tribunal de l'amitié de son frere mon Iuge fauorable. Mais ceste veüe me cousta cher; car i'y perdis ma liberté, & auec elle les qualitez de volage & d'inconstant; mon repos en mesme temps s'enuola de moy, & ne me laissa en sa place que des soucis & des inquietudes, mais de si douces inquietudes, de si agreables soucis, que si le repos du Ciel consiste en son mouuement, ma tranquillité estoit en mes peines. Moy qui auois tousiours nourri mon esprit dans
ceste

ceste chaleur égale & vniforme que nous
donne l'amitié, me sentis à l'abbord tout
estonné de me voir saisy d'vne flâme plus
aiguë & extraordinaire, & cõme ie n'auois
iamais resenty les traits de l'Amour, ie
ne sçauois pas combien il est different de
l'amitié. Pourquoy m'arresterois-ie à vous
dire les accroissemens de ce feu, qui dés
sa naissance fit vn total embrasement
de toutes les facultez de mon Ame? Il
n'eut point de progres, car il me saisit
tout à coup, & comme s'il se fust rendu
l'Ame de mon Ame, comme mon Ame
l'est de mon corps, il se fit tout en tout,
& tout en chaque partie de moy-mesme. Il m'occupa tellement que ie n'auois
plus rien en moy qui fust en moy, sinon
l'amitié d'Hellade, qui par miracle resta
toute entiere dans mon cœur sans aucune
diminution, estant, ce croy-ie, de la nature
de ces esprits qui n'occupans point de
lieu, peuuent estre plusieurs en vne place.
Mais la merueille n'est pas moindre, que
ie sortisse hors de moy-mesme pour faire
place à ce perfaict Amy, & à ceste nouuelle Amie, sans que mon Ame se parta-
geast, parce que ses pretensions en l'vn &

Q 4

en l'autre estans autant distinguées que le Ciel l'est de la terre, elles ne se heurtoient point, & n'empeschoient point que selon leurs qualitez ie n'aimasse saintement & vertueusement l'vn & l'autre de tout mon cœur. Priuilege admirable de l'honneste Amour, qui permet que nous aimions diuers objects selon Dieu de toute l'estenduë de nos affections: ce qui n'est pas ou mauuais & purement, ou plustost impurement sensuel, qui ne souffre point de compagnon, sans mettre celuy qu'il possede dans l'enfer de la Ialousie. De vous dire les accez & les remises de ceste nouuelle fiebure, à laquelle ie donnay la solitude & le silence pour premier appareil, ce seroit abuser de mon loisir & de vostre patience. Tant y a que ie m'engageay sous les loix de ceste douce tyrannie, de ceste illusion de la veüe, de ceste prison de l'Ame, de ce piege des sens que l'on appelle beauté, & par la porte de l'amitié d'Hellade, l'Amour pour sa Sœur se glissa dedans moy. Mon esprit ne viuoit plus en moy, mais en elle, & les distractions qui desoccupoient ma pensée de son sujet, m'enleuoient de mon element. Cet air si

sainte

saintement aimé de mon Hellade, caché sous le visage attrayant d'vne fille fort douce & naïue en son maintien, frappa si fortement mon imagination, que depuis ce temps-là elle n'a esté susceptible d'aucune autre Idée. Ce fut le premier object qui s'en empara, & ce sera, comme ie croy, le dernier qui en sortira, & le seau dont mon cœur sera cacheté pour tousiours. Ie demeuray quelque temps si fort interdict de ce coup, que i'eu de la peine à recueillir mes esprits esgarez, & à reuenir à moy-mesme. I'auois d'autant plus de mal que moins ie le sentois, si ie n'erre point en appellant mal le plus doux bien de ma vie. Ie cachay durant quelque espace mon feu; ce qui rendit mon ardeur si vehemẽt, que la palleur (couleur ordinaire de ceux qui ayment excessiuement) commença à s'emparer de mes ioües, & la viue ioye à s'esuanoüir de mes yeux. mon humeur deuint sombre & resueuse. Vous voyez bien à toutes ces circonstances de quelle maladie i'estois atteint. Hellade qui auoit desia esté mordu de ceste Tarantole, & non ignorant des symptomes de ceste sebure, s'en apperçeut, mais il ne pouuoit

Q s

deuiner le sujet qui par les yeux m'auoit nauré le cœur, & il ne fust iamais arriué à la connoissance de sa vraye cause, si à sa demande, moy qui ne luy eusse pas celé vn secret, ny la moindre de mes pensées, quand il eust esté question de la perte de ma vie, ne luy eusse faict entendre tout simplement, que les merites de sa Sœur me reduisoient en cest estat, comme vn flambeau qui se consume sans éclairer, & comme vn Amant qui distile son ame par les yeux sans se declarer. S'il fut estonné d'apprendre ces nouuelles, n'en doutez point; & parce qu'il voyoit les grandes difficultez qui se presentoient à ce dessein, & qui sembloient ne se pouuoir surmonter que par miracle, consideree la haine de nos communs parens, qui ne consentiroient iamais à ceste alliance, vnique porte pour entrer en la possession de mes desirs, il tascha d'arracher de mon cœur ceste plante qu'il estimoit encore tendre: mais elle y auoit desia ietté de si profondes racines, que sans m'oster le cœur de la poitrine, il n'estoit plus en ma puissance de l'oster de mon cœur. Il me representa bien tout ce que la raison luy pouuoit
dicter

dicter pour me diuertir de mon entreprise, mais moy qui eusse pluſtoſt conſenty à ma mort, qu'à me relaſcher d'vn ſeul point de mes pretenſions, luy reſpondis que puis qu'il ne voyoit point de remede à mon mal, c'eſtoit ſigne que ie ne m'y pourrois preualoir de ſon aide,& que ſon ſecours me manquant, c'eſtoit à mes eſperances d'expirer,& en meſme temps à moy de prendre congé de la vie. ſur quoy ie le priay de me laiſſer ronger à ma douleur que ie preſſerois dans vn profond ſilence, affin qu'elle m'acheminaſt d'autant pluſtoſt à la mort, où ie penſois treuuer la paix & le repos que ie ne deuois plus attendre ſur la terre. Où eſt voſtre eſprit, me dit-il, mon cher Oreſte? & où eſt ce clair iugement qui me faiſoit tant de belles & charitables remonſtrances à Lerida? tous ces beaux diſcours ſont-ils eclipſez de voſtre memoire? ne les y pouuez vous rappeller,& les appliquer à vous meſme? faut-il qu'vn Medecin conſulte les autres ſur ſa gueriſon? ô combien il eſt vray que nous donnons de bons conſeils à ceux qui ſont malades lors que nous ſommes ſains, mais ſi nous eſtions

en

en leur place, nous aurions bien d'autres pensées! C'est à moy qui suis eschapé par la grace du Ciel, de la tyrannie de ce Maistre furieux & enragé que l'on appelle Amour, de secourir ceux qu'il afflige, & d'appliquer de vrais remedes à leur mal. Il est aisé à voir que vous n'en fustes iamais atteint, que son joug ne s'est iamais abbaissé sur vostre col, & que vous n'auez encore senty la pesanteur de ses chaisnes. Croiez-moy, Oreste, c'est vne torpille qui nous engourdit, mais il ne faut par vne masle vigueur que se secoüer vn peu pour se deffaire de cet hameçon. il est aisé d'estre vaincu quand on le veut estre, c'est vne mousche dont nous faisons vn Elefant, c'est vne prison, vne blesseure, vne langueur, vne captiuité, vne douleur, vne mort imaginaires, quand la fantaisie est vne fois troublée; c'est vn milieu trompeur qui nous fait voir les objects tout autrement qu'ils ne sont en leur naturel. Encore qu'il n'y ait rien de plus commun que l'object que l'on idolatre, on le tient neantmoins pour le plus accomply qui soit sous le Ciel, estant la grande maxime de ceux qui aiment, d'estimer ce qu'ils

adorent

LIVRE IV.

adorent par dessus toutes les creatures, & d'vne chetiue mortelle en faire vne Deesse. Le monde n'est qu'vn fantosme, qui n'effraye que les esprits foibles & insensez.

Et quoy que tout le monde vante
  Les vains miracles de ses coups,
  Les traits dont il nous espouuante
  Sans nous ne peuuent rien sur nous.
Tant soient rusez ses stratagemes,
  Tant soit-il fort nous attacquant,
  Il ne nous vainq que par nous-mesmes,
  Qui le vainquons en nous vainquant.
Non non, rien que nostre manie
  Ne tient sa puissance en rigueur,
  Qui se plaint de sa tyrannie,
  Se plaint d'auoir faute de cœur.
Nous seuls brassons les amertumes
  Dont il paist nos cœurs insensez,
  Nous seuls empennons de nos plumes
  Les traits dont il nous rend blessez.
Nostre oysiueté le fait naistre,
  Nostre espoir l'allaitte en naissant,
  Nostre seruage le rend Maistre,
  Et nostre foiblesse puissant.
Mais miserable est la puissance,
  Qui pleine d'vn mauuais effect,

Ne

Ne donne de soy connoissance
Que par le seul mal qu'elle fait.
Et quel mal en nous se retire
Qu'Amour ne permette en ses loix?
Ce qui conserue son Empire,
Destruit celuy des plus grands Roys.
Au lieu de chastier la prise
Des cœurs volez contre raison,
Laissant les voleurs en franchise,
Il met les volez en prison.
Au lieu de seruir de refuge
Au droit par l'iniustice esteint,
Il rend le meurtrier mesme Iuge
Du crime dont il est atteint.
Pressant d'vn rigoureux seruage
La liberté de nos esprits,
Il nous faict adorer l'ouurage,
Et mettre l'ouurier à mespris.
C'est vn lien qui nous empestre,
C'est le voleur de la raison,
Aussi tousiours par la fenestre
Il entre dedans la maison.
Si nostre folle fantaisie
Le met au rang des immortels,
Ainsi l'antique frenaisie
Aux siebures dressoit des autels.
Il eust plus outre poussé son enthousias-
me

me, si l'arrestant tout court en ce lieu-là, ie ne luy eusse dit ; Hellade vous-vous corrompez en ce que vous sçauez, & vous blasfemez en ce que vous ignorez. Tout ce que vous venez d'alleguer est contre vous, & ressemble à ces fleches tirées contre vn rocher, qui retournent contre celuy qui les y lance, & n'a lieu que pour vne mauuaise amour, telle que vous la pratiquiez à Lerida auec vne personne infame. Car quand vous auriez assemblé en vn tas toutes les iniures qui peuuent tomber sous la langue, encore n'en auriez-vous pas à suffisance pour deschirer & pour d'escrier ceste passion malheureuse, qui n'a que la volupté pour corps, & le des-honneur pour ame. Mais ie ne puis souffrir que sous ce nom equiuoque d'amour, vous mettiez celle qui me trauaille au parangon auecque la vostre, sinon que vous vouliez conferer la nuict auecque le iour, & comparer le vice à la Vertu, & l'infamie au deshonneur. Vous aimiez vne pecheresse, vne abandonnée, vne Courtisane, & moy i'aime le mesme honneur, la mesme gloire, la mesme pureté & modestie, en peu de parolles, la mesme

mesme beauté iointe à la mesme Vertu; & ie l'aime, Hellade, honnorablement, saintement, iustement, religieusement. que dis-ie, ie l'aime? ie l'adore, & ie ne cheris plus ma pensée qu'à cause de son object, ny mon cœur qu'à cause de sa belle & chaste image, que l'honneste Amour y a sceu grauer de sa main propre auec vn burin de flamme, & d'vn charactere qui ne s'effacera iamais. Ha! mon Pylade, ne faites point ce tort à vostre sang, à la vertueuse Eufrasie, à vostre Oreste, à vous mesme, de comparer ses saines & sainctes affections aux furieuses & iniustes qui vous ont agité, & ausquelles conuient veritablement tout ce que vous venez de chanter contre l'Amour. Il est vray, me repliqua-t'il, qu'il y a de la difference quant à la fin, mais tousiours est-ce Amour, & vne eau trouble est aussi bien eau qu'vne claire. Et quoy que les fiebures ne soient pas égales fiebures, elles sont également fiebures. l'Amour en general est vne fiebure, & vne maladie d'esprit d'autant plus dangereuse que l'on s'y plaist, & l'on en craint la guerison autant que l'on en cherit la blesseure. I'auoüe
libre

LIVRE IV. 257

librement mon peché, pourueu que vous auoüiez voſtre foibleſſe, ie ne veux pas dire voſtre folie. ſur ce dernier mot ie luy repartis auec vne eſpece d'entouſiaſme.

C'eſt bien vne folie aux vœux de mon penſer,
  D'oſer vers cet obieƈt mon Amour addreſſer,
  Eſleuant mon deſir vers vn bien impoſſible:
  Mais ma folie eſt belle ; & i'ayme beaucoup mieux
  Paroiſtre ſans raiſon que ſans cœur & ſans yeux,
  Et pluſtoſt eſtre dit inſenſé qu'inſenſible.

Mon Oreſte, me repartit-il, Amant, Poëte, & fol, ſont trois teſtes ſous vn chappeau, & des qualitez qui ſont inſeparables. Car ſi la Poëſie eſt vne allumette d'Amour, l'Amour porte volontiers à faire des vers & à les chanter, & en ce concert la folie bat la meſure, comme la maiſtreſſe du chœur & la regẽte du cœur. mais tout cela n'empeſche pas que que ie n'aye pitié de voſtre mal, ſçachant par experience que les maux du corps ſont peu de choſe à comparaiſon de ceux de l'eſprit, & que de tous les maux de l'eſprit il n'y en a point de plus grand que celuy de l'Amour, qui ſoit qu'il ait l'honneur ou la volupté pour obieƈt, eſt vn tourment inſupportable. Ie voy bien

Tome 1. R

que le mien estoit tout à faict materiel & indigne de ce beau nom d'Amour, dont la nature est (comme celle de la flamme) d'autant plus pure qu'elle est moins attachée à la matiere, & que le vostre est spirituel & Platonique, & autant esloigné du deshonneur que du plaisir; mais aussi d'autant plus subject aux douleurs qu'il est plus escarté des delices. Ie sçay que vos pretensions sont iustes, saintes, honnorables, legitimes, & que pour mourir vous ne voudriez regarder Eufrasie qu'auecque des yeux de Colombe, comme aussi elle n'a point de regards ny d'affections que conformes à son deuoir: mais ie voy tant d'obstacles à ceste alliance (laquelle ie desirerois autant que ie l'espere peu,) que ces difficultez me font voir l'image de l'impossible. Que si vous attendez vostre secours du temps & de la patience, ie crains que ceste longueur ne vous face tomber en langueur, & que perdant l'esperance de posseder ce que vous desiriez, vous ne perdiez aussi le desir de viure; de sorte que ma Sœur non tant par sa rigueur que par la cruauté de ceux de qui elle depend, me priueroit
d'vn

d'vn Amy que ie prife plus que mes Sœurs, ny mon frere, ny tous mes parens enfemble, & pour lequel fecourir ie voudrois me mettre en pieces. A ces mots me iettant à fes pieds, & embraffant fes genoux; Pitoyable Pylade, luy dif-ie, vous auez entre vos mains le filet de mes deftinées, il eſt en vous d'allonger ou d'accourcir mes iours, ainfi qu'il vous plaira, fans voftre aide ie ne puis rien, auecque ce fecours que vous me promettez il me femble que ie puis tout ce que ie defire. Ie fçay bien qu'il me faudra facrifier au temps & à la patience, & digerer toutes les rages & les amertumes dont l'Amour abreuue ceux qui le fuiuent, mais il fera pluſtoſt las de m'affliger que moy de fouffrir ; & pourueu que celle pour qui ie languis fçache mes peines, & en ait tant foit peu de compaffion, ie feray trop fatisfaict. Defia vous m'affeurez qu'elle ne me hait point, & que la contagion de l'implacable inimitié de voftre Pere n'a point paffé en fon courage, puif-ie fouhaitter vn meilleur commencement ? ie me fens trop heureux de n'eftre point en fa haine, & ie ne fuis pas fi prefomptueux que de penser auoir assez de merite pour l'obliger à me vouloir du bien.

Ie sçay que ie ne puis atteindre à ce bonheur,
Ie pense seulement auoir assez d'honneur
De mourir en l'aymant, ainsi que fait le Cygne:
Car ce seroit monstrer que i'aurois presumé
Par dessus les mortels d'en vouloir estre aimé,
Et sur les immortels qu'en penser estre digne.

A ces vers Hellade respondit que cet exces de loüanges que ie donnois à sa Sœur, tenoit de l'idolatrie, & qu'à la fin il en deuiendroit ialoux, parce que meritant plus qu'elle en qualité d'homme, ie ne luy auois iamais témoigné mon affection par des termes si emphatiques, & qu'en ceste ialousie il ne pourroit me seruir à l'auantage de sa Riuale, & à son propre preiudice. A quoy ie repartis; Mon frere (ie l'appelle quelquefois ainsi) ie vous aime d'vne affection si perfaitte qu'il ne se peut rien adiouster au comble de son infinité; & elle est telle que comme ie n'y puis rien adiouster, ie n'en puis aussi diminuer vn seul brin : mais cela n'empesche que ie n'honnore Eufrasie auec autant de respect de deuotion qu'on en pourroit rendre à vne Saincte ou à vn Ange; & bien que

que ie la reuere de tout mon cœur, ces deux passions ne se font aucun tort l'vne à l'autre, car tous deux ie vous cheris de tout mon cœur. Vous auez donc deux cœurs, me dit-il, comme l'on disoit d'Hercule qu'il auoit deux ames, & si vous auez vn double cœur, ou le cœur double, qui se voudra fier à vos parolles, si vous parlez, comme dit le grand Profete, en vn cœur & en vn cœur? Mon frere, repliquay-ie, la connoissance & la philosophie d'vne mauuaise Amour vous a faict perdre l'Amour & la cognoissance de la vraye & pure philosophie ; sçachez donc que rien ne destruict vn Amour que ce qui luy est diametralement opposé. Car tout ainsi que quand le Soleil source de toute lumiere paroist sur l'horizon, les tenebres disparoissent, & au contraire quand les ombres s'estendent sur nostre hemisphere, c'est quand le Soleil s'en retire pour faire place à la nuict : de mesme l'Amour d'vne vertu chasse l'affection au vice qui luy est opposé, & au contraire l'Amour d'vn vice destruict celle de la vertu contraire : mais deux affections iustes & raisonnables pour des suiets differens sont compatibles en vn mesme cœur, beaucoup mieux que dans les flancs de Rebecca les iumeaux dyspathiques. Car qui ne sçait que nous pouuons sans interest de nostre perfection aymer plusieurs choses de tout nostre cœur? Il n'y a que Dieu, reprit Hellade, qu'il faille aymer ainsi, les creatures ne meritent pas vn tel Amour. Et moy, luy repliquay-ie, ie vous dy qu'auecque Dieu & sans preiudice de la souueraine & incomparable dilection que nous luy deuons, nous pouuons aymer plusieurs autres choses selon luy de tout nostre cœur. Il est vray que nous ne deuons aymer que Dieu de tout nostre cœur comme Dieu, autrement nous mettrions la creature en la place de Dieu, & à costé de Dieu, ou au dessus, comme font ceux qui pechent; ce qui seroit allumer contre nous son indignation & sa ialousie: mais que nous ne puissions aymer auecque luy & selon luy plusieurs choses de toute l'estenduë de nostre cœur, il n'y a point de doute. Voyla vne estrange philosophie, dit Hellade, qu'vn seul cœur se puisse donner tout entier à plusieurs suiets. I'en osteray l'estrangeté, repris-ie, si vous

vous me donnez le loisir de m'expliquer, & à vous la patience de m'entendre. N'auez-vous iamais ouy dire que si vous partagez vn grain de coriandre en diuerses parcelles, chacune separement produira vne plante, & si vous le plantez sans le diuiser, il n'en poussera qu'vne? Le mesme se dit de la fleur qui s'appelle Anemone. Il en est de mesme du cœur, semblable encore au miroir cassé, qui en chasque piece represente tout vn visage, & cela se fait ainsi. Riē ne destruit l'Amour de Dieu de tout nostre cœur, que l'Amour vicieuse qui luy est contraire, non l'Amour bien reglée de nous mesmes & du prochain, qui luy est conforme. Si bien que nous nous pouuons aymer nous mesmes (ce que nous ne faisons que trop par la philautie) de tout nostre cœur & selon Dieu, comme aussi le prochain de tout nostre cœur & selon Dieu comme nous mesmes. Et pour m'expliquer mieux, ie prendray vn exemple sacré. Iacob ce grand Patriarche figure de nostre Sauueur en tant d'instances, & appellé le Sainct de Dieu par la bouche de Dieu mesme parlant par vn Profete, ce fut sans doute vn personnage extremement perfaict. Cependant qui ne void qu'il aima Dieu de tout son cœur & comme Dieu, c'est à dire, d'vne dilection d'election, & d'vn Amour incomparable, nonobstant cela il aima Laban de tout son cœur, Lia de tout son cœur, Rachel de tout son cœur, Ioseph de tout son cœur, Bala de tout son cœur, & si ie l'ose ainsi dire, ses cheres brebis de tout son cœur, puis qu'en ce mesnage il regardoit la saincte volonté de Dieu qu'il aimoit souuerainement? Mais comment cela se peut-il faire? dit Hellade, voicy comment, continuai-ie. C'est qu'il aima toutes ces choses bien qu'vniquement, toutesfois distinctement; car il ayma Dieu de tout son cœur comme Dieu, c'est à dire, comme vn obiect souuerainement aimable de l'Amour diuin, & Laban de tout son cœur comme son beau Pere, de l'Amour filiale, Lia & Rachel de tout son cœur comme ses espouses, de l'Amour coniugale, Bala de tout son cœur comme sa seruante, de l'Amour de maistre, Ioseph de tout son cœur comme son fils, de l'Amour paternelle, & en fin ses cheres brebis de l'Amour pastorale, comme vn depost que

Dieu

Dieu auoit consigné à son soin. Voire mesme l'on peut dire qu'en vn mesme sujet il exerça de differentes Amours: car qui ne void qu'il ayma Ioseph par diuers respects, & cōme son fils, car il estoit son Pere selon la nature, & comme son Pere, parce qu'il l'auoit nourry durant la famine, & comme son frere, parce qu'il estoit Patriarche comme luy, & comme son Seigneur & son maistre, le voyant Viceroy en Egypte, & comme son bienfaitteur, quand il luy eut procuré aupres de Pharao le territoire de Gessen? Il en est de l'Amour comme du feu, qui flambe diuersement selon les matieres où il s'attache, & neantmoins est le mesme feu; & comme de l'eau, qui prend la forme des vases où elle est mise, & qui est tousiours la mesme eau, bien qu'elle coule par des canaux de bois, de plomb, ou de terre. De tout cela, cher Pylade, vous pouuez recueillir que ie vous puis aimer de tout mon cœur comme mon amy, & Eufrasie de tout mon cœur comme la Maistresse de mes desirs, sans que l'vne des affectiōs chocque, diminuë ou efface l'autre: parce que ie vous aime d'vn mesme cœur, mais par diuers respects. Car tout ainsi que la prunelle de nostre œil est toute pleine de l'espece de l'oject qui luy est opposé, & neantmoins est capable de receuoir toute sorte d'objets, il en est de mesme du cœur humain, susceptible comme vn poulpe de toutes couleurs, & comme vn Protée de toutes formes. Vrayment, dit Hellade, vous auez bien profité à Tolose non en la philosophie seulement, mais en la Theologie, & qui vous en a tant appris? De Theologie, luy respondis-ie, ie n'en sçay point du tout, & de philosophie fort peu, parce que ma Mere a precipité mes estudes, mais ie vous diray que comme les escholiers qui sont, comme nous auõs esté, de la Congregation de Nostre Dame sous les Peres Iesuites, sont de petits Religieux, (car on peut appeller ces Congregations des seminaires de Religions) aussi deuiennent-ils auecque le temps de petits Theologiens, à force d'entendre parler des choses diuines & spirituelles, à la mesme façon que les petits des rossignols apprennent à chanter sur le ramage de leurs peres. Et ie me souuiens que le Pere Christin nostre Directeur nous fit vn iour en la

Con

Cōgregation, en nous dōnant les Saincts, vne excellente exhortation sur le suiet de la dilection mutuelle, que S. Iean l'Euangeliste recommandoit si soigneusement à ses disciples, comme l'vnique precepte du Sauueur, qui a dit qu'en cela il connoistra si nous sommes siens, quand nous-nous aimerons l'vn l'autre. Et en son discours qui fut extremement bien tissu, il nous parla de cette façon de bien mesnager ses affections enuers Dieu & le prochain, en quoy consiste le comble de la Reine des Vertus la saincte Charité. Vrayment mon frere, me dit-il, vous estes deuenu grand Clerc en ce païs-là. Ie ne sçay pas, luy dis-ie, si mon iugement y est deuenu clair, mais ie sçay que le vostre deuint biē tenebreux & aueugle à Lerida. Mon frere, dit-il d'vne façō fort gracieuse, c'est que i'estois dans la prattique de la mauuaise Amour, & vous dans la Theorie de la diuine, qui est toute speculatiue. Vrayment, luy dis-ie, puisque vous m'auez ramené sur ce point de la mauuaise Amour, il faut que ie vous die encore vn mot de ce que nous apprit nostre bon Pere Christin. Voyez-vous, disoit ce de-

uot

uot Religieux, tout ainsi que plusieurs diuerses bonnes Amours, c'est à dire, qui sont selon Dieu, & qui tendent à vne fin legitime, sont compatibles en vn mesme cœur, comme des colombes, des abeilles, & des brebis, en mesme colombier, ruche & bergerie; de mesme les Amours illicites sont incompatibles non seulement auecque les vertueuses qu'elles destruisent du tout, ainsi que les Vautours les colombes, les freslons les abeilles, & les Loups les brebis: mais entr'elles mesmes elles ont vne guerre implacable, & sans aucune trêue, l'esprit desordonné estant bourreau de soy-mesme. Ce qui a faict dire à vn Sainct parlant des vicieux, des combats au dehors, & au dedans des craintes. En cela semblables aux Loups, & autres animaux rauissans qui sont tousiours singuliers, & ne vont iamais en troupe. De ceste façon l'on void rarement qu'vn mesme homme soit voluptueux & auare, ou bien addonné à l'ambition & au plaisir, parce que pour satisfaire aux delices & aux vanitez, il faut faire vne despense qui repugne à l'auarice, & les taquins pour l'ordinaire sont peu ambitieux &

addon

addonnez à leurs plaisirs. Et pour nous tenir aux termes de l'Amour; de la mauuaise qui s'exerce en diuers lieux (car ie ne doute point qu'il n'y ait des ames volages qui bruslent à toute sorte de flammes, & qui sont espris des premiers obiects qui agreent à leurs yeux) naissent les ialousies, les soupçons, les riottes, les querelles, & souuent les meurtres, les trahisons, & mille autres funestes euenemens, où le furieux aueuglement de ceux qui en sont picquez, transporte les courages. Vous en sçauiez mieux des nouuelles que moy, Pylade, tandis que vous estiez en ceste mauuaise pratique à Lerida, car ie m'asseure que ceste malheureuse harpie qui vous possedoit alors, ne vous permettoit pas, ie ne diray pas de frequenter en lieu qui luy eust peu apporter de l'ombrage, mais seulement de leuer les yeux ou de les arrester sur vn autre visage que le sien, autrement les reproches, les outrages, les desdains eussent esté le payement de vostre legereté. Voylà comme ces tyranniques Maistresses gouuernent à baguette les cœurs qui sont si aueuglez que de se soumettre à leur empire,

pire, & de prendre loy de leurs volontez. La raison de cela est, que clair-voyantes en leurs deffauts, elles ont peur qu'ils paroissent aupres des perfections des objects legitimes, & d'estre aussi-tost le rebut de ceux dont elles se voyent adorées. De ceste façon les miserables attachez à leurs chaisnes, seruent à des Dieux estranges, ou plustost à ces impitoyables Deesses qui ne leur donnent repos ny la nuict ny le iour, mais qui les tourmentent sans interualle. Et ces malicieuses sçauent mesnager leurs poursuiuans auecque tant d'artifice, que comme Caton parmy ses valets, elles les tiennent tousiours en castille les vns auecque les autres, affin qu'estans tousiours en ceruelle, ils ne se diuertissent point de leur suitte. Et entr'elles, ces mauuaises femmes sont tousiours aux couteaux, l'enuie la mesdisance, la colere, les supercheries sont en campagne, la peur, les regrets, les desespoirs, les chagrins à leurs costez, le soin d'amasser, & la crainte de perdre les trauaille. La Courtisane, disoit vn Ancien, est vn sac vsé, ce qu'elles gaignent d'vne main, elles le perdent de l'autre; si elles

assem

assemblent en ieunesse, elles le dispersent en la vieillesse; parce qu'alors quelque galand les plume, d'autant qu'elles prennent de l'amour quand elles n'en peuuent plus causer. De ceste façon elles sont incompatibles entr'elles, & ceux qui sont si éceruelez que de les suiure, ne peuuent entr'eux auoir aucune societé.

Et le thrône & le lict ne veulent vn semblable, dit le prouerbe, c'est à dire, que l'ambition & la volupté haissent les riuaux. A n'en point mentir, dit Hellade, pour estre si neuf & si nouice en ces vsages comme vous vous dites, vous sçauez beaucoup de leurs stratagemes, & ie meure si ie ne voy dans vos paroles l'image de ma deplorable condition à Lerida, ie ne sçay qui vous en a tant conté, ou comme vous l'auez peu deuiner, car à dire la verité, vostre theorie passe la connoissance de ma pratique, & ce que i'oy maintenant de vostre bouche, ie l'ay veu de mes yeux. Mais pensez-vous que celles qui aiment honnestement, & qui se laissent seruir & rechercher sur la pretension du mariage, ne soient pas aussi ialouses, pointilleuses & imperieuses que ces autres qui ne peuuent

uent estre nommées decemment? asseurez-vous qu'encore qu'il y ait vne extreme difference entre les femmes honnestes & les perduës, elles sont toutes femmes, c'est à dire, coquilleuses, bigearres, superbes. Ie diray plus, qu'il semble que la beauté & la chasteté ne seruent qu'à enfler le cœur de celles qui ont ces qualitez, & à les rendre si orgueilleuses & cruelles qu'elles ne sont pas supportables. Ignorez vous que

Les beaux sont pleins de fast, & que ceste beauté
Qui doit prendre son lustre en la pudicité,
Ne fait qu'enfler d'orgueil les plus foibles courages,
En m'esprisant tous ceux qui n'ont ces auantages?

Asseurez-vous qu'vne fille qui se void belle dans son miroir, & qui se sçait chaste, met sa gloire à vn si haut prix, que comme le Sage mettoit la Sagesse au dessus des richesses & des thrônes, elle s'estime digne d'vn Empire, & se regardant comme vn Paon dedans ses plumes, elle pense que le Soleil n'esclaire que pour la faire voir, & qu'elle est vn fardeau trop honnorable pour la terre qui la porte. Et comme ne seroient superbes les belles quand elles sont pudiques, s'il n'y a si laide

laide qui rebuttée pluſtoſt que recher‑
chée, ne ſe glorifie tellement de ſon inte‑
grité,qu'elle croit qu'vn homme ſera en‑
core trop heureux de la prendre ſur ſa
bonne foy & de l'auoir, encore que per‑
ſonne ne vueille d'elle? Voyla l'empire
que ce ſexe né à la ſujettion & à la ſerui‑
tude, exerce ſur ceux qui par ſottiſe ſe
ſoumettent à ſes humeurs, ou ſeulement
qui le regardent; car ſeulement le regar‑
der c'eſt aſſez pour luy faire croire qu'on
l'adore. Ie ne vis iamais, repris-ie, vn hom‑
me ſi desfauorable aux Dames que vous,
de qui neantmoins vous auez eſté & eſtes
encore ſi bien accueilly, car vous eſtes
leur aiman parmy les compagnies, tant
voſtre conuerſation eſt puiſſante pour les
charmer;eſt-ce la recōnoiſſance que vous
deuez à leur courtoiſie? Pour les hair, re‑
pliqua Hellade, il ne faut que les connoi‑
ſtre.ie les peins telles quelles ſont,& ceux
qui les adorent ſe les repreſentent telles
qu'elles deuroient eſtre.Au contraire, luy
dis-ie, il faut connoiſtre auant que d'ay‑
mer.Si vous pratiquez ce que vous dites,
reprit-il bruſquement, vous ne les aime‑
rez iamais,car c'eſt le ſeul deffaut de con‑

sideration qui fait que l'on s'y attache. A la fin, luy dis-ie, vous-vous monstrerez plus versé que moy en cest art pour lequel fut banny le Poëte de Sulmone, car vous y estes sçauant au faict & au droict. Veux-tu que ie te die ce qu'il m'en semble, mon frere? me repliqua-t'il, si tu es sage tu te retireras de ces funestes riuages, noircis de tant d'escueils & de naufrages diuers. Ma Sœur est ma Sœur, elle est assez belle, elle est encore meilleure, elle est vertueuse, ce seroit vn grand bien si par vostre alliance on pouuoit reconcilier nos familles, mais apres tout c'est vne fille pour laquelle si ie me rends caution, ce ne sera qu'à force; car si l'on ne peut penetrer le sens d'vn homme, comme pourra-ton deuiner celuy d'vne fille qui n'en a point, ou si peu que cela & rien ont beaucoup d'affinité? Mon Pylade, luy dis-ie, en luy serrant les mains, ie voy bien que tu ruzes comme le Cerf qui est relancé, & que tu fais ce que tu peux pour esquiuer de me prester ton secours, lequel tu ne me refuseras pas si tu aimes ma vie. I'ayme vostre vie, me repartit ce vif esprit, mais i'aime aussi la mienne, qui consiste en la

conser

LIVRE IV. 275

conseruation de nostre amitié, & ie preuoy que ceste nouuelle Amour qui sera sans fruict & sans effect, en va estre la ruine, ce qui sera ma mort. Mon frere, luy dis-ie, d'où te peuuent venir ces mauuais augures? pourrois-ie bien estre ie ne diray pas tant ingrat, mais si desnaturé que de rompre vne societé inuiolable & sainte auec vn homme qui m'y a tant obligé, & qui en me secourant en vne action qui ne m'importe pas de moins que de la vie, m'obligera eternellement? I'ay peur, reprit-il, que si vostre dessein ne reüssit, vous ne l'attribuiez à ma faute, & que ce que i'auray faict pour conseruer vostre amitié, ne vienne à me la rauir. Et s'il reüssit, ce sera encore pis : car Adieu Pylade si vous estes vne fois coiffé de ceste Eufrasie, ceste plume d'Aigle deuorera les miennes, & ie ne paroistray non plus deuant ce nouuel Astre que l'estoile du matin deuant le Soleil, on quittera aussi tost l'Occident pour adorer l'Orient. ie sçay les auantages de l'Amour sur l'amitié, celle-cy a vne flamme luisante, l'autre cuisante, & ce qui cuit picque beaucoup plus que ce qui luit. Vous mesme auez remarqué en moy ceste experience à Lerida, où i'estois tellemēt occupé de l'Idée de celle qui me maistrisoit, que ie ne pensois ny à vous ny à moy-mesme. Mon cher Amy, luy respondis-ie, tu sçais par mes discours precedens la difference de ces flammes. il y a des Astres qui eclipsent pour estre voysins de la terre, d'autres iamais pour en estre fort esloignez. vostre Amour qui estoit terrestre & vicieuse, s'opposant à mon amitié qui estoit vertueuse & celeste, me faisoit eclipser de vostre memoire; mais celle que i'ay pour Eufrasie estant toute esleuée sur le ciel de l'honneur & de sa beauté, deux choses inseparables, ne me permettra iamais d'oublier celuy dont l'aide me seruira d'aisle pour m'enleuer à vne si grande gloire.

Car encore qu'on me propose
Que toute esperance m'est close,
Et que ie n'y pourray venir
Puis qu'à si beau dessein mō destin me cōuie,
Ou mon extreme foy m'y fera paruenir,
Ou mon extreme Amour me coustera la vie.

Oreste, me dit-il, vous volez sans aisles, & vous ressemblez à ces petits oysillons qui estans à peine éclos, se precipitent de leur nid

nid deuãt que leurs plumes soient creües, & arriuées iusques à la force de les pouuoir balancer dedans l'air;encore vn coup Adieu. Pylade aussi tost qu'Eufrasie aura pris vne entiere possession de vostre cœur. Ialoux garçon, luy dis-ie, contraire à mon repos, quand cesseras-tu de me faire debattre? si c'est pour essayer par ieu ma patience, c'est assez, cesse ta persecution. si tu parles à bon escient, faut-il que ie te redie qu'allant par deux voyes fort differentes en ces affections pures & saintes, vous n'auez garde de vous rencontrer ny de vous heurter? L'Amour est vn mouuemét du cœur tendant à l'vnion, disent les plus sçauans en ceste philosophie, & selon la difference des vnions les Amans se distinguent. en l'Amour d'amitié que i'ay pour toy, mon cœur s'arreste en l'vnion auecque le tien, & sans plus la meslange de nos esprits, & l'accord de nos volontez accomplit ceste perfaitte amitié que tout le monde admire en nous, laquelle arriuée à ceste periode ne peut plus ny croistre ny amoindrir; non croistre, parce qu'en ceste entiere correspondance est son comble, non amoindrir, d'autant que si elle dimi-

S 3

nuoit, elle pourroit finir, & selon cette verité qui est si notoire,

L'Amour qui peut finir, ne fut iamais sincere. Mais en celle que le Ciel m'a inspirée pour Eufrasie (& ie dis le Ciel où les mariages se font) tu vois bien que la pretension est diuerse, & qu'à l'vnion des cœurs, qui est le vray lien des nopces, l'indiuisible societé de la vie est iointe, & ce qui se pouuant honnestement consumer dans l'Hymen, ne se peut nommer sans offenser la pudeur. Et ie te prie Hellade, as-tu iamais ouy dire qu'vn homme qui se marie renonce tous ses Amis ? au contraire, le mariage ne fait-il pas autant de nouuelles amitiez que l'alliance donne de nouueaux parens ? Mon Oreste, me dit-il, ton esprit a vn ascendant si fort sur mon iugement, que ie n'ay aucun moyen de resister à tes raisons, & quand il me faudroit mourir, la mort qui me viendra de ta main, ne me pourra estre desagreable. Conserue moy l'honneur de ta chere bienueillance, & croy que ie feray l'impossible pour te secourir. A ce mot transporté de ioye ie ne peu m'empescher de me ietter à son col, & baignant son visage

sage de larmes en ceste douce & puissante gesne, ie luy fis promettre tout ce que ie voulus pour le secours de ma passion, pourueu qu'elle se tinst dans les bornes des loix & d'vn dessein honnorable. Ce que ie luy iuray si sainctement, que ie le priay de me tuer s'il m'arriuoit seulement de luy declarer vne pensée qui chocquast directement ou le respect ou le deuoir. Mon frere, me dit-il, prie Dieu qu'il te garde des mains d'autruy ou des tiennes; car des miennes tu en seras tousiours exempt; si tu ne meures que quand ie te tueray, tu viuras autant que le monde.

CLEORESTE.
LIVRE CINQVIESME.

DEPVIS ce temps là il ne se passa point d'occasions de voir sa Sœur, dont il ne me donnast les moyés, soit qu'elle fist des visites, ou qu'elle allast aux Eglises, tousiours en la compagnie de sa Sœur Lucrece & de Berille leur Gouuernante. Ie laissois la conduite de ma barque à ce sage Pilote, sçachant qu'il auoit vn extreme desir de mon contentement, & qu'il la gouuerneroit d'autant mieux que moy, qu'il estoit moins emporté de passion. Nous sommes en vn païs où comme il y a plus de contrainte qu'en celuy-cy, les Amans s'y conduisent auecque beaucoup plus de subtilité; icy l'on ne parle qu'auecque la langue, & l'on n'oit que par les oreilles; mais là le moindre

moindre signe est vn discours, & le moindre trait d'œil parle & entend, interroge & fait des responses. Passer & repasser deuant vne porte, attacher ses yeux sur vn suiet, c'est vne declaration manifeste & vne publication de seruice. Ne perdant donc aucune occurrences de me faire voir à ceste fille,& elle soit par inaduertance, par bien seance, ou par inclination me considerant, comme de la reflexion des rayons du Soleil se forment plusieurs transparences, de mesme par la rencontre de nos regards se formoient autant de pensées en nos Ames, que de cercles dans la surface d'vne eau stagnante quand on iette vne pierre dedans. Ceste correspondance de veües disoit beaucoup à mon auis (car que ne s'imaginent ceux qui aiment?) mais ne disoit rien en effect. Car nous estions tous deux si couuerts & si retenus que chacun reseruoit son secret dedans soy, sans que i'eusse l'asseurance de luy parler, pour l'apprehension du danger où ie l'exposerois, ceste intelligence venant à se descouurir. car s'il n'y eust eu du peril que pour moy, i'eusse couru à trauers les feux

& les flammes pour luy porter vne parolle. Il me falloit conduire ceste mine si secrettement que sa Sœur Lucrece, ny ceste Gouuernante Berille n'en vissent rien, car si elles s'en fussent apperceües, elle eust esté euentée, ou si elle eust ioüé à mon desauantage, i'eusse esté accablé sous les ruines. Ie m'auisay donc apres ces legeres demonstrations, qui n'auoient non plus de corps que les couleurs apparentes de l'Iris, de faire sonder la volonté d'Eufrasie pour Hellade, affin de ne demeurer plus en ceste perplexité, qui me faisoit tout ensemble viure & mourir. Mon Amy qui se fust lancé au trauers des espées pour me contenter, prit ceste commission, & comme il estoit accort pour faire venir sa Cadette au propos qu'il desiroit, il luy dit vn iour ; Chere Sœur, que dit-on de me voir tousiours auec Orant? ne cessera-t'on iamais de nous persecuter auecque la langue ? (car qui seroit si osé que de nous attaquer de la main, auroit sur les bras vne forte partie.) & iusques à quand durera l'inimitié des nostres contre cet innocent? Alors Eufrasie luy raconta les murmures de sa Sœur &

de

LIVRE V. 283

de sa Gouuernante, qui croyoient que ce fust pour leur faire despit que ie m'opposois si souuent à leurs yeux. Et vous ma sœur, luy dit-il, qu'en dites-vous vous mesme? à vostre auis ay-ie failly en l'election de mon amitié? & mon Oreste n'est-il pas vn des gentils Cheualiers & de la meilleure mine qui soit à Huesca? Les filles ont des traits d'accortise & de ruze qui n'appartiennent qu'à elles, & bien qu'elles n'ayent que naïueté & simplicité sur les leûres, elles sont naturellement retenuës, & beaucoup plus reseruées que les hommes, & semble que l'argile dont elles sont formées, soit detrempée dans l'eau de la dissimulation. Vrayment, luy dit-elle, mon frere, vous estes aussi peu sage l'vn que l'autre, & s'il vous plaist tous deux de vous seruir de mon miroir, vous y verrez l'image de la folie: Car ie ne sçay d'où luy vient ceste belle humeur de se mettre tousiours en spectacle deuát nous, & à vous de me demander ce qu'il me semble de sa bonne grace; ie croy, tant vous estes passionné pour cet homme, que vous pensez que chacun en doiue estre idolatre comme vous. Ceste brusque repartie

partie estonna fort Hellade, qui n'attendoit rien moins de la bouche de sa sœur, qui luy auoit tousiours dit beaucoup de bien de moy, & loüé souuentesfois ma discretion, disoit-elle, & ma gentillesse. Tout esperdu il luy repartit; Chere sœur, que t'a peu faire ce pauure Gentilhomme, ou plustost que t'ay-ie faict pour le mespriser ainsi? car ie suis tellement vny de cœur auecque luy, que nous ressemblons à certaines pommes iumelles de telle sympathie que la meurtrisseure de l'vne passe aussi tost en l'autre, qui le blasme me touche en la prunelle de l'œil. Alors Eufrasie adoucissant le ton de sa voix & son courage, mon frere, dit-elle, ce n'est ny pour vous fascher, ny pour luy déplaire ce que i'en ay dit; & bien que ie ne me sois point laissé emporter à la haine des nostres contre luy, si est-ce que ie ne l'ay encore veu que comme vne chose indifferente, sans considerer autrement les qualitez qui vous le rendent aimable, de peur de me prendre aussi bien que vous par les yeux, & vous sçauez qu'il fait dangereux regarder ce qu'il n'est pas permis de desirer. C'estoit bien assez dit à
l'esprit

l'esprit penetrant d'Hellade, qui entendoit à demy mot: ceste estincelle luy fit connoistre quelque sorte de flamme, sur quoy il repartit: Ma sœur, la haine desraisonnable des nostres que vous auez tousiours improuuée, m'a fait croire que vous approuuiez mon election en la dilection d'Orant, & pour moy ie l'aime de telle sorte, que comme nous ne sommes qu'vn, l'on ne peut aimer l'vn sans affectionner l'autre, & qui le haït me desoblige cruellemēt. Dieu me preserue de le haïr, reprit-elle, puisque cela est directement contraire à la loy Chrestienne, qui nous oblige à vouloir du bien à nos ennemis, & à prier pour ceux qui nous persecutent; mais de l'aimer en la façon que vous l'affectionnez, c'est vne chose, quand i'y aurois de l'inclination, que la bienseance me deffend, & qui est contre la retenuë à laquelle ie suis attachée par la cōdition de mon sexe. Et à n'en point mentir, principalement à vous mon tres-cher frere, que i'aime cordialement, & auec qui ie traitte auecque simplicité & sincerité, ce Gentilhomme m'a tousiours plustost agreé que despleu, mais i'ay esté fort sur mes gardes

en

en cet agréement, de peur que passant de ceste simple complaisance dans vne affection plus forte, ie ne vinsse à treuuer la perte de mon contentement en celle de mon repos, & à souhaitter mal à propos ce que ie ne puis, ny ne dois esperer en aucune maniere. La prudence qui doit estre le flambeau de nos actions, comme la modestie & l'honnesteté le niueau & la regle, me fait assez clairement voir les grands & inuincibles obstacles qui s'opposeroient à nostre amitié, bien que nos desirs fussent les plus saints & les plus legitimes qui se puissent imaginer. C'est pourquoy il est plus asseuré, comme plus facile, d'esteindre vne bluëtte, que d'attendre que la flamme deuenuë grande ne se peust assoupir que par vn entier embrasement. Imaginez-vous combien Hellade estoit aise de voir ce gibbier donnant auecque tant d'innocence dans les panneaux qu'il auoit industrieusement tendus, & de considerer ceste proye qui se descouuroit peu à peu & facilitoit sa prise. Et à dire la verité, les filles bien nées ont en leur cõduite quelque ressemblance auecque les rameurs qui tournent le dos

dos vers le lieu où ils tendent de toutes leurs forces. Ce qui fit que Hellade sans faire semblant de la presser, sçachant que l'Amour s'insinuë pluſtoſt qu'il ne se commande, luy respondit ; Ma sœur, c'eſt le propre des sages filles d'eſtre touſiours en crainte, ie loüe voſtre pudeur & voſtre consideration, mais aussi ne faut-il pas que le iugement qui nous eſt donné pour nous preseruer des accidens faſcheux qui se peuuent preuoir, vous serue comme ces fausses glaces qui font ou voir ce qui n'eſt pas, ou apperceuoir ce qui leur eſt opposé d'vne façon differente à son eſtre veritable. A aimer, comme à regner, il faut vn peu de dissimulation, ou pour vser d'vn terme plus doux & moins odieux, vn peu de retenuë, & cheminer en ceſte voye la bride à la main, & auecque beaucoup de circonſpection : principalement les filles qui portent le precieux threſor de leur honneur en des vases de terre, & plus fragiles que le verre ; non pas que i'appreuue ceſte farouche m'axime d'aimer comme si l'on deuoit haïr quelque iour, & de haïr comme si apres l'on deuoit aimer : car de ceſte façon le cœur ne se

donne

donne qu'à moitié, & l'on demeure en vne perpetuelle deffiance. mais ie treuue bon que l'on gouuerne la nauire entre les vents & les flots auecque le timon de discretion, sans donner aux extremitez de la temerité & de la vaine crainte. Il est vray, ma chere Sœur, que de merueilleuses difficultez semblent s'opposer au dessein que i'aurois de vous voir autant aimer mon cher Orant, comme il vous honnore; mais il y a encore bien de la distance entre ce qui est difficile & l'impossible; quelquesfois ce qui est fort malaisé paroit à vne Ame timide pour estre dans l'impossibilité, mais il n'est point d'obstacle qu'vn genereux courage ne puisse surmonter, ou tout au plus qui ne puisse estre vaincu par la patience. C'est là l'eau qui creuse la pierre, & la lime qui peut ronger le plus dur metal. Qui peut endurer peut tousiours bien esperer, & qui peut esperer ne doit point craindre de desirer, parce que le desir allaitté par l'esperance, est plustost la ioye & le côtentement d'vn cœur qui ayme, que le tourment & le supplice. I'auoüe que desirer sans espoir, est vne douleur en quelque façon

façon semblable à celle d'vne femme qui endure les tranchées de l'enfantement, sans se pouuoir deliurer du fardeau qui l'oppresse : mais quand on espere auec apparence de venir à bout de ce que l'on desire, il n'est point de trauail qui ne soit leger, ny d'ennuy qui ne soit supportable. Ma chere sœur, si vous m'aimez, que dis-ie? si vous-vous aimez vous mesme, si vous affectionnez nostre commun contentement, & le repos de nostre famille, il faut que vous admettiez en vostre cœur de l'affection pour mon cher Oreste; car outre que c'est vn Gentilhomme de bonne grace, riche, accort, courtois, plein de vertu & de merite, il vous aime par dessus toutes choses, & pour le dire sans enuie & sans ialousie, plus que moy qui le connois de si longue main; & vous sçauez que l'amitié est d'vn prix inestimable, & qui ne se paye que par elle mesme, i'entends par vne bienueillance reciproque. La gratitude vous oblige à ceste reconnoissance si vous ne voulez me témoigner vn naturel aussi mauuais que i'ay tousiours reconnu le vostre docile & flexible. Que les filles sont ombrageuses & naturellement fines

Tome 1.   T

& ruzées! celle-cy crut que son frere ne luy emmielloit ces propositions que pour sonder auec astuce ce qu'elle auoit dans l'ame, & pour apres la reprendre de sa credulité, ou en faire des contes auecque moy. Ce qui fit qu'estimant s'estre trop auancée, elle se retira dans vne froideur apparente, & ayant rasseuré son visage vn peu esmeu par les discours d'Hellade, elle luy dit; Non non, mon frere, vous n'en estes pas encore où vous pensez, contentez-vous que ie ne hay point vostre Amy, Dieu me deffendant la haine, & qu'en cela ie ne m'engage point dans la passion d'animosité que mon Pere, mon frere & ma sœur témoignent auoir contre luy, sans m'obliger à luy vouloir du bien en particulier ; car bien que pour vous complaire ie voulusse l'affectionner selon que l'honneur & mon deuoir me le pourroient permettre, ie ne veux pas me mettre mal auecque mon Pere, de qui depend ma fortune comme ma volonté, ny auecque mes autres parens, parmy lesquels i'ay à passer ma vie. Ie n'ignore point les merites de vostre Amy, mais vous sçauez que ie ne puis

que

que ce que ie dois, & que me vouloir perfuader de me deftacher tant foit peu de l'obeïffance de mon Pere, c'eft perdre fon temps & fes paroles. Si i'eftois libre peut-eftre vous prefterois-ie l'oreille; mais dependant d'autruy, ie ne puis auoir autre mouuement que celuy que me donneront ceux à qui Dieu & la nature ont donné le droit de me commander. Et puis m'eftimez-vous fi peu iudicieufe, que ie ne m'apperçoiue pas de voftre induftrie pour fonder mes intentions, & pour blafmer ma fottife, fi i'eftois fi facile que de porter mes inclinations auecque legereté vers vne perfonne que ie ne puis voir fans foupçon, & à qui ie ne fçaurois parler fans crime? Soit donc que vous parliez pour effayer mon courage, fçachez que ie ne feray rien que ce que ie dois, foit que vous me propofiez vos fentimens auecque fincerité, & felon les veritables proiets de voftre ame, donnez-vous le loifir de confiderer en quel labirynthe de confufions & de trauerfes vous me voulez engager, en me conuiant à vne amitié dont ie ne puis moiffonner que des efpines de douleur, fans aucunes rofes de confolation, & qui peut attirer fur ma tefte l'inimitié de ceux de qui depend ma bonne ou mauuaife fortune. Hellade qui ne s'apperceut pas que cefte biche bleffée de fes propos pluftoft que de mes merites, ruzoit deuant luy pour voir s'il ne prendroit point le change, & iuger par là s'il luy parloit fincerement, ou à deffein de la furprendre, fut luy-mefme vn peu furpris, & comme mis en deffaut. En verité, dit-il, ce n'eft pas fans raifon que la femme eft comparée à la Mer, à la Lune, au poulpe, & à tout ce qu'il y a de changeant & d'inconftant au monde, puifque ie treuue vne fi foudaine varieté en vne fille que ie m'eftois toufiours reprefentée pour l'image de la mefme conftance. Eft-ce donc icy la conclufion de cefte belle efperance que vos difcours precedens me faifoient comme toucher au doigt? & faut-il que ie face vn fi cruel rapport à mon Amy, qui ne luy couftera rien moins que la perte de fa vie? Cruelle fœur, faut-il que voftre vifage qui luy paroift fi doux, recele vn cœur fi barbare? & barbare vrayment eft le cœur qui ne fe laiffe point toucher à vne reciproque

amitié

amitié, le plus haut point de l'inhumanité consistant, à mon auis, à n'auoir point de correspondance auec vne ame qui nous affectionne selon les termes de la iustice & de l'honneur. Ce discours accompagné de quelques larmes d'Hellade, que la force de l'affection qu'il me portoit espreignit de son cœur, & fit couler par ses yeux eut tant de pouuoir sur Eufrasie, que reconnoissant à ceste marque les propos de son frere estre conformes aux veritables sentimens de son esprit, elle leua le masque de la feinte, & se iettant à son col en l'embrassant fort estroittemēt, & meslant ses larmes auecque les siennes, elle luy repliqua d'vne façon si tendre qu'elle eust amolli les rochers ; Pardonne-moy, cher frere, s'il semble que i'aye eu quelque deffiance de ton amitié & de l'affection que tu me témoignes, & ne prends pas tant garde aux paroles que ie viens d'auancer, comme aux violens efforts que i'espreuue maintenāt en mon Ame. Il faut que toute honteuse & confuse i'auoüe franchement ceste verité que ie ne puis plus retenir prisonniere, puisque tu me contraints de m'en descharger en ton sein. I'ayme ton

Oreste, & si ce n'est depuis tant de temps que toy, peut-estre plus ardemment que toy, ce que tu ne pourras contredire, si tu consideres combien sont plus viues les flammes d'vne Amour honneste, que celles de l'amitié, & d'auantage si tu viens à penser à la foiblesse de mon sexe, & que le feu s'espréd plustost en vne matiere legere qu'en vne plus solide. Ie sçay biē qu'Oreste peut ignorer cet effect dont il est la cause, parce que ce que ie dois à la modestie & à la bienseance, ne m'a pas permis de luy témoigner par la moindre action, non pas mesme par vne œillade, que i'eusse aucune pensée pour luy, cachant mon feu sous la cendre d'vne extreme retenuë. Mais, mon cher frere, si vous pouuiez voir dans mon Ame, & y remarquer le rauage que ceste passion que i'ay pour luy, fait en celle que vous appellez cruelle, barbare & sauuage, la mesme pitié que vous auez pour vostre Amy, vous l'auriez pour vostre sœur. Ah! ie ne reconnois que trop qu'il n'est point de playes si douloureuses que celles de l'Amour, certes si elles n'estoient aimées, elles seroient insupportables. En disant cela les roses de la pudeur

qui

qui occuperent la place de tous les lys de
son teint, la rendirent plus belle qu'elle
n'auoit iamais semblé à Hellade, & les
pleurs qui coulerent comme des perles
de rosée sur les fleurs de ses ioües, attendrirent si fort le cœur de ce frere qui l'aymoit veritablement, que ce fut vn concours agreable de voir ces deux colombes sur le courant de ces belles eaux. Si
Eufrasie eut vn peu de honte d'auoir
si entierement descouuert son feu secret à
son frere, cestuy-cy ne receut pas vn petit
contentement de voir que ce qu'il auoit
entrepris en ma faueur, eust si heureusement reüssi. Alors il luy dit qu'il seroit
desormais doublement son frere, & par
nature, & par election, parce que n'aymant rien au monde à l'égal de moy, il se
sentoit son obligé, de connoistre qu'elle
eust en ce suiet-là ioint ses inclinations
aux siennes. Et puis luy ayant protesté
que mon dessein estoit tout plein d'honneur, & que luy-mesme seroit le gardien
de son honnesteté, voyant que l'espoir deuoit seruir de nourriture à son desir, il
luy fit connoistre par plusieurs agreables
raisons, que nostre alliance n'estoit point

si eslognée d'apparence qu'elle s'imaginoit, qu'encore que l'effect n'en reüssist pas si tost, ny auecque tant de facilité, le cours de la nature la deuoit faire suruiure à Nisard, & la laisser de ceste façon en la liberté de son choix; que le party qu'il luy presentoit en m'offrant à son seruice, estoit vn suiet digne de son affection, & auecque lequel elle ne pourroit que viure contente; qu'elle n'en pourroit esperer vn plus accomply en graces interieures & exterieures, ny plus accommodé des biens de fortune. bref il luy sceut si dextrement cacher mes deffauts, & aggrandir mes auantages, que ce fut autant d'huille ietté sur son feu qui l'augmenta outre mesure. Il n'y a point de termes assez propres en aucune langue pour exprimer comme il faut la ioye qui me saisit, lors que par le rapport de mon fidele Mercure ie sceu que i'estois si auant aux bonnes graces de celle en laquelle estoit le centre de tous mes desirs. Et à n'en point mentir, ie croy qu'il n'y a rien qui puisse contenter d'auantage vn cœur amant, que de se voir fauorisé d'vne mutuelle correspondance du suiet qu'il aime.

me. Et s'il est vray, selon l'opinion d'vn Philosophe que l'eschole appelle Diuin, que l'Amour produise l'extase, ce doit estre en ceste premiere occurrence, aussi bien qu'en celle qui conduit à la possession de l'obiect aimé. Tant y a que ie ne puis bien representer le ressentiment que i'eu en ce point-là, & si mon amitié eust peu s'augmenter pour mon Pylade, sans doute ce bon office qu'il m'auoit rendu auecque tant de franchise, l'eust accreüe: mais estant arriuée à son extremité, rien ne s'y pouuoit adiouster, sans estendre l'infinité mesme. Depuis ce temps-là ie ne perdis aucune occasion de me treuuer aux lieux où alloit Eufrasie, soit sacrez, soit profanes, consacrant plustost ceux-cy à l'honneur par nostre entreueüe, que nous ne profanions ceux-là par nostre rencontre; car nos intentions estoient si saintes que nous n'auions que faire d'eau lustrale pour les purifier. O que c'est vne belle chose qu'vne procedure chaste, & qui au lieu de craindre les rayons du iour, leur apporte plustost vne nouuelle clairté! ce sont les œuures des tenebres qui redoutent la lumiere, comme font les oyseaux de la nuict celle du Soleil. Que d'allegresse ie ressentois en mon cœur, voyant reluire sur moy ces deux Astres fauorables, qui faisoient sentir à mon Ame vn calme plus doux que n'est celuy qui se void sur la mer quand les Alcyons y font leurs petits! La rencontre de nos regards animez d'vne mesme intelligence, ressembloit à la collision de ces pierres à feu qui font rejallir des estincelles, & de là naissoient de grands embrasemens en nos esprits. Quand ie me represente la douceur de ses yeux, la serenité de son visage, le ris de sa bouche, & ce langage de la contenance que nous entendons bien mieux en Espagne qu'en France, il me semble que sur les aisles d'vne belle esperance ie m'esleuois iusque dedans le Ciel,

Car les moindres faueurs font attendre aux Amans
De paruenir au but de leurs contentemens.

Hellade qui estoit le truchement & l'interprete de nos pensées, luy faisant sçauoir les miennes, me rapportoit les siennes auecque tant de grace & de fidelité que ie ne sçauois de quel costé deuoit plus pancher mon cœur, ou vers la sincere amitié

amitié de celuy-cy, ou vers l'honneste amour de celle-là. Durant quelque temps ie me contentay de ceste veüe, & des asseurances que me donnoit mon Amy de la bienueillance de sa sœur, ie lisois cela dans ses regards, elle n'estoit plus si soigneuse de cacher son visage sous son mâte, elle le laissoit tomber comme negligemment, mais c'estoit à dessein, de dessus sa teste, affin que le voyle de ceste nuict estant osté ie visse à clair le front qui me donnoit le iour.

Ses yeux desnuez de dedains,
Sembloient deux Soleils sans nuage,
Qui du beau Ciel de son visage
Lançoient des rayons bien serains.

De moy ie ramassois tous ses regards dedans mon cœur comme dans vn miroir ardant, si bien qu'il ne se faut pas estonner si i'en estois tout en flamme. Mais tout ainsi que ces gouttes chaudes que la violence de la chaleur espreint des nuées au plus fort de l'Esté, au lieu de raffraichir bruslent plustost les fueilles sur qui elles tombent, & au lieu de leur donner de la nourriture leur causent de la pourriture; de mesme ces fauorables témoignages de
corre

correspondance redoubloient mon inquietude pluſtoſt que d'accoiſer mon deſir. Ce que nous poſſedons n'eſt rien, quãd nous eſperons quelque choſe de plus grand. Ie deſirois paſſionnément de luy parler, & qu'elle ſceuſt par ma langue, ce qu'il me ſembloit que mes yeux ne luy diſoient qu'imperfettement. Mais helas! comme euſſe-ie peu arriuer à ce bien, ſi ſeulement celuy de la voir eſtoit ſi rare, & en ſa rareté accompagné de tant d'eſpineuſes circonſtances, que ie pouuois bien dire auecque ce Poëte,

Que d'eſpines, Amour, accompagnent tes roſes?
Ie reſſemblois à ces nauires qui viennent de long cours chargées de bonnes marchandiſes, & qui demeurent long temps à la rade, faute d'vn vẽt fauorable qui les iette dans le port. A la verité il vaudroit bien mieux ne voir point ce que l'on ayme, que le voir & ne luy oſer parler: car la veüe irritant le deſir, rend le tourment de l'eſprit beaucoup plus ſenſible. Ie m'en plaignois à mon Hellade, mais c'eſtoit auecque tant de ſommiſſion à ſa chere conduite, qu'à la moindre de ſes raiſons ie m'appaiſois, ne voulant pas pour mon

con

contentement apporter aucun preiudice
à la paix de sa maison, ny au repos de la
vertueuse Eufrasie. Iusques à ce qu'il se
presentast quelque occasion de l'abbou-
cher, nous-nous auisasmes d'vn moyen
qui semble tenir le milieu entre le voir
& le parler, qui est celuy des lettres ; car
par l'escriture nous parlons aux yeux de
celuy qui lit nostre escrit, & vn langage
plus exprimant que n'est pas celuy des
yeux ou des gestes. en escriuant nous
deschargeons nos pensées sur le papier,
& le rendons depositaire de nos intentions, pour les rapporter fidellement &
sans alteration à la personne que nous en
voulons rendre instruitte. Ce ne fut pas
sans beaucoup de difficulté qu'Hellade
obtint de sa Sœur qu'elle vist de mes lettres, la premiere fut absolumēt refusée de
ceste sage fille, tāt la Chasteté est vne vertu delicate & ombrageuse. A la fin il la
prescha tant, & mesme la pressa tant, luy
remonstrant que s'entretenir de discours
auec vn Gentilhōme d'honneur, & receuoir de luy quelque petit mot d'escrit,
mesme par l'entremise d'vn frere aussi ialoux de sa gloire qu'elle le pouuoit estre,
n'estoit

n'estoit pas vn crime qui peust en aucune façon ternir la reputation d'vne fille de bien, qu'elle souffrit qu'il luy leust ce que ie luy escriuois, ne voulant pas ietter les yeux sur les lignes que i'auois tracées, ny receuoir en ses mains le papier qui les contenoit. Mais peu à peu elle quitta ceste humeur sauuage, & n'estant plus si farouche, ces oyseaux qui chantent sans crier, s'appriuoiserent iusques à treuuer place en des lieux où mes yeux ne pouuoient s'estendre. Il est bien vray que l'Amour est vn mouuement du cœur qui s'estend tousiours depuis la complaisance, qui est le point de sa naissance, iusques à la possession de la chose aimée, qui est son but & sa fin. & parce que le mouuement est vne agitation d'vn lieu à vn autre, le cœur n'a point de repos qu'il ne soit arriué au terme où le pousse son inclination. Au commencement de ce commerce de lettres ie me treuuay fort soulagé de luy pouuoir declarer mes souffrances, & quand ie fus honoré de quelques-vnes de ses responses, ie pensois estre arriué au comble de mon bon-heur, ne me semblant pas que i'eusse plus rien

à de

à desirer apres ces gages precieux & ces asseurances de son affection. Mais ie ressemblois à ceux qui nauigent en haute mer, lesquels ayans perdu la terre de veüe, s'imaginent qu'ils abborderont bien-tost sous vn vent fauorable vers l'horizon qui leur paroist fort proche, & comme separant l'eau du Ciel, & cependant plus ils voguent plus ils s'en esloignent comme s'il fuyoit deuant eux à mesure qu'ils s'en auoysinent. Ie treuuay que voir & escrire n'estoient que des fomentations, non des remedes, & que ie ressemblois à l'hydropicque, lequel pensant esteindre sa soif en beuuant, augmente l'enfleure qui le conduit au sepulchre. I'attendois tousiours vne occasion pour parler, & il sembloit que comme plus ie la poursuiuois, plus elle s'escartast de moy; ie n'osois me plaindre ny de mon Amy, ny de sa Sœur, car leurs bonnes volontez ne m'estoient pas moins connuës que la mienne propre. ie m'en prennois à mon mauuais sort, à la maligne influence de mon estoille, au Ciel, à la terre, à la fortune, en vn mot, à des Chimeres. Aussi qu'eusse-ie peu accuser

de

de ce desastre que mon propre malheur, qui me faisoit languir à la porte & à l'abbord des Isles fortunées? Le Ciel qui combattoit ma malice par sa bonté me fut en ce temps-là plus pitoyable que ie ne pouuois ny ne deuois esperer. car il mit en mes mains vne occasion qui meritoit, si elle eust esté receüe d'aussi bonne main qu'elle fut prise, la consommation de mes esperances. Vn iour que ie sortois seul de ma maison, (si ie me pouuois dire seul estant accompagné de tant de resueries) i'entendis tout à coup dans la ruë voisine non loin du logis de Nisard, vne grande rumeur, i'auance le pas pour contenter ma curiosité, & sçauoir l'occasion de ce tumulte. Que vis-ie? ce fut Ernest frere aisné de mon Hellade, & qui me haïssoit autant que cestuy-cy m'aimoit, lequel enuironné de plusieurs espées tirées sur luy, n'auoit pour tout secours que la sienne & vn courage inuincible, auecque lequel il soustenoit tout seul les efforts de tant d'assaillans. La generosité qu'il faisoit paroistre, iointe à la lascheté de ceux qui l'assailloient, & le desir que i'auois d'acquerir son amitié

tié par quelque signalé seruice, me fit prendre ceste occasion au poil, & ietter de son costé, pour empescher qu'vne telle valeur ne perist miserablement sous les coups de tant de malheureux aduersaires. Ie remerciay ma bonne fortune de m'auoir faict naistre vne si desirable occurrence, & mettant la main à l'espée ie me ioignis aux costez de l'assailli, & m'en seruant auec autant de dexterité que ie fis de mon bourdon en vostre duel, ie ne tarday guieres à le deliurer du peril qui le menaçoit. Ces poltrons à la premiere resistance qu'ils treuuerent en moy, qui m'auisay d'appeller mes compagnons à mon secours, comme si i'eusse eu vne grande suitte, se mirent à fuir, & nous laisserent maistres du champ Ernest & moy. Les blesseures qu'il auoit receües de ces lasches hommes qui ioüoiét mieux des pieds que des mains, estoient legeres, & dans vn danger si pressant il auoit gardé son iugement si entier, que mesme dans le plus fort du combat il eut moyen de me reconnoistre. ceste fusée estant demeslée ie m'offris de le reconduire en sa maison, ou chez le Chirurgien, s'il se

reconnoissoit auoir vn prompt besoin de son assistance. Luy reconnoissant qu'il tenoit sa deliurance de celuy que son Pere luy auoit tousiours faict regarder comme son mortel ennemy, estoit plus esperdu de ceste assistance que de l'attaque de ses ennemis: neantmoins le bon office qu'il venoit receuoir de ma main, eut vn tel ascendant sur son esprit, qu'il l'obligea à loüer ma valeur, & à me remercier de ma courtoisie, auecque protestation de m'en demeurer redeuable. Moy qui n'auois rien tant à cœur que de m'introduire en sa bienueillance, pour me faciliter l'acces vers Eufrasie; le Ciel m'est témoin, luy dis-ie, de l'extreme desir que i'ay de me voir aussi bien auecque vous qu'auecque vostre frere, & de voir estouffer dans les enfans ceste fascheuse haine qui a broüillé les Peres, & scandalizé si long temps toute nostre ville. Nous qui n'eusmes iamais de querelle à desmesler ensemble, deurions nous affranchir de leurs mauuaises intelligences, & renoncer au malheureux heritage de leur mortelle inimitié. De ma part ie vous asseure que l'honneur de vostre conuersation est vn
bien

bien que ie souhaitte sur toutes choses, & quand mon malheur m'en priuera, & me fera receuoir de vous quelque mauuais traittement, (ce que ie ne puis attendre d'vn si perfaict & valeureux Cheualier) cela ne m'empeschera point de vous honnorer & de vous seruir en toutes occurrences. Ce compliment né d'vn exces de courtoisie, le toucha tellement qu'il fut contrainct de me rendre de mutuelles offres & protestations d'amitié. I'espere, me dit-il, que le Ciel qui void ma bonne volonté, fera naistre quelque occasion par laquelle ie pourray vous monstrer que vous n'auez point obligé vn ingrat, & me ressentir de la faueur que i'ay receuë de vous sans l'auoir meritée. Mais cét attendrissement fut semblable à ces debiles vapeurs aussi tost dissipées qu'esleuées, parce que l'ayant remis dans sa maison, & pris congé de luy, il n'y fut pas plustost entré qu'ayant racōté à son Pere, à son frere & à ses sœurs le peril qu'il venoit deschaper par mō aide, ceste mesme nouuelle fut bien diuersement receüe par les vns & les autres. Car Hellade & Eufrasie qui m'aimoient, se mirent à me combler des loüanges que tira de leurs bouches la bienueillance qu'ils auoient dans le cœur. Et puis, dit mon Amy, l'on treuue mauuais que i'affectionne celuy qui met sa vie au hazard pour sauuer celle de mon frere, qui ne luy a iamais rendu que des preuues d'inimitié ? Certes si ceste obligation n'est capable d'arracher des cœurs qui luy veulent mal toute rancune, ie ne sçay pas qu'est deuenuë l'honnesteté & la gentillesse. il faut sortir hors du monde pour treuuer vne ingratitude plus grande que celle-là. Vrayment, adiousta Eufrasie, l'on peut dire que la valeur & la courtoisie accompagnent également ce braue Gentilhomme. que si mon Pere luy doit sçauoir bon gré de la deliurance de son fils, ie ne m'en sens pas peu obligée, puisque c'est mon frere qu'il a sauué. Tout mon déplaisir est de sentir mes forces trop foibles pour m'en reuancher dignement, mais ma bonne volonté suppleant à ce deffaut luy seruira de reconnoissance. Ne vous semble-t'il pas que ce soit vn peu trop dit pour vne fille qui deuoit mieux cacher son ieu ? mais cet accident soudain

&

& inopiné l'ayant vn peu surprise, en ceste émotion elle fit paroistre sans y penser les estincelles de ce feu qui se recele auec autant de difficulté que facilement il s'allume. L'auis de Lucrece fut bien different, car selon la coustume de ceux qui treuuent tout mauuais en ceux qu'ils haïssent, elle iugea que son frere Ernest ne deuoit son salut qu'à sa propre valeur, qui luy promettoit de desmesler vn iour de glorieuses entreprises, & que la seule vanité m'auoit faict mettre à ses costez pour prendre part à sa gloire, ses propres ennemis l'assaillans en troupe, pour la connoissance qu'ils auoient de son courage, l'ayans plus honnoré que moy, qui faisant semblant de le seruir, auois esté si temeraire que de me rendre son Second, sans considerer le peu de besoin qu'il auoit de mon aide en vne occasion où ses ennemis, au lieu de l'attaquer en gens de bien, cherchoient à le perdre aux despens de leur honneur. Mais ceste ingrate replique ne fut rien à comparaison de celle du Pere, qui dans le transport de sa colere perdant l'vsage de sa raison dit à Ernest; I'aimerois mieux qu'on t'eust rapporté mort en ce logis, que d'entendre que tu doiues la vie à l'assistance du fils de mon ennemy. Ne vois tu pas que ce secours que tu auoües si laschement, n'est qu'vn subtil stratageme de ce malicieux, qui estoit peut-estre d'intelligence auecque ceux qui te poursuiuoient, affin de se mettre, à l'imitation de son Pere, en bonne estime parmy le peuple sous vn specieux pretexte de valeur & de courtoisie? Et toy qui l'as admis en la part de ton peril, ne connois-tu pas que tu as commis vn acte indigne de Noblesse, & qui merite mieux d'estre blasmé que la lascheté de tes ennemis, qui ont esté cause que tu as receu ceste aide, qui n'est moins supportable que n'eust esté ta mort? Si tu veux donc me contenter, & reparer ceste faute que tu as faitte contre ton honneur, il faut que tu la laues dans ton propre sang, ou dans celuy de ton assistant, en te battant auecque luy, comme t'estant venu rauir la gloire d'vn combat dont tu ne pouuois esperer qu'vne heureuse issuë. Ces termes pleins de mesconnoissance, & ce brutal expedient qui recompensoit vn seruice par vn coupepe-gorge, n'eſtonnerent pas moins Erneſt qu'Hellade & Eufraſie; il n'y eut que Lucrece qui toute transformée en la paſſion de Niſard, appreuuaſt cet appel. Quelle fut la confuſion & le trouble d'Eufraſie, à qui le ſucces ineſperé de la deliurance d'Erneſt auoit deſia donné quelque eſpoir que ce ſeroit le vray moyen de purifier les querelles de nos familles, & de faciliter noſtre alliance, qui ſeroit ſuiuie d'vne paix qu'elle deſiroit auecque paſſion? Mais Hellade tranſporté d'vn iuſte deſpit de voir qu'on prennoit à gauche ce qui ſe deuoit prendre à droict, ainſi Dieu me ſoit en aide, dit-il, ie ne ſouffriray iamais qu'il ſoit dit tant que i'auray vn bras pour manier mon eſpée, que deux perſonnes qui me ſont ſi cheres, comme ſont mon frere & mon Amy, en viennent à vn ſanglant combat pour vn ſuiet ſi deſraiſonnable. eſt-ce la reconnoiſſance qui eſt deüe à vne action ſi genereuſe? eſt-ce la recompenſe d'vn homme qui a prodigué ſa vie & ſon ſang pour ſouſtenir Erneſt, que de luy arracher par ce meſme ſang ceſte meſme vie? n'eſt ce pas tuer l'honneur que l'on veut maintenir?

qui pourra iamais excuser ce crime? & si on ne le peut excuser, de quel supplice ne deura-il estre puny? Alors Nisard entrant en ses fureurs ordinaires, apres auoir iuré, maugreé, & despité comme vn homme qui escume sa rage par la langue, & maudit mille fois Hellade qui disoit du bien de celuy qu'il haïssoit mortellement; ce ne t'estoit pas assez, dit-il, impudent de loüer en ma presence vn secours si honteux à ton frere & à moy, & de releuer la gloire de mon ennemy par des paroles auantageuses, si encore pour nous témoigner ta rebellion ordinaire, & ton mauuais courage, tu ne venois t'opposer à vne si iuste reparation que ie veux que ton aisné prenne d'vn tel affront. Dieu ne m'aide iamais si ie ne te prends à la gorge, pour y estouffer ces paroles audacieuses & meschantes que tu en as vomies, pour t'en faire rentrer le desmenty dans l'estomac. Va insolent, va desnaturé, va lasche & sans honneur, qui veux que ton frere donne la vie à celuy à qui il la doit arracher. i'ayme mieux le baiser mort, que de le voir respirer vn air dont il soit redeuable à mon capital ennemy.

Disant

Disant cela il cherchoit vn baston pour faire vne charge de bois sur les espaules de l'innocent Hellade, lequel sçachant que l'on ne se doit opposer à la fureur des Peres qu'auecque les armes des Parthes, qui sont les talons, cherchant la porte du logis luy laissa la place libre. Nisard courut apres le battant de la langue, & le couurant d'iniures & de reproches ; va, luy dit-il, malheureux, & que ie ne te voye iamais ceans, où tu ne fais que des reuoltes & du trouble. & sçache que ton frere te tiendra compagnie en ton bannissement, s'il ne se resoult à la vengeance que ie luy propose. Hellade se voyant dehors parla auecque plus de courage & de liberté : Mon Pere, luy dit-il, puisque vous en estes resolu à cela, sçachez que l'amitié de mon election toute fondée sur la Vertu, m'est plus proche que le sang & la parenté, & que si mon frere suit vostre conseil, il doit faire estat de chercher vn Second, car ie seray celuy d'Orat. l'Astre de ma naissance a donné mes inclinations à aimer ce Gentilhomme, & en ceste cause où il a tant de raison & de iustice, ie veux estre de son costé. Va execrable, luy repliqua Nisard, puisque tu desmens ton sang, ie puis bien te mesconnoistre pour mon fils, & puisque tu veux prendre le party d'vn estranger & d'vn ennemy contre ton frere, ie pourray bien pour ton frere me battre contre mon fils. sçache donc qu'il n'aura point d'autre Second que ton Pere, auec qui tu auras affaire, & que receuant par mon bras la punition de ton outrecuidance & de ta folie, tu te verras arracher la vie par celuy là mesme qui te l'a donnée. Monsieur, reprit Hellade, la nature & la raison me deffendent de mesurer mon espée auecque la vostre, mais auecque tout autre que voudra choisir mon frere, ie me mettray sur le champ, non à dessein d'offenser mon frere, ny que mon sang touche son sang, mais de le separer d'auec mon Amy, si le sort des armes permet que le premier ie me defface de mon homme. que si vous vous opiniastrez à vouloir seconder Ernest, il n'y aura du tout point de duel; car i'ay bien assez de pouuoir sur Orant pour luy faire refuser cet appel, ou s'il ne le peut sans preiudicier à son honneur, i'ay bien assez de force sur moy-mesme pour

les

LIVRE V. 315
les laisser battre seuls, sans me presenter
deuāt vous les armes à la main. Auecque
ces paroles dittes auec assez de raison, si
vous auez esgard à l'émotion qui l'agi-
toit, il part de la main, & laisse Nisard en
des furies qui se peuuent mieux imaginer
que representer par le discours. Il en alla
descharger vne partie contre la pauure
Eufrasie, qui se repentoit bien d'auoir trop
parlé, craignant d'auoir descouuert son
amour par les paroles que la verité & son
ressentiment luy auoient tiré de la bouche à mon auantage. Ie croy, luy dit-il,
petite sotte que vous voulez seconder
Hellade en son aueuglement, & que vous
auez esté si malauisé que d'adjouster foy à
ses cajolleries, en vn besoin vous tiédriez
son party, & encore de celuy que ie ne
puis nommer, tant son nom m'est abominable, contre vostre propre Pere. Viue
Dieu, si ie pensois que vous eussiez des
oreilles pour ouyr les propos de vostre
frere, qui n'est qu'vn affronteur & vn impudent; & des yeux pour son Amy, qui est
mon ennemy, ie ne me contenterois pas
de vous chasser de ma maison, mais ie
vous deschirerois en mille pieces. La pauure

ure fille tremblante comme la fueille, & comme vne colombe qui void le Gerfault fondre sur soy, ne sçauoit quelle contenance tenir : car ce discours luy sembloit tel, qu'elle croyoit que son Pere fust auerty de toute l'intelligence qui estoit entre elle & moy par l'entremise de son frere; & s'il eust pressé d'auantage ce point, ie croy, eu esgard à la foiblesse du sexe, que pensant estre trahie elle l'eust tout ouuertement auoüé. Elle tascha de s'excuser par ces paroles : Ie ne pensois pas que ce fust vn crime d'appreuuer vne action qui doit estre estimée, ny que secourir mon frere en son extreme necessité, ce fust nous offenser. neantmoins pour vous témoigner que ie ne voy que par vos yeux, ie veux desmentir mon propre iugement, & pour vous faire paroistre mon obeïssance, vnir tellement mes volontez aux vostres, que hors l'offense de Dieu ie ne vueille que ce qu'il vous plaira. Il est vray que celuy qui conduit mon Ame, m'a tousiours faict entendre que ie pouuois aimer vos amis, mais non pas en conscience haïr vos ennemis ; parce qu'estant deffendu aux Chrestiens de laisser coucher le Soleil sur leur

leur haine, il ne leur est pas loisible de nourrir aucune animosité contre personne, non pas mesme contre ceux qui nous persecutent en la vie, aux biens, ou en l'honneur. Car quant à la vengeance, c'est vn plat que Dieu s'est reserué, & quiconque y met la main, se treuue ordinairement descheu de ses esperãces, & tombant dans la fosse du peril qu'il prepare à autruy, il ressemble à l'abeille qui perd la vie en laissant son aiguillon dans vne legere pointure. Que ie puisse estimer iuste la cause de l'appel que vous persuadez à Ernest, c'est ce que ie ne puis, sçachant que pour la plus iuste cause du monde tout appel est iniuste, & que comme il n'y a rien de plus iuste que Dieu, il n'y a rien de plus iniuste que le Duel. Quelque menace que vous me faciez, il n'est pas possible que ie me persuade que vous ayez raison de le commander à Ernest, non plus que de chasser Hellade de vostre maison, pour auoir soustenu la bonté de l'action d'Orant en la deffense de mon aisné. Qui parle veritablement, parle confidemment. c'estoit parlé auec hardiesse cela ; mais quoy ? la verité

fut

fut alors plus forte en Eufrasie que la crainte. Ce qui mit Nisard en vne telle colere, que sans luy repliquer de la langue, il ioüa des mains en imprimant sur les belles ioües de l'innnocente deux soufflets, qui comme ceux d'vne forge allumerent des charbons ardans en son teint, au lieu des œillets qui auoient accoustumé d'y paroistre. Elle endura cet outrage auecque patience, sçachant que ceux-là sont appellez bienheureux qui souffrent d'estre persecutez pour la Iustice. Et sa Sœur comme vne autre Michol regarda cet affront en riant ; car bien qu'elle ne fust pas son ennemie, elle estoit neantmoins ialouse de sa beauté, luy semblant que par les compagnies ayant ceste Cadette à son costé que chacun enuisageoit comme vn Soleil naissant, elle perdoit beaucoup de son lustre. Elle ne se peut tenir de dire en murmurant, qu'elle meritoit bien ceste descharge, puis qu'elle ne vouloit pas se ranger du party de son Pere, ny espouser ses passions. Ie ne sçay si ce fut la crainte qu'il eut de Nisard, ou le déplaisir de se voir mon redeuable, qui fit qu'Ernest pour complaire à son Pere sui-

uit

uit son conseil couchant de son reste, & faisant vne vade de sa vie sur vne mauuaise chance. Il se resolut de me faire appeller, & à ce dessein me fit tenir vn escrit qui disoit ainsi, selon qu'il m'en souuient.

CARTEL.

Es faueurs des ennemis ne sont point des faueurs, mais des trahisons. c'est ainsi que i'appelle ce que vous nommez assistance. Ie ne veux point estre redeuable de la vie à celuy à qui ie la veux oster, pour effacer la gloire qu'il se donne de me l'auoir sauuée. Ie tiens vostre assistance pour vn larcin, d'autant qu'elle m'a desrobé l'honneur en m'ostant le moyen de desmesler vne fusée, pour laquelle desbroüiller ie n'auois que faire de Second ; aussi sera-ce sans Second que ie vous attendray où ce porteur vous dira, auec vne seule espée, pour tirer raison de l'affront que vous m'auez faict en vous joignant à mes costez en vn temps où ie n'auois que faire d'aide pour me tirer du peril qui me menaçoit. Les paroles de compliment que ie vous dis sur l'heure, procedoient plustost de ma courtoisie que de mon deuoir, & de l'émotion que m'auoit laissé la chaleur du combat, que
d'vne

d'vne raison bien claire & d'vn iugement rassis. si i'eusse esté bien auisé, ie deuois punir vostre outrecuidance plustost que vous faire des complimens, sans faire à vostre vanité tirer auantage de ma courtoisie. Pour euiter doncques le reproche qu'on me pourroit faire de laisser mon honneur entre vos mains, qui m'ont esté aussi peu necessaires qu'elles me sont peu redoutables, & pour me conformer à l'opinion d'vn plus sage que moy, autant qu'à mon ressentiment propre, ie vous conuie de me rendre auecque l'espée ce que par elle vous pensez auoir acquis sur moy. Ie croy que vous ne refuserez pas cette honnorable condition, puisque nostre combat sera sans autre passion que celle de la gloire, pour laquelle conseruer ou acquerir les cœurs genereux font peu d'estat de leur vie.

Soit que cela se fist à dessein, affin qu'on nous empeschast de nous joindre, tãt par l'industrie de Nisard, que par celle d'Ernest, ce que ie ne veux pas croire de celuy-cy, l'ayant tousiours tenu pour homme de courage; soit, ce qui est plus probable, que cela fust venu à la cognoissance de ses Sœurs, & de ceste façon en celle de tout le monde, tant y a que chacun

chacun estoit abbreuué de nostre combat auant que i'en eusse receu l'appel. Quand ie receu ce papier, ie pensois que ce fust vne illusion, & que mes sens enchantez leussent dans ces characteres vn sens tout contraire aux remercimens que ie me promettois de la part d'Ernest: mais en fin voyant qu'il auoit pris la medaille par le reuers, & mon seruice pour vn outrage, ie me resolus aussi-tost de m'accommoder à son humeur, & de luy donner vne satisfaction conforme à sa fantaisie. Ie n'auois iamais entrepris combat auecque tant de regret, non pas que i'apprehendasse mon appellant, ny mesme la mort, la crainte du peril estoit au plus loin de ma pensée; mais ie considerois que i'auois à perdre la vie, ou à la faire perdre à celuy à qui ie l'auois si glorieusement sauuée, ce qui estoit deffaire mon propre ouurage, à celuy que ie souhaittois pour beau frere, au fils de celuy que ie desirois pour beaupere, au frere de mon Amy & de celle que i'adorois, le déplaisir que ie ferois à ces deux derniers, soit que ie vinsse à me perdre, ou à le perdre : car à n'en point mentir, ny l'exil qui m'estoit asseuré si ie restois victorieux, honteux laurier des duellistes, ny la perte de mes biens, ny la ruine euidente de nostre maison, ny la douleur où ie plongeois ma mere en tout euenement, ny tout ce qui peut abbattre vn courage en de semblables occurrences, ne me vint point deuant les yeux en ce temps. Ie voyois bien que c'estoit vn artifice de Nisard qui ne cherchoit que les occasions de se deffaire de moy, ou de faire naistre entre ses enfans & moy vne haine implacable, que ce n'estoit pas d'vn mouuement libre, mais forcé par le commandement d'autruy qu'Ernest en venoit là, & me faisoit ceste querelle de gayeté de cœur, que ie pouuois honnorablement & raisonnablement refuser vne assignation fondée sur vne cause si iniuste : mais la passion de la colere, & de la ialousie de la reputation, certes enragée & brutale pour ce regard, qui fait que ceux-là mesme qui detestent ces combats singuliers & à outrance, sont contraints de suiure ceste pernicieuse coustume, & d'embrasser vn faux honneur au lieu du veritable, me fit passer par dessus toutes ces considerations. Ie m'en allois donc sans en auertir personne,

LIVRE V. 323

sonne, & sur la parole d'vn valet de pied, le chercher où il m'attendoit, quand ie rencontray mon Hellade, duquel si i'eusse peu ie me fusse escarté pour ceste fois; mais luy qui estoit mieux auerti de ce duel que moy-mesme, me vint au deuant, & ne pouuant me faire resoudre par aucunes coniurations à retourner en ma maison, ie ne peu aussi gaigner par aucunes prieres qu'il me laissast aller seul où son frere m'escriuoit qu'il m'attendroit seul. I'auois beau luy proposer qu'il y alloit de mon honneur, d'estre accompagné en vn lieu où l'on n'auoit affaire que de moy; luy de sa part me representoit que sçachant ce combat il se sentoit obligé de s'y opposer de toutes ses forces, & d'espargner le sang de son frere & d'vn Amy qu'il ne cherissoit pas moins. Sur ceste contestation nous gagnasmes le chemin, le valet qui me conduisoit me pressant de ne laisser pas morfondre son Maistre, auquel le desir de me voir l'espée à la main donnoit de l'impatience à m'attendre. Le Ciel protecteur des innocens eut pitié de moy à ceste heure-là; car si i'eusse esté seul, comme ie desirois, i'auois trois

X 2

ennemis sur les bras, qui eussent mal faict mes besognes : car Ernest m'attendoit auecque son Pere qui n'estoit pas esloigné de luy, & le valet mesme qui me menoit comme vn Agneau à la boucherie, eust aidé à me depescher. Voylà des traicts de la generosité & de la bonne foy de Nisard, lequel de tant loin qu'il apperceut son fils auecque moy, il s'en vint comme vn taureau furieux à qui l'on monstre vne piece d'escarlate, plustost mugissant que prononçant ces paroles : Ie me doutois bien que ce parricide viendroit icy pour tirer le sang de mes veines, & que ce vipereau s'essayeroit de me percer le flác, mais il n'en est pas encore où il pense; auance maudit, que ie te face sentir la peine des enfans desnaturez. Mon Pere, s'escria Hellade, ie ne suis venu icy qu'auecque le rameau d'oliue, & plustost pour mettre la paix entre mon frere & mon Amy, que pour seconder vne action si tragique & si execrable. de moy ie n'ay rien à desmesler auecque vous, à qui ie dois honneur, respect & obeissance, & ie vous proteste que contre vostre colere ie n'ay point d'autres armes que les sup-
pli

plications ou la fuitte. Le lasche Pere rendu plus insolent par ceste soumission (selon le naturel des ames poltronnes, qui brauent ceux qui leur cedent, & se rendent à ceux qui leur resistent) tirant son espée vint attaquer son fils, qui se contenta de parer auecque son espée iointe au fourreau les coups que ce brutal luy tiroit. Ernest en mesme temps se vint eslancer furieusement contre moy, qui le receu auecque l'espée nuë, & dés la seconde passée la mienne demeura teinte en son sang l'ayant percé en vne cuisse. Le traistre valet qui auoit caché vne grande estocade en vn buisson, la va prendre, & venoit par derriere pour me la cacher dans les reins, si Hellade en criant ne m'eust auerti de prendre garde à vn peril auquel ie n'eusse iamais pensé. ie me retourne si à propos que m'escartant de deuant la pointe qui m'alloit trauerser, ce lourdaut qui sçauoit mieux manier vne broche ou vne fourche qu'vne espée, ayāt failly son coup qu'il me portoit de toute sa force, pensa choir à mes pieds; sans perdre vn moment ie luy rendis sur le champ ce qu'il m'auoit voulu prester, & le perçant de part en part, s'il eust eu deux Ames dans le corps, elles auoient pour en sortir chacune vne porte. La blesseure d'Ernest le rendoit moins ferme en sa gàrde; comme ie retirois mon espée du corps de ce vilain qui mordoit la terre soüillée de son sang impur, Ernest me pensa enfiler, i'en fus quitte en parant pour vne legere atteinte au bras gauche. Ie me relâce sur luy plus fort & vigoureux qu'auparauant, & le mettois en estat de penser à se deffendre, quand ie vis venir à moy l'enragé Nisard qui auoit mis en fuitte son fils Hellade, qui n'auoit iamais faict que parer deuant luy. Me voyant deux ennemis sur les bras, i'estois en la mesme extremité en laquelle ie vous treuuay, Seigneur Theobalde, quand vous auiez en teste Orlande & Psellion. Ie ne pouuois esperer de secours d'Hellade qui auoit fuy deuant son Pere, & qui voyoit de loin ce triste spectacle de trois personnes qui s'esgorgeoient, & qui toutes luy estoient si cheres. Qui a veu vn oysillon se plaindre sur vne espine voyant vn serpent qui boit les œufs de sa couuée, ou qui succe le sang de ses petits, il a veu la transse de

mon

mon Hellade en ceste occurrence. En fin mon bon Genie me suggera vn renfort, ce fut de me saisir de l'espée de ce traistre que i'auois tué. auecque ces deux lames i'attends mes deux ennemis, resolu de creuer plustost que de leur tourner le dos. Ie m'en escrime deuant & derriere auecque vne telle disposition (& Dieu m'ayda biē d'auoir appris à ioüer des deux espées) que ie ressemblois à vn herisson tout enuironné de pointes, si qu'ils ne sçauoient par où m'abborder. A la fin ma bonne fortune voulut que la perte du sang ou la douleur qu'Ernest sentoit en sa cuisse, le mit hors de combat, ne pouuant se soustenir qu'à grande peine. Ayant reconnu ce deffaut, ie m'escartay de luy de quelques pas, & Nisard me poursuiuant auec vn aueuglement extreme sans me pouuoir donner aucune atteinte, ie l'attiray en lieu où ne pouuant auoir secours d'aucun de ses enfans, de l'vn, parce qu'il estoit trop loing, de l'autre, parce qu'il ne le pouuoit suiure: Miserable vieillard, luy dis-ie, si tu as des yeux, & s'il te reste vne bluette de iugement, contemple l'euident peril où tu es, reconnois l'auantage que i'ay sur toy

& de l'âge, & du courage, & des armes, & qu'il est en moy de te donner ou oster la vie. D'auantage sur moy, me repartit ce brutal, c'est ce que ie n'auoüeray iamais tant que i'auray l'espée à la main, & quād la tienne seroit dans ma gorge, tu n'aurois pas encore le pouuoir de me contraindre à te demander la vie; i'aime mieux la perdre que te la deuoir. Comment, luy disie, tu ne te confesses-pas vaincu, & tu ne connois pas que ie ne fay que parer deuant toy ayant tant de moyen de te donner les dernieres atteintes? Tu me peux tuer, me dit-il, mais non pas vaincre, ny faire en sorte que ie manque de cœur pour mourir resolument, encore que ie manquasse d'armes & de forces pour me deffendre. Ce discours qui ne pouuoit partir que d'vne Ame desesperée, picqua mon naturel, & pour traitter ce fol selon sa folie, & luy tirer vn peu de sang pour le purger de sa mauuaise humeur, contre la resolution que i'auois faitte de l'espargner en faueur de sa fille, ie le perçay en deux ou trois lieux que i'estimay moins dangereux. ce que ie faisois auecque tant de facilité, qu'il sembloit que ie le pinçasse en riant.

LIVRE V.

riant. Cela le mettoit en vne rage forcenée. A la fin Hellade vint à nous, qui me coniura par toute l'amitié que ie luy portois, d'auoir pitié de celuy qui n'en auoit pas de soy-mesme, & qui d'vne aueugle fureur sembloit me forcer que ie l'acheuasse. Ie ne peu esconduire ceste coniuration. Voyla donc, luy dis-ie, cher Amy, que ie te donne ton Pere & ton frere, encore vne fois ie dois cela à ton amitié, & encore à mon Amour qui n'a rien de pareil au monde. Ie me fusse volontiers offert à rendre quelque seruice à ces hommes que ma main auoit blessez; car quant au valet il n'auoit plus besoin que d'vn peu de terre pour couurir son corps dont l'Ame estoit deslogée: mais comme Nisard & Ernest me haïssoient à mort, qu'eusse-ie peu faire qui leur eust esté agreable, sinon leur donner ma gorge à couper, à quoy ie n'estois nullement resolu? O què le Sage a eu grande raison de mettre entre les choses qu'il ne pouuoit souffrir vn vieillard insensé! Nisard de la vie & de la mort duquel ie tenois les clefs en la main, & que ie venois de chastier de son outrecuidance, prenant ma retraitte

X 5

honnorable & de Lyon pour vne fuitte honteuse, commença à m'outrager de paroles qui m'eussent faict faire ce que ie ne voulois ny ne deuois, si la presence de mon cher Hellade ne m'eust retenu. Il me pria de ne prendre pas garde à ce que la fureur & le desespoir tiroit de la bouche de son Pere. de moy, qui sçauois que le combat de langue par iniures n'est conuenable qu'aux femmes, ie donnay volontiers des offenses qui me sembloient petites, à nostre amitié qui estoit si gráde. Ie m'en allay tout couuert du sang de mes ennemis, sans qu'ils eussent tiré du mien que bien peu. Tandis qu'ils se font penser de leurs playes, leur reputation toute flestrie est deschirée en lambeaux par toutes les langues de la ville. On m'appelloit vn nouuel Horace qui en auoit vaincu trois d'vne seule espée, & en vn mesme champ, leur blasme & leur lascheté releuoit mon triomphe, & ie n'oserois redire sans rougir les loüanges que chacun me donnoit. Ma Mere en estoit transportée d'aise, mais sa ioye n'estoit pas accomplie, en ce que ie n'auois pas acheué celuy qu'elle appelloit le meurtrier, ou
plustost

pluftoft l'empoifonneur de mon Pere, eftant en ma puiffance de mettre le Maiftre au rang du valet. elle fouhaittoit auffi que i'euffe percé le cœur au lieu de la cuiffe d'Erneft, en vn befoin elle euft voulu que i'euffe aboly toute cefte race qui luy eftoit fi odieufe ; mais fes penfées & les miennes eftoient bien differentes. Comme on ne fe repent iamais de fe taire, ouy bien de parler, auffi le pardon n'eft point fujet au repentir, ouy fouuent la vengeance, parce qu'en perdant les autres nous nous perdons nous-mefmes, noftre ruine s'attachant à la leur, comme font ceux qui fe noyent en vn mefme fleuue. Cependant que leur guerifon reuient auffi lentement qu'ils auoient efté promptement bleffez, ils diffimulent leur maltalent, & cachent les charbons de leur colere fous la cendre de la feinte. mais ce qui dort n'eft pas mort. Ils ne font pas pluftoft reuenus à conualefcence, que comme des Antées fe releuans plus forts & plus furieux de leur terraffement, ils ouurent leurs gorges comme des Lyons, affin de m'engloutir, fans confiderer que les ayant vaincus enfemble, i'en pourrois

venir

venir bien plus aisément à bout estans separez. Mais la colere comme les chiennes fait ses productions aueugles, & comme c'est vne briefue fureur, elle ne considere rien. Vn matin ainsi que ie m'habillois, & que ie pensois à toute autre chose, ie receu vn billet de la part d'Ernest, qui estoit à peu pres conceu de ceste façon.

AVTRE CARTEL D'ERNEST
A ORANT.

Pour vous témoigner que ie n'ay aucune part en la supercherie que vous pourriez imaginer vous auoir esté faicte en nostre derniere rencontre, & pour tirer raison du sang que vous auez eu de mon Pere & de moy, ce mot vous declare que ie suis prest de me rendre où vous m'asignerez, & de m'y porter seul sur vostre parole & sur la foy de celuy que vous m'enuoyerez. Ie sçay que vous me l'auez faict respandre genereusement & sans auantage, mais pour estoufer les bruits qui courent au preiudice de ma reputation, & n'estre blasmé comme moins sensible à mon malheur que celuy qui est mort pour me deffendre, sans que i'appreuue son action, ny que ie reprenne la vostre, ie veux

retirer

LIVRE V. 333

retirer mon honneur de vos mains, & ie vous tiens pour si gentil Cheualier que vous ne refuserez point, pour me le rendre, vne si honnorable condition que celle que vous offre

ERNEST.

A peine acheuois-ie de lire ce deffy, quand il arriua vn autre messager de la part de Nisard qui m'apportoit vn semblable pacquet. Ie creu à l'abbord que le Pere & le fils estoient d'intelligence, mais depuis par Hellade i'appris que non, & qu'ils ignoroient le dessein l'vn de l'autre, & que par diuerses voyes ils tendoient à mesme but, peut-estre vn mesme demon les possedant, & leur soufflant dans le cœur le desir de vengeance. Voicy ce que chantoit le

CARTEL DE NISARD.

CE t'est peu de gloire, Orant, d'auecque deux espées blessé vn vieillard qui n'en auoit qu'vne ; si tu as assez de cœur pour m'abborder sans auantage, i'auray bien tost tiré de ton sang plus que tu n'en as eu du mien. Bien que ta honteuse retraitte & le champ qui

me

me demeura iustifient assez de quel costé est restée la victoire, neantmoins tes artifices semblables à ceux de ton Pere, qui ne m'a iamais attaqué qu'en Renard, ont dans l'opinion commune planté vne creance toute contraire, par laquelle on tient le vaincu pour vainqueur. De moy, qui ne sçay pas tant de finesses, ny de caiollerie, & qui ay la main plus puissante que la langue subtile, ie ne desire pas en demeurer là, mais dissiper tous ces nuages par de bons effects. Ie t'attendray donc seul où ce porteur te dira auec vne bonne espée, & vn meilleur courage, pour y chastier ta temerité & renuerser tes impostures. C'est ton mortel ennemy

NISARD.

Ayant leu ces lignes aussi pleines de vanité que despourueuës de verité, outre la discourtoisie qui y estoit manifeste i'assemblay les deux Messagers en vn mesme lieu, qui se reconnoissans pour estre d'vn mesme logis, furent bien estonnez de se voir pour pareil suiet, ensemble en vne mesme porte. Cet estonnement qui me sembla feint, ne m'osta point la doute où i'estois, que leurs maistres ne s'entendissent pour me perdre sans resource. Ie les mena

menaçay d'estriuieres s'ils ne me confes-
soient la verité, ils ne se couperent point
en leurs responses; ioint qu'en l'vn des bil-
lets le lieu estoit à mon choix, & en l'autre
non. Tout cecy ne se peut faire si secrettement qu'Eufrasie n'en euentast quelque
estincelle, aussi tost Hellade en eut communication, qui vint à mon logis, & y
treuua les deux herauts, qui comme criminels estoient sur la sellette, & dont ie
faisois l'interrogatoire. Ie les voulu faire
cacher estant auerty de la venuë d'Hellade ; mais eux croyans que ie les voulusse
mettre en prison pour les faire estriller,
comme des chats enfermez firent vn si
beau bruit que par là Hellade descouurit
leur venuë. Ie ne luy peu celer la verité,
car que pouuois-ie taire à vn tel amy, qui
estoit vn autre moy-mesme ? Il auoit sçeu
le dessein que son Pere auoit faict de m'appeller, mais il ignoroit celuy de son frere.
ce qui me fit croire qu'il n'y auoit point
de complot entre le Pere & le fils. Comme nous deliberions sur ce que i'auois à
faire, il s'opposoit tousiours au desir que
i'auois de satisfaire à ces deux appellans.
A la fin nous conclusmes qu'il falloit que
la

la plume allast deuant le tranchant, & que ie leur ferois vne response auant qu'en venir aux mains. Estant donc entré dans mon cabinet ie fis cette

REPLIQVE AVX DEVX
CARTELS PRECEDENS.

SEigneurs Nisard & Ernest, accordez-vous ensemble si vous voulez que nous desmeslions la querelle que vous me faittes. L'vn m'assigne où ie voudray, l'autre où il luy plaist, comme si i'auois deux corps, ainsi que vous auez l'Ame double, ou si ie pouuois mettre le mien en deux diuers lieux. Si vous voulez que ie vous abborde encore vne fois tous deux, assignez moy l'endroit, & ie vous promets, si le sort des armes me laisse en vie, apres auoir desseché le premier, de donner de l'exercice au suruiuant. Et bien que ce soit vne iniustice à vous, & vne temerité à moy de m'exposer en mesme temps à deux ennemis, si de mesme cause on doit attendre vn pareil effect, pourquoy n'espereray-ie pas vne seconde victoire semblable à la premiere, puisque i'ay à combattre pour vn mesme suiet? Si vous me laissez la liberté de choisir vn second, sçachez que i'en meineray vn
qui

qui ne s'eſcartera pas comme Hellade par reſpect, mais qui s'accommodera auſſi brauement
auecque ſon homme que ie feray auecque le
mien. Et bien que la loy des armes iointe à celle de la prudence, me diſpenſe de tenter vn ſe-
cond naufrage contre ceux qui tiennent la vie
de moy, & l'vn de vous doublement : ſi eſt-ce
que pour vous contenter, & ſatisfaire à mon
courage, ie feray touſiours litticre de ceſte diſpenſe comme contraire à mon humeur plus
qu'à mon honneur. Vous Erneſt deuiez vous
contenter d'auoir reconnu ingrattement le
premier ſeruice que ie vous auois rendu, &
de iuger que le Ciel par ma main vous auoit
puny de ceſte meſconnoiſſance, ſans adiouſter
faute ſur faute, & vous rendre inexcuſable
deuant les hommes, & plus encore deuant
Dieu. Ie ne ſçay quelle raiſon vous pretendez tirer du ſang que i'ay eu de vous puiſque vous en auez eu du mien. Que ſi c'eſt
la ſeule volonté qui offenſe, i'ay pluſtoſt deſiré me deffendre que vous offenſer. Si vous
vous plaignez de la mort du traiſtre, c'eſt
en quelque ſorte appreuuer ſon action qui
eſt extremement blaſmable. La courtoiſie me
fera touſiours auoüer que l'auantage que i'ay
eu ſur vous, procede pluſtoſt de voſtre mal-

heur que de vostre faute, & de mon bon-heur que de ma vertu; & que c'est auec vn regret si sensible que i'ay eu de vostre sang, que i'eusse donné volontiers du mien pour m'exempter de faire ceste saignée. Ie vous tiens pour vn Gentil-homme si auisé, que vous vous laisserez plustost conduire à vostre propre raison, que de vous laisser emporter à la passion d'autruy. C'est celle de vostre Pere, dont la fureur merite plustost d'estre detestée que l'exemple suiuy. Et vous Nisard, qui me reprochez vn auantage de deux espées que la loy de toute bonne Cheualerie me donnoit en ayant arraché vne du poing de mon ennemy, quelle loy vous permet de vous reuolter contre vostre vainqueur, & d'attenter à la vie de celuy de qui vous tenez la vostre? Vostre vanité accompagnée de ses ombres inseparables, les brauades & l'insolence, me donne plus de suiet de rire de vostre folie, que de me picquer contre vos outrages. Vous ressemblez à celuy qui tonnoit des rodomontades sous sa tente, & qui escriuoit des talons estant au champ de bataille. Vous auez raison de me reprocher mes artifices: car à dire la verité ie vous ay blessé par industrie, & plustost à dessein de vous corriger que de vous perdre; aussi voulois-ie vostre conuersion, non

vostre

vostre mort, & par l'obligation que vous m'auriez de la vie, faire d'vn mortel ennemy vn bon Amy. Mais vous auez tort de me reprocher ceux de mon Pere, qui vous a tousiours battu sans art & sans fard, & aussi rigoureusement que naturellement. I'aurois bien plus de suiet d'accuser les vostres, si le bruict qui court que vous l'ayez empoisonné est veritable. Cela est attacher la peau du Renard où celle du Lyon ne peut ioindre. Si cela est, le Ciel qui met les choses les plus cachées en euidence, vous punira par mes mains, & ne permettra point que vous descendiez paisiblement dans le sepulchre. S'il n'est pas, à quel propos remuez vous les cendres des morts, & luittez vous contre les ombres? Sçachez que les cendres de Lothaire parlent en moy, & que reuiuant en son fils, il vous peut encore faire perdre la vie. Mais pour ne tomber dans les vanteries que ie blasme en vous, & qui sont tousiours ridicules, si vous ne vous rendez susceptible de la raison, enuoyez-moy vn Gentil-homme sur la parolle duquel ie vous puisse aller treuuer, pour vous contenter autrement qu'auec des parolles. Car ie serois iustement accusé d'inconsideration, si estant allé vous treuuer sur la foy d'vn valet qui me pensa tuer en trahison, ie

Y 2

fortois en campagne sur celle d'vn coquin qui pourroit attenter le semblable. Choper deux fois à vne mesme pierre, n'est pas le faict d'vn homme auisé. Ie dis le mesme à Ernest, s'il n'y a point d'autre moyen de le contenter qu'auec-que l'espée.

Ie mis ceste lōgue respōse entre les mains des deux herauts d'armes, qui croyans desia sentir vne gresle d'estriuieres sur leurs espaules, deslogerent bien promptement & sans trompette. Allez, leur dis-ie, & faites sçauoir à vos Maistres que i'attendray de leurs nouuelles, pour leur donner tout le contentement qu'ils peuuēt esperer d'vn Cheualier qui est amoureux de l'honneur, & ialoux de sa reputation. Ce ne sera pas moy qui les rapporteray, dit vn de ces Messagers; aussi repliquay-ie, me feront-ils plaisir de me les enuoyer par des personnes de condition plus éleuée. Il ne fut pas possible de cacher ce secōd appel, le bruict s'en respandit aussi tost par la ville, & vous sçauez que le Monde est le Theatre des diuers iugemens; neantmoins il fut vniforme en ce point icy de blasmer generalement &

le

le Fils & le Pere; celuy-là d'vne ingratitude inexcusable, cettuy-cy d'vne fureur enragée & d'vne folie ridicule. Ils firent courir ma responfe à leurs Cartels comme vn acte de refus, qu'ils croyoient me denoir combler d'ignominie, ce qui m'obligea à monftrer leurs deffis, où eux-mefmes fe confeffans vaincus, fe renuoyoient aux fins de non receuoir, defmétans leurs brauades par leurs propres aueus. Si bien que tout ce qu'ils penfoient faire pour couurir leur honneur, ou comme ils s'imaginoient, pour arriuer à la gloire, fe tournoit à leur infamie. Sur tout on fe mocqua publiquement de la vanité du vieillard qui faifoit l'Achilles, encore qu'il fuft vn Therfite. vrayment, difoit-on, il y a raifon de fe glorifier que le champ luy eft demeuré, mais en la façon que le traiftre valet eft demeuré fur le champ, ou comme le larron demeure attaché à la potence où on l'eftrangle. Orant n'eft blafmable que de trop d'indulgence enuers cet infolent; mais les prieres de fon Amy ont eu plus de force pour le retenir, que fa colere pour l'emporter. Ces gés-là font indignes de paroiftre deformais en bonne compagnie, non tant pour auoir esté vaincus, (car le sort des armes peut estre contraire aux plus braues) que pour nier effrontément de l'auoir esté, ce qu'ils auoüent par ce second appel. Nostre Iustice en Espagne est bien plus rigoureuse contre les Duels que non pas en France, aussi est-elle bien plus lasche contre les assassins. Bien que i'eusse blessé le Pere & le fils, & tué le valet, tout cela ayant esté faict en me deffendāt, me rendoit plustost digne de loüange que de pardon, aussi ne demanday-ie point de grace; mais en ces deux appels estoit le crime, & crime qui rejallissoit entierement contre Nisard & Ernest, de sorte que si ie les eusse voulu poursuiure selon les formalitez que la Iustice (qui ne demande qu'à ronger) desiroit, i'auois là vn tres-beau sujet de ruiner ceste maison de fonds en comble. Et ce fut icy où ie les obligeay plus que iamais en conseruant leurs biens, qui sont les moyens de viure, apres leur auoir conserué la vie. Il est impossible que le More change sa peau, & que le Leopard perde ses mouschetures, aussi que l'ingrat deuienne reconnoissant. Les outrecuidez

croyent

LIVRE V. 343

croyent que tout leur est deu,
On perd enuers eux toute grace,
Parce que leur ceruoau leger,
Quelque seruice qu'on leur face,
Ne se peut iamais obliger.

Mais que n'eussēt peu sur moy les prieres de mon Amy & de ma Maistresse ? quelquefois les innocens patissent pour les coulpables, icy les criminels se sauuent sous l'abry des innocens. Bien que ma conscience me dictast le contraire, si est-ce qu'aux interrogatoires des Iuges, qui comme les Chirurgiens ne demandent que playes & bosses, ie niay d'auoir esté appellé, disant que les ennemis de Nisard auoient peut-estre faict courir ces Cartels pour le diffamer ou pour le ruiner, que les blesseures que ie luy auois faittes & à Ernest, auoient plustost esté par rencontre que par vn combat assigné; & que par hazard plustost qu'à dessein, (ce qui estoit vray) i'y auois tué ce valet qui me vouloit en traistre passer l'espée au trauers du corps. De ceste façon i'escartay le nuage qui alloit creuer sur eux, & par vn torrent de procedures rauager leur famille. dequoy Hellade & Eustasie me remercierét

Y 4

auecque des paroles de compliment si obligeátes, que ie preferay ce payement à tous les thresors de la terre. On a raison de peindre l'Amour tout nud, car si l'on donnoit toute la substance de ses biens pour la dilection, encore penseroit-on n'auoir rien faict pour ce que l'on aime. Si mon Pere eust vescu, ie ne sçay si Nisard en eust esté quitte à si bon marché; car il n'eust pas mieux demandé qu'vne pareille occasion pour renuerser ceste famille qui luy estoit odieuse, & si contraire à la sienne. Tous nos communs Amis se meslerent de cet accord; ma Mere n'en vouloit point, mais ie me rendis bien plus docile estant flechi par l'Amour, passion qui appriuoise iusques aux Lyons. Mais bien qu'il se fist quelque treûe en nos armes, il n'y en eut point dans les volontez vlcerées, ou plustost gangrenées d'Ernest & de Nisard, qui ne couuoient & ne respiroient qu'vn continuel desir de vengeáce. Ie m'estois donné l'esperance par ceste paix sincere de ma part, mais fourrée de la leur, d'entrer en leur conuersation, & de leur rendre tant de debuoirs que ie les eusse flechis à la bienueillance, quand
ils

ils eussent esté plus farouches que des Tygres. Mais i'esprouuay tout au contraire, que comme la Musique tant aimée de tous les animaux met les Tygres en fureur, il y a des naturels si peruers qu'ils prennent sujet de haïr quelqu'vn par les obligations qu'ils luy ont, le fuyans comme vn ennemy, parce que sa presence leur semble vne reproche continuelle de leur ingratitude. Tant s'en faut donc que cet accord eust le succés que ie m'estois proposé, & me donnast accés en leurs graces ou en leur maison ; qu'au contraire ils destournoient leurs yeux de dessus moy quand ils me rencontroient, comme si ie leur eusse esté vn object effrayable; & ma Mere entra en vne si grande colere contre moy de ce que ie m'estois accordé auecque nos ennemis & ceux qu'elle haïssoit à mort, que ie ne pouuois auoir de repos auprés d'elle, ny durer dans nostre maison sans y estre subject à vne tempeste qui ne pouuoit cesser.

CLEORESTE.

LIVRE SIXIESME.

VOYLA le deplorable estat où estoit reduite ma triste vie. Encore si i'eusse peu parler en secret ou de quelque façon à Eufrasie, il me semble que tous mes déplaisirs se fussent esuanoüis, & que sa parole eust charmé mes angoisses : mais c'estoit vn bien auquel il ne falloit pas seulement penser, veu mesme qu'aux lieux où je la rencontrois, nous auions à regler & mesnager nos regards en telle sorte que leur rencontre ne fust pas apperceüe par deux Dragons qui veilloient sans cesse sur nos contenances. c'estoient sa Sœur Lucrece & Berille leur Gouuernante; celle-là ialouse que les beautez d'Eufrasie attirassent plus d'yeux que la sienne, la consideroit tousiours d'vn œil trauersé,

&

& l'autre qui auoit affiné & augmenté sa malice comme les guenons par sa vieillesse voyoit des pensées dans les moindres gestes ou soubris aussi clairement qu'vn Lynx. Son frere à qui ie faisois des plaintes qui naissoient de la violence de mon mal, m'asseuroit bien tousiours de la fermeté du courage de sa Sœur, & de la continuation de sa bienueillance, & mesme qu'elle n'auoit pas moins d'enuie de me parler que moy d'estre honoré de ceste faueur, laquelle i'estimois à la façon des Amans pour le plus haut degré de ma beatitude. S'il n'eust allegé mon martyre par ses consolations, ie croy que le desespoir se fust emparé de mon Ame, & se fust en fin rendu le Maistre de mon courage. Certes le Sage a eu grande raison de dire que celuy qui a rencontré vn Amy fidele, a treuué vn thresor & vn medicament d'immortalité, car ses conseils & ses doux propos allentissoient si suauement l'ardeur & le feu de mes playes, & temperoient auecque tant de grace l'impetuosité de mes desirs, que ie ne sçauois si ie me deuois plaindre de ma bonne, ou mauuaise fortune, qui me faisoit experimenter

en

en mesme temps tant d'heur & de malheur; de malheur en la priuation de la cōuersation de celle que i'adorois, d'heur en la possession d'vn Amy qui n'auoit que moy en amitié de pareil au Monde. Voyla comme la diuine Prouidence sçait dispenser ses douceurs meslées de quelque amertume, sa serenité auecque des nuages, donnant aux hommes des contentemens accompagnez de secrets déplaisirs, affin que retenus par ces rabat-ioyes comme les triomphateurs des Romains, ils ne s'ennyurent point du tonneau des prosperitez. Ce sont ces deux vaisseaux de maux & de biens que les Payens mettoiēt aux costez de leur Iupiter, d'où il versoit sur les humains les graces & les disgraces. De moy, il me sembloit que i'eusse esté plus heureux si i'eusse esté moins aimé, parce que si mes esperances eussent esté moindres, mes desirs eussent esté moins vehemens. D'autre costé i'estois si rauy de me voir cheri par vne reciproque bienüeillance, que i'eusse plustost perdu la vie que rabatu vn seul point de l'opinion que i'auois d'estre bienvoulu. Voyla les diuers mouuemens qui agitoiēt

ma

ma pensée, & peut-estre comme le flux & reflux conserue la Mer, c'est ce qui maintenoit mon Amour en sa vigueur. Et à dire la verité, la Vertu deuient lasche si elle n'a qui la contrarie : par les contrepointes des varietez la face de l'Vniuers s'embellit, & par les differens contrepoids se conserue la grande machine que l'on appelle Monde. Comme i'estois en ces alteres, il arriua qu'vn Gentilhomme de la ville de Mousson, fameuse par les sermens solennels que les Roys d'Espagne y font de conseruer les priuileges des Arragonnois auant qu'estre reconnus pour Roys d'Arragon, vint à Huesca auecque dessein de rechercher Lucrece sœur d'Eufrasie en mariage. Sa race estoit bône, sa noblesse anciéne & du sang des Goths; sa vertu reconnuë, sa reputation entiere, ses moyens grands, son âge de trente ans, sa presence belle, c'estoit vn party auantageux en tous les biens qu'on eust sceu desirer, sa pretension honnorable, son procedé legitime, sa demande fut bien accueillie, les accords prompts, la recherche courte, les fiançailles furét plustost faictes que le bruict du project de ce mariage ne

fut

fut respandu. Chacun benit cette alliance, & estime Lucrece heureuse d'auoir si bien rencontré. Estant comme estranger, (si tel se doit appeller celuy qui est de la Prouince, mais non de la mesme ville où il prend femme) il y voulut paroistre comme Cheualier de consideration. Il conuia ses Amis & ses parens de venir honnorer sa feste de leurs presence, & à raison de cela les nopces furent retardées pour quelques iours. Car bien qu'il soit bon de haster le pas en ces affaires-là, & faire selon le conseil de l'Eglise, que le mariage s'accomplisse peu de temps apres les accords & les promesses d'auenir, pour euiter plusieurs inconueniens qui ont de coustume de troubler ceste sainte & honnorable entreprise, neantmoins quand on veut paroistre & faire monstre de sa magnificence, il faut prendre le loisir pour mettre tout en ordre, & disposer toutes choses comme il appartient. La feste fut fort solennelle, les resiouyssances grandes, les bals, les festins, les courses de bague, les tournois, les musiques, iusques à donner les taureaux, & les Comedies. Il y eut mesmes des enfans de nostre ville qui

pour

pour honnorer les nopces de ce Cheualier, & faire voir que leur courtoisie vouloit reconnoistre sa despense, se masquerent & firent des balets, où ils firent également éclatter leur disposition, leur gentillesse & leur somptuosité. Ie pris l'occasion aux cheueux, & me sembla que c'estoit vn bon moien que la fortune m'offroit pour me couler sans estre cõnu aupres d'Eufrasie, & me desalterer de ceste ardante soif que i'auois de luy témoigner de bouche mes affections.

Le sort aide aux hardis & aux Amãs encore,
Par la timidité l'on n'auance iamais.

Parmy ceux qui se deguiserent ainsi il y en eut quelques-vns de mes Amis, à la faueur desquels i'eu le moyen de me glisser parmy eux vestu de leurs liurées & couuert d'vn masque chez Nisard. I'entrepris ce hazardeux dessein sans le communiquer à mon Hellade, craignant qu'il ne me le dissuadast, & le Ciel pour me punir de ceste infidelité, me faisant aller iusques aux portes du desespoir, me fit bien connoistre que ce n'estoit pas à vn Amy tel que celuy-là qu'il falloit celer vne action de telle importance. mais s'il
est

est vray que les eaux desrobées sont les plus douces, les faueurs de la bienueillance qui ne passent point la connoissance des deux partis, & que l'on appelle pour cela communément larcins, sont les plus agreables, l'entremise d'vn tiers rabbatant quelque chose de la pointe de ceste delicieuse ardeur. Estant donc entré en cet equipage au bal qui se tenoit de nuict en la maison de Nisard, ce fut là que rencontrant celle qui possedoit de si longue main ma liberté, & qui n'estoit pas moins discrette que pleine d'attraits, apres plusieurs complimens & protestations que ie luy fis auec vn fremissement & vn battement de cœur qui se peut bien sentir, mais non pas exprimer, ie ne receu d'elle que des responses communes, plus froides ie ne diray pas que la glace qui se peut fondre aux rais du Soleil, mais que le crystal qui s'endurcit à la chaleur de ce grand Astre. I'auois beau luy iurer qu'elle estoit le seul object que i'honorois, & qui ayant emporté mes premieres affections occuperoit aussi les dernieres. Elle me repliquoit auec vn sousris mocqueur & desdaigneux, qui témoignoit euidemment
qu'elle

LIVRE VI.

qu'elle estoit preoccupée d'vne autre plus puissante flamme, & qu'elle ne se rendroit iamais susceptible de mon tourment. A l'abord receuant ceste impression pour vne verité, ie maudis mille fois la trahison d'Hellade, qui me faisoit entendre que les sentimens de sa Sœur estoient tous autres pour moy qu'elle ne me les faisoit paroistre. voyla, disois-ie, comme il ne se faut fier à personne, puisque ceux que nous estimons les plus sinceres, & à qui nous ne celons rien, nous trompent si laschemēt. Plus ie m'efforçois d'eschauffer ce courage glacé, plus en estois-ie rejetté. Masque, me disoit-elle, tous les hommes chantent sur ce mesme ton que vous prenez, & cependant tous leurs discours ne sont que des caiolleries. Ce sont les animaux les plus doubles & les plus cachez du monde, car s'ils cachent leurs visages sous des formes empruntées, leurs visages sont des masques à leurs cœurs, il n'y a iamais d'accord entre leurs pensées & leurs paroles, nous serions bien peu iudicieuses de nous arrester à leurs discours qui ne naissent sur le bord de leurs leûres, que par le seul desir de parler qu'ils re-

Tome I. Z

prochent tant à nostre sexe; il n'y a que les folles qui se fient à leur infidelité, leurs sermens qui sont les appasts, sur lesquels ils se glissent en la creäce des malauisées, ou s'esuanoüissent en l'air, ou se perdent dans la perfidie. Ne vous estonnez donc pas si ie fais si peu d'estat de vos discours, lesquels par la bienseance de la conuersation plustost que par inclination estant contrainte d'admettre par vne oreille, ie leur donne aussi tost congé de sortir par l'autre de mon esprit. Representez-vous si elle pouuoit en termes plus expres battre en ruine toutes mes pretensions. Ha! traistre Hellade, disois-ie en moy-mesme, c'est donc là ce cœur que tu me depeignois si doux & si flexible, & que tu me iurois ne brusler d'autre feu que du mien? C'est donc ainsi que tu m'as amusé iusques à present, pour prolonger mon tourment auecque ma vie? ou plustost c'est ainsi que tu as abusé ma credulité trop facile par tes propos mensongers, par tes feintes promesses? Ie veux que la pitié de mon mal t'ait rendu trompeur, & que le desir de me sauuer ait faict glisser la fraude en vne Ame que i'auois estimée si candide,

dide, encore ne falloit-il pas venir iusques
à ce degré de malice, de me faire croire
celle-là toute pleine d'Amour pour moy,
qui me traitte comme son capital ennemi.
Que me pourroient dire de pis son Pere,
son frere & sa Sœur? & puis ie me fierois
iamais au front d'vne fille, & aux paroles
d'aucun homme? O que les Cieux me
tourmentent de quelque nouueau supplice, (s'il en est quelqu'vn de comparable
à celuy que ie vay desormais endurer) si ie
m'y laisse iamais surprendre. Toutes ces
plaintes se passoient en secret dans ma
pensée, tandis qu'vn regret extreme faisoit vn rauage dans mon cœur, & le rongeoit plus cruellement que le vautour du
Caucase ne fait le foye de celuy qui rauit
le feu du Ciel pour en animer vne statue.
Cependant il me falloit auoir d'autres
paroles en la bouche, & si mon visage
estoit couuert d'vn masque, couurir sous
des termes bien differens le veritable ressentiment de mon Ame. Belle Eufrasie,
luy dis-ie, faut-il qu'apres tant de douces
esperances que par la bouche de vostre
frere vous m'auez faict conceuoir de
vostre pitié, vous me traittiez si cruelle-

Z 2

ment, & que vos yeux que i'ay crû fidelles messagers des sentimens de vostre Ame, ayent eu des regards si differens de vos discours, & que mesme vostre main soit si contraire à vostre bouche, & vos lettres si dissemblables à vos propos? Alors son visage se couurant en peu d'espace de differentes couleurs, me la fit paroistre plus belle que l'Aurore, & me firēt connoistre à ces changemens les alterations de son esprit. Elle crût que son Pere pour la sonder & la surprendre auoit aposté quelqu'vn, qui feignât estre Orant luy tirast le secret de son cœur. Sur quoy reprenant par vn mouuement d'indignation la fermeté qui s'estoit esuanouye de sa face: Tu as bien faict, me dit-elle, impudent de couurir ton front de ce masque pour renforcer ta hardiesse & ton imposture, si ie ne craignois de troubler la ioye de ceste assemblée, i'esclatterois si haut en ma iuste plainte, que la punition suiuroit de pres ton peché, & ton effronterie seroit promptement chastiée. Mais voiez ce temeraire qui non content de m'auoir entretenüe de sornettes & de sottises feignant de souspirer vne passion demesurée,

rée, me vient parler d'esperances, de promesses, de lettres, & ce qui est d'excellent, de l'entremise de mon frere, comme si i'estois vne fille perduë, & perduë par le moyen de mon frere, qui est vne imagination fort pleine de vray-semblance. Ie me fusse alors tout à faict abandonné au desespoir, si ie ne me fusse souuenu que peut-estre faute de me connoistre & de sçauoir qui i'estois, elle me traittoit de la sorte. Ce qui me donna sujet de luy respondre en ces termes : Affin que vous connoissiez Madamoiselle, auec quelle franchise ie me descouure à vous, & que si i'ay le visage deguisé, ie n'ay point l'Ame masquée; sçachez que ie n'ay rien de cōmun auecque les autres Amans du siecle auquel nous viuons, que ie ne me gouuerne point à leur mode, & que ie ne suis point dissimulé quand il s'agit de manifester mon affection. Ie veux vous donner tout presentement vne preuue si claire de ceste verité, que vous n'en puissiez souhaitter de plus euidente. Sçachez donc que ie suis cet Orant que vous auez tousiours regardé d'vn œil fauorable en tous les lieux où il a eu le bon-heur de vous rencontrer.

Z 3

Que ie suis celuy à qui voſtre frere Hellade a faict eſperer en voſtre cœur toute autre grace qu'il n'en vient de recueillir de vos paroles, & à qui les lettres qu'il a données de voſtre part promettent d'autres témoignages de voſtre honnorable bienueillance. Si toutes ces attentes ſont fauſſes, & que i'aye eſté ſi laſchement trompé par celuy que i'ay tenu iuſques à preſent pour ma ſeconde Ame, apres vne telle trahiſon ie ne veux plus viure, puiſque ie perds en vn meſme inſtant vne Amour & vne amitié qui eſtoient les deux aiſles de mon eſpoir, les Elemens de mes deſirs, & les alimens de ma vie. S'il eſt donc vray que i'aye eſté abuſé en ma creance, vous ne ſçauriez auoir tant d'enuie de vous deffaire de moy, que i'en ay de perir, ne pouuant ſuruiure à vne telle cheute, & vous n'en ſçauriez iamais auoir vne plus belle occaſion. Si donc vous voulez prendre vengeance de ma temerité, il ne tiendra qu'à vous que l'exccution ne s'en enſuiue. Car s'il vous plaiſt de dire mon nom, il eſt certain que ma hardieſſe jointe à la haine implacable que les voſtres me portent, me fera auſſi-toſt tail-

ler

LIVRE VI.

ler en pieces. Mais ceste mort me sera beaucoup plus supportable que de me voir priué de l'esperance de vostre amitié. Si vous iugez mon effronterie digne de ceste punition, & que vous desirant i'aye aspiré à vn bien impossible, hastez ceste execution, ie vous en supplie, c'est pitié que de despescher promptement vn criminel, & permettez au moins qu'en reconnoissance de mon affection, ie reçoiue de vous comme vn salaire la gloire de perdre la vie pour la seule Amour que ie vous ay vouée. vous connoistrez par là que vostre cruauté mesme me sera venerable, & que i'honoreray vostre mespris encore dans les traits de la mort; aussi bien ne cherissant ma vie qu'à cause que ie la destinois à vostre seruice, ie ne croiray iamais la pouuoir mieux employer, ny la perdre plus heureusement que pour vous rendre contente. Ces paroles, comme elle m'a confessé depuis, attendrirent son cœur & la toucherent au plus sensible de ses affections, mais se deffiāt tousiours de quelque surprise, & ne pouuant se persuader que i'eusse entrepris de l'abborder sans le communiquer à Hellade, & sans

Z 4

l'en auertir par luy, & en prendre son congé, elle qui n'auoit iamais ouy ma voix, bien qu'elle fust pressée d'vne forte coniecture que c'estoit moy, & qu'vn autre ne pourroit parler de la sorte, ny auec vn tel sentiment d'affection, neantmoins en ceste perplexité elle choisit le party plus certain, se promettant de reietter sa faute sur son erreur si la coniecture se treuuoit veritable, & d'en obtenir facilement pardon, & qu'en tout cas elle me feroit paroistre iusques à quel point elle esleuoit son honnesteté; si bien que haussant son courage, & prenant vn ton de voix aigre & poignant: Si vous estes Orãt, me dit-elle, l'ennemy mortel de nostre maison, & par consequent le mien, contentez-vous que pour ne troubler l'allegresse de ceste assemblée, ie n'auertiray point les miens de l'affront que vous me venez de faire en me reprochant des choses ausquelles ie ne pensay iamais, & ausquelles vous meslez malicieusement mon frere Hellade pour auctoriser vostre impudence. Ie sçay qu'ils ne vous pourroient punir d'vn supplice moindre que la mort, si vostre attentat venoit à leur connoissance.

sance. Mais le Ciel qui a pitié de vostre folie permet qu'ils n'en sçachent rien, à fin que vous ayez loisir de vous en repétir, & de vous retirer d'vn lieu où le crime que vous commettez ne vous peut donner aucune asseurance. De moy, ie ne suis retenüe de le leur declarer que pour ne perdre mon honneur auecque vostre vie: parce que mourant sous leurs armes sans auoir le loisir d'auoüer & de confesser vostre trahison, peut-estre que la Calomnie qui prend toutes choses de la main gauche, me blasmeroit comme estant auecque vous de quelque intelligence, ce qui est autant esloigné de mon humeur que de la verité. Cette replique me huma le vent, & me pensa mettre hors des gõds; aussi apres vne telle declaration qu'auois-ie plus à douter de la trahison d'Hellade? Ie me tins pour vendu & pour perdu, ce qui me fit entrer en la plus grande rage dont vn esprit forcené puisse estre saisi, & me ietta dans l'esprit le desir furieux de mourir, & en me demasquant de me sacrifier sur le champ à la colere & à la vengeance de mes ennemis, affin que mourant aux pieds de ma cruelle & de l'infi-

Z 5

delle Hellade, qui estoit en l'assemblée comme frere de la fiancée, & vn des principaux de la feste, i'attachasse à leur collet les furies vengeresses de mon trespas, qui ne leur donnassent ny pas ny treûe au reste de leurs iours. Mais mon bon Genie me donnât quelque interualle de fureur, & me faisant éclairer quelque estincelle de raison, me conuia d'abborder Hellade pour luy faire honte de sa supercherie, & apres mourir auecque plus de satisfaction luy en ayant faict la reproche. L'ayant donc accosté, apres auoir laissé Eufrasie en des confusions qui n'estoient pas petites, bien qu'elles ne fussent pas comparables à celles que i'emportois, contrefaisant ma voix pour n'estre reconnu d'aucun des assistans, Seigneur Hellade, luy dis-ie, ne sçauroit-on auoir l'honneur de vous dire vn mot en particulier? Seigneur masque, me respondit-il d'vne façon fort courtoise, comme il estoit la mesme ciuilité, quatre si vous voulez. alors l'ayant attiré à quartier, reprenant ma voix naturelle qu'il connoissoit depuis tant de tẽps: Ha! luy dis-ie, meschant & le plus noircy de desloyauté que la terre porta iamais;

est-il

est-il possible qu'apres m'auoir affronté si lafchement, & tant indignement trompé, tu oses encore aborder vn homme qui t'a plus aymé que soy-mesme, & qui auoit iusques à present faict auecque toy profession d'vne si estroitte amitié ? C'est donc ainsi perfide, que tu trahis la trop lasche credulité de ton Oreste? ô moy insensé d'auoir crû si long temps vne langue mensongere & double, & qui parle en vn cœur & en vn cœur! ô que ie suis malheureux d'auoir assis mes affections en si mauuais lieu! La longue desloyauté que tu m'as faict experimenter, meriteroit que ie t'estoufasse comme vn monstre de nature, & que ie te suffocquasse comme indigne de voir le iour; mais non ie ne veux point souiller mes mains dans vn sang si infame, ny prendre vne petite vengeance d'vn si grand forfaict, ton crime est tel qu'il n'y a que le Dieu des vengeances qui t'en puisse punir selon ton demerite, aussi est-ce à luy seul que ie remets le chastiment de ta faute. De moy, ie ne puis suruiure à la connoissance de ta trahison, & à la perte de nostre amitié que i'estimois inuiolable & d'eternelle durée, c'est

pour

pour cela que me descouurant à la fureur des tiens ie me veux faire meurtrir deuãt tes yeux, affin que mourant à tes pieds par le desespoir que me cause ta perfidie, ie te laisse vn perpetuel regret d'auoir precipité à la mort celuy qui te cherissoit plus que sa vie; ainsi mon ombre iointe aux fureurs vengeresses de mon sang te suiura en tous lieux, & les furies d'Oreste attachées au col de Pylade le persecuteront sans cesse,& le poursuiuront iusques au tombeau. Quatre causes, à ce discours, ietterent tout d'vn coup mille confusions en l'Ame d'Hellade. L'vne, de voir si pres de luy celuy qu'il en estimoit esloigné: l'autre, de me voir en cet habit deguisé: la troisiesme, dans la maison de ses parens mes ennemis sans armes, & beaucoup plus sans desir de me deffendre, comme vn Sanson garrotté dans la sale, & au milieu des Philistins: la quatriesme, de m'entendre parler vn langage qu'il n'auoit iamais ouy de ma bouche,& duquel il ignoroit le sujet. Il demeura quelque temps sans me respondre comme tout interdit, & ne sçachãt de quel biais il deuoit prendre ce que ie luy venois de dire. Nos pensées fées furent bien differentes en cet inſtant, car ie pris auſſi toſt ſon ſilence pour vn aueu de ſa faute, & luy crût que ie luy auois faict ceſte brauade par galanterie, comme luy diſant que l'ayát à mes coſtez ie ne craindrois point les aſſaults de mes ennemis. en quoy nous eſtions plus eſloignez que le Nord ne l'eſt du Sû. A la fin il fit comme le Chirurgien qui ayant deuant ſoy vn corps couuert de playes, remedie premierement aux plus dangereuſes, & puis aux moins importantes, & me voyant en vn euident danger d'eſtre aſſaſſiné, ſi i'eſtois reconnu en la maiſon de ſon Pere au milieu de tant de gens partiſans des paſſions de Niſard : Mon frere, me dit-il, que faittes-vous icy en cet equipage? ſi vous aymez voſtre vie & la mienne, ſortez promptement d'icy, & ne vous tenez pas d'auantage en ce lieu dont la demeure ne vous peut eſtre que funeſte. Comme vous eſtes-vous inconſiderémẽt expoſé à ce peril ſans me communiquer voſtre deſſein, vous qui n'euſſiez pas faict la moindre choſe ſans mon auis? vraymẽt pour vn eſprit iudicieux comme eſt le voſtre, c'eſt s'abandonner par trop à la

vehe

vehemence d'vne paſſion. Celuy qui vous a faict prendre ce conſeil temeraire ne vous aimoit pas, & ſi vous ſeul l'auez pris, vous n'eſtes pas amy de vous-meſme. En diſant cela il me prit par le bras pour me conduire dehors, mais moy le ſecoüant & me deffaiſant de ſa priſe; C'eſt donc ainſi, luy repliquai-ie, ô perfide, que tu me promettois fauſſement de m'introduire en ton alliance, & de me donner accez en ta maiſon? ſçache que ie n'en ſortiray point que les pieds deuant, & que ſi i'en voulois ſortir autrement, ce ſeroit pour m'aller ſur vn pré eſgorger auecque toy : mais noſtre ancienne amitié qui fut ſi grande (au moins de ma part) me lie les mains, & puiſque ie veux mourir pour te faire deſeſperer de regret, ie n'ay que faire de t'arracher la vie que ie te laiſſe pour vn ſupplice qui te tourmétera de mille remords. I'eſtois ſur le point de m'arracher le maſque du viſage, & d'aller brauer Niſard & Erneſt dans leur propre maiſon, affin en les irritant & en eſmouuant leur colere, de les inuiter à me maſſacrer, quád Hellade me ſerrant les mains. Ie te coniure, me dit-il, mon frere, par tout ce qu'il y a de
plus

plus sainct au Ciel & en la terre, & par le nœud de nostre inuiolable amitié, de ne me perdre point auecque vous, ou au moins que ie sçache au vray le sujet qui vous pousse à vn desespoir si estrange. car à la fureur qui vous trãsporte, & qui vous rend plus insensé que ne fut iamais l'ancien Oreste agité des furies, il faut que quelque maling vous ait suggeré quelque fausse impression de ma fidelité, car la cause qui produit vn effect si extreme ne peut estre petite. Il dit cela d'vn ton & d'vn accent si pitoyable, & qui me sembla si franc, que comme vn enchanteur qui charme des serpens, il me sembla qu'il arrachoit tout le venin de ma colere; & quoy que comme vn aspic ie fusse resolu de boufcher mes oreilles à ses remonstrances, & de n'ouyr aucune raison, n'estant pas resolu de bien faire, ny de la suiure, neantmoins comme contrainct par la douceur de ceste force, qui n'auoit rien de si fort que sa douceur, i'experimentay la verité de ce mot des pages sacrées, que la parole proferée auecque benignité a le mesme effect pour esteindre l'ardeur du courroux, que l'eau iettée sur la braise.

Mode

Moderant donc vn peu l'excez de ma rage, vn meilleur conseil entra en mon esprit, qui fut de l'ouyr en ses iustifications; ce qui me redonna la vie. Car bien que ie ne me proposasse de l'entendre que pour me baigner en sa confusion, ou pour sçauoir de quelle façon il auoit ourdy la trame de sa perfidie, & mourir content apres qu'il l'auroit reconnuë, & veu clairement que c'estoit elle qui me donnoit la mort : si est-ce que ceste sinistre intention ne laissa pas de me tirer du naufrage par vne particuliere misericorde de Dieu. Il m'attira dans vne chambre prochaine, affin de nous éclaircir auecque plus de liberté de ceste broüillerie, & affin que ceux qui estoient au bal ne fissent point de iugement sur ce que nous concertions ensemble. Ie pensois à l'abbord qu'il s'allast confesser coulpable, & bien que ie fusse resolu de pardonner à sa personne, i'estois determiné de me punir moy-mesme en sa place, & de porter la peine de son peché. voiez vn peu à quel degré d'extrauagance m'emportoit ma fantaisie blessée. Mais au contraire sans s'accuser & sans s'excuser, parce qu'estant

innocent

innocent il ne voyoit rien en son Ame qui luy donnast sujet de l'vn ou de l'autre, il attendit que ie parlasse, pour luy declarer à quelle occasion ie voulois perdre si malheureusement la vie. Cet interrogatoire me pensa remettre sur le train de ma fureur passée, & rendre ma seconde erreur pire que la premiere : Quoy, luy respondis-ie, voulez-vous par vne hardiesse temeraire couurir vostre perfidie, & rendre vostre peché pire en l'excusant qu'en l'auoüant? Ie pren le Ciel à témoin, me repliqua-t'il, que ie ne me sens coulpable enuers vous d'aucune trahison, non pas de la moindre feinte. Alors, pour ne vous tenir pas d'auantage en suspens, tout de mesme qu'vn tonneau qui n'a point assez de passage pour ietter son escume creue ses fonds, & se fait air de tous costez, ainsi me salissant de ma propre boüe, non sans beaucoup d'outrages qu'il escouta auec vne incroyable patience, ie luy racontay de point en point la reception que sa Sœur m'auoit faitte, & pour la premiere fois que ie luy auois parlé le traittement que i'en auois receu. Apres quoy ne croyant pas que toute l'eau de la mer le

Tome 1. A a

peuſt lauer de ſon crime, ny que par aucune eloquence il ſe peuſt iuſtifier de la plus inſigne desloyauté qui ſe puiſſe imaginer, ie luy dis tout ce que la rage & le deſeſpoir ont de couſtume de produire quand vne Ame en eſt accueillie. Grand eſt le bouclier de l'innocence, & impenetrable à tous les traits du malheur. ô bonté de l'ame de mon Hellade! il ne s'eſmeut non plus de tout cela que la pointe d'vn rocher qui eſleue ſa teſte inesbranſlable au milieu des vagues de la mer agitée. Froidement, ie n'ay point, dit-il, d'excuſe à faire d'vne faute que ie ne commis iamais, la preuue du contraire de tout ce que vous auez auancé, vous paroiſtra par les effects, non par des paroles. Ie mettray ma vie que ma Sœur ne vous a pas connu, ou que vous cõnoiſſant elle vous a traitté de la ſorte, ſoit pour eſſayer voſtre fidelité, ſoit pour témoigner à ceux qui vous pouuoient entendre qu'elle n'auoit aucune intelligence auecque vous. Vos raiſons, repris-ie, ſont de la cire à la preſence du feu, elles ſe fondent deuant la verité, & vous confondent, elle m'a connu. Comment connu, dit-il, eſtant ainſi maſqué?

LIVRE VI.

fqué? Et à ma voix, repris-ie. Si vous l'auez contrefaitte comme lors que vous m'auez tiré à part, dit-il, si i'y ay esté trompé, elle le pouuoit bien estre. Non, non, repliquai-ie, ie luy ay faict entendre ma voix naturelle sans la contrefaire. Vne voix, repartit-il, qu'elle n'a iamais ouye comme la peut-elle ou reconnoistre ou remarquer? Cette parole qui n'auoit qu'vne estincelle d'apparence, fut pour moy vn grand flambeau, qui me fit voir clairement mon erreur. Et puis, adiousta-t'il, estes-vous le premier de qui l'on peut contrefaire la voix aussi bien que le geste & la façon, pour surprendre vne innocente, qui se doit deffier comme fille vertueuse de son ombre propre? Mais ie luy ay dit, continua mon opiniastreté, qui ne pouuoit s'abbatre sous ceste vray-semblance, des choses qui n'estoient sceües que d'elle, de vous & de moy. Et c'est, reprit-il, ce qui luy deuoit dôner plus d'ombrage. Mais pour trancher tout court tant de contestations, & desueloper d'vn reuers ce nœud Gordien, duquel autrement nous ne treuuerions iamais le bout, allons de ce pas vous & moy vers elle deuant que ie luy parle, ny luy face aucun signe qui vous puisse faire soupçonner qu'il y ait pour vous tromper de l'intelligence entre nous: & si ses paroles ne se treuuent conformes à celles que ie vous ay tousiours fidelement rapportées de sa part, tenez-moy pour le plus desloyal que le Soleil éclaira iamais. Il falloit bien estre de franc alloy pour souffrir ceste touchelà. Ie le prends au mot, desireux aux despens de ma honte de le treuuer veritable. Nous rentrons dans la sale, nous-nous approchons d'Eufrasie dont il escarta vne presse d'adorateurs. Ce qui luy fut aisé par le priuilege que ceux qui sont masquez, ont en nostre païs d'abborder auecque plus de liberté que ceux qui ne le sont point, les Dames d'vne compagnie, pourueu qu'elles ne soient point mariées, car la ialousie qui regne en nos quartiers beaucoup plus qu'en France, ne souffriroit iamais que les maris permissent ceste liberté à leurs femmes, quelque bonne opinion qu'ils eussent de leur honnesteté. & ce priuilege va iusque-là, que ce seroit vne inciuilité blasmable à vn Cheualier qui n'est point masqué, de ne laisser la place

place libre (ce que nous appellons *Lugar*) à vn qui l'eſt auprès d'vne Damoiſelle. Les autres s'eſtans donc eſcartez à mon arriuée, Hellade prenant la parole; Ma Sœur, luy dit-il, voicy vn Gentilhomme, parlant de moy, qui a de grandes plaintes à faire contre voſtre rigueur, & qui a receu de vous vn traittement ſi barbare, que s'il n'eſt promptement reparé, le deſeſpoir le portera au plus grand deſordre que puiſſe commettre vn homme qui ſe veut faire tuer. Mon frere, reprit Eufraſie, ie ne le connois point, & aux diſcours extrauagans qu'il m'eſt venu tenir, empruntant le nom qu'il luy a pleu de choiſir, ie n'ay peu luy faire d'autres reparties que celles qui ſont ſorties de ma bouche, pluſtoſt par la force de mon deuoir que par ma naturelle inclination. Mais ma Sœur, reprit Hellade, ſçauez-vous bien que c'eſt Orant le plus cher Amy que i'aye au Monde, & que vous auez traitté comme le plus mortel ennemy que vous y euſſiez? Mon frere, repartit Eufraſie, ſi tout autre que vous me le diſoit, i'aurois occaſion d'en douter; mais voſtre parole m'eſt vn oracle, & voſtre volonté vne loy.

Mais luy-mesme vous l'a dit, reprit Hellade. D'autant plus, repliqua-t'elle, auois-ie occasion d'en douter, sçachant que l'oyseleur contrefait le ramage de l'oyseau qu'il veut prendre à la pipée. Et puis ay-ie des yeux de lynx pour connoistre vn visage au trauers d'vn masque? & quelles oreilles faudroit-il auoir pour discerner vne voix que l'on n'ouyt iamais? A ce mot ie tressaillis, & reconnoissant ma faute, les escailles me tomberent des yeux. I'allois faire mes excuses si Hellade ne m'eust leué le dé en disant; mais ma Sœur, vous le pouuiez tousiours traitter auecque plus d'humanité, qu'est deuenuë en vous la ciuilité? où est allée la courtoisie qui vous fait autant & plus estimer parmy vos compagnes que vostre beauté? Mon frere, repliqua promptement Eufrasie, i'ay pensé que ie deuois respondre ainsi rudement, soit que ce fust celuy que vous me venez de nommer, ou que ce ne fust pas luy. en luy i'esperois tousiours treuuer pardon, soit en consideration de l'amitié que vous m'auez asseuré qu'il me porte, soit par l'excuse de mon erreur. Si c'eust esté vn autre apposté par les miens pour

sonder

fonder mes penſées, i'eludois leur ſtrata-
geme en me témoignant de leur party, &
traittant comme ennemy celuy auquel ie
ne voulus iamais de mal, & qui m'a au
contraire és perſonnes de ceux qui me
touchent, & qui luy ſont ingrats, tellement obligée à luy vouloir du bien, que ie
ne puis ſans me rendre complice de leur
meſconnoiſſance, que me dire à iamais ſa
redeuable. Ie vous prie de remarquer à ce
traict l'accortiſe de la pelerine. Alors
Hellade ſe tournant vers moy; Parlez, dit-
il, mon frere, à fin que l'on vous connoiſſe,
& ſouuenez-vous de ne precipiter plus
vos iugemens contre l'innocence, & de
prendre la patience de l'oüir en ſes iuſti-
fications. Mon Pylade, luy dis-ie, ie remets
à vn lieu plus commode, à vn temps de
plus grand loiſir à te faire mes excuſes, &
à te demander pardon de l'offenſe que
i'ay faitte à ta ſincerité, de laquelle ie ne
douteray iamais. Mais que direz-vous de
moy vertueuſe Eufraſie, qui commence
par vne erreur ſi lourde à me faire connoiſtre à vous? La ſeule paſſion qui m'a-
nime me peut faire treuuer vne excuſe en
ſon accuſation, elle a vn bandeau ſur les

yeux, & se faut-il estonner si elle est inconsiderée, veu mesme, chose estrange, que sa perfection consiste en son aueuglement, & que le deffaut de sagesse est la couronne de sa gloire? l'émotion & l'assaut de mon Ame en l'apprehésion d'estre priuée du bien de vostre amitié que ie prise mille fois plus que ma vie, vous doit faire par son excés iuger de la grandeur de mon affection; & le danger où ie me suis volontairement, & peut-estre temerairement exposé pour auoir le bonheur de vous abborder, vous en doit seruir d'vne autre preuue non moins euidente. L'estonnement qui surprit Eufrasie quád elle m'entendit parler ainsi, & qu'elle sceut asseurémét par Hellade qui i'estois, ne se peut exprimer que par le mesme silence qu'elle garda durant quelque espace. Les changemens de son visage qui monstroient l'alteration de son Ame & sa retenüe, me pleurent beaucoup plus que n'eussent faict ses raisons, quand elles eussent esté deduites auecque toutes les fleurs de l'eloquence; parce qu'en l'vn ie lisois clairement la verité de sa passion, en l'autre sa pudeur & sa modestie, principaux

paux ornemens d'vne fille qui aime & qui aime auecque honneur. Qui ne sçait quelles sont les transes, les transports, les fremissemens & les battemens de cœur qui accueillent les Amans à la premiere fois qu'ils s'abbordent, & se descouurent leurs passions, ces begayemens si diserts, ceste disette de paroles en l'abondance des pensées, cet euanoüissement de mots en leurs bouches, tandis que leurs cœurs sont si remplis de desirs, ou cet embarrassement de langage que produit la confuse multitude de leurs imaginations, & qui les fait enueloper en leurs propres tissus comme les aragnées & les vers à soye, se faisans d'autant moins entendre qu'ils se pensent mieux expliquer, ces contenances desreglées, ces regards esgarez, qui témoignent vne ardeur immoderée & vne émotion extraordinaire, qui dis-ie ignore toutes ces atteintes qui accompagnent vne premiere entreueüe, vn premier pourparlé, ne connoist ny par le rapport des experts, ny par sa propre experience les accez & les remises de ceste fiebure que cause la biéueillance, laquelle tantost consume d'ardeur, tantost enuironne de glace ceux qui en sont atteints, mais atteints d'vne façon si desirable, que comme ils ne cherissent rien tant que ceste maladie, ils n'apprehendent rien plus que d'en estre gueris. Le temps qu'elle demeura sans parler, me fut vn témoignage precieux de son Amour que ie recueillis comme vne Manne & comme vne Ambrosie. I'appris par là ce que i'auois tant de fois ouy & si peu crû, que les moindres passions ont du langage pour se declarer, mais que les excessiues sont muettes, parce que les paroles sont trop foibles pour exprimer leur vehemence. A la fin elle se força de rompre ce silence contraint, & me dit toute troublée: Si vous estes Orãt, comme ie le veux croire sur la parole de mon frere fidele depositaire de nos secrets, à quel propos sans m'en auertir, & sans luy en communiquer, auez-vous faict vne entreprise qui ne cede gueres en temerité à celles de ces deux iouuẽceaux dont l'vn tomba du Ciel dans la mer, & l'autre fut precipité dans l'Eridan? Le desir de vous parler, luy repartis-ie, m'a faict fermer les yeux à toutes considerations; il estoit si violent en mon Ame, que cõme

ie

ie ne pouuois plus viure sans gouster ce bon-heur, ie me suis resolu de me rendre à cet appast comme les abeilles aux fleurs ou au rayon de miel, y deusse-ie perdre la vie. Le Ciel qui a de coustume de fauoriser les grands courages & les entreprises hazardeuses, sera mon protecteur. Et puis quel malheur ne s'escartera de moy me voyant si proche de vous ? veu mesme que ie tiendrois le mourir deuant vos yeux, pour le plus grand bon-heur de ma vie. Pourquoy auancez-vous, reprit-elle, vn discours si extrauagant ? Si vous m'aimez auecque verité, comme vous voulez que ie le croye, ie m'estonne que sans vous auoir iamais, que ie sçache, donné sujet de mescontentement, vous vouliez vous vanger de moy si cruellement que d'exposer au hazard & mon honneur & ma vie. Comment, luy dis-ie en l'interrompant, que i'aye mis vostre vie & vostre honneur en danger, moy qui voudrois perdre mille vies pour conseruer en vous & l'vn & l'autre ? Ne voyez-vous pas, reprit-elle, que si la fortune vous estoit si contraire que de vous faire connoistre en ce lieu, il n'y auroit point de raison au monde

monde capable de iustifier mon innocence? & bien que ie n'aye rien sceu de voſtre venüe, ny du deſſein de voſtre deguiſement, qui ſeroit celuy qui ne iugeaſt auſſi toſt que cela ſe ſeroit faict par mon intelligence? De moy, ie ne puis comprendre côme vous ayez eu la hardieſſe d'entrer dans la maiſon de vos plus mortels ennemis, pour courir vne telle riſque, & me mettre en la peine en laquelle vous pouuez iuger que ie ſuis. Sortez-en doncques promptement, ſi vous me voulez obliger, & ſi vous aimez mon contentement, treuuez vne occaſion de me parler en lieu où i'aye plus d'aſſeurance. Il eſt impoſſible, luy repliquai-ie, de guerir les filles du mal de la peur, qui leur eſt auſſi naturel que la foibleſſe à leur ſexe. Mais de quelle main voulez-vous que ie reçoiue ce congé que vous me donnez auecque autant de precipitation que de rigueur? I'ay le naturel trop bon, reprit-elle, pour vous dôner ſujet de vous plaindre & pour vous laiſſer aller malcontent, ie vous dis que vous ſortiez promptemêt, non pas que ie vous chaſſe d'auprés de moy, puiſque vous eſtes aſſeuré par beaucoup

coup de témoignages que voſtre preſence m'eſt chere, mais à fin que par voſtre mort, qui eſt infaillible ſi Niſard ou Erneſt vous reconnoiſſent, vous ne ſoyez cauſe de la mienne, & ſuiet d'vne plus grande inimitié entre nos familles qui ne ſont que trop diuiſées. Et pleuſt à Dieu que leur animoſité implacable & comme hereditaire fuſt abolie ſuiuant vos ſouhaits & les miens. Que ſi cela ſe doit pluſtoſt deſirer qu'eſperer, ne me traittez point comme voſtre ennemie en trainant mon honneur auecque voſtre vie au precipice du deſaſtre. Retirez-vous doncques doucement & ſans bruict, ſans tenter plus long temps la fortune, dont le viſage plus inconſtant que celuy de la Lune change à tous momens ; ſçachant que c'eſt ſon ordinaire de metamorphoſer en moins de rien en accidens funeſtes les plus heureux ſuccez, raualant en vn tourne-main au plus bas de ſa roüe par des malheurs ſans reſource, ceux qu'elle auoit eſleuez au plus haut de ſes faueurs, ne baiſant iamais que pour eſtrangler, & n'embraſſant eſtroittemét que ceux qu'elle veut eſtoufer. L'inuention que vous auez treuuée

pour

pour m'accoster est vn traict d'esprit qui me fait loüer vostre passion, mais blasmer vostre iugement; vostre asseurance en vn danger si euidēt est vne marque de vostre courage, mais vostre courage ne m'oste pas l'apprehēsion que i'ay de vostre perte. prenez garde à ne ruiner par vne opiniastre temerité cet effect de vostre bonne fortune, & d'estre vous-mesme l'artisan de vostre malheur. Là dessus la voyant trembler d'apprehension, & blesmir de crainte; Certes, luy dis-ie, entre fille & fueille il n'y a pas grande difference ny quant au mot, ny quant à la chose : car c'est le propre de l'vne & de l'autre de trembler au moindre vent. Mais voiez comme les maux sont contagieux, & se glissent aisément par la compassion dans vn cœur qui aime. le mien accoustumé à mespriser la vie, & à voir sans effray l'image de la mort, se relasche par la crainte que i'ay que mon obstination à demeurer aupres de vous n'apporte quelque alteration à vostre repos, si bien que ie me resous en me retirant à la sourdine de me priuer de vostre presence & de vostre entretien, qui est le plus grand bien

bien de ma vie, pluſtoſt que de troubler le contentement de voſtre Ame. Mais ce ſera ſous la promeſſe que vous me ferez de me marquer par Hellade vn lieu, où deſormais ie vous puiſſe parler auec le reſpect que ie dois à voſtre qualité & à voſtre merite. Si vous ne me donnez parole de m'obliger de ceſte faueur, ſa priuation m'eſtant moins ſupportable que la mort, voyla que ie rentreray dans mes premieres fureurs, & me deſcouurant à mes ennemis en diſant que ie ſuis Orant, vous me verrez auſſi-toſt à vos pieds taillé en pieces. M'oyant parler en ces termes : Tout beau, me dit-elle, apprenez pluſtoſt à meſnager voſtre vie qu'à violenter voſtre bonne fortune. Vous ne pouuez douter par tant d'eſcrits que vous auez de moy, que mon affection ne ſoit reciproque à la voſtre, & que vous n'ayez en mes penſers non ſeulement la premiere & la meilleure part, mais vne part qui fait le tout. Eſtant certain de ceſte verité pourquoy me voulez-vous ruiner en vous precipitant dans le malheur, puiſque vous ſçauez que ma perte eſt attachée à la voſtre ? Il faut que
ie

ie vous auoüe qu'à diuerses fois i'ay tasché de vous effacer de mon souuenir, considerant les grands obstacles que ie voyois s'opposer à nos sainctes & iustes pretensions, & le peu d'apparence qu'il y a de les voir reussir à cause de la mauuaise intelligence des nostres; mais soit l'influence de mon estoile, soit mon inclination, il ne m'a iamais esté possible de m'en distraire. Estant donc par mon dessein & par mon election si absoluëment vostre, pensez-vous que ie ne souhaitte pas autant que vous, ce que vous me demandez par vne si furieuse instance? Sçachez donc que ie brusleray mes Liures, & perdray toutes mes inuentions, ou à l'aide de mon frere & en sa presence vous me pourrez parler en lieu asseuré, pourueu que vous y apportiez la prudence que mon honneur & vostre asseurance requierent de vostre discretion. Soit qu'elle dise cela auec vn sentiment veritable, soit que l'excez de son apprehension la tinst en impatience de me voir là, elle ne pouuoit pas treuuer vn plus prompt expedient pour se deffaire de moy, & m'escarter de ce riuage funeste, où entre des brisans &
des

des escueils ie ne pouuois attendre qu'vn triste naufrage. Ne pouuant treuuer de paroles assez complaisantes pour la remercier d'vne telle grace qu'elle me venoit de promettre, ie me retiray insensiblement d'aupres d'elle, & me glissant parmy la presse, ie m'en allay chez moy si troublé de ioye, que celuy qui a rencontré vn thresor lors qu'il y pensoit le moins, & qu'il estoit en sa plus pressante necessité, n'a que l'ombre de la satisfaction que ie possedois. C'est arrest de ma vie pronõcé par la bouche de ceste mortelle Deesse, qui m'estoit vn trepied Delphique, vn oracle de verité, me rauit tellement que i'auois de la peine à m'imaginer qu'vne si grande faueur peust estre veritable; & bien que mes yeux & mes oreilles en fussent des irreprochables témoins, ie pensois que c'estoit vn songe ou vn enchantement. C'est la coustume de ceux qui se masquent, de faire voler par la compagnie des vers que nous appellons vulgairement Romances, ou sur le suiet de ce qui s'est representé, ou selon les diuerses passions dont les representans sont animez. I'oubliay en ce départ soudain à distribuer les miens, que ie renuoiay aussi tost par vn de mes gens à vn de mes Amis, pour voir s'ils treuueroient encore quelque place parmy les autres. c'estoient des

STANCES A LA LOVANGE D'EVFRASIE.

Dessous la douce tyrannie
  Des perfections d'Eufrasie
  Les plus legers se treuuent pris,
  L'Amour à son dos n'a plus d'aisles,
  Auec des chaisnes eternelles
  Par elle il lie les esprits,
  Et le moindre de ses regards
  Porte aux cœurs des feux & des dards.
Ceste grace encore naissante
  Toute couuerte d'Amarante,
  N'est point suiette aux loix du Temps,
  Ses perfections qu'on admire,
  Franches de ce cruel empire
  Auront vn eternel printemps.
  Le seul espoir de l'acquerir
  Peut en viuant faire mourir.
Alors que Flore est couronnée
  Des plus beaux thresors de l'année,

Elle

Elle a beaucoup moins de beautez:
Ceres n'a point tant de richesse
Que ceste mortelle Deesse
A d'Amours de tous les costez.
La flamme qui sort de ses yeux
Rend les tourmens delicieux.
Cet Esprit tout chaste & pudique
D'vne flamme saincte & vnique
N'est espris que par iugement.
Les feux, les vœux, & le seruice
De son genereux Cleonice
Luy agréent tant seulement.
La voyant tout ennuy se pert,
Tout bonheur vient quand on la sert.

Les Dames naturellement curieuses tant en ce qui les touche, qu'en ce qui regarde les autres, se portent en ces assemblées auec autant d'auidité à recueillir ces Romances qu'au pillage des confitures, parce qu'ordinairement elles y rencontrent des miroirs auantageux, ou des pinceaux flatteurs, qui les representent beaucoup plus belles qu'elles ne sont en leur naturel. Et comme il n'est point de musique égale à celle qui chante les merites faux ou vrays d'vne personne vaine, aussi n'est-il point de lecture qui delecte d'auantage que celle qui esleue les moindres beautez au dessus du Soleil & des estoiles. Elles vont donc au ramas de ces fueilles volantes auec autant d'empressement que les mousches au succre, & les cigales à la rosée. Le nom d'Eufrasie leu en ces octonaires fit aussi naistre vn secret murmure par la sale, que les nopces de Lucrece seroient bien tost suiuies de celles de sa Sœur, puisque son seruiteur s'estoit non seulement declaré si ouuertement, mais s'estoit glorifié de posseder ses bonnes graces. Et comme il arriue ordinairement aux bruicts de ville, que nous sommes les derniers à sçauoir ce que l'on dit de nous, ces discours estoient respandus par toute la sale auant qu'ils vinssent aux oreilles d'Eufrasie, quand on luy vint dire que son seruiteur estoit descouuert, & qu'il y auoit vn des masquez qui auoit dessein de la seruir, & qui se disoit son Cheualier. elle crût que c'estoit fait de moy & d'elle, si bien que saisie d'estonnement & d'vn tremblement de genoux elle se laissa choir à terre comme en deffaillance. On accourt à elle pour la secourir, & comme elle

elle auoit les sens esueillez n'estant point pasmée, mais le iugement tout troublé, son Pere l'approchant elle fut sur le point de luy demander pardon, & de declarer tout haut le mystere que ie vous ay raconté, & de rejetter, pour couurir son honneur, toute la faute sur mon outrecuidance. Vne de ses tantes la voyant en cet estat, quoy, luy dit-elle, ma niepce, quand on parle de vous marier, est-il téps de s'esuanoüir? vn de ces Cheualiers par ses vers se declare vostre seruiteur, est-ce vn si grand mal qu'il en faille tomber en syncope? Ma tante, reprit-elle toute esperduë & à perte d'haleine, ie n'ay que faire de ses vers, & ie ne veux point de seruiteur. Vostre Sœur, reprit la vieille, n'est pas si dedaigneuse, peut-estre quand il sera descouuert vous donnera-t'il dedans les yeux, & vous fera changer d'humeur & de langage. c'est la coustume des filles en ce sujet icy de parler tousiours au plus loing de ce qu'elles pensent. A ce mot elle connut que ce seruiteur n'estoit pas encore descouuert, ce qui luy redōna la vie. Il fallut voir ces vers, on les luy leut. pas vn des masquez qui estoient presens ne se fit de feste, & ne leua le masque pour s'en dire l'autheur. cela la rasseura vn peu. Elle m'auoit veu partir, & Hellade qui m'auoit veu glisser dans la presse, & sçauoit que i'estois sorty, croyant que ma passion m'eust fait rentrer, s'estoit desia saisi d'vne espée, resolu de mourir en me deffendant. Ceste fumée n'eust point d'auantage de feu. Les vers furent leus plus solemnellement que les autres à cause de l'accident suruenu à Eufrasie. Elle n'auoit garde de deuiner qu'ils vinssent de moy, car ils n'auoient esté distribuez auecque les autres que long temps apres ma retraitte. Ce qui la ietta dans vn autre trouble, croyant que me voyant vn riual en sa recherche, ie me ietterois aux cháps, & en viendrois aussi tost aux mains & aux couteaux auecque luy. en quoy sa coniecture ne la trompoit pas. D'autre costé venant à considerer que ce Cleonice se disoit l'vnique obiect de ses flammes, & sçachant qu'il n'y auoit que moy au monde qui peust tenir ce langage, elle auoit quelque doute que ces rimes vinssent de moy. Comme elle estoit en ces perplexitez & que chacun faisoit tel iuge iugement qu'il luy plaiſoit ſur ceſte Poëſie, l'vn luy diſant par ioyeuſeté qu'encore qu'elle fuſt bien ſecrette & bien fine en ſes affections, l'oyſeau neantmoins s'eſtoit deſcouuert à ſon ramage, & que peut-eſtre ce ſeruiteur attendoit à ſe declarer apres que les nopces de ſon aiſnée ſeroient accomplies; & qu'ainſi ſe continueroient à ſon occaſion les pompes & reſioüiſſances publiques. L'autre, que quelque mine qu'elle fiſt ce feu paroiſtroit bien toſt à quelque eſtincelle, & qu'il eſtoit impoſſible de garder long temps des charbons dans ſon ſein. Lucrece meſme luy diſant par maniere de reproche; Vrayment ma Sœur, vous conduiſez vos affaires bien ſubtilement, ay-ie bien peu viure ſi long temps auecque vous ſans m'apperceuoir de celuy ſur qui vous iettez les yeux? ie n'euſſe pas crû que vous euſſiez peu auoir ſi peu de confiance en moy, pour me celer voſtre penſée; nous l'apprendrons quand il vous plaira, & vous y ſeruirons ſelon noſtre deuoir & la bienſeance. Cela iettoit tant de pudeur ſur le front d'Eufraſie, que ſi elle euſt peu elle ſe fuſt cachée à ſes pro-

pres yeux. Elle n'auoit garde de dire ce qu'elle en pensoit, niant tousiours fort & ferme d'auoir aucune affection, mais reiettant ces discours sur les deux licences ou priuileges des Poëtes, la mensonge qu'ils nomment feinte, & la vanité qu'ils appellent boutade ou enthousiasme selon leurs termes. Biẽ luy prit que la nuict fort auancée mit fin à la resioüissance du bal. La compagnie se retira auecque les complimens dont on vse d'ordinaire en telles occurrẽces. Et Eufrasie ne fut pas plustost deliurée de tant d'importunes & inutiles ceremonies, qu'elle courut s'enfermer en sa chambre, croyant auoir couru autant de hazards qu'vn Soldat qui a esté tout vn iour aux rencontres, aux combats, aux assaults, à la bouche des Canons, & à la pointe des espées. Et à la verité la Calomnie qu'elle craignoit plus que la mort, comme estant plus soigneuse de son honneur que de sa vie, n'est gueres moins aiguë, ce qui fait que les lettres saintes appellent la langue d'vn mesdisant vn glaiue pointu & tranchant, vn rasoir bien affilé & dangereux. Il n'y eut qu'Hellade qui reconnut ces vers à mon stile, & qui
iugea

iugea aussi tost qu'ils ne pouuoient venir d'autre que de moy : mais à deuiner de quelle façon ils s'estoient coulez parmy les autres en mon absence, c'est où il ne pouuoit arriuer. Il s'endormit sur ces resueries, dont il ne peut treuuer d'issuë non plus qu'en vn labyrinthe. Les passetemps qui auoiēt duré bien auant dans la nuict, firent que ceux qui auoient esté à l'assemblée estendirent leur sommeil iusques à ce que le Soleil fust beaucoup esleué sur l'horizon. Eufrasie de qui les inquietudes auoient troublé le repos, appella son frere aussi tost qu'il fut esueillé, pour luy dire la peine où elle estoit à cause de ce riual qu'elle s'imaginoit que i'eusse. Hellade sousrit à ce discours, & sans luy dire la conjecture qu'il auoit que ie fusse l'Autheur de ces vers qui luy auoient mis tant de marteaux dans la teste, apres l'auoir vn peu rasseurée & remis son esprit en quelque repos, il me vint treuuer, & me monstrant vne copie de mon Romance, voyla, dit-il, des vers qu'vn Cheualier distribua en l'assemblée en la faueur de ma Sœur apres que vous fustes party. Ie me mis à rire, & à luy conter comme ie les auois faict diſtribuer par vn de mes gens. Ce n'eſt pas tout, me dit-il, ie vous apporte d'autres nouuelles qui ne vous feront pas trop agreables, & que ma Sœur m'a appriſes ce matin. Le ſoupçon qui eſt l'ombre inſeparable du corps d'vne ardante Amour, me ietta en cet inſtât mille frayeurs en l'Ame; dont ie penſa me paſmer à ſes yeux ſur ce triſte recit, croyant aſſeurément qu'Eufraſie euſt faict la fille, & que ſe refugiant dans l'inconſtance ſi naturelle à ſon ſexe, elle ſe fuſt deſdite de tout ce qu'elle m'auoit promis. A quoy vous iugerez combien ſont plus fortes en nos Ames les apprehenſions de perdre les felicitez, que de tomber dans les perils, puiſque ceſte crainte qui n'auoit peu ſe ſaiſir de mon courage au milieu de la puiſſance de mes ennemis, s'en empara ſur le ſimple ombrage du changement de ceſte creature. voyla comme les plus vaillans ſont laſches contre l'Amour, n'eſtant point de bouclier à l'eſpreuue de ſes fleches. Mais ſi i'eu l'allarme d'vn coſté, l'aſſaut me fut liuré par vn autre, ſelon les ruzes ordinaires de la guerre. Voyla comme le deſtin

prenoit

prenoit plaisir à bouleuerser mes imaginations; quand Hellade continuant son discours me fit sçauoir que i'auois vn riual qui s'estoit declaré seruiteur d'Eufrasie. Il adjousta pour colorer sa facetie, que son Pere, son frere, sa sœur Lucrece, & son futur beau frere s'en resioüissoient, & qu'il ne voyoit pas beaucoup de vigueur en l'Ame de sa Cadette pour resister à ce torrent, qui menaçoit mes desirs d'vn fier rauage, ny assez de fermeté pour conjurer ceste tempeste. Alors ie me sentis tomber du fer dans le feu, & d'vne simple fiebure dans vne ardante frenaisie. Aussi tost accoururent en mon esprit toutes les vengeances qui se peuuent imaginer, & à mon secours vindrent les furies auecque leurs torches flamboyantes, qui me promettoient de s'attacher au collet de ce competiteur, & de me le deschirer en plus de pieces que la foudre n'en fait d'vn haut sapin quand elle chet sur son faiste. Il me seroit impossible de vous redire ce que l'aueuglement de la rage qui me saisit en ce moment, me fit proferer contre le Ciel, la terre, les elemens, les destinées, les Astres, Eufrasie, Hellade, ses parens, les miens,

miens, mes amis, & moy-mesme. I'estois tellement transporté que tout ce qu'a chanté le Poëte Italien des fureurs de Roland, & tout ce que les Anciens faisans de vers ont conté des furies d'Oreste, ne sont que de foibles crayons de ce que ie fis agité de ceste manie. Hellade qui m'auoit ietté dans ce gouffre de desespoir, ne sçauoit s'il deuoit pleurer ou rire, ny par où se prendre pour me retirer. Il auoit ouy dire que pour guerir les hypochondriaques de l'erreur qui leur a blessé le cerueau, il ne faut pas les contredire ny se mocquer ouuertement de leur folie, au contraire qu'il se faut accorder auec eux, & les traitter comme s'ils auoient raison, & qu'ils fussent veritablement changez en ce qu'ils pensent estre. Soit qu'il suiuist ce conseil, soit qu'il se voulust donner du plaisir à mes despens, il cōmēça à plaindre mō desastre, à blasmer la legereté de ceste fille volage, qui auoit receu ceste offre de seruice sans auoir osé la rejetter ainsi que l'obligeoit sa fidelité, & à iurer qu'il prendroit d'elle vne exemplaire vengeance, si elle estoit si lasche que de violer les sermens qu'elle m'auoit faicts de m'aimer,

& de

& de prester l'oreille à vn autre. Ah ! Hellade, luy dis-ie, si tu aimes mon repos, ne parle point de punir celle que toute cruelle & criminelle ie cheris plus que ma vie : mais lançons-nous comme des éclats de tonnerre, & comme des tourbillons sur cet impudent qui ose marcher sur mes brisées. de moy, ie le veux accabler de plus de tonnerres que Iupiter n'en lança contre les Geans, & faire vne enclume de son corps sous les marteaux de mes armes. Qui me retarde que ie n'aille arracher de sa traistre poitrine ce cœur temeraire, qui a osé loger ses affections en mesme lieu auecque le mien, moy qui me reuolterois contre vn Ange, & qui l'irois desnicher des Cieux s'il entroit auecque moy en ceste recherche ? Fay moy seulement la grace de me dire son nom, fust-il au milieu d'vne armée, eust-il pour gardes & pour satellites tous les demons, fust-il caché au centre de la terre, fallust-il trauerser les brasiers des enfers, ie l'irois prendre & enleuer de tous ces lieux, pour en prendre vne vengeance solemnelle. I'adioustay à cela les plus extrauagantes Rodomontades que les

Braues

Braues des Theatres, que l'on fait tousiours de noſtre nation, ayent accouſtumé d'y pouſſer pour faire rire les ſpectateurs. Hellade iugeant bien que mon cerueau n'eſtoit pas tout à faict tourné, & qu'auec vne parole de ioye & de verité il rameneroit le calme apres ce grand orage, continuant en ſa tromperie ; C'eſt mon deſeſpoir, me dit-il, auſſi bien que le voſtre de ne pouuoir ſçauoir ſon nom, ſeulement ie vous diray que c'eſtoit vn de ceux qui entrerent hier chez nous auecque le maſque ſur le viſage. C'eſt aſſez, luy diſ-ie, ie les connois tous, le criminel ne m'eſchapera pas, ie luy feray renoncer à ſon effronterie, ou auecque la vie & le ſang ie luy feray vomir ſon Amour. Alors ie penſay ſi ie les deuois faire appeller tous enſemble, ou l'vn apres l'autre : mais treuuant moins de gloire en ceſte ſeconde façon qu'en la premiere, ie m'imaginay que fondant ſur eux aſſemblez comme le ſuperbe emerillon ſur vne volée de moineaux ou de pigeons, i'aurois plus d'honneur de leur faire rendre les armes, & apres auoir faict confeſſer le crime au coulpable, que luy tranchant la

teſte

teste d'vn reuers ie l'immolerois à ma vengeance, me contentant de dõner de la terreur aux autres par son exemple, & de leur donner la vie.& l'importance est que ie me promettois de faire ceste execution auec vne incroyable facilité ; voyez iusques où alloit ma forcenerie. Hellade me dit que c'estoit trop entreprẽdre, qu'Hercule mesme se sentoit foible ayant en mesme temps deux ennemis sur les bras. S'il eust esté Amoureux comme moy, luy dis-ie, il eust esté plus vaillant, il eust esté aussi fort que Sanson qui terrassa trois mille hõmes auec vne maschoire d'asne, qui suffocqua vn Lyon sans autres armes que ses bras, & enleua de leurs gonds les portes d'vne ville. ne dites point que ie suis seul, car i'ay mille Amans qui me secondent auecque leurs arcs & leurs fleches,& autant de furies qui en cet exploit m'assisterõt de leurs feux & de leurs couleuures. Pour couronner ces folies la verûe poëtique me saisit, & me fit dire ces vers par vne espece de trãsport de Sibylle.

Obiect Roy des perfections,
   De qui les inclinations

Président

President à ma destinée,
Pourquoy n'est comme la toison
Vostre conqueste abandonnée
A l'effort d'vn autre Iason?
Quels feux, quels dragons, quels tau-
reaux,
Quelle horreur de monstres nouueaux,
Et quelle puissance de charmes
Pourroit empescher qu'aux enfers
Ie n'allasse auecque mes armes
Rompre vos chaines & vos fers?
Nay-ie pas le cœur assez haut,
Et pour oser tout ce qu'il faut,
L'Ame aussi fort determinée
Que i'auois quand ie desconfis
Dans vn champ en mesme iournée
Le valet, le Pere, & le fils?

Ce n'estoit pas assez que ie fusse fol en prose, si ie ne l'estois encore en rime, apres auoir perdu pour vn temps l'vsage de la raison. Cet Ancien a dict à bon droict que
La colere est vne briefue fureur:
Et meslée auec l'excez de la ialousie c'est vne rage. Il me tardoit desia que ie n'eusse tous ces gens en teste, pour les deuorer tous comme Saturne ses enfans. Hellade voyant qu'il falloit laisser couler ce tor-
rent

rent sans y opposer des digues, pour s'accommoder à ma fantaisie s'offre de me seruir de Second, & de les appeller. Ie m'offense de l'vn, comme s'il m'estimoit si foible que ie ne peusse seul me deffaire de ceste foule: ie reçoy l'autre, parce qu'il me sembloit qu'en les appellant, de ma seule voix ie les eusse terrassez, & les eusse escartez & mis en fuitte, au lieu de les amasser en vn lieu pour les punir tous ensemble, & faire comme la foudre qui n'en frappe qu'vn, & fait peur à tous. Aussi tost i'entre dans mon cabinet pour leur tracer ce

CARTEL.

Cheualiers, parce qu'vn d'entre vous a esté si osé que de hausser les yeux vers vn obiect qui ne peut estre qu'à moy, & qui est vn Soleil dont ie suis l'Aigle & le Phœnix; ie vous appelle tous ensemble au lieu où vous conduira ce Gentil-homme, & où ie vous attendray seul en la compagnie de mon espée, & d'vn courage inuincible, affin de chastier comme il le merite, ce temeraire qui a esté si outrecuidé de se rendre mon riual, ou de vous punir *tous de mesme supplice que luy, si vous-vous treuuez complices de sa faute.*

Ie remis ce papier entre les mains de mon Hellade, & luy nommant tous ces ieunes hommes que ie connoissois, le priay qu'il se depeschast de les ramasser, & qu'il les amenast en vn pré que ie luy assignay hors de la ville, & que se tenant escarté il se donnast le passetemps de voir le chastiment que i'en ferois. En disant cela me saisissant de mon espée de combat, ie m'y en allay la teste baissée, & Hellade pour acheuer entierement sa baye, puis qu'il en estoit venu si auant, se retira me promettant de m'obeyr, & de me seruir en Amy, se riant en son Ame de me voir dans vne si plaisante resuerie, & si gracieusement abusé. Aussi tost que ie fus dans le champ, l'impatience me saisit par le desir de me voir à la teste de mes ennemis; & peu s'en fallut en ceste attente dont les momens m'estoient des siecles, que le cerueau ne me tournast. De moy, quãd ie fay reflexion sur l'estat où i'estois lors, il me semble que ie fus à la porte & sur la pointe du precipice de la folie. &

ce qui eſt d'admirable, c'eſt qu'il m'en
ſouuient beaucoup mieux qu'à ces frene-
tiques des extrauagances qu'ils ont dittes
ou faittes durant l'ardeur de leur mal.
A peine que ie ne priſſe les arbres pour
des hommes, (veu que les hommes ſont
des arbres renuerſez & qui cheminent)
& les pointes des eſpines pour des eſpées.
Ie penſay faire ſur vn troupeau de mou-
tons qui paiſſoit doucement dans la prairie, ce que fit le furieux Ajax ſur vne troupe d'animaux plus ſales, les prenant pour
les compagnons d'Vlyſſe ſon ennemy:
ou par vn exemple plus conforme & qui
conuient mieux, ce que fit noſtre valeureux Cheualier Eſpagnol Dom Quichot
de la Manche ſur vn pareil eſcadron de
beſtes à laine. Hellade me fit ſuiure de
loing par vn de mes gens, de peur que le
ſens me tournant ie ne me portaſſe en
quelque extremité. il fit bien de ne ſe
monſtrer pas, car ſans doute en l'humeur
où i'eſtois, croyant qu'il fuſt venu pour
me ſeparer, ie l'euſſe traitté vn peu plus
rudement que ce preux Cheualier errant
que ie viens de nommer, ne fit le Biſcain
qui fit reboucher ſon glaiue foudroyant

Cc 2

à vn bouclier de plume.

En fin apres auoir constamment attendu,
Perdu beaucoup de temps, & m'estre mor-
fondu,

ie voy de loin venir Hellade seul, ce qui me mit en vne action fort desreglée. Ie crû qu'il m'auoit trompé, & que pour espargner ma vie, il auoit trahy mon honneur. ie luy vays à la rencontre, & luy crie, où sont-ils donc ces traistres? fussent-ils chargez de montagnes comme les Geans, i'ay assez de foudres pour les mettre en poudre. Mais ie crain ou que tu ne les ayes pas appellez, ou que leur lascheté les ayant mis en route, m'oste, non pas la gloire de les auoir vaincus, mais la satisfaction & le plaisir de ma vengeance. Ie te iure, me dit-il, Oreste que i'ay faict ton commandement, que i'ay appellé tous tes ennemis, & particulierement que i'ay appris le nom de ton riual, & que ie t'en feray tout presentement voir le visage. Ny luy ny eux ne sont nullement resolus de se battre côtre toy, parce que les Duels de ceste façon sont deffendus & peu honnorables: mais pour retenir ta fureur contre eux, & empescher leur supercherie

contre

contre toy, ie ne me suis pas tenu au loin comme tu m'auois prescrit. Mon cher Amy, luy repliquai-ie, ie te prie de te retirer, de peur que quelque éclat de ma tempeste ne jallisse contre toy, & ne t'offense, ce qui est trop esloigné de mon dessein. au reste il ne faut point rabbatre les pointes de la fureur, car c'est elle qui donne le courage, & qui esleue les combattans au dessus de leur force & de leur grandeur naturelle, & les met au dessus d'eux-mesmes. Quant à leur supercherie, c'est ce que ie redoute moins que le Soleil ne fait le vent. Hellade ayant amené la Comedie iusques à son dernier acte, en fit la Catastrophe par vn ris demesuré, en vne occurrence que ie tenois si serieuse, & sur le point que ie pensois m'ensanglanter de plusieurs meurtres. Ceste risée me despleut; car comme il n'est rien qui fasche tant vne humeur iouiale que de voir vne mine triste, aussi la melancholie se picque contre la ioyeuseté. ie voulus sçauoir la cause de ce ris, & voyla mon homme à éclatter d'auantage. Ie ne sçauois comme prendre cela, & n'eust esté le respect que la longue amitié m'auoit imprimé pour

Hellade, sans doute ie l'eusse querellé. Alors leuant le masque de la feinte, il me mena aupres du ruisseau qui couloit dans la prairie, & me faisant voir mon image dans son crystal coulant, voyla, me dit-il, le visage & le front de ton riual, tes ennemis les voicy; il tira mes vers de sa poche. or va maintenant & escrime contre ce papier, ou desgaine contre toy-mesme. Ce qui se dit brieuement est tousiours accompagné d'obscurité. d'abbord ie n'entendis pas cet enigme, estant trop esmeu & troublé, mais il me l'expliqua en la sorte que vous le pouuez iuger, sans employer d'auantage de discours à rapporter son recit. Ce collyre me redonna la veüe & la raison; & la lumiere de mes yeux estant reuenuë, i'eu honte de mes folies, dont Hellade fit depuis des contes auecque sa Sœur qui ne les faisoient pas pleurer. Cet orage passé, le souuenir des promesses d'Eufrasie rappelle d'autres nuages sur la serenité de mon esprit. Ce n'estoit pas icy qu'il me falloit payer de bayes, si l'on ne vouloit me ranger au plus estrange desespoir où l'Ame la plus miserable peust estre reduitte. I'en presse Hellade

Hellade, & i'en somme Eufrasie par mes lettres. tout retardement d'vn bien ardemment desiré, pour petit qu'il soit, est tousiours long & ennuyeux, en ce sujet c'est témoigner peu de passion que d'auoir beaucoup de patience. Si me fallut-il faire vertu de la necessité, sur ce que Hellade me remonstra qu'il ne falloit pas pour vn simple entretien mettre au hazard l'honneur de sa Sœur ny l'exposer à la calomnie. Que si nous estions apperceus deuisans, aussi-tost on deuineroit quel seroit ce Cleonice pour qui seul Eufrasie auoit vn cœur & des yeux. ce qui mit vn peu d'eau dans le vin de ma ferueur. D'auantage il me fit connoistre que ces pourparlers estoient impossibles auant le mariage de Lucrece; parce que celle-cy auoit l'œil au guet sur les deportemens de sa Cadette, de qui par aucun artifice ny priere importune elle n'auoit peu crocheter le secret. Que ces deux sœurs couchoiét en mesme chambre, & ne faisoient qu'vn lict, & estoient iour & nuict inseparables. Mais quand l'aisnée seroit hors de la maison, & entre les bras de son mary, alors il seroit plus facile desbloüir les yeux de Berille la Gouuernante, soit auecque ce metail qui porte le Soleil dãs la veüe, soit par les tromperies dont ceux qui aiment sont si habiles forgerons. Cet espoir me retint, & me fit resoudre à attendre ce temps-là heureux, auquel ie me figurois de voir renaistre le siecle d'or, auquel

> La terre en tous les mois produiroit toutes choses,
> Tous les serpens mourroient, toutes fleurs seroient roses,
> Tous les poisons changez en des medicamẽs,
> Et par tout on verroit briller les diamans.

Tandis que les lettres de la Sœur, & les charmes de la conuersation du frere trõpoient doucement l'ennuy de mon attente, ie me souuiens que cestuy-cy me demandoit vn iour, d'où m'estoit venu ceste fantaisie de me masquer, & de m'aller ainsi ietter à corps perdu en la gorge de ceux qui ne demandoient qu'à faire curée de ma vie; & d'auoir entrepris cela sans luy en parler. Sçachant ma passion qui ne vous est pas inconnuë, pourquoy vous enquerez-vous, luy dis-ie, de la cause de cet effect? n'est-elle pas assez visible? &

parce

parce que ie craignois que voſtre ſageſſe ne s'oppoſaſt à ma folie, pour cela au lieu de vous conſulter, ie vous celay mon deſſein, qui a reüſſi plus heureuſement que vous ne l'euſſiez attendu, & que ie ne l'euſſe eſperé moy-meſme. Voyla, reprit Hellade, comme la Prouidence du Ciel prend le ſoin de ceux à qui la prudence manque en la terre.

O qu'il eſt malaiſé d'aſſocier enſemble
La Sageſſe & l'Amour! mon cœur encore tremble
Quand ie penſe au hazard où vous vous eſtiez mis
Deſarmé au milieu de tous vos ennemis.

Quand ie rappelle cela meſme en ma memoire, luy dis-ie, il me ſemble que i'ay faict comme ces chaſſeurs que l'ardeur de la chaſſe a conduits par des precipices effrayables, & qui n'oſent par apres eſtans raſſis regarder ſans fremir les lieux par où ils ont paſſé ſans les conſiderer. Mais, reprit Hellade, n'eſtiez-vous pas vous-meſme voſtre plus grand ennemy, lors que pour vne parole ditte de trauers par vne fille qui ne vous connoiſſoit pas, vous vouliez vous deſcouurir, pour vous rédre

victime volontaire de ceux qui vous haïſ-
ſent, & perſeuerant meſme en ce miſerable deſſein, ſi elle ne vous euſt promis de
treuuer les moyens de vous parler? Mon
frere, luy dis-ie, tu apprendras de là que
l'eſclair & le tonnerre ne ſont point plus
conjoints, qu'en moy la crainte de perdre
Eufraſie, & le deſir de mourir ſont inſeparables. Tu feras donc tout ſeul, me reſpondit-il en riant, mentir le prouerbe qui
dit, qu'il n'y a que deux bons iours auec
vne femme, celuy des nopces, & celuy des
funerailles, ie veux dire quand on l'eſpouſe, & lors qu'on la cõduit au cercueil.
Mais encore que t'auois-ie faict pour
eſtre couuert de tant d'opprobres que
ceux que ceſte manie te fit vomir contre
mon innocence? Ce fut icy où ma Rhetorique & toute ma ſubtilité s'eſuanoüit, les
repliques me laiſſerent, & ie demeuray
muët comme vn poiſſon. Les larmes qui
coulerent de mes yeux, reſpondirent que
mon cœur en creuoit de douleur dans
mon eſtomac, & qu'il ſe reſpandoit par
ceſte liqueur. Cela contenta beaucoup
plus Hellade que toutes les raiſons que
i'euſſe peu luy alleguer. auſſi quelle raiſon
euſſe

eusse-ie peu auancer pour souſtenir, ou ſeulement pour pallier vn aſſaut ſi deraiſonnable? Luy meſme fit mes excuſes, tant il eſtoit bon, & comme ſi mes conjectures & mes ſoupçons euſſent eſté legitimes, il jettoit toute la faute ſur la reſponſe inconſiderée de ſa Sœur, & ne pouuant ſe dire coulpable, vous euſſiez dit que pour me donner gain de cauſe, il euſt ſouhaitté d'auoir failly. A n'en point mentir, ie croy qu'il faut deux ſiecles pour forger vn Amy de pareille trempe, car les amitiez communes ſe contentent de faire cherir l'Amy comme ſoy-meſme; mais cettuy-cy en beaucoup d'occurrences m'a témoigné qu'il m'aimoit plus que luy, & ie ne doute point qu'en vn grand peril il n'euſt librement expoſé & donné ſa vie pour eſpargner la mienne; en quoy ie reconnois que ſi i'ay eſté vn Oreſte furieux, il a eſté mon vray Pylade.

CLEORE

CLEORESTE.
LIVRE SEPTIESME.

LE temps des nopces de Lucrece, c'est à dire, celuy de l'acheminement à ma felicité, arriua, & alors fut le fort des festes, des festins & des resiouyssances. Voyant que mon premier desguisement m'auoit succedé auecque bon-heur, ie voulus me seruir de ce mesme moyen pour me rendre aupres d'Eufrasie, sans considerer que tenter la fortune, c'est marcher sur des cendres qui couurent des charbons ardans, c'est imiter le moucheron qui voltige autour d'vn flambeau, & porter trop souuent à l'eau vne cruche fragile. La crainte de desobliger mon Amy, & de déplaire à celle que i'honnorois, me fit prendre vn meilleur conseil que celuy qui à la premiere fois m'auoit

uoit ietté en de telles erreurs que i'auois pensé me perdre. Ie communiquay ma pensée à Hellade, & luy à sa Sœur. Celle-cy encore toute pentelante de sa frayeur passée, ne se pouuoit resoudre à me donner ceste permission, disant que ce n'estoit pas vn traict de sagesse de chopper deux fois contre vn mesme escueil. Mais elle ne consideroit pas que ie ressemblois à ces marchands, qui pour fuir la dure necessité s'exposent sur le dos de la mer à l'abandon des vents & des vagues, & lors qu'ils sont au plus fort de la tempeste & prests de faire naufrage, qui font mille vœux au Ciel auec autant de resolutions, s'ils peuuent eschapper, de ne se commettre iamais à la perfidie de ces elemens qui sont la mesme inconstance. Mais le calme n'est pas plustost reuenu, & eux arriuez au port, qu'impatient de souffrir la pauureté, autant que desireux du profit qu'ils esperent tirer du commerce, ils remontent sur les vaisseaux, & remettent les voiles à l'air pour cingler où les attire l'odeur du lucre. Quand ie venois à comparer le mal que ie ressentois en la priuation d'Eufrasie, le desir de la voir me

me donnoit de telles attaintes, que ie n'e-
ſtimois comme rien le hazard auquel ie
m'expoſerois pour l'abborder; & le bien
de luy parler me ſembloit ſi grand, que
mourir deuant ſes yeux me tenoit lieu
de recompenſe, tant s'en faut que ie pen-
ſaſſe à ce que me feroient ſouffrir mes
ennemis s'ils me ſurprenoient en mon
deſguiſement. Hellade ſe treuua de l'auis
de ſa Sœur, mais il ne fut pas en ſa puiſſance de m'oſter ceſte fantaiſie de la teſte,
quelques perſuaſions qu'il eſſayaſt d'apporter pour arreſter ce deſſein. à la fin la
pitié qu'il eut de mon tourment, & la force de mes coniurations fut ſi grande qu'il
condeſcendit à mon deſir; mais il le fallut
meſnager auecque prudence. Pour vous
monſtrer, me dit-il, que ie veux eſtre voſtre compagnon en la vie & en la mort,
ie veux courir meſme hazard que vous,
& ſi l'on vous attaque eſtre de la partie
pour vous deffendre contre qui que ce
ſoit, fuſt-ce mon propre ſang. parce que
mon Ame eſt tellement colée à la voſtre,
que ie ne veux pas que la mort meſme
tant impitoyable qu'elle, & qui ſeparera
vn iour mon corps de mon Ame, puiſſe
ſeparer

separer mon Ame de l'affection qu'elle vous porte. Ie veux faire vn ballet pour honnorer les nopces de ma Sœur, & vous en ferez, mais de telle façon que pas vn de ceux que ie prendray pour affociez, ne fçaura que vous foyez du nombre. Il faudra donc, luy dif-ie, que ce foit le balet des aueugles, & quand nous l'apprendrons que vous leur mettiez des lunettes fur les yeux, comme l'on fait à ces cheuaux pleins de fougue. Nullement, dit Hellade, ie me fuis auisé d'vne fubtilité que vous appreuuerez. Il me fera bien aisé repris-ie, d'appreuuer & de souffrir le bien que vous me voulez faire, dites feulement. Ie prendray, me dit-il, entre les autres vn ieune homme de cefte ville qui m'eft fort obligé, & auquel ie me fie, il eft enuiron de voftre taille, les habits que nous luy ferons faire vous feront propres, celuy-là apprendra le balet auecque nous. Et moy, dif-ie en l'interrompant, comme l'apprendray-ie? ie vous en monftreray les figures en particulier, continua-t'il, & vous enfeigneray tout ce qui fera de la place de ce perfonnage. Sur le point de le dancer, ie le feray retirer, &
vous

vous-vous mettrez en sõ lieu, sans qu'aucun autre vous connoisse. Ie ne donnay pas seulement l'auis à ce stratageme, mais le cœur, & i'en admiray l'inuention. Celle du balet fut agreable, la musique bonne, les habits assez riches, les hommes dispos & galands, les entrées plaisantes & crotesques, le sujet principal estoit *Le labyrinthe des Passionnez*. Apres les galanteries preambulaires, & les dances auecque les sonnettes & les castaignettes à la façon d'Espagne, l'on estendoit sur la place vne grande toile peinte en la façon de ces compartimens de Iardin qui sont faicts en labyrinthe. là dessus se faisoit le grand balet auecque tant de iustesse & de belles figures, outre l'air qui estoit fort doux, qu'encore que le dessein fust de representer la confusion d'vn Dedale, les sorties de ceux qui pensent entrer, les entrées de ceux qui pensent sortir, & la perte de ceux qui y sont égarez sans s'en pouuoir desueloper; ce desordre estoit meslé de tant d'ordre qu'en fin le Minotaure y fut dompté par Thesée à l'aide du filet d'Ariadne. & à la fin Dedale qui en auoit esté l'inuenteur, voulant fuir de l'Isle de Crete

auecque

auecque son fils Icare, la toile du labyrinthe estant retirée, vne autre se glissa representant la mer, & en vn coing de la sale vn artifice faict auecque plusieurs flambeaux, representant le Soleil. Tandis que le Pere s'affranchit de captiuité auecque ses aisles artificielles, son fils trop temeraire s'estant trop approché du grand Astre qui fait le iour, sentit fondre sa cire, & se vid enseuely dans la mer. Ceste issuë ou Catastrophe fut treuuée fort gentille de tous les spectateurs, & l'inuention plus loüée que la despense. Il sembloit qu'Hellade qui en auoit conceu tout le dessein, eust eu esgard à la temerité de mon entreprise : Si les Musiciens furent employez à composer des airs, les Poëtes ne furent pas moins occupez à faire des vers sur vn suiet qui a semblé si fertile à tous les Anciens. En ceste representation Hellade fut le Thesée & moy son Amy Pirithoë, & sur la fin il fut le Dedale, & moy l'Icare. Il prit bien qu'Eufrasie ne le sceust pas ; car comme les filles sont suiettes aux superstitions & aux augures, sans doute elle eust de là faict vn sinistre presage, & crû que pour changer ceste fable en Histoire, il m'arriueroit quelque funeste accident. Il courut plusieurs vers par les mains des Dames, entres lesquels selon mon iugement, & selon que la memoire me les peut rendre, voicy les mieux faicts.

STANCES.

L'Ingenieux Dedale en l'antique saison
  Affin de s'affranchir empluma ses aisselles,
  Et moy pour demeurer à iamais en prison
  I'enchaisne mon Amour, & luy coupe les aisles.
Aussi tiens-ie mes fers pour vn present des Cieux,
  Et l'agreable chaisne où mon Ame s'enlace,
  Plustost pour vn loyer aymable & precieux,
  Que pour vn chastiment d'auoir eu trop d'audace.
Ceste si douce chaisne enuironne mon cœur,
  Et d'vn si cher lien tient mon Ame asseruie,
  Que si ie crains la mort, c'est pour la seule peur
  De sortir de prison en sortant de la vie.
Non, plustost on verra la neige s'embraser,
  Que iamais ma franchise à mes fers ie prefere:
  Car comme ils sont trop forts pour les pouuoir briser,
  Aussi sont-ils trop doux pour m'en vouloir défaire.
Ie ne connoy que trop qu'Amour a bien semé
  Des espines d'ennuy dans son doux labyrinthe,
  Et qu'au desir d'vn cœur de sa flamme allumé,
  La douceur de parler est bien pleine d'absynthe.
Mais quelque traict d'ennuy qui me puisse offenser,

Rien

Rien n'esteindra l'ardeur dont ie me sens esprendre,
Ains faudra desormais auant que voir cesser
Mon Ame d'estre en feu, me voir le corps en cendre.
Non, ma flamme viura iusqu'à mon dernier iour,
Malgré toute infortune & presente & future.
I'ay beaucoup de douleur, mais i'ay beaucoup d'A-
mour,
L'vne fait que iendure, & l'autre que ie dure.

Il y en eut d'autres que ie fis couler par la Compagnie, qui descouuroient ma passion d'vne façon si couuerte, qu'il eust fallu recourir au Sphinx pour en auoir la veritable intelligence; c'estoient des

AVTRES STANCES
D'ICARE AV SOLEIL.

IE ne me fasche point que le Ciel aduersaire
Darde sur mon dessein quelque traict orageux,
Pourueu qu'en m'accusant ainsi que temeraire,
Quelqu'vn me loüe aussi ainsi que genereux.
Car il me reste assez graué dans la memoire,
Que voulant m'approcher d'vn celeste flambeau,
La mort en ceste audace est coniointe à la gloire,
Et que sous ce trophée est basty mon tombeau.
Mais puis qu'en mon proiet il faut que ie m'esgare,
Du vol de mes desirs desreglant la hauteur,
Mourant par le Soleil, c'est vne mort si rare
Que ie la dois cherir pour vn si digne Autheur.

Non, sçachant que ma flamme est celeste & diuine,
 Ie ne sçaurois aymer qu'vn Soleil radieux,
 Ie veux qu'vn bel oser honnore ma ruine,
 Et s'il me faut tomber, ie veux tomber des Cieux.
Arriere ces desirs rampans dessus la terre,
 I'ayme mieux en soucis & pensers éleuez
 Estre vn Aigle abbatu d'vn grād coup de tonnerre,
 Qu'vn Cygne vieillissant és Iardins cultiuez.
Non, en volant si haut ie ne crains point l'orage,
 Et l'effray du peril ne m'en retire point.
 Ce qui sert d'vne bride aux esprits sans courage
 Est vn vif esperon dont le mien est espoint.
I'ayme qu'à mes desseins la fortune s'oppose,
 Car la peine de vaincre en accroist le plaisir.
 Pouuoir facilement obtenir quelque chose,
 M'est assez de suiet d'en perdre le desir.
Auienne seulement que mon Ame embrasée
 Du desir d'acquerir ceste riche toison,
 Treuue la seule peine à mes vœux opposée,
 Affin que de ce monstre elle soit le Iason.

Tout ainsi que les abeilles qui ont rencontré des fleurs bourdonnent autour & les succotent, de mesme les esprits de l'assemblée le cours du balet estant finy, s'amusoient à ruminer les poësies que l'on faisoit comme autant de boucquets de fleurs voltiger par la sale. Il y eut vne piece fort longue, & trop serieuse pour vn temps de recreation, qui occupa beaucoup

coup de temps la lecture des plus curieux; ce fut vne moralité, qui monstroit comme les passions mettoient les Ames qui s'y laissoient aller, en des labyrinthes remplis de monstres & d'euenemens effrayables, qui ne se pouuoient vaincre que par vne vigoureuse vertu. Et qu'il estoit malaisé de se desueloper des destours de ces Meandres, sans le droict fil d'vne raison bien nette. Et que pour se tirer de ces pieges, il falloit comme Dedale suiure la mediocrité, non se porter comme Icare aux extremitez, qui sont tousiours vicieuses. Tandis que l'assemblée cantonnée comme par escouades est apres ce passetemps, ie iettay l'œil vers ma tramontane, pour voir si ie pourrois prendre le temps de l'accoster; mais la voyant comme vne Diane enuironnée de plusieurs nymphes, non sans auoir à ses costez vne troupe d'admirateurs, me iettant dans ceste presse ie treuuay le moyen de luy faire tomber vn papier dans les mains, où il y auoit des vers qui disoient ainsi.

STANCES.

N'Est-ce pas trop de cruauté,
Qu'estant pres de vostre beauté,
Qui me retient sous son empire,
Il faille de peur des ialoux
Deffendre à ma langue de dire
Ce que mon cœur souffre pour vous?
Par fois las d'endurer l'effort
D'un tourment si grand & si fort,
Et qui s'accroist par la contrainte,
Ie veux encourager mes sens,
Et vous raconter par ma plainte
Tant de douleurs que ie ressens.
Mais la raison bridant le cours
De mes ris & de mes discours,
Ne prend l'audace de mon Ame,
Et s'en vient me representer,
Que sans en receuoir du blasme
Vous ne me sçauriez escouter.
Alors soigneux de vostre bien
Que ie tiens plus cher que le mien,
Mon mal dans mon cœur ie recele,
Aymant mieux cacher mon desir,
Et souffrir vne mort cruelle,
Que vous causer du déplaisir.

Comme

Comme le pescheur qui void du riuage que le poisson a mordu à l'appast, luy preste la legne tandis qu'il se debat contre l'hameçon, attendant que lassé il le puisse doucement attirer au bord: de mesme retiré à quartier i'eu le plaisir de voir ce ieu. La curiosité qui regente souuerainement l'esprit des filles, donna vn extreme desir à celle-cy de lire en secret ce qui luy auoit esté remis en particulier. ce qu'elle fit auec vne singuliere industrie. Apres cela, voiez sa candeur & sa fidelité, elle sçauoit que son frere estoit le Dedale qui paroissoit dans la troupe comme le principal de la bande, elle le tire à l'escart, & luy dit; vrayment mon frere, c'est à ce coup que vostre Amy a vn riual, i'en suis la plus troublée du monde, & qu'ainsi ne soit, voyez ce qu'vn de vostre troupe, c'est celuy qui a representé Icare, me vient de ietter dans les mains. cela dit elle luy remit le papier, & sans attendre sa responsse se retira en sa place. Moy qui voiois ce ieu, & qui estois aux escoutes, reuiës aussi-tost à Hellade, mon frere, luy dis-ie tout bas, que t'a dit ta Sœur? Que c'est à ce coup, reprit-il en

Dd 4

mesme tõ, qu'Orant a vn riual, & vn riual fort temeraire, puisque c'est l'Icare. va vistement tracer vn cartel de deffy cõtre celuy qui a faict ces vers; alors il me remit le mesme papier qui estoit sorty de mes mains, par vn retour moins esmerueillable que celuy de la tasse de ce Pelerin, qui l'ayant perduë sur la coste de Bourdeaux en la Mer Oceane, la retreuua, comme l'on conte, dans la fontaine de Salses proche de Perpignan en la Conté de Roussilon, ayant de ceste façon par des conduits sousterrains trauersé toutes les Pyrenées. Il me laissa en sautant, & se reietta dans la presse. Cette plaisante erreur me donna suiet de m'approcher d'Eufrasie, & ceux qui l'enuironnoient selon la coustume m'ayant faict place, d'vne voix contrefaitte ie luy dis: Madamoiselle, ie me suis seruy d'vn papier qui a le priuilege de ne pouuoir rougir, & mon front se sert encore de celuy de la couuerture qu'il porte, pour vous faire entendre que l'Icare le plus temeraire de la troupe venant abbatre son vol à vos pieds, vous reconnoist pour le plus grand des Astres qui luisent en ce lieu, & que c'est vers
vous

vous comme vn foucy qu'il retourne toutes les fueilles de fes penfées. Ces difcours, me refpondit-elle, font fi cōmuns en la bouche de tous les hommes, que fi nous eftions obligées de croire tant de proteftations d'affection, & de tenir pour veritables tant de fauffes loüanges qu'ils nous attribuent, nous n'aurions autre occupation qu'à receuoir ces parfums, comme ils femblent n'en auoir point d'autre que de faire des offrandes. Toutes n'ont pas cet heureux malheur, repliquai-ie, il n'y a que celles qui comme vous font éminentes en beauté & en vertu, dont les autels fument de continuels facrifices. La loüange n'eft donnée comme elle n'eft deüe qu'au vray merite, & les cœurs ne s'appendent qu'aux fuiets capables de les captiuer. Ce m'eft vn extreme regret de ne pouuoir exprimer vne paffion fans exemple, telle que la mienne eft pour vous, que par des termes vulgaires, & ie n'en fçay point en quelque langue que ce foit, qui ne fuffent trop foibles pour repréfenter vne affection fi forte, & trop communs pour dépeindre l'extraordinaire reffentiment que le Ciel m'a in-

spiré pour vous. Il n'y a rien de si couuert & dissimulé que les hommes, repliqua-t'elle, leurs paroles sont les masques de leurs pensées, comme les masques sont les couuertures de leurs fronts. Sous ce double voile vous parlez fort asseurément, & moy ie vous laisse vser de la liberté que la bien-seance vous acquiert en ceste occurrence, sans faire autre fondement sur vos discours, que de me complaire à remarquer les traicts de vostre bien dire, & les carrieres que vous donnez par vostre lãgue à la beauté de vostre esprit. I'espere, repris-ie, que quand vous me connoistrez, vous me traitterez plus fauorablement & auecque moins d'indifference. De moy, qui vous ay veüe depuis vn long temps, & remarqué en vous tout ce que peuuent la Nature & la Grace à perfectionner vn corps & vne Ame, mais qui n'auoit iamais eu la hardiesse de vous témoigner mes flammes, i'ay pris ceste fauorable occasion pour les vous faire sçauoir, vous asseurant que ce n'est point pour satisfaire au desir de ma langue, mais à celuy de mon cœur, que ie me suis seruy de ces industries, & qu'e-
stant

stant beaucoup plus porté à témoigner mes affections par des effects que par des paroles, il n'est point de seruice qu'il ne me soit plus aisé de vous rendre que de vous l'offrir. Ie ne connois que trop mon deffaut, repartit-elle, pour sçauoir que ie n'ay rien qui vous puisse causer non vne passion vehemente, mais vne commune bienueillance. Mais quand le Ciel les vous auroit cachez, & que vostre opinion vous fist treuuer en moy des graces & des merites imaginaires, il ne s'ensuiuroit pas que i'y deusse correspondre, parceque l'amitié estant fille de la connoissance, & ne sçachant qui vous estes, vous m'estimeriez bien peu iudicieuse si i'appliquois mes pensées à du papier ou à vn masque. folie qui seroit encore plus grande que celle de ce bel adolescent,

Qui couché dans les fleurs dont il accreust le nombre,

Fit l'Amour à son ombre.

Aussi, luy repartis-ie, ne suis-ie pas si presomptueux de penser reietter en vostre Ame vne estincelle de ce grand feu que vous allumez en la mienne, me contentant seulement de vous faire sçauoir l'acqui l'acquisition que vous faites auiourd'huy d'vn nouueau seruiteur parmy ceux qui accompagnent vostre frere. Et que l'Icare dont il est le Dedale, n'est point si peu de chose, qu'il n'ait le courage & le credit d'aspirer sous le consentement de vos parens au mesme bien dont est prest de iouyr celuy qui espouse auiourd'huy vostre Sœur aisnée. A ce discours la fille se troubla toute, & les changemens de son visage me témoignerent assez l'orage de son cœur. Masque, me dit-elle, ces paroles que vous dites par galanterie, pour vous parler franchement, ne me sont pas autrement agreables, s'il vous plaist de prendre vn autre suiet pour continuer vos plaisanteries, vous m'obligerez infiniment.

Vous pourriez bien parangonner Icare,
Comme pareils en la temerité,
Si vous craignez d'estre precipité,
Vous ferez bien de prendre vn autre Phare.

Elle dit ces vers auec vn enthousiasme pareil à celuy de ces anciennes Prestresses de Diane ou de Ceres, quand elles poussoient les oracles des Deitez dont elles estoient inspirées; & d'vn visage allumé

de

de colere & de honte, elle m'alloit laisser
là en se tournant deuers ses compagnes,
quand ie luy dis; vraymēt Madamoiselle,
vostre front qui en sa douceur est le siege
de la courtoisie, ne me promettoit rien
moins qu'vn accueil si deffauorable,

Vostre œil qui de ses rais se fait vne couronne,
 Qui promet des faueurs, & donne du tourment,
 Doit donner la douceur qu'il promet vainement,
 Ou armé de desdain, promettre ce qu'il donne.

Mais ie voy bien ce que c'est, vostre Ame
preoccupée d'vn autre object, n'a plus de
place en soy pour y receuoir vne plus
iuste Idée; ce n'est pas pourtant ce que
m'ait promis vostre Pere & vostre frere
aisné, qui m'ayans donné esperance que
ie ne perdrois point mon temps en vostre
recherche, m'ont embarqué en ceste passion, de laquelle ie ne me puis deffaire
qu'auecque la vie. Ie sçay que vous pouuez par vostre inclination & vostre choix
estre à vn autre, mais par ma determination ie ne puis estre à d'autre qu'à vous.
Masque, me repartit-elle toute rouge
de despit, vous parlez à perte de veüe &
de iugement, & bien vous prend d'auoir
le visage couuert pour cacher ainsi vostre
effron

effronterie, contentez-vous de la patience que i'ay eüe iusques à present à ouyr vos impertinences, ne me donnez point occasion de me plaindre à mon frere Hellade qui vous doit connoistre, de vostre impudence. Qui vous a donné des yeux si penetrans pour deuiner mes pensées, & iuger faussement que ie sois engagée en quelque affection? Me tenez-vous tant indiscrette que i'osasse m'attacher à aucun object à l'insceu des miens, & que i'eusse quelque autre volonté que la leur? vrayment ie ne sçay pas si ie suis en vostre bonne volonté, mais par ce langage ie connois que ie suis en vostre mauuaise estime. Non non, mes yeux ne s'arrestent en aucun lieu, mais encore moins & mon cœur & mes yeux, moins sur vous que sur homme du monde. vous me venez de desobliger trop cruellement pour m'estre iamais rien, quelque promesse que vous ayent faitte mon Pere & mon frere. Ie sçay que ie ne dois ny ne puis rien sans eux, mais aussi en ce sujet ne peuuent-ils rien sans moy. rien ne se fait si mal par deuoir & par contrainte que d'aymer. La force est la mort de la volonté, té, sans laquelle il n'est point de bienueillence. Nous tenons de Dieu la liberté de nos Ames, non de nos parens; la franchise est l'element des esprits, & si ie l'ose dire ainsi, leur essence, qui les gesne les pert. Mes parens m'ayment trop pour vouloir ma perte, & ils la voudroient s'ils me donnoient à vn indiscret comme vous estes. vous ferez mieux de vous retirer sans troubler d'auantage ma paix. I'estois si aise de la voir en colere sur ce sujet, que i'auois de la peine à me contenir sans faire paroistre l'excez de ma ioye. ie me retiens neantmoins, & pour tirer ma tromperie iusques à l'extremité, ie m'auisay de la toucher en la prunelle de l'œil en luy disant. Ha! miserable que ie suis, ie ne connois maintenant que trop la verité de mes soupçons, & que ce Cleonice dont les vers coururent l'autre iour par les mains de ceux qui estoient assemblez en ceste sale, ne se vantoit pas vainement de posseder tout seul les affections de ceste Damoiselle. O Cheualier, ie ne le croiois pas quand tu me le disois toy-mesme : car qui eust peu s'imaginer qu'vn ennemy capital de ceste maison y eust peu rencontrer

contrer vne telle faueur? Trop heureux Gentilhomme, si la fortune enuieuse de ton contentement ne t'empesche de surmonter les obstacles inuincibles qui semblent s'y oposer. Ouy, & quand il n'y en auroit point d'autres que mon bras comme te peux-tu promettre d'arriuer à ce point-là? Non non, ie ne te cede ny en noblesse, ny en richesse, ny en valeur, & i'ay au dessus de toy la promesse & la faueur des parens que tu n'auras iamais, puis qu'ils ont iuré contre toy vne haine irreconciliable; auecque cela serois-ie si lasche que de te ceder en ceste recherche? ie ne le feray nullement, & s'il faut mourir, ce ne sera point sans iouyr du plaisir d'vne haute vengeance. & puis en perdant l'espoir de mon Amour, ce me sera peu de perdre la vie. Il ne restoit plus qu'à me nommer, pour dire tout le secret en termes clairs & intelligibles. De vous dire les troubles qui s'emparerent de l'Ame d'Eufrasie, il seroit malaisé. elle deuint aussi pasle que son collet, pressée de mortelles angoisses qui luy suffocquoient la parole dans la bouche, & luy ostoient tout moyen de repartir. Comme
elle

LIVRE VII.

elle estoit reduite à ceste extremité, suruint à l'improuiste Hellade, qui comme vn Thesée la deliura du monstre prest à la deuorer. Il fut le Persée de ceste Andromede, quand il nous dit en s'approchant de nous deux : Prenez garde en vostre long entretien que l'on ne vous descouure. Mon frere, dit alors Eufrasie, vous auez raison de parler ainsi à cet impudent imposteur, qui me vient de faire les discours les plus insolens que l'on puisse imaginer. ie vous prie de luy commander qu'il se retire, ou ie seray contrainte de m'aller plaindre à mon Pere, & sans doute il y aura du vacarme. Hellade qui ne sçauoit ce que nous auions dit, ne sçauoit que coniecturer de ce propos que sa Sœur profera d'vne façon qui ne monstroit aucune feinte. Le lieu ny le temps ne permettoient pas que nous desuelopassions à loisir ceste fusée, ce qui fit que pour euiter tout accident funeste, ie luy dis en ma voix naturelle,

O le cher amy de mon Ame,
  Qu'as-tu deffait à ceste fois,
  Desmeslant la plus belle trame
  Qu'oncques retordirent mes doigts?

Tome I.   E e

Quand Eufrasie entendit ceste voix que depuis nostre premiere entreueüe elle auoit si profondement grauée dans sa memoire, son Ame fut rassise en vn instāt, & la verité y fit comme la lumiere qui chasse les tenebres aussi-tost qu'elle paroist. Cet estonnement la faisant taire, Hellade me dit, quoy? y a-t'il parmy vous quelque nouuelle broüillerie? telle, luy dis-ie, mais plaisante, qu'il me faut le reste de la nuict pour te la conter. Luy qui me desiroit retirer d'aupres de sa Sœur, de peur que nostre conuersatiō trop longue ne fust remarquée, me prit par la main, comme pressé de la curiosité de sçauoir ceste querelle. Ie la luy racontay en peu de mots, & il en rit à merueilles ; mais, luy dis-ie, il faut bien la leuer de ceste erreur, & la tirer de peine, car autrement ceste seconde rencontre que i'ay tant desirée, me combleroit de plus de perplexité que de contentement. Apres quelques tours de sale & de dance, ie reuole vers mon Ayman, ie me retourne vers mon Nort. Dieu, que de discours estoient montez en sa pensée, que de pensées en son courage, que de confusions dans son esprit ! Apres
auoir

LIVRE VII. 435

auoir demandé mille pardons de ceste insigne tromperie, qui m'auoit donné vne si claire & auantageuse connoissance de ses inclinations, la paix fut solennellemēt iurée entre les mains d'Hellade depositaire de tous nos secrets. Mais ce fut à condition que la nopce de Lucrece estant faitte, ie verrois aussi-tost l'effect de ceste promesse tant desiré, tant attendu & requis auecque tant de prieres & d'importunitez. Pour vous monstrer, me dit Eufrasie, combien ie suis sincere en mes paroles, & que ma langue & mon cœur n'ōt qu'vn mesme ressort (en quoy ie suis bien esloignée de vostre procedure, qui sçait si accortement dire l'vn, & penser l'autre,) sçachez qu'auiourd'huy ie deuien victorieuse de ma Sœur, le chāp me demeure, car elle me laisse seule dans le lict qui nous estoit commun, pour passer dans vn autre, où ie luy souhaitte, ainsi que ie dois, toute sorte de felicitez. Berille ma Gouuernante m'a desia dit qu'estant retirée ie ferme sur moy la porte de ma chambre, car encore qu'elle y couche en vn autre lict, elle n'y viendra pas ceste nuict icy, à cause qu'elle doit auoir l'œil à tout ce

Ee 2

grand embarras de mesnage que les nopces ont attiré ceans. Nostre departement est en l'arriere corps de logis de ceste maison, & nostre chambre a vne fenestre treillissée de barreaux de fer, & accompagnée d'vne cage ou ialousie qui regarde sur vne petite ruë où peu de monde passe, si mon frere le treuue bon, & vous accompagne, c'est là que ie vous parleray auecque plus de loisir, d'asseurance & de liberté, que ie ne sçaurois faire icy, où desia tant d'yeux qui nous regardent trop fixement, me font craindre qu'on ne s'enquiere qui est cet Icare, & si ce n'est point le Cleonice de l'autrefois. Ce fut icy où ie pensay verser mes coffres, & à l'abondance d'allegresse qui me vint saisir, ie ne sçay comme mon sens demeura en son entier. Car si le courroux fondé sur vne fausse nouuelle m'auoit porté iusqu'à vne telle rage, que de dire & de faire les extrauagances que ie vous ay racontées, que me deuoit faire ceste faueur autant inopinée qu'inesperée, & dont l'execution estoit si soudaine, qu'à peine auois-ie loisir de me preparer à la reception de tant de bien? A n'en point mentir, ie ne

puis

puis exprimer cet eſtat-là que par le mot de Rauiſſement. Ie ne me ſentois pas, & en ceſte perte de mes ſens mon iugement m'auoit encore laiſſé; le ſilence exprima mon extaſe, ne pouuant treuuer de paroles capables de former de dignes remerciemens. Quand ie fus vn peu reuenu à moy, ceſte crainte que i'auois auparauant de voir finir le bal, ſouhaittant que ceſte nuict fuſt auſſi longue que celle que Iupiter paſſa auec Alcmene, ſe changea en vne impatience de voir diſſiper ceſte aſſemblée, que ie ne ſçaurois repreſenter. En mon Ame i'accuſois le marié de peu d'affection, & bien qu'il criaſt allarme, & qu'il priaſt ſes plus intimes amis de ſe retirer, affin de conuier le reſte de la Compagnie à prendre congé, & par ceſte retraitte qu'on le laiſſaſt en la libre poſſeſſion de ſa nouuelle eſpouſe; neantmoins il me ſembloit trop retenu en ſon action, & trop reſerué en ſes ceremonies. Ie ne penſe pas qu'il fuſt ſi content ſe voyant ſur le point de changer ſa qualité de Scruiteur en celle de Maiſtre, rangeant à ſa diſcretion toutes les faueurs qu'il euſt peu deſirer de Lucrece, que moy de pouuoir seulement parler à Eufrasie. tant il est vray que la difficulté aiguise le desir, & le desir ainsi affiné ressemble à ces Lunettes qui aggrandissent les obiects, & font vn Elephāt d'vne mousche. A dire la verité, les Dames font tres-bien d'estre extremement reseruées, & s'il faut dire ainsi, auaritieuses en la dispensation de leurs graces; car tant s'en faut que le refus rebutte, qu'au contraire il sert de pierre aiguisoire pour affiler la volonté, qui ne se porte iamais auecque tant d'impetuosité que vers ce qui la contrarie. le souhait est vn oyseau & vn poisson, qui vole tousiours contre le vent & contre le fil de l'eau. la facilité à obtenir quelque chose en rend la demande lasche, & en rebousche l'appetit, les thresors les plus precieux ne sont plus estimez quand ils sont au pillage. Les perles dont nous faisons tant d'estat en ceste contrée, en la coste de la Pescherie sont le iouet des enfans. Ceste maxime de prudence fait que les Dames sages & vertueuses ne promettent & ne permettent rien à leurs Amans, qui puisse en aucune façon ie ne diray pas offenser ou alterer, mais seulement ombrager

l'hon

l'honnesteté. Leur tenant ainsi la bride haute, ils ne bronchent iamais ny à l'amitié, ny au respect qu'ils leur doiuent, & de ceste façon la moindre œillade, vne douce contenance, vne simple parole leur tient lieu d'vne extreme faueur, & d'vne ample recompense de tous leurs seruices passez. Ie dis cecy sur l'experience que i'en ay faitte, car bien qu'il y ait vne extreme distance entre les paroles & les effects; en quoy consistoit la difference des faueurs dont Lucrece alloit gratifier son espoux, & celles que i'allois receuoir d'Eufrasie: neantmoins i'estois aussi satisfaict de ce pourparlé qui m'estoit permis, que l'autre de tout ce que les hommes recherchent auecque plus d'ardeur de leurs femmes. Et à dire ce qui m'en semble, la vraye substance de l'Amour estât toute spirituelle, & ceste passion symbolisée par le feu, estant semblable à la flamme dont la plus pure est celle qui est la plus esloignée de la matiere, & son grand œuure regardant plustost l'vnion des cœurs que des corps; qui ne dira que les faueurs les plus esloignées des sens, & principalement de celuy du toucher, sont plus conformes à son essence, & par consequent plus propres à vnit les Ames par de mutuelles affectiōs? Aussi ceux qui entédent le secret d'aimer plus delicatement & subtilement qu'vn tas de personnes grossieres, qui ne differét des bestes que par le visage, mettent leur plus grand contentement en l'vnion des volontez; & parce que nous ne sommes pas des Anges & des substances purement intellectuelles, s'il faut donner quelques miettes aux sens, ils se contentent des delices de l'œil & de l'ouye, qui se goustent par la veüe & l'admiratiō des beautez, & par l'entretien des douces & gracieuses paroles. les autres sens sont comme les fueilles, l'escorce, & la coquille des arbres & des fruicts, & sont tenus pour trop terrestres pour entrer en cet agreable commerce. Quand on leur en permet l'acces, ils ressemblent aux bourdons qui gastent toute l'œconomie des abeilles, & aux aragnées qui embarrassent de leurs toiles les rayons de miel. Et tout ainsi que les lampes se suffoquent & s'esteignent quand on y verse en trop grande abōdāce, ce qui sert à leur nourriture quand il est dispensé mediocrement; de mesme ce qui

sem

Livre VII. 441

semble aux inconsiderez deuoir seruir à la conseruation de l'amtié, c'est ce qui la tuë, & l'vsage des corps, quoy que dans vn lien legitime (car autrement c'est vne ordure & vne abomination) est pour l'ordinaire ce qui esteint ceste gentille & viue flamme qui animoit auparauant vn esprit, & le tenoit esueillé. Si bien qu'il en prend à ceux qui ne s'en auisent pas comme aux fiebureux, qui d'vne ardante chaleur tombent tout à coup dans vne froideur glacée. Ce n'est pas pourtant que ie vueille par ce discours preiudicier à la gloire d'vn Sacrement appellé grand & honnorable, pepiniere du Christianisme, source des creatures raisonnables, & qui met l'honneur sur le front de tous ceux qui sont nez dans son pourpris. car ie sçay que la saincteté de ce sacré lien peut non seulement purifier, mais reparer le deffaut des sens, & que l'honnesteté permet comme la iustice veut, que l'on y prattique les voluptez requises à sa consommation & à la benedictiõ de la lignée. Mais ie dis que si les mariez mettoient leur fin en cet vsage, ils ne s'aimeroient qu'autant que la vigueur de la ieunesse

Ee 5

les en rendroit capables, laiſſans la principale vnion, qui eſt celle des cœurs & des volontez, en laquelle conſiſte le nœud indiſſoluble qui les aſſemble. La Compagnie eſtant congediée, les maſques ſe retirerent comme les autres chacun chez ſoy, pour prendre le repos qu'ils eſtimoiēt treuuer bien doux apres la fatigue que la dance traine apres elle. Pour moy, i'auois vne puce dans l'oreile, qui m'empeſchoit bien de dormir. Hellade eſtoit ſi matté qu'il n'en pouuoit plus ; mais ie le tempeſtay de telle façon, qu'il fut impoſſible à ſon amitié de me refuſer la faueur de ſon aſſiſtance. Nous allaſmes au lieu qui nous auoit eſté marqué ; & bien que mes aiſles durant le ballet euſſent eſté fonduës, ainſi que vous auez ſceu, ſi eſt-ce qu'Icare voloit plus promptement que Dedale, il me ſembloit que ie quittois l'Iſle de Crete, pour me rendre à celle de Cypre ; ou pluſtoſt que i'abbordois les Iſles fortunées par ce commencement que ie donnois à ma bonne fortune. Et bien que ceſte commodité que i'auois ſouhaitté auecque tant de paſſion fuſt en mes mains, il me ſembloit qu'elle en eſchapoit

chapoit, pareil aux auares qui croyent perdre ce qu'ils tiennēt, n'estimans iamais que leur thresor soit en lieu assez seur ny assez bien enfermé. Ie redoutois les embusches de quelque disgrace,& que quelque accident ne vinst trauerser ma felicité. Il estoit nuict, n'auois-ie pas raison d'estre en ombrage de tout, puisque l'ombre estoit par tout? Quelque facilité que i'experimentasse en ce dessein, ie ne laissois pas de m'imaginer mille obstacles, qui me sembloient apparens & malaisez à surmonter. Seulement quand ie venois à comparer les extremes perfections de celle que ie recherchois à mon peu de merite, cela faisoit naistre en mon esprit de nouuelles doutes, si bien que i'auois de la peine à me persuader, cela mesme que ie voyois de mes propres yeux. Toutefois la bonté de son naturel, & la franchise de son procedé adoucissoient l'amertume de ces deffiances. à quoy i'adioustois ces pensées. Ne seroit-ce pas me rendre indigne de ce bien que de l'imaginer impossible? suis-ie le seul entre ceux qui ayment, gratifié de pareille faueur sans aucun merite? Pourquoy tiendray-ie

pour

pour trompeuse en ses paroles, celle qui me vient de rendre vn si clair témoignage de son affection lors qu'elle pensoit parler à vn autre? Si elle se fust sentie offensée de ma tromperie, elle auoit vn plus beau moyen de se vanger de moy dedans sa maison que dehors. De croire aussi qu'elle voulust enueloper son frere dans mon chastiement, ce seroit impieté; d'entrer en soupçon d'Hellade, ce me seroit vn crime impardonnable. Et quand bien la parole qu'elle m'a donnée seroit vn piege dressé pour me perdre, qu'elle plus grande gloire peut couronner la fin de ma vie, que d'estre la victime immolée à son courroux, & comme vn Cerf panthelant de rendre les derniers abois aux pieds de ma Diane? Ceste opinion fut bien-tost desmentie,

Lors que ie vis par la fenestre
  Le front d'Eufrasie paroistre,
    Qui comme vn Soleil radieux
  Les ombres dans le Ciel efface,
  Changeant la couleur de sa face
  En celle d'vn iour gracieux.

Tel que se fait entreuoir l'argent d'vn Croissant qui remplit son rond, parmy des nuages escartez ou qui sont poussez par le vent, tel me parut ce visage à trauers ces barreaux & ces ialousies. ha! disois-ie en moy-mesme, que n'ay-ie le pouuoir de ces anciennes Lamies, qui par la force de leurs charmes attiroient la Lune des Cieux ? Hellade nous ayant abbouchez se retira par discretion, (ô Amy & que ie te suis redeuable!) & s'estant mis assez loin en sentinelle, affin de surueiller à nostre asseurance, & nous donner auis si quelqu'vn passoit, ou s'il oyoit quelque bruict, nous laissa en ceste honneste liberté, qui ne peut estre improuuée que par vn esprit tout noir de melancholie. Bien que nous n'eussions rien à dire qui peust redouter l'oreille de la plus austere Vestale, neantmoins ceste passion naturellement encline au sens, se plaist à exprimer tout bas & en particulier des choses fort communes, par ce moyen-là les rendant rares & singulieres. Vn mot affectueux dit sourdement & à la desrobée, signifie merueilles, & est ainsi qu'vn peu de poudre à feu, qui resserrée produit de prodigieux effects. Tant de fatras de langage qui s'estalent és assemblées en la presence de

beau

beaucoup de témoins, n'ont ny gouſt, ny ſel, ny pointe, c'eſt vne mine euentée dont le jeu ſe perd. le feu le plus vif eſt celuy qui ſe treuue clos dedans vne fournaiſe. Apres pluſieurs complimens que ie luy fis, pour luy témoigner combien ceſte inſigne faueur me rendoit ſon redeuable, elle qui me vouloit faire paroiſtre la beauté & ſoupleſſe de ſon eſprit, en ſe reuanchant des tromperies par leſquelles ie l'auois troublée, me dit : Orant, affin que voſtre preſomption ne prenne aucun auantage de ceſte action, qui ſe iuſtifie aſſez par la preſence de mon frere, ſçachez que ie ne vous ay entretenu de belles eſperances à autre deſſein que pour vous tirer du danger où voſtre indiſcretion vous auoit engagé, preuoyant le malheur qui vous menaçoit, ſi vous euſſiez eſté deſcouuert par ceux qui ſupporteroient pluſtoſt vn monſtre dans leur maiſon que voſtre preſence. Si i'ay receu quelques vnes de vos lettres, comme ç'a eſté ſans mon conſentement, auſſi y ay-ie reſpondu contre mon deuoir, pluſtoſt pour ſatisfaire à l'importunité de mon frere qui m'oppreſſoit, que par le libre

mouue

mouuement de mon affection. Aussi ne me suis-ie renduë en ce lieu que pour satisfaire à ma parole, non à mon inclinatiõ, veu que vous ne pouuez reuocquer en doute que ceste rencontre ne me soit aussi peu honnorable qu'elle m'est beaucoup dangereuse. mais comme c'est la premiere, ce sera aussi la derniere fois. Et n'y suis-ie comparuë contre la bienseance, que pour vous auertir de vostre deuoir, & vous conseiller, si vous estes sage, de cesser vne poursuitte qui ne vous peut estre qu'inutile, & ce seroit peu d'estre inutile, si encore elle ne vous estoit perilleuse. Et puisque vous ne deuez vous promettre de moy que ceste bienueillance que mon honneur & vostre vertu vous doiuent faire esperer, iugez si le procedé de ces entreueües est vertueux & honnorable, & si ce que ie dois au soin de ma reputation le peut souffrir. Ce n'est point que ie reuocque en doute la verité de vos protestations en l'offre que vous me faites de vostre seruice; vous m'en auez rendu de si obligeãtes preuues és personnes de ceux-là mesmes qui vous haïssẽt, & desquels ie despens, que si ie ne veux me rendre complice

plice de leur ingratitude, ie ne puis que ie ne les reconnoisse, & que ie ne plaigne le tourment que vous dites souffrir pour ce peu de beauté que vous remarquez en moy. Ie veux croire que vous m'aimez, & que c'est auecque toute l'honnesteté qui se peut desirer, & qui se doit attendre d'vn Gentilhomme de vostre naissance & de vostre merite. aussi ne vous seruiroit-il de rien de m'aimer d'autre façon, sinon d'accroistre vostre supplice sans espoir de remede. Si cela est, vous ne deuez attendre de moy que ce que ie puis, & ie ne puis que ce que ie dois, & ie dois comme fille bien née l'obeyssance aux miens, dont la volonté n'est pas seulement la regle de la mienne, mais la seule inclination le niueau de mes desirs. Ce que ie puis faire contre eux sans les offenser, est de n'estre point partisane de leur haine, parce que Dieu le deffend, c'est de vous porter vne commune & Chrestienne bienueillance, comme Dieu l'ordonne; mais de vous aimer, s'ils ne vous aiment, & de mettre en vous mon affection, s'ils ne le permettent, iugez si c'est vne chose qui puisse compatir auecque mon deuoir, & si vous souffririez

que

que vostre Sœur s'escartast de vos volontez en vn sujet de telle importance. Iusques à present ie ne suis coulpable d'autre offense, que d'auoir permis ce que ie ne pouuois empescher, battuë en mesme temps comme vne nauire sur la mer de deux vents contraires. Autant qu'Hellade me pressoit & me poussoit vers vostre amitié, autant m'en retiroient mon Pere, mon aisné & ma Sœur, iugez si vn Cadet doit emporter la balance sur ces trois autres. Encore ne pense-ie pas auoir peu faict retenuë par ma propre modestie, de n'auertir point ceux-là du tort que leur procuroit celuy-cy, sollicitant mes affections pour les rendre vostres contre leur volonté. vos deux deguisemens m'ont mise en de telles agonies, que vous en voyant eschapé contre toute apparence, ie me suis resoluë de n'attirer plus sur ma teste le courroux du Ciel par la conniuence de vostre crime. Et ie vous conjure par la mesme Amour que vous dites, & que ie croy que vous me portez, de vous en deporter, ou si vous ne pouuez, de m'aimer honnorablement, c'est à dire, selon l'obeyssance que ie dois à celuy qui m'a

Tome 1. F f

mise au monde. Si vous ne pouuez obtenir cela de vous-mesme, ie vous prie de ne treuuer point mauuais, si pour obeyr à la loy de Dieu qui nous enjoint l'honneur & la soumission à nos Peres, ie suis portée à satisfaire à la plus iuste obligation qui soit entre les hommes. Mais ie veux auoir meilleure estime de vostre grand courage, & croire que celuy qui regarde la mort auec vn tel mespris, souffrira constamment & aisément la priuation d'vne personne qui ne luy peut estre acquise. Ie conjure tous ceux qui sont capables d'aimer, de penser auecque quelles oreilles, ou plustost auec quel creuecœur ie deusse ouyr vne telle & si longue harangue, prononcée d'vn air & d'vn accent qui témoignoient vn sentiment si vray, sur le point d'vne faueur si aprement poursuiuie, & obtenuë par tant de violentes importunitez. I'acheuay presque de viure à mesme temps qu'elle eut finy. ce peu qui me resta de souffle, ne fut que pour prononcer ces tristes paroles. Ha! barbare, est-il possible qu'apres tant de méteurs espoirs que tu m'auois faict conceuoir de ta pitié, tu me traittes à ceste heure si cruellemét.

est-ce

Est-ce la reconnoissance de tant de sou-spirs poussez, de tant de larmes respan-duës à ton occasion, de tant de hazards où ie me suis exposé, de tant de playes que ie ressens en l'Ame, & de tant de pas-sions que ie souffre encore? Ne te valloit-il pas bien mieux me laisser mourir glo-rieusement entre les mains de mes enne-mis, lors que i'estois tout disposé à rece-uoir leurs attaintes, que de me reseruer à des tourmens, d'autant plus cruels qu'ils me viendront de ta main par l'execution de la mienne? C'eust esté vne espece de douceur de me laisser mourir à la chaude & promptement, mais tu as voulu que ce fust de sang froid, pour me rendre la mort plus sensible. ta cruauté n'eust pas esté as-souuie, si auecque ma vie tu n'eusses pro-longé mon affliction. Et puis se couurir d'vn sac moüillé, & qualifier vn homi-cide du nom d'obeyssance à la loy de Dieu qui le deffend, & mettre le voyle de Religion sur ta felonnie, n'est-ce pas vne hypocrisie trop visible, & qui ne peut euiter le blasme des hommes, & le chastiment du Ciel? Orant, reprit-elle, ie ne veux vous dire qu'vn mot, apres lequel il n'en faut esperer aucun autre, car il tranchera comme vn rasoir, & vous touchant entre le vif & le mort, il guerira si vous y voulez appliquer le feu d'vne ferme resolution, tous les vlceres de vostre Ame. C'est à tort que vous m'accusez d'ingratitude, d'hypocrisie & de cruauté, puisque ie n'vse enuers vous de feinte, de mesconnoissance, ny de rigueur. est-ce feindre que de dire simplement la verité? estre ingrate que de reconoistre ingenuëment les obligations que ie vous ay, protestant que si ie ne reçois vos seruices, ce n'est point tãt pour ignorer vostre merite, que par l'obstacle d'vne premiere obligation qui m'empesche de satisfaire à celles que ie vous ay? Quand à la cruauté qui ne souilla iamais la suauité de mes mœurs, c'est encore auecque moins de raison que vous m'en taxez, puisque ie ne sçaurois auoir pitié de vous en admettant vostre honneste recherche sans estre cruelle à moy-mesme, & m'exposer à la fureur des miens, qui me mettroient en mille pieces, s'ils venoient à s'apperceuoir que nous eussions quelque intelligence. Ie ne suis donc pas si aueugle, ny si mal née, que

ie

LIVRE VII.   453

ie ne voye & ne sçache ce que ie dois à vos seruices; mais aussi ie vous represente ce qui m'empesche de vous receuoir pour Amant. Et pour vous faire voir à l'œil que vous perdez la gloire de vos bien-faicts par la recompense que vous en pretendez, y a t'il quelque apparence de raison & de iustice, que pour auoir espargné le sang de mon Pere & de mon frere, & leur auoir sauué les biens & l'honneur, vous me puissiez contraindre à desobeyr à l'vn, & à desobliger l'autre? Pensez-vous que ie peusse iustifier l'offense que ie leur ferois, & contre mon deuoir, par les faueurs que vous leur auez faittes, que non seulement ils ne reconoissent pas pour bien-faicts, mais qu'ils tiennēt pour des affrōts & des disgraces? puis-ie me reuolter contre eux, & les forcer à vous vouloir du bien, parce que ie vous honnore? Faudra-t'il accommoder la regle à la pierre, ou la pierre à la regle, & que ma volonté & mon opinion preualent les leurs? pour ne vous estre pas contraire, quelle loy non me commande, mais me permet de leur estre rebelle? Contentez-vous de cecy, & voicy ma grande parole, que le Ciel m'est témoin que ie n'ay pas moins de peine à vous imposer ce ioug du renuoy, que vous à le souffrir, & que la mesme douleur que vous endurez pour ne pouuoir obtenir de moy que ie vous tienne pour mon Amant, ie la ressens pour ne pouuoir estre aussi licitemét vostre Amante que vostre Seruante. Auecque ceste derniere parole sans attendre ma replique, elle se retira vn pas dans les ombres de la chambre, pour voir sans estre veüe, quelle contenance ie tiendrois. en quoy elle ressembloit à ceste Galathée du Poëte, qui apres auoir ietté des pommes, se couloit dans le taillis apres s'estre laissé entreuoir. Bien que la Lune fust claire & le Ciel serain, si est-ce que ie ne pouuois rien voir au dedans de la ialousie qui estoit esleuée au premier estage, encore qu'elle vist aussi distinctement en la ruë que s'il eust esté iour. Ayant perdu de veüe ma belle Ourse, il ne me restoit plus qu'à me resoudre au naufrage, apres auoir inuoqué à mon secours la deité des Amás qui est la mort. Ie fis trois ou quatre tours deuant ceste fenestre auecque des demarches esgarées, roulant les yeux en la teste, & faisant fant des geftes auecque les bras & les mains comme vn maniacle, ie tremblois non pas de frayeur, mais de fureur, comme vn homme que la rage & le defefpoir vont precipiter à la mort. mille confufes penfées, mille difcours imaginaires pafferent dans mon efprit,& de l'abondance du fentiment qui me preffoit, nafquirent ces paroles forcenées d'vn ton haut & faroufche,fans confideration du temps ny du lieu où i'eftois. Ha! fille ingrate, & moy infenfé d'auoir crû que la terre en porte d'autres que de mefconnoiffantes. Et bien Eufrafie,i'euiteray par vne prompte mort ta longue tyrannie, au moins fi ta cruauté ne s'eftend encore apres le trefpas;vn mefme coup m'exemptant de ta feruitude, t'oftera l'importunité de ma veüe, mais non pas l'horreur de mon ombre qui te fuiura en tous lieux, en te reprochant d'auoir efté caufe d'vn accidēt tragique, auquel ie n'auray prefté que la main. Mais à qui parle-ie? à des murailles qui n'ont point d'oreilles pour entendre mes plaintes. Cieux dont les yeux font ouuerts de toutes parts fur mes miferes, & toy Lune qui fous le manteau de ce nuage qui passe, contemples les secrets de la nuict, iugez entre moy & ceste ingrate, & dites-moy quelle doit estre ceste Ame qui ne se laisse point toucher à mon amitié. Mais i'espere que si l'Amour n'y peut auoir d'accez, que la pitié du malheureux estat où elle me va reduire, fendra ceste roche, & fondra ceste glace, & logera les plaintes en la place de la bienueillance. Il me semble que ie la voy desia (satisfaction tardiue & infructueuse) sur mon corps priué de son Ame dire d'vn accent plaintif, qu'elle meurt du regret de m'auoir reduit à ceste extremité. Mais les paroles sont superfluës quand il se faut exprimer auec les effects, il faut par vne belle playe finir mes douleurs & mes malheurs auecque ma vie. Tout ce qui me fasche en ceste derniere periode, est de mourir d'vne mort obscure, sans auoir le contentement de luy faire voir en mourant le sacrifice que ie luy fay de moy-mesme. Mais lasche qu'elle est non moins que cruelle, il luy suffit de me precipiter sans auoir le courage de voir ma cheute. Mon Astre voy ton Icare que tu as confondu, qui va faire son tombeau dans

dans la mer de son sang. Ie dis cecy d'vne voix haute, quoy que tremblante, en mettant la main à mon espée, dont elle n'eust pas plustost veu l'acier luisant au clair de la Lune, qu'ouurant la ialousie, & me monstrant son visage plus à plein qu'elle n'auoit faict, d'vn ton de voix plus fort & plus aigu que le temps & le lieu ne sembloit permettre, Cheualier, me cria-t'elle, si i'ay quelque empire sur vos volontez, ie vous commande d'arrester vn coup si funeste iusques à ce que ie vous aye desabusé. Le soldat Spartain prest de tuer son ennemy en vne bataille, demeura le bras leué aussi-tost qu'il ouyt sonner la retraitte, disant qu'il valloit mieux estre obeyssant que valeureux. ie fis le mesme, & bien m'en prit : car mon obeyssance fut bien plus vtile & à mon corps & à mon Ame, que n'eust esté le sacrifice abominable que i'allois faire au desespoir. Et certes Eufrasie ne se trompa point, car elle iugea bien à mes discours, & à ma façon determinée, que ie n'estois pas homme à imiter ces gẽs de Theatre, qui faisans semblant de tomber sur la pointe d'vne hazegaye, se laissẽt cheoir à costé, & cõtrefont les morts. A ce cry de sa Sœur, & au bruit de ma voix plus fort que ne pouuoient souffrir les loix d'vn entretien tel que deuoit estre le nostre, accourt Hellade, qui me treuuant l'espée à la main crût que ie fusse attaqué par quelque passant, ou par quelque voleur de nuict. Où est, me dit-il, celuy qui t'attacque? Le voilà, luy dis-ie mon frere, luy ouurant mon estomac, perce le de part en part, il ne sçauroit perir d'vne mort plus desirable que par vne telle main que la tienne, & deuãt les yeux de ta Sœur, sois ie t'en prie l'executeur de son cruel arrest. Alors Eufrasie nous coniurant de parler plus bas, de peur que nous ne fussiõs descouuerts, raconta de point en point à son frere ce qu'elle m'auoit dit pour essayer la constance de mon Amitié, plustost que par vn sentiment veritable. Et comme son frere la reprenoit, comme ayant esté presque cause par son imprudence de faire naistre vn accident funeste; comment, reprit-t'elle, par deux fois il m'a mis pour mesme suiet en des agonies mortelles, & ne me sera-t'il pas permis au moins vne fois de luy dresser vn pareil stratageme?

La

La mer ne s'accoife pas auffi-toft que les vents font retirez en leurs cauernes, elle eft quelque temps à fe raffeoir de fon émotion. Les menteurs, dit vn Ancien, acquierent cela par leurs bayes, de decrediter vne verité lors qu'ils l'auancent ferieufement. Ce qu'elle difoit alors en la prefence d'Hellade, m'eftoit plus fufpect, & moins croyable que ce qu'elle m'auoit dit auparauant de fang froid & d'vn mouuement libre & raffis. Son accent tremblant & mal affeuré fauorifoit ma doute, & la premiere creance qui s'empara de mon efprit en ce foudain changement, fut que feulement pour me retirer de la mort elle changeoit de notte, que ce feroit toufiours à recommencer, & qu'il valloit mieux paffer le guichet & franchir le faut, puifque i'en eftois fi proche, de forte que prenant le tout par le reuers, ie pris de la gauche ce qu'il falloit receuoir de la droitte, & au rebours, tenant pour verité ce qu'elle auoit dit par tromperie, & pour fineffe ce qu'elle difoit auecque fincerité. Plus elle affirmoit & proteftoit, moins ie la croyois, fçachant que la maxime de Lyfandre eft affez

com-

communement pratiquée, de tromper les hommes auecque des sermens, & les enfans auecque des osselets. Et si Hellade ne se fust mis à l'outrager, & n'eust esté caution de tout, ie ne me fusse iamais resolu à la conseruation de ma vie. Comme nous en estions sur ces contestations,

Et que ie commençois à rasseurer mon Ame,
Las! trop soudainement la iournaliere flamme
De l'Aube, ces doux lieux me fit abandonner,
Tellement que l'Aurore à mes desirs contraire,
Exerçant à rebours son office ordinaire,
Escarta le Soleil au lieu de l'amener.

Ouy, car en attirant apres soy celuy qui n'esclaire que les corps, elle fit disparoistre celuy de mon Ame; & Hellade sur la parole qu'il me donna d'appaiser tout ce tumulte, & de me procurer vne autre entreueuë, en laquelle ie recueillirois toute sorte d'honnorable satisfaction, me contraignit de me retirer. Il estoit si accablé de lassitude & de sommeil, qu'il n'en pouuoit plus. Le lendemain le midy seruit de Soleil leuant à ceux qui auoit veillé la nuict precedente. Pour moy qui auois oublié le repos, trauaillé de tant de diuerses inquietudes, repliant mon souuenir sur

ce

ce qui s'eſtoit paſſé, ie me treuuois ſemblable à vn criminel, qui à la veille de receuoir vne grace eſperée auec apparence, demandée auec humilité, ſouhaittée auec ardeur, attenduë auec impatience, ſe void condamné au ſupplice; & encore à celuy qui preſt d'endurer le coup de la mort, lors qu'il applique à ſes maux le dernier remede, qui eſt celuy de n'en eſperer point, lors qu'il ne penſe qu'à franchir ce paſſage auec vne belle reſolution, oit inopinément proclamer ſa grace. La fortune ſe ioüoit ainſi de moy, tantoſt eſleuant ſur les flots d'vne vaine eſperance le vaiſſeau de mes pretenſions, tantoſt l'abyſmant dans les ondes. ſi bien que ie reſſemblois à ces coquilles qui ſont ſur le riuage de la mer, tantoſt pouſſées ſur la greue, tantoſt renglouties par les meſmes vagues qui les auoient auparauant vomies. En ces perplexitez imaginez-vous ſi ie pouuois dormir. tantoſt ie m'aſſeurois ſur la foy d'Hellade qui ne m'auoit iamais manqué, tantoſt le voyant plege d'vne fille, ie diſois en moy-meſme, ô la bonne caution d'vn mauuais payeur! mais le malheur veut qu'il ne me peut

pas

pas payer en mesme monnoye, si le debteur faict banqueroute à sa foy par sa malice, & se rend insoluable par sa mauuaise fortune. S'il n'eust apporté vn prompt remede à mes anxietez, i'estois pour retomber en mes premieres frenaisies, & pour changer en Histoire la fable d'Oreste le furieux. Il sçauoit mon humeur, & ainsi à qui il auoit affaire, de sorte que pour ne me laisser long temps dans l'erreur où i'estois encore embroüillé, il fit toutes les diligences possibles pour me faire parler à Eufrasie. ce qui luy fut bien difficile, parce que ce Dragon de Berille veilloit sur elle ; & en estoit empressée comme vne poule qui de toute sa couuée ne se void qu'vn poussin de reste. Il surueilla neantmoins auecque tant d'actiuité ceste Surueillante, qu'ayant treuué moyen de l'escarter pour quelques heures, il vint aussi-tost m'en donner auis, apres auoir coniuré sa Sœur de ne me laisser plus languir dans l'incertitude où i'estois de son affection, & de me tirer tout à faict hors de peine. Car quelque asseurance qu'il m'en eust donnée, & quelques lettres qu'elle m'escriuist pleines

nes de protestations de fidelité, il ny auoit moyen que ie me peusse resoudre, ny ayāt que sa parolle, qui m'auoit plongé dans ce labyrinthe, qui m'en peust tirer, & me donner vne entiere confiance. Nous-nous rendismes à la petite ruë, & elle à la fenestre. Et là apres beaucoup de plaintes & de querelles de part & d'autre, qui toutes furent appointées sur le champ par Hellade present à toutes ces contestations, de peur que d'vne parole à autre nous ne vinssions d'Arragon en Castille, & de ces castilles que ie ne tombasse en des folies Portugaises: en fin nous essayasmes de treuuer vne resolution. Et bien que ie treuue qu'il soit aussi malaisé de donner vne conclusion aux discours des Amans, que de rencontrer la pierre philosophale que les Spagyriques recherchent par tant d'inutiles trauaux, ie m'efforçay de l'arracher par ce discours. Incomparable Eufrasie, si apres tant de souffrances, & m'estre monstré le plus fidele de tous ceux qui font profession d'aymer, il falloit que i'esprouuasse de l'inconstance ou de l'ingratitude en vostre courage, que ie n'ay iamais iugé susceptible de ces
deffauts,

deffauts, & que pour vous auoir religieusement honnoré, ie souffrisse le traittement que ie pourrois meriter si ie vous auois desobligé, ne vous semble-t'il pas que n'estant plus le temps de viure pour moy, qui ne respire que par l'air de vostre grace, il seroit celuy de mourir? Ce n'est pas que ie voulusse disputer auecque vous sur la iustice ou iniustice de ma condamnation, puisque mon Amour me commandant de mettre vostre volonté en la place de la raison & de la loy, ie serois obligé de croire contre mon propre sentiment que vostre cruauté mesme seroit equitable. Mais si vous ne prenez mes seruices pour des outrages, ie vous supplie de me faire sçauoir en la presence de ce commun frere fidele témoin de toutes mes actions, qu'elle faute i'ay commise pour meriter ce funeste renuoy, qui m'enfonça l'autre iour si auant dans le desespoir, que ie ne sçay de quelle façon ie me tireray de cet abysme; au moins que ie ne sois pas de pire condition que les criminels, à qui l'on manifeste la cause de leur supplice auant qu'on les y traine. Que si ie vous parle de mes souffrances &

de

de mes feruices, ce n'eſt pas pour vous donner de la peine par la communication de celles-là, en fuitte de la contagion ſi naturelle à tous les maux, & moins pour vous reprocher ceux-cy, ſçachant qu'vne once de reproche contrepeſe cent liures de biens-faicts; mais ſeulement pour vous faire paroiſtre que vous honnorer & vous cherir, n'eſt pas vous offenſer. C'eſt à vous de les reconnoiſtre comme il vous plaira; de moy, ie feray touſiours en ceſte creance, que ie ne pouuois addreſſer mes vœux à vn fuiet plus digne de mes flammes. Tant s'en faut que ie me plaigne iamais du temps que i'y ay employé, ny des hazards que i'ay couru, puiſqu'en cela les effects ont ſuiuy mes intentions, qui toutes comme à leur but ne tendoient qu'à vous rendre l'honneur dont ie vous ſuis redeuable. Il eſt vray qu'en tout cela ie n'ay faict que mon deuoir, auſſi ne penſe-ie pas y auoir manqué. Et il faut que l'humeur la plus feuere auoüe que ce n'eſt pas encore peu de rendre tout ce qu'on doit à vne perſonne à qui l'on doit tout. Apres cela s'il faut qu'auec les eternelles affections que dans vos lettres vous m'auez tant de fois & si solemnellement promises, ie perde la plus chere felicité que i'esperois en ce monde, ne pouuant suruiure à ceste perte, ie vous laisseray ce souuenir du miserable Orant, qu'il n'est point marry de perir pour vn suiet de tant de merite, mais bien aise de n'auoir point merité vn si rude chastiment. Si mon infortune vous satisfait, ce me sera vne consolation en mon dernier malheur, de croire qu'il vous apporte du contentement. Au moins si vous m'ostez le moyen de viure à vous, qui est mon plus ardant desir, il n'est pas en vostre puissance, ny d'homme du monde, de m'empescher de mourir pour vous; car bien que les glaiues me manqueroient, ie sçay que le regret & le déplaisir seront assez suffisans pour me rédre ce pitoyable office. Si pour ce suiet il me faut descendre dans le cercueil tout viuant, on ne m'entendra point plaindre de vous, mais de mon desastre, qui m'aura rendu vostre pitié sourde, & changé la douceur de vostre naturel, sans pouuoir changer mon affection, qui ne sera iamais tributaire de l'inconstance. Que dis-ie? i'espere faire aller mon courage

rage iufqu'à ce point, de remercier ma mauuaife fortune de ce que me referuant à des malheurs fi cruels, elle ordonne qu'ils me viennent de voftre part; de voftre part, belle Eufrafie, dont i'aimeray la rigueur mefme en mon dernier foufpir, & dont le defdain, fuft-ce aux traicts de la mort, me fera toufiours venerable. trop heureux fi feulement ie puis en expirant tirer ce témoignage de voftre bouche, que fi i'euffe efté moins fidele, i'euffe efté plus heureux. Cefte longue harangue acheuée contre mon opinion, qui m'oftoit l'efpoir de l'acheuer ou d'en fortir à mon auantage, fi le frere & la Sœur comme ils me confefferent depuis n'euffent pris vn fingulier plaifir à m'ouyr ainfi plaindre, leur impatience ne m'euft pas permis de la mener iufques au bout. Elle fut fuiuie d'vne agreable rencontre, apres qu'Eufrafie m'euft refpondu de la façon. Il eft vray cher Orant, que ie vous ay promis de n'eftre iamais capable d'ingratitude, & i'auoüe que i'aurois fauffé ma promeffe, & manqué à ma parole fi i'auois dit ferieufement ce que ie n'ay dit que par ioyeufeté, & en partie pour vous rendre le change de vos amiables tromperies, en partie pour penetrer dans vos intentions. Cependant vous auez pris cela au pied leué & à la lettre, dequoy il faut que ie vous defabufe, en vous demandant pardon de cefte rude attainte que voftre cœur en a reffentie. Croiez-moy, ie n'ay pas eu moins de déplaifir de vous auoir inconfiderement plongé en cefte peine, que vous à la fouffrir. Cela me rendra plus auifée à l'auenir, & vous plus affeuré de mon affection. Et puis que mon frere non feulement me le permet, mais m'y porte, mes iuftes defirs me le commandent, & vos feruices m'y obligent, ie vous confirme de bouche en fa prefence la proteftation que ie vous ay faitte par mes efcrits, de n'admettre iamais d'affection en mon Ame que pour vous, felon que les loix de l'honnefteté & de la modeftie me prefcriuent. A mefme temps qu'elle eut acheué ces mots, ce fut vn plaifir de nous voir à tous trois produire vn mefme effect pour diuerfes caufes, les larmes coulerent de nos yeux, & arroferent nos vifages; Eufrafie pleurāt de pitié, Hellade de ioye, & moy d'Amour. Nous faifions

comme

cõme ces archers, qui par des routes differentes tirent à mesme but. ie me preparois à benir les maux que i'auois soufferts pour vn si grand bien, & à chercher des termes pour exprimer le contentement qui me transportoit, & les remercimens que ie luy deuois faire, ma voix fut arrestée dans ma bouche par l'auertissement qu'Eufrasie nous donna, que l'on frappoit à la porte de sa chambre, & que sans doute c'estoit sa Gouuernante qui se vouloit retirer. Les vieilles gens vont ordinairement marmottans ie ne sçay quel grimoine qui ressemble à des coniurations. ô si i'eusse peu cõiurer ceste vieille, & la transformer en roc comme Niobé, ou en statuë de sel, affin de la rendre immobile pour vn temps, que ie l'eusse faict tresvolontiers. Mais il falloit qu'elle vinst verser toute ma ioye dés son berceau à la tombe, & qu'elle m'ostast le iour qui ne faisoit que poindre pour moy. En ce monde nous ne goustons aucune pure ny entiere felicité, le vin y est meslé d'eau, l'or d'escume, les plaisirs y sont accompagnez d'ennuy, le bon-heur n'est iamais pleinement indulgent, les plus grandes prosperitez ont tousiours des pointes de disgrace, & les iours les plus serains sont subiects aux orages & aux tourbillons. Il se fallut retirer auec autant de regret que ie venois de gouster de delices ; peut-estre fut-ce mon bien : car que sçay-ie si

La mort se reseruoit à l'exces de ma ioye.
Les histoires fideles registres des diuers euenemens, nous representent des morts soudaines arriuées par des liesses inesperées, aussi bien que par des excessiues, témoins ces meres Romaines que l'allegresse tua, lors qu'elles virent contre leur attente leurs enfans parmy les triomfes, qu'on leur auoit rapporté estre morts à la bataille. Hellade moderateur de mes passions, & le conseruateur de ma raison & de ma vie, me dit que ie deuois estre content pour ceste fois-là de m'estre desabusé, & prendre desormais toute confiance en la parolle de sa Sœur, & aux rapports qu'il me feroit de sa part. Content, luy dis-ie, mon Hellade, ie le suis par delà tout ce qui se peut imaginer, de maniere que ie ressemble à ces vases dont l'emboucheure est estroitte, qui pleins de liqueur ne la peuuent rendre, la mesme cause qui

qui les remplit empeschant leur descharge. Ah! c'est par toy que ie reçois tous ces biens, car outre que tu m'as procuré la bonne volonté de celle qui me donne la vie, luy faisant par tes persuasions treuuer en moy des merites qui n'y sont point, outre que tu luy as donné le courage de passer sur tant de considerations, qui sembloient autant d'obstacles inuincibles qui s'opposoient à l'vnion de nos affections, c'est encore par ton moyen, que ces nuages qui me troubloient ont esté dissipez, & que ie reçoy ces asseurances de sa fidelité & de sa franchise, qui mettent tout à faict mon esprit à repos. Et puis ie douterois iamais de la verité de tes paroles! ô que le Ciel inuente de nouueaux supplices pour me tourmenter, si iamais ie tombe en vne si lasche pensée. Nous-nous separasmes de ceste façon, & ie me retiray comme ceux qui viennent d'vn grand banquet où ils ont pris tant de vin & de viande, qu'ils ont de la peine toute la nuict à digerer ces superfluitez, & à faire euaporer les fumées qui leur en montent au cerueau. Ne pouuant dormir emporté d'vn torrent de mille douces pensées, i'exprimay mes resueries par ce

MADRIGAL.

Reuenez mes tourmens,
Car l'exces des contentemens
Trouble si fort le repos de ma vie,
Que si encor vne autre fois
Ie gouste la douceur de sa charmante voix,
Il faut que mon Ame rauie
Laisse mon triste corps,
Comme vn tronc inutile
Au rang des morts.

L'imagination est comme vne bourse qui s'estend à mesure qu'elle s'ouure, & selon la maxime qui faict le mouuement principe de chaleur, elle s'excite en s'exerçant. ce qui me fit d'vne mesme Verûe produire cet

AVTRE.

Inconstante fortune,
Tu es comme la Lune,
Ton estre varie tousiours,
Et sans cesse importune,
Tu trauerses d'vn diuers cours
La suitte de mes iours.

Si tu m'es fauorable,
Tu me rends miserable,
Esgalement par la ioye & le dueil
Tu m'auoisines du cercueil.

Aussi à dire la verité, i'estois comme vn Tantale alteré dans les eaux, & ces menuës faueurs ne seruoient que comme l'eau des forgerons à m'embraser d'auantage. Ie ressemblois à l'hydropique,
Qui plus il va beuuant, plus il desire l'eau,
Laquelle peu à peu le conduit au tombeau.
Estrange maladie que celle de l'Amour, puisqu'elle fait chercher la guerison dans cela mesme qui en enuenime la playe. Diray-ie que ceste passion a ie ne sçay quelle faim canine, que l'on peut appeller insatiable ? Ie ne cessois d'importuner le pauure Hellade, affin qu'il me fit parler à sa Sœur, i'estois sans cesse comme vn mandiant à la porte de sa pitié. Quelquefois il me disoit que l'experience qu'il auoit eüe à Lerida de ce desir continuel d'estre en la presence de l'obiect aimé, luy faisoit auoir compassion de ma peine; & d'autant plus que mes pretensions estans honnorables & legitimes mon appetit soustenu

par la raison, deuoit estre plus violent. helas! me disoit-il, cher Amy, quelle difference entre ton procedé & le mien d'alors? en ce mauuais feu qui m'animoit, ou plustost qui deuoroit mon honneur auecque ma vie, i'allois sans front, sans honte, & sans crainte vers celle qui l'allumoit en mes veines, ie prenois non auec impunité seulement mais impudence, ce qui ne deuoit estre cueilly qu'en cachette & à la desrobée, peu soucieux de ma reputation, & point de ma conscience. Ces visites malheureuses, qui trainoient à leur suitte des œuures de tenebres, se faisoient en plein iour, sans rougir que le grand œil du monde fust temoin de mes crimes. Et toy qui es reuestu des armes de lumiere, qui chemines dans l'honnesteté, qui ne respires que pureté & que candeur, tu es contrainct de negocier parmy les tenebres, & de chercher la lumiere de tes yeux durant l'obscurité de la nuict, obscurité qui t'est plus agreable que la clarté du plus beau iour. Ie ne pouuois souffrir ces conferences qu'Hellade faisoit de mes affections presentes auecque les siennes passées, parce qu'il me sembloit

bloit que c'estoit comparer mon Eufrasie à vne vile Courtisanne, & ma constante & durable flamme à vne volage & passagere. Sur quoy ie luy repartis:Mon frere, ie te prie ne me ramenes plus ces odieuses comparaisons, si tu ne veux confronter vne Hermine, qui souffre plustost la mort que de se soüiller auecque des animaux qui ne viuent que dans les immondices. cela c'est opposer à la manne du desert les oignons,& les chairs de l'Egypte. Ie sçay, me repliqua-t'il,que les fins sont differentes, aussi ne souffrirois-ie pas en ma Sœur les licences que ie recherchois si soigneusement en celle où ie me perdois:mais encore me faut-il auoüer que par tout où il y a de l'Amour, & quelque bonne ou mauuaise que soit sa pretésion il y a tousiours de la folie.Et ce que ie treuue d'estrange, c'est que ceste iuste passiõ que tu souspires pour vn obiect vertueux, t'a faict cõmettre des extrauagances,& t'a plongé en des erreurs plus grandes que n'a iamais produict en moy ceste aueugle fureur qui me possedoit.Ie le croy biẽ luy disois-ie, puisque la facilité de l'acquisition emoussant l'effort du desir, rendoit vostre ardeur

beau

beaucoup plus lente, & la perte moins redoutable. Au lieu qu'en ce qui me touche, la difficulté anime mes souhaits, & l'apprehension de perdre vn si grand bien me martelle de telle façon, qu'entre l'espoir d'acquerir, & la crainte de la grace, il ne se peut que ie ne ressente des conuulsions & des tranchées d'esprit, qui ne peuuent estre qu'extremes si elles sont filles de leur cause. Ce qui me console, est qu'au moins ma folie est belle, & quoy qu'elle vous serue de suiet, tantost de pitié, tantost de risée, i'aime mieux que vous m'estimiez sans raison, que sans yeux pour ne voir tant de graces, & sans cœur pour ne les oser aimer ; & la qualité d'insensé m'est plus supportable que celle d'insensible.

Aussi sont-ce les yeux qu'Amour souloit porter,
Et qu'au front d'Eufrasie il fit luy mesme enter,
Quand les presens des Dieux la formerent si belle;
Car il eut tant d'espoir qu'employant leur vertu,
Il en restabliroit son empire abbatu,
Que pour regner par eux il s'aueugla pour elle.
C'est en eux qu'il fait lire aux plus rares esprits
Les mysteres cachez, qu'il desire estre appris
Par toute Ame fidele à ses loix asseruie,
En eux que les refus sont meslez aux desirs,
Les attraits au desdains, les peines aux plaisirs,

Et

Et l'espoir à la crainte,& la mort à la vie.

Faire des vers, estre Amoureux, & estre fol, repartoit Hellade, sont trois bestes de compagnie. Que ta folie soit belle tant que tu voudras, & semblable à celle de ce Timonides, qui se fascha contre ses amis qui l'en auoient faict guerir, elle est tousiours folie : & tout ainsi que c'est d'vn mesme cœur que nous aimons bien ou mal, aussi de quelque Amour que ce soit, bonne ou mauuaise, la folie prend sa naissance. C'est ce qui a faict peindre l'Amour auec vn bandeau, affin qu'il ne vist pas ses erreurs; tout nud, pour monstrer son inconsideration ; auec des aisles, pour marque de sa legereté; auec vn flambeau, pour témoignage de son ardeur; & enfant, pour faire entendre qu'il fait rentrer en enfance les plus iudicieux, & leur fait produire des actions qui ne peuuent estre iustifiées que par vne simplicité enfantine. Mon Amy, luy disois-ie, puisque tu as esté attaint de ce mal-là, tu dois prester vne main secourable à ceux qui en sont doucement affligez. Tu sçais, ce qui soit dit sans reproche, que i'ay faict pour te retirer de ton malheur, ie te prie de faire ce
qui

qui sera en ta puissance, pour me conduire au comble de mon honnorable felicité. Comme c'est, me repliquoit-t'il, ta priere ordinaire, c'est aussi mon plus ordinaire soucy; mais nous auons à combatre tant de monstres en ce labyrinthe, que comme si nous auions affaire à l'hydre, ie n'ay pas plustost mis vne teste à bas, qu'vne autre renaist, & vn empeschement osté, s'esleue vne autre obstacle. fust-ce Mercure auecque ses charmantes chansons, ie ne sçay s'il pourroit endormir tant d'yeux tout à la fois.

Moy de qui le chagrin & les fascheux ennuis
Changeoient les iours plus clairs en des obscu-
 res nuicts,

Ie ne refuois qu'à des stratagemes pour tromper nos suruei!lans, & sur tous ceste trop exacte Gouuernante. Entre vieille & veille il n'y a pas grande difference; aussi les vieilles gens veillent plus que les ieunes parce que le deffaut de l'humide radical leur oste le doux assoupissement du dormir. Combien eusse-ie, si i'eusse peu, versé de ius de pauots dans ses paupieres! ô vieille disois-ie en moy-mesme, ie croy que tu veilles par despit de te voir à la veille

veille du tombeau, qui est ton dernier lict, & qui t'attend pour y faire vn long sommeil. Et tout ainsi que les fiebureux en l'alteration de ceste bruslante soif qui les presse, ne songent qu'à des fontaines, aussi ne resuois-ie qu'apres la nuict mere de nos desirs, comme elle estoit le temps de mes esperances. Pour la coniurer de m'estre fauorable ie fis ces

STANCES DE LA NVICT.

Oubly de nos peines passées,
Charme de nos tristes pensées,
Repos des esprits & des corps,
Douce nuict sors viste de l'onde,
Voy le Sommeil qui dans le monde
Met les viuans au rang des morts.
Auance donc nuict que i'honnore,
Qui sers à mon Soleil d'Aurore,
Pren ton plus noir habillement;
Desia le Sommeil te deuance,
Et par tout vn muet silence
Annonce ton auenement,
Estends sur la terre tes voiles;
Que la Lune auec ses estoiles
Aille chercher Endymion,
Ie ne vœux point d'autre lumiere

Pour

Pour mà visite coustumiere,
Que celle de ma passion.
Que puisses-tu Deesse sombre,
Dedans l'espaisseur de ton ombre
Esteindre du Ciel les flambeaux,
Et quoy qu'ils te facent la guerre,
Dominer tousiours sur la terre,
Et n'aller iamais sous les eaux.

Encore que ie fusse fort redeuable à la bonne volonté d'Eufrasie, neantmoins i'en deuois la principale obligation à Hellade qui me l'auoit renduë si flexible, & sans luy quel moyen eusse-ie eu de l'abborder? Sans doute si l'ardeur de ma passion n'eust esté accompagnée du pouuoir de la manifester, ce qui estoit vne espece de souspirail à ma flamme, que me fust-il resté autre chose que le desespoir? A dire le vray, si l'amitié sincere consiste en vn mesme vouloir sans aucune contradiction, ie puis dire qu'en luy i'ay treuué l'Amy perfaict, parce que ie n'ay iamais rien desiré de son cœur & de son secours, que ie n'aye aussi-tost obtenu que ie l'ay demandé, pourueu que la raison & l'honneur fussent les regles de ma demande.

CLEO

CLEORESTE.

LIVRE HVICTIESME.

OSTRE obstacle, non pas le plus pressant, (car c'estoit l'inimitié de Nisard) mais le plus present cõsistoit en ceste Gouuernante. Encore qu'elle fust femme & vieille, c'est à dire, doublement fine, nostre subtilité neantmoins encherit sur ses finesses, & nos artifices surmonterent ses precautions. Nous commençasmes par les plus grossiers, Hellade subrogeant à certains remedes qu'elle prenoit pour reparer la foiblesse de son estomac, du ius de pauots, & des potions endormantes. vne fois entre les autres faisant semblant de luy faire odorer vne boëtte d'yuoire faitte en pomme de senteur, il auoit faict mesler auecque du parfum de l'essence de Mandragore, qui l'assoupit telle-

ment que de toute la nuict elle ne remua point, & n'eust pas entendu le tonnerre quand le Ciel se fust mis en éclats. Durant ce temps-là Eufrasie qui estoit en vne perpetuelle deffiance de la force de la drogue, me parla de la fenestre en la ruë en la presence de son frere, qui m'estoit venu auertir de ce stratageme. Les entretiens des Amans ne sont que de leurs reciproques flammes, tout autre discours leur est déplaisant; & comme le feu appete tousiours du bois pour se nourrir, celuy de la bienueillance faict son aliment des protestations de seruice & d'affection. Apres que ie l'eu asseuré de l'inuiolable & immuable fidelité de mon Ame; Sçachez, me dit-elle, que mes paroles & les promesses de mon amitié sont autant de veritez tellement infaillibles, que ie les soustiendray iusqu'au dernier iour de ma vie, asseurée que ie suis de la correspondance de la vostre. Mais helas! cher Orant, que dites-vous de la cruauté de nostre Sort si contraire à nos iustes & saintes pretensions, qu'encore que nous soyōs égaux en naisance & en inclinatiōs, il semble neantmoins impossible que le

nœud

nœud sacré du Mariage, qui est le terme de l'honneste Amour, nous lie iamais ensemble, à cause des oppositions indubitables qui naistront de la diuision & contrarieté de nos familles ? Que malheureux fut l'aspect des Astres de nos natiuitez, que funestes ces constellations qui nous ont obligé à vne mutuelle bienueillance dans les brouïlleries & le discord de ceux de qui nous dependons. Mon plus sensible déplaisir est de voir qu'estant vnique ainsi que vous estes, & aheurté à me desirer, si vous-vous opiniastrez à cela, c'est vouloir vaincre l'impossible, & ainsi s'esteindra vostre race, & le lustre de vostre maison auecque vos biens passera en vne main estrangere. Car pour moy outre la condition de mon sexe, i'ay desia vne Sœur mariée & deux de mes freres, à qui il touche de pousser nostre nom dãs la suitte de l'âge par vne heureuse posterité. Ne vaudroit-il donc pas mieux, puisque mon malheur m'oste l'espoir de vous espouser, que ie vous visse content en la possession d'vne autre, que de vous voir sans cesse souspirer vn mal sans remede, & dans les souffrances d'vne inconsolable douleur? Tout ce que ie vous puis promettre pour reconnoissance de vostre honneste amitié, est que iamais autre que vous n'occupera la place que vous auez gagnée en mon Ame, & que si ce n'est vous, autre qu'vn Cloistre ne possedera mon corps auant le tombeau. Elle accompagna ce tendre discours d'vne si grande abondance de larmes qu'il en tomba quelques-vnes sur mon visage, qui comme si elles eussent esté d'eau ardante me mirent tout en feu. mon cœur qui n'estoit pas de pierre en fut non pas creusé simplement, mais trauersé de part en part. si bien que touché au plus vif de mon Ame, ma passion luy respondit ainsi. Amiable Eufrasie, si nous auons à nous plaindre de la fortune presente, nous deuons bien esperer de celle qui est à venir, parce qu'estant naturellement inconstante, parmy ses disgraces il faut attendre vn meilleur visage, & il faut craindre ses reuers lors qu'elle nous rit. Il faut releuer son courage contre les difficultez, & rendre la Vertu triomphante du malheur. Le Ciel propice aux saines intentions & aux saintes affections, ne nous refusera point

point son aide; car c'est son ordinaire d'apporter vn secours inopiné aux plus pressantes afflictions. Il ne faut point se rendre malheureux deuant le temps, mais ietter sa confiance en la prouidence de celuy dont les yeux veillent sur les iustes, & ne regardent que l'equité & la droiture. M'estimeriez-vous bien si lasche que ie voulusse honteusement me laisser vaincre en amitié par vne fille, & que vous viuante ie peusse ietter les yeux autre part, & vous morte demeurer en la vie ? ha! ne me faittes point ce tort de me prier d'vne chose si outrageuse à ma fidelité; la conseruation de ma maison ne me sera iamais rien au prix de celle de ma foy. ie perdrois mille maisons & mille vies plustost que d'y manquer d'vn seul point. Ie vous reiure donc par ces mesmes desirs que nous respirons ensemble, & par ce pouuoir absolu qui vous rend Souueraine en mes volontez, que iamais autre Idée que la vostre n'occupera les affections de mon Ame. Toute ma vie est voüée à vostre seruice, & ie l'estimeray bien employée si ie la perds en ceste resolution. Quelques obstacles qu'apportét les noſtres pour empeſcher l'accompliſſement de nos vœux, noſtre foy nous doit ſeruir de bouclier & d'eſpée pour parer à leurs coups, & pour vaincre leurs violences. Ny eux, ny pas vous-meſme quand vous changeriez de volonté pour moy, ne ſçauriez empeſcher que ie ne demeure dans mes liens. Le Ciel qui a faict ceſte grace aux creatures raiſonnables de leur donner des volontez libres & franches de ſuiettion, non ſeulement ne les violente point, mais les deliure de toute oppreſſion, ſe declarant ennemy de ceux qui les contraignent. Iugez donc ſi c'eſt à nous de deſeſperer de noſtre bonne fortune, puiſque nous auons le Ciel de noſtre coſté, contre lequel c'eſt en vain que s'eſleuent toutes les puiſſances de la Terre. Non non, chere Ame, le bon-heur ou le malheur de noſtre vie ne depend pas de la volonté des hommes, mais de celuy-là ſeul qui gouuerne l'Vniuers, & qui tient en ſes mains les deſtinées de tous les humains. Si nous eſperons en luy de bonne façon, nous ne ſerons point confondus en noſtre attente, par ſa Iuſtice & ſon pouuoir il nous deliurera de ſeruitude, & nous

nous tirera du ioug de nos contrarians. Ces paroles redoublerent en vn inftant l'ardeur & la force d'Eufrafie, (effects ordinaires de l'Amour & du defir) & puis elle me refpondit fufpenduë entre l'efperance & la crainte;Les maux qui me peuuent arriuer fi cefte entreprife vient à eftre defcouuerte, me font peu confiderables à comparaifon des grands dangers qui vous menaceront, & que vous pourrez encourir. A quoy ie repartis: Voftre peur en me témoignant voftre Amour me defcouure auffi la fragilité de voftre fexe. helas! ie ne redoute en tous ces hazards que vous imaginez que voftre propre infirmité, ie ne puis eftre furmonté que par là, de tout autre cofté ie fuis inuulnerable & inuincible. Mais i'efpere tant au fecours du Ciel & de mon cher Hellade, que s'il empefche au dedans de voftre maifon que vous ne puiffiez eftre violentée en voftre volonté, il m'auertira des fupercheries & des embufches qui me pourroiết eftre dreffées au dehors;car fans la trahifon i'ay dequoy difputer ma vie, & dequoy ietter la moitié de la peur, & peut-eftre tout le peril vers celuy qui l'attacquera. l'Amant qui cōbat pour son Amour ne peut iamais perir, il porte Cesar & sa fortune. Hellade qui prenoit plaisir à me voir tonner ces brauades, qui me faisoient paroistre plus qu'homme deuant la timidité de celle qui les oyoit, venant encore à se ioindre de mon costé, luy fit croire que quand il nous plairoit nous forcerions l'impossible. ainsi les foibles esprits des filles comme ils sont aisez à assaillir, sont faciles à rasseurer. Là dessus nous-nous mismes à renouueller nos sermens d'inuiolable fermeté (refrein ordinaire du Cantique des Amans), & parce que les presens selon le dire d'vn Ancien sont les chaisnes des cœurs, & les liens des volontez, ie priay Hellade de luy faire receuoir de ma part & par sa main vn cercle de diamant que i'auois en mon doigt, qui auoit graué au dedans sur l'or & en esmail, ETERNO Y FVERTE. par où ie voulois dire que mon affection seroit eternelle comme le cercle, qui en sa forme ronde n'a n'y commencement ny fin, & forte comme le diamant, qui est la plus dure de toutes les pierreries. Elle fit bien des difficultez

auant

auant que se resoudre, mais outre le commandement de son frere, la plainte que
ie faisois de ce refus, auquel i'attachois la
doute de sa bienueillance, l'obligea de
me promettre qu'elle le receuroit par les
mains d'Hellade. Et comme ie luy demandois quelque petite faueur, aspirant à
vn mouchoir ouuragé d'or & de soye
qu'elle tenoit en ses mains, ou à quelque
nœud, ie fus tout estonné qu'elle tira de
deuant son estomac vne petite enseigne
qu'elle y portoit, la iettant à son frere, à
fin qu'il me la donnast. c'estoit vne petite
boëtte d'or faitte en forme de cœur, es-
maillée de verd & semée de quelques
turquoises. Imaginez-vous quel trophée
ie deuois faire de ce present, auquel elle
adiousta des paroles qui meritoient d'e-
stre engrauées sur des matieres plus precieuses que celles dont il estoit composé.
Si ie pouuois aussi bien, dit-elle, arracher
mon cœur de ma poitrine, ie le remettrois
entre vos mains, & vous y verriez l'or de
la pureté, le verd de l'esperance, & le bleu
de la loyauté. Ce fut bien à ce coup que
ie demeuray beaucoup redeuable au
Ciel, de n'auoir perdu le sens par la con-

sideration de ces faueurs inestimables que ie venois de receuoir de celle qui me rauissoit. Aussi à n'en point mentir, depuis ce moment bien-heureux mon Ame n'a plus vescu en moy, mais en elle; que si elle a esté en moy pour m'animer, c'estoit en la façon que les ames sont en la terre, mais elle a vescu en elle auecque des rauissemens qui ne se goustent que dans les Cieux. Hellade que l'Amour ne tenoit pas si esueillé que moy, mourroit de desir de dormir, & d'aller entretenir son cheuet; il sonna la retraitte, & m'arracha de ceste presence auec autant de peine que i'y auois eu de consolation. Tout le reste de la nuict ie ne fis que regarder ce beau cœur tant que dura la chandelle que l'on m'auoit apportée, ie l'attachay à mon col, ie le serrois contre mon estomac, tenté de commettre des idolatries. Quand la lumiere fut esteinte, ie ne peu fermer les yeux, en quoy ie fis comme ces enfans qui ne peuuent reposer de toute la nuict, impatiens de voir le iour suiuant auquel ils doiuent vestir vne robe neuue. Durant les tenebres ie me fis vne lumiere auecque des vers luisans que voicy, leur suiet estant

estant sur ce cœur qui m'auoit esté donné, & duquel ie me plaignois de saine teste en ce

SONNET.

Est-ce de la façon (cher sujet de ma peine)
   Que vous recompensez vn Amour si perfait?
   Vous pensez-vous ainsi dégager en effect,
   Et les noms euiter d'ingrate & d'inhumaine?
Vous estes de mon cœur regente souueraine
   Par le don absolu que ie vous en ay faict,
   Estimeriez-vous donc de m'auoir satisfaict
   En me donnant d'vn cœur la ressemblance vaine?
Ah! ce n'est pas cela qu'il me falloit donner,
   L'Amour de l'Amour seul se veut voir guerdonner,
   Et mon rare present en appelloit vn autre.
I'aime vostre beau don, & ie l'estime bien;
   Mais si vous desirez de ne me deuoir rien,
   Il faut que dans mon cœur vous me dõniez le vostre.

Ma veine ne tarit pas là, comme i'estois picqué au plus vif du cœur, il fallut plus long téps laisser saigner ceste belle playe. Vn Amant en faueur, vn ioüeur en cháce, & vn Poëte en humeur ne sont pas des gens qui se rendent si tost. ce Sonnet m'ayant ouuert l'esprit, vne chaleur suiuante me dicta ces

                          STAN

STANCES SVR L'VNION DES COEVRS.

LE lien de nos cœurs fait d'vne ferme estrainte
 De constance & de foy, m'est si chere & si sainte,
 Que ie cheris le traict qui me blesse auiourd'huy.
 C'est par luy que ie sens des attaintes diuines,
 Qui font que mes trauaux sõt des fleurs sãs espines,
 Dans lesquels ie ressens plus de bien que d'ennuy.
Si Eufrasie & moy sommes liez ensemble
 Par des affections que la pudeur assemble,
 Peut-on de nos desirs blasmer l'esgalité?
 Luy faisant aggreer l'offre de mon seruice,
 Me peut-on bien reprendre, ou luy tourner à vice
 De ioindre son Amour à ma fidelité?
Clair miroir de vertu, ceste Amour tousiours ferme
 N'aura iamais en nous ny limite ny terme,
 Me rendant inuincible aux plus rudes malheurs,
 I'en atteste les Cieux & leurs lumieres saintes,
 Qui sçauent que mon cœur ne loge point de feintes,
 Et que la seule mort peut separer nos cœurs.
Iamais aucun effort à nos desseins contraire,
 Fust-ce de nos parens, ne nous pourra distraire,
 Ny raffroidir l'ardeur de nostre affection.
 Il faut qu'à l'auenir elle serue d'exemple
 De constance & de foy, & nos cœurs soiẽt le Temple
 Où l'Amitié se voye en sa perfection.
Clitie aime si fort l'Astre qui la regarde,
 Qu'elle s'ouure aux rayons que sa flamme luy darde,
 Et triste se resserre à son esloignement;

Ainsi

Ainsi l'ardant desir qui m'inuite à vous suiure,
Est si cher à mes yeux que ie ne sçaurois viure
Sãs me tourner vers vous mõ Astre & mon Aymãt.
Au bien de vous seruir toute ma gloire aspire,
Et ie treuue si doux le ioug de vostre Empire,
Que c'est tout mon bon-heur d'entendre vostre voix.
Puisque de vous l'Amour emprunte sa puissance,
Comme pourrois-ie mieux luy rendre obeyssance,
Qu'en me donnant à vous qui luy donnez des loix?
Aussi quelque danger que me trame l'Enuie,
Pourueu que vos faueurs les Phares de ma vie
Me daignent éclairer en mon aduersité,
D'vn cœur plus esleué que le Cedre & la Palme
Dans les flots du malheur ie treuueray le calme,
Et vous serez le port de ma felicité.

Hellade m'aimoit trop pour treuuer mauuais rien qui partist de moy, estant la coustume de l'amitié de rendre agreable tout ce qui prouiẽt de l'obiect aimé. Le lendemain ie luy monstray ces vers qu'il treuua fort à sõ gré, il les prit & soudain les porta à sa Sœur, qui ne voyant que par ses yeux, les estima dignes du iugement qu'en faisoit son frere. Elle loüa ceste constante resolution qui estoit depeinte dans les Stances, mais elle ne pouuoit appreuuer la conclusion du Sonnet, comme contraire au don qu'elle m'auoit fait de son cœur, en mesme temps qu'elle me fit present

sent de l'enseigne qui n'en estoit que l'image. Hellade fit ses excuses sur la rime disant que souuent les Poëtes sont plus curieux de flatter l'esprit par quelque pointe ou inuention gentile que de peindre naïuement vne verité. tel se plaignant en ses vers, qui a l'Ame fort satisfaitte, & tel se couurant & se couronnant de fleurs d'allegresse, qui a le cœur trauersé des espines de beaucoup d'ennuis. Tesmoin celuy qui disoit,

D'vn cœur triste & content en chantant ie souspire,
 Et ne sçay si comblé de ioye & de douleur,
 Ie dois benir le Sort, ou plustost le maudire,
 De me faire espreuuer tant d'heur & de malheur.
Car d'vn si doux plaisir ma douleur est suiuie,
 Et mon heur tire aussi tant d'ennuis apres soy,
 Que qui verroit mon bien me porteroit enuie,
 Et qui sçauroit mon mal auroit pitié de moy.
Amiable langueur cause de ces alarmes,
 Sera-ce incessamment que l'heur nous trauaillant,
 Les fruicts de ton iardin s'arrouseront de larmes,
 Et que mille chardons poindront en les cueillant?

Ce n'est pas seulement le propre de la douleur d'exciter à la plainte, mais encore du plaisir, qui en son plus haut point a ie ne sçay quoy de langoureux, & qui blesse l'esprit ou le sens par l'excez de sa douceur, ou par la vehemence de son attraict.

attraict. Ce qui fait que ce Poëte exprimant ce sentiment continüe en ces belles paroles,

Ce n'est pas sans raison que mon Ame blaspheme
   Contre la tyrannie & d'Amour & du sort,
   Qui me tuë en riant, & rend ma grace mesme
   Semblable à ses effets à l'arrest de ma mort.
Ce qui cause ma gloire engendre ma tristesse,
   Si j'estois moins aymé ie viurois plus heureux,
   Le Destin m'a rendu pauure par ma richesse,
   Et pour m'estre trop doux ie le sens rigoureux.
Ainsi moy qui tantost plein d'espoir & de crainte,
   Doutois s'il me falloit ou gemir ou chanter,
   Ie n'ay de toutes parts que des suiets de plainte,
   Ayant mon bonheur mesme à plaindre & lamenter.

Ainsi Hellade cet autre moy-mesme plaidoit la cause de mon innocence deuant le tribunal de la bonté de celle dont les paroles m'estoient des oracles, & ces oracles des arrests de vie ou de mort. Pauure ieune homme, comme as-tu peu supporter tant de fatigues & de trauerses que ie t'ay causées ? certes tu as aimé depuis, mais ie ne sçay si ton Amour t'a donné plus de peines que la mienne; non certes, & quoy que l'on die qu'il n'y a point de comparaison entre les sentimens que nous auons pour autruy, & ceux que nous

nous auõs pour nous mesmes, ie croy que tu as esté pour moy plus affligé que pour toy, parce qu'en ton propre faict tu n'auois qu'à conduire ta discretion, laquelle comme vn cheual d'ocile & bien dressé alloit de bon air en son manaige, sans estre battu de la gaule ny de la iambe, n'ayant dedans la bouche qu'vn filet de soye. mais en moy tu auois à guider vne indiscretion, laquelle comme vn cheual rebours & enragé, qui n'a ny esperon ny bride, t'emportoit malgré toy hors des barrieres du deuoir, & quelquefois de la bienseance, & puis en toy tu n'auois qu'à souffrir la passion qui te tourmentoit, mais en moy tu estois doublement touché & de la passion d'amitié, & de la compassion de mon Amour, laquelle comme vn taon importun estoit tousiours attachée à tes oreilles. Quelquefois le bon garçon non las de m'assister & consoler, mais des continuelles prieres que ie luy faisois de me treuuer le moyen de parler à sa Sœur, me disoit : les veües ne font que ietter de l'huile sur vostre feu, & au lieu de l'allentir & le rendre plus moderé, c'est ce qui l'embrase & l'augmente.

Livre VIII.   497

n'y a t'il point de moyen de vous seurer de ce laict, pour vous repaistre de viandes plus fermes? & quelle plus solide nourriture peut desirer vostre esprit que l'asseurance de la continuation de son amitié? ce qui se peut faire par escrit auecque plus de fermeté, puisque les escrits demeurent, que de viue voix dont le son s'esuanoüit, d'autant que le parler se perd par l'air. Mon Hellade, repliquois-ie, quád tu me parles de rabbatre vn seul point de l'ardeur de ma flamme, tu me blesses à la mort, elle m'est si chere & precieuse que ie ne cherche que les moyens de la maintenir en la perfection de la ferueur où ie l'ay esleuée, elle est arriuée à tel degré que ie ne la puis accroistre, puisque rien ne peut estendre ce qui est infiny. Ce que ie recherche la presence du suiet que i'honnore, c'est pour treuuer de l'aliment à ce feu:& tout ainsi que le vent qui souffle la flamme, l'entretien bien mieux en sa lueur qu'en y iettant quelques fueilles de papier,& comme sur la mer les galeres auancent plus par vn coup de vent que par cent traicts de rame; de mesme vne parole anime plus le courage d'vn Amāt

Tome I.   I i

que ce qui est escrit, & la lecture d'vne rame de papier n'a pas tant d'effect que la viue voix, qui en peu de mots exprime beaucoup de sentimens, & manifeste bien mieux les mouuemens de l'Ame. L'escrit n'est faict que pour la seureté de ceux qui se deffient qu'on ne retire vne parole, deffiance que ie n'ay point, ou bien pour consigner à la fidelité d'vn papier, ce qui se pourroit escouler de la debilité de la memoire : mais ma passion est si forte que ce remede luy est inutile, parce que les paroles qui sortent de la bouche aimée, se grauent si puissamment en characteres eternels sur mon souuenir, que la mort mesme n'aura point le pouuoir de me les faire oublier, ny deffacer ce qui se graue de ceste façon sur mon cœur auec vn burin de feu en des lettres de flamme. Ta folie est si belle, repliquoit Hellade, qu'elle te suggere des reparties si claires & si viues, & qui ont tant d'apparence de raison, que qui ne sçauroit que tu es fol, te prendrois pour vn homme sage. Alors iettant mes bras à son col, ie luy disois en le flattant, asseure-toy mon Pylade, que tu es toute mon esperance, & que te

croyant

croyant destiné, comme vn tison fatal, pour treuuer les remedes de ma langueur, & pour establir mon repos, il ne sera iour de ma vie auquel ie ne me souuienne de tes bons offices. Tu sçais bien aussi que tu n'obliges pas vn ingrat, & que la memoire de tes bien-faits ne s'effacera iamais en mon Ame. Pense que ma volonté se rendra encore moins indigne de tant d'obligations, car en cela ie penserois offenser mon honneur propre, & le soüiller d'vne tache que toute l'eau de l'Ocean ne sçauroit effacer; la mesconnoissance est vne faute que pour rien du monde ie ne voudrois commettre, aymant beaucoup mieux que le Ciel me priuast de la vie, que d'admettre en mon esprit la moindre ombre de ceste lascheté. Mais ce qui te doit principalement encourager à me secourir en ceste entreprise, outre le nœud de nostre sainte amitié qui t'y conuie, c'est que tu fauorises la plus iuste chose que les hommes puissent desirer, qui est la sympathie de deux volontez que le Ciel par ton entremise a heureusement enlacées. Tu sçais que de ceste conformité d'affections de-

pend le repos de nos familles que les diuisions ont si long temps démembrées. De là mesme l'on peut attendre la tranquilité de ceste ville, qui s'est si souuent esmeüe, sousleuée & partagée en factions par la mauuaise intelligence des nostres, dont la haine s'est nourrie aux despens de leur propre sang, & de ceux qui se ioignoient à leurs partis pour soustenir leurs interests & leurs querelles. Et bien qu'il soit hors d'apparence d'esperer si tost la fin de tant de fascheuses diuisions, ie me promets neantmoins que ta prudence y fera vn acheminement, & que par ta faueur ie verray le trouble de nos familles changé en vne paix desirée des plus gens de bien. Ainsi par ton industrie tu emporteras la gloire d'auoir esté cause d'vn si grand bien, souhaitté par plusieurs qui n'ont peu venir à bout de ce dessein. Le Ciel sans doute qui tient diuerses routes pour l'accomplissement de ses volontez, t'a reserué pour ceste bonne œuure, qui te fera gaigner beaucoup d'honneur & de recommandation en la memoire de la posterité. A cecy Hellade; Si les euenemens dependoient de mes conseils, &
qu'il

qu'il fut au pouuoir de ma volonté d'executer ce que mon iugement treuue raisonnable, vous ne languiriez pas long temps en l'attente de la conclusion de vos iustes & honnestes desirs. Nonobstant mon impuissance vous deuez croire que ie banderay tous les nerfs de mon esprit, & feray tous mes efforts pour vous rédre par mes seruices les témoignages de ceste incomparable amitié, qui me rend plus vostre que ie ne suis à moy-mesme. Tout ce que ie vous recommãde, est que vous-vous seruiez si à propos & auecque tant de commandement sur vous, des occasions qui se presenteront, que vous ne vous emportiez pas dans les contentemens de la presence, iusques-là que vous ne vous en puissiez retirer sans estre descouuert, ny ne vous troubliez dans l'absence, iusques à troubler vostre sens & deregler vos discours; parce qu'en matiere d'affections honnorables & legitimes, il est besoin que ceux qui s'entr'aiment y procedent auecque beaucoup de prudence & de discretion. Ie veux croire que le mauuais Amour est vn Demon aueugle, ou qui a vn bandeau sur les yeux, mais l'Anteros qui est son contraire, doit estre clair-voyant & iudicieux, car vous sçauez qu'en semblables affaires la bonne conduitte est tellement requise, que le moindre effect d'imprudence est quelquefois capable d'arracher des mains le succés le plus asseuré. Ie sçay bien qu'il faudra qu'à la fin toute ceste trame vienne en euidence, & que le Soleil éclaire ce qui se meine maintenant parmy les tenebres, puisque c'est à la face de l'Eglise Cité du Soleil, femme reuestuë de lumiere, que vous desirez prendre pour espouse celle que vous recherchez, ny ayant point d'autre porte pour entrer à sa chambre que celle de l'Eglise; mais toutes choses ont leur saison, ce fruict n'est pas encore en la sienne, il faut attendre les heures & les momens, & les esperer encore qu'on les ignore. Le temps qui diuersifie toutes choses, pourra apporter du changement en l'Ame de nos parens, mettre la bienueillance en la place de la haine, & faire abonder l'amitié où a regné l'inimitié.

Si les Tygres les plus sauuages
En fin appriuoisent leurs rages,

Flattez

LIVRE VIII.

Flattez par vn doux traittement,
Pourquoy ne sera-t'il croyable
Qu'on puisse rendre vn cœur ployable,
Fust-il dur comme vn Diamant?

Le Lyon animal genereux ne combat que les animaux qui luy resistent, pardonnant à ceux qui se rendent à luy. J'auouë que les obligations que vous ont mon Pere & mon frere, seroient capables d'enchanter des rochers; mais si vous considerez qu'en leur donnant la vie vous rabatiez beaucoup de leur honneur, vous treuuerez qu'en des ames amoureuses de la gloire, & qui redoutēt la honte, c'estoit plustost accroistre l'indignation qu'acquerir leur faueur. Que si la bonne fortune faisoit naistre quelque occasion, en laquelle vous puissiez les obliger d'vne façon si pure qu'il n'y allast rien du leur, ou si par d'extremes sousmissions à leurs volontez vous les inuitiez à condescendre aux vostres, alors la reconciliation se feroit auec vne satisfaction bien plus grande de tous les costez, & vous paruiendriez bien plus aisément au but de vos pretensions. Mon frere, luy repartois-ie, que faut-il que ie face pour arriuer à ce point-là? car ie me mettray tout en pieces pour y ioindre, & n'y a forte d'abbaiffement où la foupplesse de mon esprit ne me reduise, pour me former quelque accez en leurs graces. Ie les connois mieux que vous, me respondoit-il, ce n'est point par des abiections qu'il les faut gaigner, leurs courages s'en enfleroient & en deuiendroient plus reuesches, ioint que ces actions leurs feroient fufpectes, croyans, à la façon d'Italie, que l'on vouluft traitter de paix pour les tromper : laiffez-moy ce foin, & foiez affeuré qu'aux moindres difpofitions que ie treuueray dans leurs courages, ie ne manqueray de vous en auifer, & de vous dire ce que vous aurez à faire pour vous infinuer en leur bienueillance. helas! mais comment vous puis-ie promettre ce bien, puifque moy-mefme pour vous aimer fuis en quelque façon finon l'object de leur haine, au moins le fujet de leurs ordinaires murmures? Auffi ne faut-il pas esperer cet effect de la puiffance humaine, mais de la diuine : car celuy qui peut endurcir le cœur de Pharaon, peut adoucir ceux-cy par vn mouuement contraire. Cependant fi nous ne

pou

pouuons apporter le dernier remede à ton mal, qui consiste en la possession de la chose aimée, au moins ferons-nous en sorte par nos industries que les aigreurs en seront renduës plus supportables. Là dessus ie le priay d'employer sa vigilance à me faire sentir ces effects de sa bonne volonté. Ie n'aurois iamais faict si ie voulois raconter particulierement toutes les ruzes dont nous-nous seruismes pour tromper la subtilité de la fine vieille, & pour destourner ses yeux de dessus Eufrasie, affin que i'eusse moyen de luy parler. I'ay desia parlé des dormitoires qui luy causoient des assoupissemens qui la mettoient en peine, & de peur que leur frequence ne l'offensast, & ne luy donnast sujet de soupçonner nostre malice, nous-nous auisasmes d'vne autre, qui fut de faire faire des Musiques en la grande ruë, Hellade feignant d'estre touché de quelque sujet qui y demeuroit, & cependant qu'il estoit auecque les Musiciens, ie me coulois dans la petite ruë où ie treuuois Eufrasie à la fenestre, qui se leuoit du lict, comme elle disoit à sa Gouuernante, pour entendre plus à son aise ceste melodie.

Là ie la voiois, & apres le muet langage des yeux & des gestes, ie luy disois quelques paroles assez bas, ausquelles elle respondoit en chantant. La vieillesse est vne maladie non seulement incurable, mais vniuerselle, qui diminuë l'vsage de tous les sens, la veüe deuient basse & foible, & l'oreille dure, c'estoient les plus agreables qualitez que nous treuuassions en nostre Surueillante. Et puis quand elle eust entr'ouy Eufrasie, elle eust crû que ceste Musique douce l'excitoit à chanter par vn effect aussi ordinaire, qu'il est commun de voir baailler ceux qui en voyent baailler d'autres. Quand au Printemps on fait vn concert dans vn boccage, les rossignols à l'enuy degoisent leurs chansons, & à mesure que la Musique se renforce ils poussent des tons plus aigues, & éclattent auecque plus de vehemence; nous en faisions ainsi, haussans ou baissans nos voix selon les accens de l'harmonie. de ceste façon nous chantions à deux cœurs. Quelquefois la vieille luy commandoit de se retirer, de peur qu'elle ne prist du froid ou du serain, & que cela ne luy donnast le rhume. Ma mere, luy disoit-elle,

ne

ne craignez point cela, car ceste melodie me charme si fort, qu'elle me sert de feu qui dissipe tout le froid & les broüillards de la nuict. auecque la Musique finissoit nostre entretien, nous ne parlions qu'à sa suitte, & nous en estions cõme les Echos. Vne fois l'importune Gouuernãte pressa tant Eufrasie qu'elle la fit retirer plustost qu'elle n'eust desiré, & que ie n'eusse voulu. Elle disparut donc me laissant la teste haussée & les yeux leuez vers la fenestre, où les bras en Croix ie contemplay quelque temps ces treillis où mon thresor estoit enfermé. ô que i'eu de peine à m'en esloigner! ie m'en allay couurant mon visage de mon manteau, & passant dans la grande ruë, quelques Musiciens qui m'apperceurent croyans obliger Hellade, luy demanderent permission de me charger, croyans que ie fusse son riual. Il arresta leur fougue, les asseurant qu'il n'auoit point de competiteur en son dessein, & qu'il ne falloit pas ainsi de gayeté de cœur offenser vn passant, & frapper sans reconnoistre. Voyla comme cet Amy m'obligeoit tousiours, & mesme sans y penser. Vne autre fois que l'opium auoit

rendu

rendu Berille plus assoupie que n'est le Berger de Latmos que les Anciens appelloient le dormeur eternel, Hellade faisant la sentinelle pour moy au bout de la petite ruë, las & recreu de se promener il s'assit sur le seüil d'vne porte, où accablé de sommeil il s'endormit si profondement, que mon entretien estant acheué ie le treuuay enseuely dans le sommeil. Ie ne fis point comme Epaminondas, qui faisant la ronde tua vn soldat qu'il treuua endormy, disant qu'il l'auoit mis des bras du frere en ceux de la sœur, du sommeil en la mort: mais ie luy ostay son manteau & son espée sans qu'il se resueillast, & ayant caché mon larcin à vn coing, ie me remis sur mes brisées, & le resueillant il fut fort estonné de se voir sans couuerture & sans deffense. Que peut-il coniecturer autre chose, sinon que quelque tireur de laine passant par là, & le treuuant endormy l'eust iugé mort, & luy eust leué la cappe & l'espée? Il ne plaignoit que ceste lame de Valence dont il faisoit beaucoup d'estat; lors ie luy dis que puis qu'il auoit faict ceste perte à mon occasion, c'estoit à moy de la reparer

reparer. ie luy iettay mon manteau sur les espaules, & luy voulu ceindre mon espée, vous en aurez affaire, dit-il, pour vous retirer chez vous, & vous deffendre si vous en auez besoin : pour moy ie prendray vostre manteau que ie vous rendray demain, affin de me retirer chez nous en sorte qu'on ne puisse dire que ie l'aye ioüé, ou que ie me sois laissé tondre aux tireurs de laine. Vrayment, luy dis-ie, ils vous ont despoüillé auec vne subtilité incroyable, & qui me faict souuenir des traicts du Cassandrin de Strapparolle. Quels traicts, me dit-il, & quel est-ce Cassandrin? ces recits, luy dis-ie, meritent plus de loisir que n'en ont ceux qui ont plus de besoin de reposer que de causer, ie vous entretiendray demain plus à mon aise. Disant cela ie le remets dans sa maison, & luy ayant souhaitté le bon soir ie me retiray chez moy auecque mon larcin, qui estoit son manteau & deux espées, la mienne & la sienne. Le gracieux entretien d'Eufrasie, & la frasque ioüée à son frere me tindrent fort gay vne partie de la nuict. Ce qui me donna suiect de faire vne gayeté que i'exprimay par ce Romance.

IOYEV

IOYEVSETE.

Qvi d'aller de nuict fait coustume,
Est suiet à mille malheurs,
Le serain luy donne le rhume,
Ou bien il treuue des voleurs.
Chacun de ces voleurs chemine
Comme seigneurs enflez de vent,
A les voir ils ont bonne mine,
C'est ce qui trompe bien souuent.
Aux passans ils donnent la chasse
De iour qu'ils n'osent approcher,
Leur faisant mesurer la place
Alors qu'ils les font tresbucher.
A trois dez leurs butins ils ioüent,
Se faisans suiure à des valets
Et souuent des habits ils loüent,
Pour se treuuer à des balets.
Certes on les deuroit poursuiure
Auec vne extreme rigueur,
Mais non, puisque l'on laisse viure
Celles qui desrobent le cœur.

Le lendemain i'allay reuoir mon Hellade ayant son manteau sur mes espaules, & son espée à mon costé. Aussi-tost il me demanda

manda comme i'auois fi toft recouuré ce qu'on luy auoit pris ; ne fçais-tu pas, luy dif-ie, les grandes intelligences que i'ay auecque les Gentils-hommes de la petite efpée & les confreres de la Matte? Il fe prit à rire, & mon Gentilhomme, dit-il, ie croy que vous eftes le Mattois qui auez faict le coup. Deux Galands de nos amis me font venus treuuer ce matin, repris-ie, qui m'ont conté de qu'elle forte ils t'auoient deualisé, ie leur ay donné vn quadruple pour aller boire à nos bonnes graces, & pour reconnoiffance de leur galanterie iointe à leur bonne foy. A ton auis ne font-ils pas de la confrerie du bon Larron? le bon Hellade me voulut auffi-toft rendre mon quadruple ; mon Amy, luy dif-ie, fi ceux-là font confreres du bon Larron, laiffe moy imiter le bon Zachée, quand i'ay trompé quelqu'vn, ma couftume n'eft pas de prendre, mais de rendre le quadruple. Cette refponce gracieufe luy fit connoiftre que i'eftois le tire-laine & encore le tire-fer. Vrayment, me dit-t'il, tu es vne ronce & vn Ayman, puifque tu accroches les manteaux & attires le fer. Ie luy monftray les vers que
                                                                 i'auois

j'auois enfantez sans beaucoup de trauail sur ceste memorable auanture, la rime luy en pluſt, mais plus encore la raiſon de la derniere ſtance. Et ſe ſouuenãt des traicts de Caſſandrin que i'auois promis de luy raconter, vous n'en ſerez pas quitte, me dit-il, pour voſtre poëſie, ie veux encore que vous me recitiez les tours de Strapparolle & de Caſſandrin. Ie te rapporteray, repris-ie, le recit de l'vn, mais les faicts de l'autre, car Strapparolle eſt vn Autheur Italien aſſez diſert, qui a faict des Nouuelles qu'il intitule les Nuicts Agreables. En la premiere deſquelles il raconte qu'en la Cité de Peruſe, ville fameuſe, ancienne, & noble de la Romagne, & à qui la beauté de ſa ſituation, la bonté de ſon terroir, & vne celebre vniuerſité apportent vn grand profit & vne renommée qui ne la rendent pas des moindres d'Italie. il y auoit vn eſcholier Neapolitain, qui outre l'inclination generale de ſa nation en auoit vne ſi particuliere à deſrober ſubtilement, qu'en cet art de mattoiſerie il faiſoit des miracles. Ce n'eſt pas qu'il ne fuſt ſorty d'aſſez bonne maiſon de parens fort honneſtes, ny qu'il fuſt pouſſé

poussé par la necessité à ce honteux exercice, c'estoit seulement pour satisfaire à l'appetit qui le portoit à ces soupplesses de main, estimant tirer de la gloire de sa confusion, & que l'on deust estimer comme luy que ces traits ne prouenoient que de gentillesse d'esprit & de galanterie. S'il eust esté du temps des Spartains, parmy lesquels le larcin faict subtilement estoit loüé, il eust sans doute esté en grande estime, & par là comme par vne porte fort specieuse il fut entré aux honneurs & aux principales charges de la Republique. Et d'effect il estoit si esloigné du desir d'auoir en tous ces tours de main, qu'au contraire apres auoir pris son plaisir de la peine où il auoit mis ceux qui auoient perdu ce qu'il leur auoit soustraict, il le leur rendoit souuent auec vsure. Il auoit des inuentions si prodigieuses pour arriuer à bout de ses desseins, qu'il emplissoit d'admiration tous ceux qui oyoient parler de ses artifices, lesquels on pouuoit aussi peu deuiner que les ressorts de ces machines dont l'Antiquité fait tant de cas. Iamais l'ancien Mercure que ses larcins deifierent parmy les Payens, ny nostre celebre Gusman d'Asarache qui a eu tant de vogue en Hespagne où ce metier est fort en regne, n'arriuerent à la perfection de l'art de Cassandrin. Personne ne se plaignoit de luy, parce que par vne prompte restitution il effaçoit sa faute, & rendant d'aussi bonne grace qu'il prenoit auec hardiesse, ceux qui recouuroiët ce qu'ils tenoient pour perdu, auoient plus de ioye de ce recouurement que la perte ne leur auoit apporté de tristesse. Ie tout n'estoit que ioyeuseté & mattoiserie. Si quelques melancholiques auoient faict des plaintes de luy au Barrizel, qui est en ce païs-là le Capitaine des Sbirres ou Sergens, à peu pres comme les Preuosts ou Cheualiers du guet de France, & les Alcaïdes Chefs des Algazils en Espagne, ils estoient renuoyez auecque des fins de non receuoir, parce que Escholier & frippon sont dans les Vniuersitez deux qualitez bessonnes. Aussi tant s'en faut que nostre Neapolitain comme les autres larrons euitast la rencontre du Preuost, qu'au contraire comme ces Loups ou Renards domestiques qui s'appriuoisent de telle sorte auecque les chiens qu'ils

vont

vont auec eux à la chasse, il estoit ordinairemét auecque le Barrizel & les Sbirres, ausquels il ioüoit de ses tours aussi familierement qu'aux autres. Vn iour le Barrizel magnifiant ses souppleßes, comme si c'eusśét esté des hauts faits d'armes ou des actes heroïques, luy promit de le regaler & de luy faire bonne chere s'il luy pouuoit enleuer son lict tandis qu'il y seroit couché. Cassandrin hochant la teste luy témoigna que ceste demande le reduisoit à l'impossible, neantmoins que pour luy complaire il s'y efforceroit le priant de l'excuser si en choses si difficiles il ne pouuoit reüssir, veu que c'est assez d'auoir voulu & essayé. Il est malaisé de surprendre vn homme auerty. Le Prenost qui sçauoit que Cassandrin luy en deuoit donner d'vne, & mesme par son commandement, fut quelques nuicts sans dormir beaucoup, luy estant auis au moindre bruict qu'il oyoit que c'estoit son larron qui luy venoit tirer les draps & le lict de dessous luy, ou qu'il le deust enleuer tout empaqueté dans sa couuerture. Vne nuict entre les autres que Cassandrin choisit fort obscure (ce sont les plus favorables aux voleurs, lesquels par les Latins sont appellez d'vn certain nom qui monstre que c'est parmy les plus noires tenebres qu'ils font mieux leurs affaires) il vint planter vne eschelle deuant les fenestres de la chambre du Preuost qui regardoit sur la ruë, & s'estant chargé d'vn corps mort qu'il auoit reuestu de ses habits, s'estant luy habillé à la façon d'vne des seruantes du logis, le Preuost qui l'entendoit monter estima son artifice lourd, & croyant sa victoire pour infaillible, fit comme ceux qui sont en embuscade, ou qui sont à la chasse des oyseaux ou des bestes sauuages, qu'ils laissent venir dans les pieges où ils les attendent. Lors que Cassandrin fut aupres de la fenestre il laissa tomber ce corps mort parmy la ruë, cheute qui fit vn si grand bruit que plusieurs des voysins s'estans resueillez, & ayans mis auecque des lumieres la teste à la fenestre ils apperceurent vne eschelle dressée deuant le logis du Preuost, & vn corps estendu deuant sa porte. Cassandrin s'estant caché en vn coing contrefaisoit vne voix plaintiue comme d'vn homme qui rend les

derniers

derniers abois; chacun crie allarme & aux voleurs, le Preuost se leue, & regardant en la ruë, la void pleine de clarté & de gens qui accouroient à sa porte. il pensa que c'estoit le pauure Cassandrin qui s'estoit rompu le col, ou au moins tout brisé, ses habits firent passer sa coniecture en creance, il descend auecque ses gens, & aussi-tost tandis qu'auecque tout ce monde ils sont empressez autour de ce corps, mon Cassandrin vestu en chambriere entra dans la maison dont il sçauoit les destours, & promptement ayant ietté le lict par vne fenestre dans vne Cour, & mis en lieu secret son larcin, se remeslant dedans la presse regaigna son logis. Les enquestes & les formalitez furent grandes sur ceste eschelle & ce corps, chacun disant ce qu'il en pensoit. Le Preuost fit mettre ce mort en sa Cour iusques au lendemain qu'il esperoit s'esclaircir du faict auecque le iour, en l'exposant aux yeux du public; mais il n'eust que faire d'attendre la venuë du Soleil pour dissiper les ombres, car retournant à sa chambre, & ne treuuant plus son lict il connut bien que Cassandrin auoit brassé tout

Kk 3

ce mistere pour iouer son personnage & faire son coup. Le corps se treuua estre d'vn mal-faitteur fraischement executé, la terre luy fut donnée pour sepulture au lieu de l'air où il auoit esté exposé pour seruir de monstre. Toute la ville sceut que le Barrizel auoit esté affiné, & Cassandrin luy rendant son lict pour y prendre son repos, receut le repas qui luy auoit esté promis, & quelques-vns de ses compagnons furent de la feste. à la fin de laquelle le Preuost demanda à Cassandrin si pour vn chef-d'œuure de sa subtilité il entreprendroit de luy oster son cheual tandis qu'il seroit dessus, & en sorte qu'il ne s'en peust apperceuoir. Il n'y eut celuy de la troupe qui ne iugeast que ceste proposition donnoit dans l'impossibilité, neantmoins le Galand l'entreprit, pourueu que le Barrizel fust seul, comme aussi Cassandrin promit d'executer seul ce stratageme, & dés la nuict suiuante aussi-tost il mesla dans le vin du Barrizel des poudres endormantes, & ayant dans son chappeau, qu'il treuua moyen d'auoir, ietté d'autres mixtions & parfums qui assoupissoient, il fit si dextrement que
le

le Barrizel l'attendât de nuict en la place s'endormit si profondement sur son cheual, qu'il sembloit pluftoft vn Coloffe de bronze qu'vn homme viuant, & Caffandrin à son aise ayant sousleué la selle sur quatre paux, laissa ce dormeur iusques au matin sur ce cheual de Troye, emmenant le viuant où bon luy sembla. Si ce dernier trait n'est si vray-semblable que l'autre, ie m'en rapporte à la foy de Strapparolle, de qui i'ay appris ces gaillardises que ie te raconte, pour te resiouyr & te tirer de la melancholie que ie te cause par mes continuelles importunitez. Hellade espanouïssant sa rate sur ce recit, vrayment, me dit-il, il y a des fables, des metamorphoses & d'autres inuentions chez les Poëtes qui sont fort estimées par des personnes serieuses, qui ne valent pas ces gentillesses Neapolitaines, & ton imitation de Caffandrin en la prise de mon manteau & de mon espée n'est gueres moins naïue. Mais bien plus naïues furent les subtilitez de mon Hellade pour amuser la Gouuernante de sa Sœur. Il l'endormoit quelquefois auecque des contes comme Mercure auecque son flageol ferma les yeux du gardien de la vache Ino. Quelquefois il l'enchantoit auecque sa voix qu'il a assez bonne, & luy disant des airs nouueaux accompagnez de paroles agreables, il la tenoit en admiration. D'autre fois elle chantoit auecque luy, comme si elle eust voulu imiter Socrate, apprenant à chanter en sa vieillesse, comme l'autre à faire des vers. encore vaut-il mieux tard que point du tout. Ne vous semble-t'il pas qu'elle imitoit ces geais ou ces pies qui iargonnent lors qu'elles entendent gazoüiller le Rossignol ? Hellade prenant plaisir à se mocquer d'elle, la voyant si sotte que d'adiouster foy aux plaisantes loüanges qu'il luy donnoit, la tenoit en ceste humeur autant qu'il luy estoit possible. Tantost il luy disoit qu'il y auoit des personnes dōt la voix qui auoit esté aigre & aspre en leur ieunesse, s'adoucissoit en la vieillesse, & qu'elles ressembloient au Cygne qui ne chante iamais si melodieusement que quand il est voisin de sa mort. Et bien qu'elle n'eust plus que trois dents visibles en la bouche, les autres n'ayans plus que les racines dans les genciues; mais racines

qui

qui n'eſtoient pas ſi odorantes que celles de l'herbe appellée Angelique; neantmoins en ſe gauſſant il luy diſoit qu'il y auoit de certaines gens qui reſſembloient aux herons dont l'haleine qu'ils ont forte en ieuneſſe à cauſe du poiſſon qu'ils mangent, deuient douce en la vieilleſſe, parce qu'ils paiſſent l'herbe, & ne ſe nourriſſent que de fleurs. Cette vieille prenoit tout cela à ſon auantage, tant l'Amour propre l'aueugloit. Vne fois tandis que ie parlois à Eufraſie par la petite ruë, il luy faiſoit chanter dans vne autre chambre vn Romance auſſi ancien qu'elle, c'eſt à dire, des plus vieux du temps. & apres il luy raconta pour l'amuſer la fable du Renard, qui deſireux d'auoir vn fromage qu'vn Corbeau tenoit ſur vn arbre en ſon bec, ſe mit à loüer la belle voix de cet oyſeau, qui voulant croaſſer à ſon ordinaire delecta beaucoup plus le Renard, qui ſe repeut du fromage qu'il laiſſa tomber, que par les accens de ſa melodie. Vous iugez bien que la moralité de la fable vouloit dire, que pour faire ouyr vne voix de corneille, elle laiſſoit le ſoin de celle qui luy auoit eſté donnée en garde. Il n'y a point de discours qui plaise tant aux vieilles gens, dont le babil est sans fin, que le recit de leur ieunesse ; car s'imaginans qu'ils sont encore ce qu'ils ont esté, ils pensent renaistre. Ce qui faisoit dire à quelqu'vn que le double visage du Ianus des Anciens apprenoit aux ieunes à regarder en auant, pour se rendre sages par la consideration de l'auenir, & aux vieux à retourner leur veüe en arriere sur leur saison fleurissante, affin de s'y complaire. Et à n'en point mentir, c'est en quelque façon viure deux fois, que de iouyr par la reflexion de la memoire de sa vie passée. Ie dis cecy, parce que ceste bonne matronne entretenoit volontiers Hellade des merueilles de sa ieunesse ; & bien que la vieillesse qui n'est pas seulement vne maladie, mais la mesme laideur, ne luy eust pas desrobé beaucoup de beauté, parce qu'elle n'en auoit iamais esté pourueuë, neantmoins trompant doucement son imagination en se faisant croire qu'elle en auoit beaucoup perdu, elle faisoit là dessus à Hellade les contes les plus gracieux & les plus ridicules du monde. Ie les laisse pour ne vous donner

suiet

LIVRE VIII. 523

suiet de dire que i'en vueille aux vieilles gens dont l'âge m'est en veneration, & doit estre à tous les ieunes, dont le plus grand desir est de paruenir par vne longue vie à la pluralité des ans. Il est aussi malaisé, disoit-elle vn soir à Hellade, de tenir la ieunesse en deuoir, que de serrer vne masse d'argent vif; cetuy-cy plus on le presse, plus il s'écaille & esparpille, celle-là plus on gene sa liberté, plus elle prend de licence. Estant fille ie fus mise en seruice chez vne Dame ancienne de ceste ville, qui estoit vn miroir de vertu. elle auoit vne fille ieune & belle, qui estoit l'enuie de plusieurs Courtisans, l'attente de peu, & le desespoir de beaucoup. Elle estoit choisie entre les autres Damoiselles de la ville par les yeux qui la consideroient, comme vne des plus belles fleurs qui parussent dans les parterres des compagnies. La ville n'estoit pleine que de tournois, bals, assemblées, à cause des desseins & des parties qui se faisoient à son occasion. Mais comme elle estoit sage & vertueuse, il n'y auoit point d'acces vers elle que par la porte de l'honneur. & parce que ceste porte est si petite qu'vn
seul

seul y peut estre introduict, se prenant plustost par les yeux que par le iugement, elle engagea son cœur par ses regards sur vn ieune homme qui n'auoit rien en sa naissance, ny en ses biens qui peust égaler vn party tel qu'elle estoit. Elle qui sçauoit que les parens prennent par les biens de fortune la mesure des mariages de leurs enfans, connut bien qu'elle ne deuoit pas esperer le consentement des siens en ceste alliance. Cependant son inclination aidée de son mauuais Genie, la portoit incessamment vers cet obiect si disproportionné à sa qualité & à son merite. L'Amour, quoy qu'on le tienne aueugle, a des yeux fort penetrans; les autres poursuiuans qui pour l'égalité de leurs qualitez se figuroient leurs pretensions plus iustes, s'auiserent des faueurs particulieres que receuoit de ceste fille cet homme, qui estoit en toutes façons sinon en la bonne mine leur inferieur. Ce feu qui n'est iamais sans fumée estant esuenté, les parens en furent auertis, qui firent vn grand bruict contre la temerité de celuy qui auoit osé leuer ses yeux vers leur fille, le, à laquelle il ne deuoit pas aspirer, puis qu'il ne la pouuoit esperer. Mais luy qui suppleoit au deffaut de sa fortune par vn grand courage, & qui n'ignoroit pas la part qu'il possedoit dans les affections de la fille, ne fit autre chose que de courir mieux son dessein, & en niant auecque des sermens dont le Ciel se mocque, d'auoir aucune pretension pour elle en secret, il renoüoit ses intelligences, qui estoient si fortes que ceste fille n'ayant de la bienueillace que pour luy, ne payoit les autres que de desdains & de brauades. La mere qui se doutoit de ces menées particulieres, me tira vn iour à part, & me dit, Berille, ie n'ay point donné de Gouuernante à ma fille, parce que ie ne veux point me fier à d'autres yeux qu'aux miens; mais parce que ie ne puis pas sans cesse les auoir arrestez sur elle, ie te veux faire voir combien i'ay de confiance en toy, bien que tu sois aussi ieune, ie te tiens neantmoins pour estre plus sage qu'elle, c'est pourquoy ie veux te commettre sa garde en mon absence, te faire coucher en sa chambre, & te rendre surueillante de ses actions. Si tu te comportes en cela

auec

auecque la fidelité que ie me promets de ton bon naturel, sçache que tu n'obligeras pas vne maistresse ingrate, & que i'ayderay à te marier selon ta qualité. Ie luy promis de la seruir auecque toute la loyauté qu'elle pouuoit attendre d'vne fille qui tenoit à honneur de se dire sa creature. Sur tout elle me chargea de prēdre garde que sa fille ne vist, ny ne parlast à ce ieune Damoiseau pour qui elle s'estoit apperceüe qu'elle auoit de l'inclination, me representant le preiudice qu'vn party si peu sortable apporteroit à sa maison. à quoy ie luy engageay ma parole de fille que i'aurois l'œil soigneusement ouuert. Que fit la fille ? elle commença par moy-mesme qui la gardois la trame de sa subtilité, & s'estant apperceüe que quelques-vns m'aymoient pour quelques graces que l'âge m'a desrobées, elle eut le iugement si delié qu'elle ne faillit pas entre ces poursuiuans de discerner celuy pour lequel i'auois plus d'affection, qui estoit celuy lequel depuis a esté mon Espoux, & de qui ie souspire la mort dans vn perpetuel veufuage. Ceste ruzée m'accoste là dessus, & sans vous faire vn plus

long

long narré de ses paroles artificieuses, elle fit si bien que me prenant par où il falloit, elle m'attira par des promesses beaucoup plus grandes que celles de sa Mere, à fauoriser sa passion, me iurant aussi de m'assister à conduire la mienne au port honneste du mariage où elle arriua. Ie me vis alors en vne pleine moisson d'or & de plaisir, que ie pouuois appeller Montioye: car si la Mere me faisoit des presens pour m'obliger à la fidelité, la fille m'en faisoit de bien plus grands pour me rendre infidele à sa Mere, & me ranger à sa cordelle. De plus que ne me donnoit, & que ne me promettoit son Amant ? la moindre chose estoit de me donner vn riche mariage, s'il espousoit celle que i'auois en garde. Les autres poursuiuans sçachans que i'estois & Gouuernante, & compagne de celle qu'ils adoroient, & qui connoissoient aux extremes caresses qu'elle me faisoit le grand ascendant que ie possedois sur son esprit, faisoient tous leurs efforts pour se rendre mon intercession fauorable. Pour de fausses promesses de les assister, ie tirois d'eux des largesses reelles & veritables. la corne
d'abon

d'abondance estoit alors en mes mains. Le passé ne m'estoit rien, l'auenir encore moins; ie ne me souciois que du present. Ie fis comme l'abeille & la fourmy qui amassent durant la chaleur. ma recolte fut si ample qu'outre les habits & paremens de toutes les façons, ie me vis presque assez pour mon mariage; mais i'ay tort de dire assez, si ie n'adiouste selon ma qualité, parce que le desir d'auoir ressemble à certaines bouteilles qui s'estendent à mesure qu'elles s'emplissent. Encore que ie changeasse d'autant de couleurs que le Cameleon & le Poulpe, & que ie m'accommodasse à tout, ainsi que la liqueur à la forme des vases où elle est infuse, il me sembloit que i'auois raison par tout. Ie seruois la Mere par obligation, disant quelquefois à la fille que c'estoit en vain qu'elle pensoit conduire ses affections à vn port auquel ses parens ne vouloient pas qu'elle surgist, qu'ayant ces vets-là pour contraires sa nauigation auroit difficilement vne heureuse issuë. d'autre costé elle me faisoit tant de pitié, que i'eusse pensé faire vne grande faute de l'accuser. Ie ne trahissois pas les autres

preten

pretendans; car ie difois du bien d'eux aux occafions felon la proportion de celuy qu'ils me faifoient. Il me falloit bien de l'induftrie pour tenir le timon iufte parmy tant de differentes vagues. Ie ne fis point de naufrage neantmoins, parce que ie n'auois pas l'intention malicieufe, ne fouhaittant que le contentement d'vn chacun felon les loix de l'honneur & de la confcience. Il faut neantmoins que ie vous defcouure vne petite malice des filles. Cefte Damoifelle fe rangeoit à tout ce que ie voulois, parce que ie fecondois fes inclinations, mais elle n'eftoit pas moins fecourable aux miennes. Quand fon fauory luy venoit parler durant la nuict à la feneftre felon la couftume de ce païs, ie faifois la garde pour euiter les furprifes de la Mere; & le mien venant à fon tour, elle me rendoit la mefme affiftance. Si bien que de cefte façon ie tranchois des deux coftez. A la fin la pauure Damoifelle n'eut point en mariage celuy qu'elle defiroit auecque tant de paffion, vn Richard l'emporta malgré elle. Ses parens l'accorderent à cet homme qui la fit demander, & quelque resistance qu'elle y apportast, ses larmes furent des armes trop debiles contre tant d'efforts. on la cria, tourmenta, tempesta tant qu'elle fut contrainte de ceder à tant d'orages, & de passer entre les bras de celuy qu'elle n'aimoit point. Pour moy qui auois l'esprit d'accommodement, ie me rangeay soudain du costé des plus forts, ie luy fis de belles remonstrances sur l'obeyssance qu'elle deuoit aux siens, sur l'aise de la vie qui se treuue en de grandes richesses, sur ce qu'elle seroit idolatrée par celuy qui l'aymoit si fort, que nonobstant ses mespris il n'auoit pas laissé de la rechercher. bref ie luy dis

Qu'il falloit en ceste auanture
Ceder à la necessité,
Pour ne rendre encore plus dure
Ceste cruelle aduersité.

La Mere ouyt vne partie de ces bons propos, qui me dit qu'elle en demeuroit mon obligée. Le fiancé me promettoit des montagnes d'or, si ie luy gaignois le cœur de celle qu'il vouloit espouser. à quoy ie m'esuertuois pour le satisfaire, & la fille mesme qui sçauoit que i'auois fauorisé ses premieres affections autant que i'auois

uois peu, se disoit ma redeuable. On la maria donc, ou plustost on la traina au supplice, car quel autre nom peut-on donner à vn mariage inuolontaire? Elle qui ne se pouuoit consoler, crût qu'elle trouueroit en mon esprit & en ma conuersation des charmes, sinon pour esteindre, au moins pour assoupir ses ennuis, elle me demanda à sa Mere, & i'entray de ceste façon en son seruice à l'entrée de son nouueau mesnage. Le bon traittement de son mary l'appriuoisa aussi-tost, & bien que mille fois auparauant ie luy eusse entendu dire que sa deuise seroit, *Antes muerta que mutãda*, si est-ce que ie luy en vis prattiquer le reuers, parce qu'elle aima mieux changer que mourir. Au contraire elle connut depuis qu'elle eust esté perduë, si elle n'eust perdu sa premiere affection, d'autant que celuy pour qui elle auoit eu tant de passions, coula vne vie non seulement incommodée, mais necessiteuse. Voyant ses affaires en si bon estat, ie battis le fer durant qu'il estoit rouge. Celuy que ie desirois, & qui me recherchoit, ayant faict parler de m'espouser, la Mere que i'auois seruie me donna vne partie de mon mariage, la fille l'autre, & celuy qu'elle auoit espousé me fit de grands auantages. Outre cela i'auois amassé, comme ie vous ay dit, beaucoup d'autres commoditez. Mais il arriue ordinairement que ce qui est acquis de ie ne sçay quelle maniere, s'en va ie ne sçay comment. Ce n'est pas que mon mary ne m'aimast; car quand il eust esté de mauuaise & farouche humeur, i'auois alors des charmes capables d'appriuoiser vn Tygre, ny mesme qu'il fust desbauché ou suiet à la despense, toutesfois au lieu d'augmenter mes biens, ils alloient tous les iours en diminuant. sur tout quand nous vinsmes aux enfans, car s'ils succent les mammelles quand ils sont petits, ils vuident les bourses quand ils sont grands. Et certes la principale cause de ma ruine est venuë de celuy-là mesme que ie croyois la deuoir empescher, ou plustost qui deuoit estre mon appuy. vn meschant garçon, qui ne s'estant iamais rendu pliable du viuant de son Pere, depuis sa mort m'a mangé & dissipé vne grande partie de ce qui me restoit, si bien que i'ay esté contrainte de

rompre

rompre mon mesnage, & de mettre mes deux filles en seruice en diuers lieux, & de m'y reduire moy-mesme en la condition où vous me voyez, leur mauuais frere mon fils, voilà tout ce que i'ay d'enfans, me laissant là pour aller dans les armes en Flandres chercher ou la mort, ou quelque rayon de bonne fortune. Ce discours pleust doublement à Hellade, & parce que l'histoire en sa briefueté contenoit vne grande varieté d'euenemens, & parce que c'estoit vne glace de miroir dans laquelle il voioit clairement toutes les qualitez de l'esprit de ceste vieille. Et à dire la verité, quelques ruzées que soiét les femmes, leur finesse comme le fard de leurs ioües se monstre facilement. Quand leur langue est lasse de parler d'autruy, elle se replie sur elles-mesmes, & souuent en voulant descouurir les mauuaises conditions des autres, elles manifestent les leurs. Il connut que les presens, qui selon le prouerbe Castillan, brisent les roches, auroient vn grand pouuoir sur son esprit, & que celle qui en sa ieunesse auoit mordu à ceste amorce, la prendroit auecque d'autant plus d'auidité en sa vieillesse que l'âge l'inclineroit d'auantage à l'auarice, Cependant imaginez-vous si selon le prouerbe le Loup estoit en la fable, veu qu'elle luy tenoit ces propos alors mesme que ie parlois à sa Sœur. Pour l'arrester encore plus de temps, il luy fit vn long narré de plusieurs galanteries qu'il auoit faittes à Lerida, où il auoit eu plus de liberté de mal faire qu'alors qu'il estudioit auecque moy à Tolose. Mais tout ainsi que l'eau reiallit d'autant plus haut qu'elle est resserrée dans vn canal plus estroict: aussi plus la ieunesse est contrainte, plus elle a d'inuentions pour venir à bout de ce qu'elle pretend, & pour faire des eschapées. Il disoit que la bride trop lasche qu'il auoit à Lerida, luy rendoit ses desbauches moins sauoureuses; mais à Tolose où la seuerité de la discipline estoit mieux obseruée, le moindre traict de souplesse luy tenoit lieu de grãdes delices. Nous estions, disoit-il à la vieille, en pension chez vn Pedagogue, à qui les Iesuites auoiēt appris les mesmes reglemens qu'ils font obseruer à leurs pensionnaires, ils sont tels qu'ils viuent presque ainsi que des Religieux. Ce Precepteur nous

tenoit

Livre VIII.   535

tenoit la bride si courte, que non content de nous faire de si maigres repas, que la Sobrieté mesme eust eu de la peine à supporter l'austerité de sa regle, il ne vouloit pas que mesmes à nos despens nous soulageassions nostre appetit de quelques pastez, gasteaux, ou fruicts que la ieunesse bien traittée recherche par friandise, mais que nous autres desirions par belle necessité. Deffendre quelque chose, est iustement le secret pour en faire venir ou accroistre le desir. Il nous fut aisé de nous accorder auec vn hoste voisin, qui pour gaigner de nostre argent nous promit de nous fournir de ces marchandises-là, lesquelles nous tirions dans vne seruiette auecque vne corde de la ruë en nos chãbres. Mais parce que nostre Maistre comme vn dragon qui ne dort iamais, auoit l'œil à tout, nous auions ceste industrie de le faire amuser par quelqu'vn d'entrenous, qui faisoit vne liste de belle questions, & l'alloit treuuer en son estude, où tandis qu'il luy en donnoit la decision, nous faisions l'examen & la resolution de nos bribes ; & cela se faisoit auecque tant de iustice, que le questionneur, comme celuy qui auoit le plus de peine, & qui se mettoit au hazard du dernier supplice pour toute la communauté, y auoit la meilleure part. Quelquefois Orant (car nous estions desia amis) faisoit cet office; mais de si bonne grace, que quand il tenoit nostre Loup par les oreilles, nous auions tout loisir de bien mascher, sauourer, & digerer nos morceaux : mais quand il touchoit à quelque autre, c'estoit plustost vne curée de chiens courans qu'vne refection profitable. Il m'apprit son secret, & me dit que pour amuser cet homme sans l'ennuyer, il falloit faire estat de ses responses comme si c'eussent esté des Oracles, bransler la teste, hausser les espaules, & monstrer le blanc des yeux en signe d'admiration, auoir vne plume & du papier tout prest pour recueillir ses frases, comme si elles eussent esté des perles ou des diamans, les luy faire repeter, les repeter soy-mesme, comme pour les enchasser dans sa memoire. Car, disoit-il, ceste sorte de personnes, qu'à proprement parler on appelle Pedans, ont vn aussi grand plaisir quand on les oit, que le Pan quand on le void lors qu'il estend au Soleil

LIVRE VIII. 537

ſeil les diuers miroüers de ſa roüe. Genets d'Arcadie pour la pluspart, qui croyent que leur braire ſoit vne Muſique, gens qui s'eſtiment le plus, & qui ſont les moins eſtimez, alterez d'honneur & de gloire, & qui ſont le rebut & la mocquerie d'vn chacun, qui vont à la reputation comme Cacus à ſa cauerne, & en vn mot qui font, comme le Geát Polyfeme, beauté de la laideur. Quand il m'eut appris ces ruzes, & que ce fut à mon tour de luy donner la queſtion, ie ſceu ſi bien gratter les oreilles à ſa magnifique & ſçauante pedanterie, que quand il me tenoit pour ouyr les prodiges de ſon eloquence, il penſoit verſer du baume dans vn vaſe de cryſtal. Pauure badin de theatre, qui ne voioit pas que des enfans ſe mocquoient de luy, & le pipoient en ſa preſence & en ſon abſence. Car apres que le feſtin eſtoit faict, imaginez-vous ſi nous faiſions nos contes de luy, ſi nous formions des riſées ſur ſes reſponſes, & ſi ſa ſimplicité que nous deniaiſions, nous donnoit ſuiet d'eſbatre noſtre viande. De moy ie confeſſe n'auoir iamais mangé de meilleurs morceaux que ceux-là. Aux

Soldats les plus perilleuses piccorées sont les plus precieuses. Les chaleurs sont excessiues en Esté au climat de Tolose, & approchent aucunement de celles d'Espagne, soit pour la reuerberation des Pyrenées voysines, soit pour le vent d'Autan, qui y cause par ses chaudes halenées des estouffemens quelquefois insupportables. c'est ce qui fait que les Escholiers ont vne passion extreme de se baigner. Mais si le vent y est estouffant, l'eau y est encore plus suffocquante; car la Garonne fleuue impetueux & rapide, qui descend auecque fureur des hauts monts de Foix, apporte auecque soy tant de sable, que son cours vagabond & incertain rend les lieux que l'on estime propres à se baigner, fort perilleux tant pour la violence de son cours, que par les creux qu'il fait, où sans y penser on perd terre, & auecque la terre la vie, ceux qui ne sçauent pas nager. Il se passe peu de iours sans qu'il face butin de quelques-vns de ces inconsiderez qui se lauent en ses riuages : il y auoit vn de nos compagnons qui sçachant ces dangers disoit de bonne grace, qu'il ne vouloit point s'aller baigner qu'il ne sceust

Livre VIII.

sceust bien nager, ie vous fay iuge de la beauté & subtilité de cet esprit. C'estoit en cecy que nostre Pedagogue auoit l'œil fort ouuert, ne faisant que roder sur ces belles riues, autant peut-estre de peur de perdre vn pensionnaire qu'vn Escholier. s'il eust esté pasteur, il eust bien gardé ses brebis, & s'il l'eust esté spirituel, il eust eu vn grand soin des ames, puis qu'il en auoit tant pour conseruer des corps. C'estoit icy que nous perdions nos finesses & nostre Latin ; car nous auions beau le diuertir par des questions Latines ou Grecques, en vers ou en prose, il nous respondoit tout court en François, il faut prendre garde que vos compagnons ne s'esloignent. Encore quelquefois en venions-nous à bout en luy dressant vne embusche dans quelque iardin en forme de collation ; car alors l'vsage du vin luy faisoit oublier le riuage de l'eau, & comme s'il eust esté nourry en Espagne, quand il ne luy coustoit rien il faisoit en vn festin des mieux de la compagnie. Il ny auoit que ces Iesuites de qui nous ne pouuions euiter les yeux & la connoissance : car outre qu'ils sont incorrupti-
bles,

bles, & tellement determinez au bien qu'on ne les peut flechir, ie ne dis pas à commettre, mais à conniuer à vn seul point qui offense la discipline des estudes, ils sont aussi vigilans à faire du bien à autruy, que les enfans de tenebres sont prudens à mal faire. Ils ont plus d'yeux que l'Argus, & plus penetrans que le Lynx pour empescher les moindres desbauches de leurs escholiers. Et ce qui eschapoit à la connoissance de nos Pedans, estoit aussi-tost euenté par ces habiles hommes qui chassent de haut vent, & à qui rien n'est impenetrable. Nous estions bien surpris lors que nous voyons produire à la lumiere ce qui s'estoit pratiqué en tenebres, & presché sur les toicts ce qui s'estoit malicieusement ourdy en des chambres. Ah! disions-nous, il faut aller bien droict deuant ces gens icy, certes ils sont ou Diuins ou Deuins, ont-ils point treuué la fenestre de Manus pour connoistre les cœurs & y lire les pensées? Sur tout c'estoit vn crime capital que de s'aller baigner dans la Garonne, de sorte que pour ne perdre l'ancienne coustume des baings, il se falloit resoudre d'estre frotté
& es

Livre VIII.

& eftrillé apres le baing. Nous auiõs beau poſer des ſentinelles par toutes les auenuës, comme s'ils euſſent eſté d'intelligence auecque l'eau & les Tritons, ils ſçauoient tout, & ie croy que ces peſcheurs d'hommes oſtoient encore aux poiſſons la qualité de muets, pour les rendre accuſateurs de nos deſobeyſſances. Que s'il arriuoit quelquefois que ceux que nous-auions mis au guet, pour empeſcher que nous ne fuſſions apperceus en cet exercice ſi agreable durant les chaleurs de l'Eſté, viſſent de loin venir quelques-vns des ces Peres, alors le ſignal eſtant donné vous euſſiez veu les vns s'enfuir tous nuds, les autres demynuds, ceux-cy emportans, ceux-là laiſſans leurs habits, en la meſme façon que s'eſcarte vn tas de poiſſons quand on iette vne pierre dans vn eſtang, ou vne troupe de pigeons à qui l'on donne la huée. D'autres ſautoient dans l'eau, & s'y plongeoiẽt en la façon que les babillardes grenoüilles ſe lãcent dans les mareſts, quand elles ſentent vn paſſant qui aborde leur riuage. Vne fois il me ſouuient qu'Orant voulant faire le plongeon, & ne pouuant

retenir

retenir son vent si long temps qu'vn canard, se pensa estouffer. ie pris aussi-tost ses habits sous mon manteau, mais ie fus surpris comme receleur par vn de ces Peres, qui vid bien que ce n'estoient pas mes liures, & mon Orant aussi honteux que la femme adultere, sortit d'entre les Nayades aussi nud qu'vn ver sort de la terre! ô montagnes, eust-il dit volontiers, tombez sur moy. Le lendemain luy comme infracteur des ordonnances, moy comme fauteur fusmes chastiez selon les loix, & puis la paix fut faitte. La vieille ne prenoit pas moins de plaisir d'entendre ces destours des ieunes garçons, qu'elle en auoit pris à reciter les soupplesses des filles. Et apres elle dit, il faut auoüer que l'esprit de la ieunesse est aigu & inuentif principalement pour le mal, ceux qui l'ont en gouuernement, peuuent bien la recommander à Dieu: car si Dieu ne garde les Citez, & n'edifie les maisons, en vain trauaille-t'on à les bastir & conseruer. Il faut que ie confesse qu'en vos deux Sœurs que vostre Pere a remises à ma conduitte, i'ay rencontré beaucoup de docilité, & qu'outre leur bon naturel

LIVRE VIII.   543

naturel elles auoient esté bien esleuées; mais ne m'en parlez point, les filles sont vn bestail plus difficile à mener que n'est vn troupeau de Cheures. Voyez-vous ces Cheures parmy ces montaignes? le Cheurier a vne peine extreme de les assembler, leurs crottes mesmes ne se tiennent pas ensemble, l'vne va deçà, l'autre delà, qui tire en auant, qui en arriere, celle-là va dans vn recoin à l'ombre, l'autre plus à l'erte grimpe sur la pointe d'vn roc, & ne broute que les bourgeons qui croissent en des precipices. elles negligent la pasture aisée & qui se presente à elles, pour s'esleuer sur leurs pieds, & atteindre des extremitez esloignées. Est-il question de la retraitte? on ne les peut reduire au parc, si elles cheminent ce n'est iamais par la droitte voye, elles ont des yeux hagards & tournoyans qui regardent deçà & delà, iamais leur veüe n'est fixe. Voylà vne perfaite image des filles, quelque honneur qu'on leur presche, quelque pudeur qu'elles ayēt sur le front, quelque voyle ou mante qui leur descende sur le visage, si elles veulent voir ou estre veuës, il n'y a seuerité de Mere, ny industrie ou vigilance

vigilance de Gouuernante qui les en puisse empescher, & bien que nous les fassions marcher deuant nous pour auoir l'œil à toutes leurs actions, elles sçauent esblouïr les plus clair-voyantes. Si ie n'eusse tenu Lucrece de bien pres, sans doute entre tant de ieunes galans qui en faisoient les empressez, il eust esté malaisé qu'elle n'eust faict choix de celuy qui luy eust semblé le plus agreable à son humeur & conuenable à sa qualité, pour porter sa dilection à ceste election. veu mesmes que sans offenser l'honnesteté ny la conscience, les plus vertueuses filles quand elles aspirent au mariage, peuuent en considerer plusieurs pour en acquerir vn par vn sainct hymenée. Mais Dieu-mercy nous auons si bien preueu à tout, & fermé toutes les auenuës à ces passions volages, qu'elle est venuë entiere de cœur aussi bien que de corps à son espoux. Ce qui n'est pas peu, car bien souuent il arriue que dans vn corps fort pur se treuue vn cœur vsé, corrompu, alteré, fralaté de tant d'affections differentes, que le mary qui possede entierement l'vn, n'a que la derniere & moindre part en l'autre, bien

que

que la vraye essence du mariage consiste plus en l'vniõ des volontez & des cœurs, qu'en l'vsage des corps. Hellade bien aise que ceste babillarde eust d'elle-mesme donné dans les toiles, & fust arriuée au point où il desiroit, luy demanda, & en ma Sœur Eufrasie n'auez-vous point remarqué de particulieres inclinations? Bien que plusieurs papillons, respondit-elle, voltigent autour de la lumiere de ses yeux, & qu'on la tienne par toutes les compagnies pour vne des belles Damoiselles d'Huesca, neantmoins ou elle est extremement fine & dissimulée, ou ie n'ay point remarqué en elle d'autre propension que celle qui est commune à toutes les filles, de ietter des feux par tout, i'entends de donner de l'Amour à plusieurs. mais il arriue ordinairement en ceste menée que celles-là se prennent qui veulent prendre,

Car donnant de l'Amour il est presque impossible

Qu'on n'ē reçoiue point, ou l'on est insēsible.
Toutesfois à vous qui estes son frere ie ne dois, ny ne puis rien celer de ce qui concerne son bien, veu mesme que cet auer-

Tome I.   M m

tissement peut faire euiter de grands accidens qui pourroient suruenir. De tant de Damoiseaux qui la couchent en iouë, ie n'ay point pris garde qu'elle en voye vn plus attentiuement que celuy qui est autant ennemy de vostre maison en general, que vostre amy en particulier. S'il pense à elle vous le deuez mieux sçauoir que moy, quoy que ie ne le croye pas, d'autant que ie voy qu'il regarde les autres auec autant d'attention, & toutes auec indifference. Souuent nous vous rencontrons ensemble, soit és places, soit parmi les ruës, soit dans les Eglises, & ie voy que l'ayman de l'œil d'Eufrasie se retourne vers ce Nort; au commencement ie croyois que ce fust vous qu'elle regardast, mais depuis i'ay remarqué à quelques signes particuliers qu'elle ressemble à l'Elephant, qui saluë le Soleil d'Orient. De plus i'ay pris garde que quand sa Sœur disoit d'Orant le pis qu'elle pouuoit, qu'Eufrasie au lieu de la seconder, ou se taisoit, ou destournoit ce propos, ou quelquefois comme pressée de quelque inclination elle prenoit la deffense de cet homme, par où elle témoignoit
ou de

ou de l'aimer, ou au moins de ne le haïr pas. Vous direz que ces remarques sont assez legeres; ouy certes en des hommes dont les passions sont plus ouuertes & plus faciles à reconnoistre, mais en nostre sexe qui est plus caché, la moindre estincelle est signe d'vn grand feu, tout signe nous trahit, tout y prend feu comme en vn bois sec, en vne matiere disposée. Ie ne suis pas venuë si auant dans l'âge sans auoir par beaucoup d'experiences appris ce qui estoit de nostre naturel, iugeant des ruzes des autres par les miennes propres. Si i'auois remarqué quelque progres en ceste passion, où ie n'ay apperceu que les commencemens & de foibles apparences, ie vous prierois d'y remedier de bonne heure, vne bluette estant plustost esteinte qu'vn grand feu. Mais depuis la nopce de Lucrece il me semble que ceste fumée est esuanoüie, & que ce feu s'est esteinct, elle ne parle plus de luy, ny ne le regarde plus, & vous diriez mesme qu'il fuit sa rencontre. Si ie voyois que cela se renouuelast ie vous en auertirois aussitost, affin d'euiter les querelles & les fureurs que vous sçauez que cela exciteroit entre vos parens & ce Gentil-homme, pour lequel ie n'ay pour mon particulier aucune haine, & que ie sçay que vous cherissez. Quand Hellade luy eust donné la gesne ordinaire & extraordinaire, il n'eust pas tiré d'auantage de sa bouche. Cet Ancien qui disoit que les Tyrans de Sicile inuenteurs de bourreleries, n'auoient peu treuuer de plus grand tourment que celuy de l'Enuie, & que pour tirer la verité de la langue d'vn criminel, il n'y auoit point de plus violente torture que le vin, ny de plus grand secret que de l'ennyurer; deuoit adiouster que la question la plus subtile est celle de la flatterie: car quand vne fois ceste huille passe de l'oreille dans le cœur, principalement d'vne femme, il n'y a ressort qu'elle ne remuë, ny secret qu'elle ne crochette.

CLEO

CLEORESTE.

LIVRE NEVFVIESME.

E fut icy qu'Hellade ramaſſant toutes ſes ſubtilitez dans ſon eſprit, & recueillant ſes plus emmiellez propos ſur ſes leûres, ſerrant les mains de ceſte eſdentée, & auoyſinant ſon viſage du ſien ; (approche qui luy couſta le ſentiment d'vne exhalaiſon infernale) Ie te iure ma Mere, luy dit-il en riant, que parmi tant de vertus qui te rendent venerable, i'auois touſiours bien remarqué que la Prudence tenoit vn haut rang : mais maintenant ie ne puis que ie n'admire ceſte ſubtilité qui eſt comme la pointe de la Prudence, laquelle te rend penetrables les ſecrets des cœurs. Vrayment il t'appartient de conduire des filles, & mon Pere doit bien mettre parmi ſes felicitez ta rencontre

pour le gouuernement des siennes, puisque c'est de là que depend le bonheur comme l'honneur d'vne maison. Qui ne s'estonneroit de voir que tu te sois apperceüe d'vne chose qui me pochoit, s'il faut ainsi dire, les yeux, & dont ie ne m'auisois pas? & quoy que i'aye autant de part dans les secrets & pensées d'Orant qu'homme qui soit au monde, i'ay neantmoins esté assez long temps dans l'ignorance de ceste inclination de son esprit. Or c'est la verité ma bonne Mere, qu'il a eu comme des yeux, aussi des affections pour ceste fille; & bien qu'il gesnast autant qu'il pouuoit ses regards, & les reglast plustost selon la modestie & l'indifference que selon les mouuemens de sa passion, & que ma Sœur ait tousiours esté ignorante de ses pretensions, il ne laissoit pas pour cela de nourrir son feu dans sa poitrine, sans permettre que par aucune plainte ou le moindre souspir il en parust vne seule estincelle. Ce qui le faisoit perir à veüe d'œil d'vne douleur inconnuë à tout autre qu'à luy. Et bien qu'il taschast de me desguiser son mal, couurant sa veritable langueur d'vne feinte ioye, si est-ce qu'il
ne

ne peut faire que la palleur de son visage ne le trahist & ne me fist connoistre assez euidemment qu'il auoit en l'Ame quelque chose qui le trauailloit. Le mal d'aymer a ses marques aussi bien que les fieures & les pleuresies. Ie voy flestrir les fleurs de son visage, & ie m'en afflige, si i'en recherche la cause, ie ne la puis treuuer, & certes à n'en point mentir, ie ne me fusse iamais imaginé le vray sujet de son tourment. Ie le promene par les compagnies pour treuuer moyen de le diuertir de ses melancholiques pensées : mais les conuersations ne le peuuent destourner de sa fantaisie, au contraire i'accroissois son mal par le remede que i'y pensois apporter. A la fin apres auoir bien espié & consideré sans rencontrer ce que ie cherchois, ie fus contrainct de me plaindre à luy de ceste façon : Mon Oreste (c'est ainsi que i'ay accoustumé de l'appeller) puis-ie estre vostre Pylade & vostre parfait Amy sans prendre part à la douleur qui vous afflige ? & quelle part y puis-ie prendre si le sujet m'en est voilé ? Nous ne fusmes iamais qu'vn cœur & vne Ame, comme donc estes-vous si particulier en ce secret? Le regret que i'ay de vous voir en vn estat si chagrin, me rend aussi triste que vous; n'estes-vous pas iniuste de permettre que ie participe à la douleur sans vouloir que i'aye communication de la cause? Peut-estre que i'y pourray remedier, ou pour le moins que mon secours ne vous y sera point inutile, si vous doutez de ma puissance, vous ne le pouuez de ma volonté. Ce n'est point m'aymer comme il faut que d'auoir des passions sans me les declarer; ie voy bien qu'il y en a quelqu'vne qui vous trouble, si elle est de haine, ie vous vengeray, si de desir, ie vous y aideray, si elle est de tristesse, ie l'adouciray, si d'esperance, ie l'auanceray, si de desespoir, ie la modereray, si de crainte, ie la tempereray, si d'Amour, de quoy ie me doute, ie me rendray non riual, mais partial pour le soustien de vostre flame. Vous dites que ie suis vostre seconde Ame, & i'ignore ce qui se passe en vostre esprit, vous dites que ie possede vostre cœur, & ie ne sçay point vos pensées, vos propos ne s'accordent pas. Ce n'est point la perte d'vn parent ny de vos biens qui vous afflige, la fortune (que ie sçache) ne

vous

vous attaque point de ces costez-là. Quand bien ie vous aurois manqué de foy, vous ne seriez pas plus desolé. ce que ie ne feray iamais, parce que ie sçay trop combien vous valez, & le besoin que i'ay de vous; si i'estois si perfide & si mesconnoissant, ie serois plustost ennemy de moy-mesme que le vostre. Reste donc que ie m'en prenne à ma propre indignité, & que i'auoüe ne meriter pas d'en apprendre le suiet. Orant ie ne suis pas vne fille, vous me le pouuez confier sans craindre qu'il soit manifesté par mon babil. Vous auez tort, me respondit-il, cher Pylade, de croire que i'entre en quelque deffiance de vostre amitié. Ce que ie ne vous diray point ie le celeray à moy-mesme, ou bien il importera à vous mesme que ie vous le taise. Ie n'ay rien au monde qui me touche de si pres que vostre consideration. La vie des parens depend de l'ordonnance de celuy qui a le nombre de nos ans en ses mains, les biens sont à la fortune, qui les oste & les baille comme il luy plaist, ces choses-là me sont peu sensibles. Vous qui estes mon vnique & perfaict Amy, ne me sçauriez abandonner

Mm 5

qu'en la mesme façon que vous vous osteriez la vie, ce seroit contre la raison & ma volonté. L'Astre de ma naissance m'inclinant à l'amitié, a tousiours rauy vers vous mes plus pures & sinceres affections, vostre amitié est la vie de mon Ame, quand elle me quittera, celle-cy laissera mon triste corps. Quelle cause, ou mesme quel pretexte de separatiõ pourriez-vous treuuer en moy, qui n'ay rien qui tende à vous desobliger, ou plustost qui ne vis que d'estre obligeant & fidele? Mon naturel mesme que vous connoissez de lõguemain, repugne au changement, ie n'ay point d'interest qui me soit plus grand que vostre satisfaction, quand i'aime vne fois, i'aime à l'eternité ialoux conseruateur de ma parole. Plustost mourir que de déplaire à celuy à qui i'auray engagé mes affections, & vny ma volonté à la sienne, duquel par apres ie ne me pourrois souuenir qu'en reconnoissant ma lascheté, ny l'oublier sans vne extreme ingratitude. Si i'estois si miserable, ie penserois que ce monde icy estant comblé de mon peché, il m'en faudroit chercher vn autre pour receuoir ma fuitte. Neantmoins ie ne voudrois

voudrois pas aſtraindre vn Amy à vne repentance ſi dure, quelque faute qu'il euſt commiſe contre moy, ie n'en voudrois point d'autre reparation que de luy faire connoiſtre que ma bonté ſurpaſſeroit ſon offenſe, content s'il vouloit triompher de ſa faute par ſa correction. Si bien qu'au lieu de le plonger dans le deſeſpoir par la honte, ie l'inuiterois de reconnoiſtre ma conſtance, & de l'imiter s'il m'arriuoit par fragilité de tōber de ſemblable cheute. Le threſor recouuré eſt doublement chery, auſſi l'Amy reconquis: ie voudrois aller iuſques à ce point, qu'il ne viſt en mes deportemens aucun ſouuenir de ſon outrage, comme ſi ſon crime n'auoit eu que faire de pardon. non content de fermer la playe, ſi encore ie n'en effaçois la cicatrice. Sçachez donc cher Amy, que c'eſt voſtre ſeule occaſion qui me fait reſerrer au milieu de mon cœur ce que vous ne pouuez coniecturer que par de foibles apparences. Ce diſcours ſubtil, mais ambigu me mit en plus grande peine qu'au parauant, ces termes douteux & entrecoupez trauailloient fort mon eſprit apres leur intelligence, i'entreuoyois qu'il

me

me mesloit dans sa plainte, comme s'il m'eust enuelopé dans vn enigme. Sur quoy ie luy repliquois, il semble cher Pylade, que vous soyez possedé de quelque fureur qui vous fait respondre à mes questions comme vn Oracle, qui n'entonne que des mysteres dont l'interpretation nous est cachée; si cela est, & si vous continuez à me parler en ce stile-là, ie ne vous escouteray plus qu'estant à genoux & en toute reuerence. Alors ie forçois sa melancholie de ietter quelque sousris, mais ceste ioye forcée ressembloit à ces rayons que lance quelquefois le Soleil à trauers vne pluye. Quelquefois ie me iettois à son col, comme si i'eusse deu par ce moyẽ attirer la verité sur ses leûres. D'autresfois ie l'embrassois amiablement, & en luy reprochant son peu de courage ou d'affection, ie le coniurois de me declarer son déplaisir, & ceste gesne le pressoit auec d'autãt plus de force qu'elle estoit plus suaue. En fin apres auoir amusé quelque temps sa douleur & ma patience par des paroles incertaines, son cœur accablé de tristesse cõmença de vuider son amertume par les yeux. Ceste eau fut pour moy

vn

vn deluge de defefpoir, car penfant eftre caufe de cefte horrible tristesse qui l'accueilloit, & d'ailleurs me fentant la confcience plus nette d'ingratitude que le cryftal d'vne fource qui fort d'vn rocher, plus claire que le rayon du Soleil, & plus candide que la neige, ne me fouuenant point d'auoir iamais admis en mon Ame vne feule penfée qui peuft offenfer ce cher Amy, ny bleffer noftre fainéte amitié, entre la veüe de mon innocence & l'apprehenfion d'eftre coulpable, ie fouffrois vne douleur qui ne fe peut conceuoir que par l'experience. Cher Orefte, luy difois-ie me iettant à fes pieds, ie fuis homme, ie puis faillir, c'eft vne chofe humaine, il peut bien eftre que ie vous aye offencé, ou manqué à quelque deuoir d'amitié. Mais i'appelle à témoin le Soleil, ou pluftoft la premiere caufe qui luy donne l'eftre & la lumiere, que ce fera par inaduertance; car de volonté non de vous offenfer, mais de vous déplaire ie n'en eu iamais, ne me traittez pas plus durement que les criminels, que ie fçache pour quelle faute i'endure le fupplice que voftre douloureux filence me fait fouffrir.

Cefte

Ceste ciuile inuention & delicate procedure, par où ie taschois de penetrer en ce qui l'affligeoit, le mit aux termes de ne sçauoir plus ny se taire, ny comment s'expliquer. Il se teut laissant parler l'humide prunelle de ses yeux, & se separant de moy auec vn grand effort, ce mesme effort en se retirãt luy arracha ces parolles, vous les sçaurez par ma plume, puisque vous m'y forcez. Et d'effect peu d'heures apres vn de ses gens m'apporta vn papier, qui disoit à plus pres ainsi.

LETTRE D'ORANT A HELLADE.

Vostre amitié qui s'est acquis vn Empire absolu sur mes volontez, me contraint de satisfaire à vostre curiosité. I'y consens neantmoins faisant vertu de la necessité, bien que ce soit aux despens de ma vie & de vostre contentement. Il vous sera peu agreable d'entendre la cause de ma douleur, mais faisant auecque vous profession d'vne si estroitte amitié, il me seroit & messeant & impossible de la vous taire. La creance que vous auez en ma fidelité, ne me permet pas de vous celer le fonds de mon ame, puisque mon silence vous afflige,
i'ayme

i'ayme mieux que ma parole me tuë pour vous soulager. Aussi bien quand ie m'obstinerois à vous cacher mon cœur, vous auez trop de subtiles inuentions pour n'euenter point à la fin les mouuemens de mon esprit ; les charmes de vostre conuersation donnent à vostre volonté tous les moyens de se faire obeyr qui luy sont necessaires. Et bien que la nature de mon déplaisir m'obligeast de preferer le respect que ie vous porte à vos curieuses demandes, & d'opposer le desir de vostre repos à celuy de vous obeyr; en fin i'ay ceste obligation à vos coniurations & à leur douce violence, de vous pouuoir dire sans vous offenser ce que ie n'osois de peur de vous déplaire. A ceste occasion i'ay emprunté de ce papier & de ma plume, ce que ie n'eusse osé me promettre de la fermeté de mon discours, qui eust esté troublé par la honte que me cause l'impossibilité de mes desseins. Vous auriez tort de reietter sur vous le suiet de mon mescontentement, & d'attribuer à vostre faute ce qui fait naistre ma tristesse. si posseder vostre amitié estoit m'offenser, vous auriez occasion de craindre que vos affections qui me sont si cheres, ne me fussent deuenuës des outrages, mais ie n'ay pas encore le sens si peruerty. De croire que ie fusse entré en quelque

deffiance

deffiance de voſtre fidelité, ce ſeroit pecher contre les preuues que i'ay de voſtre courage, & que vous auez de ma foy. Ioint que contre de ſi vains ſoupçons les occurrences paſſées ſont autant de cautions de ma Conſtance. Voſtre vertu vnique obiect de ma bienueillance porte auecque ſoy des neceſſitez de vous faire aimer, & vous n'auez point de deportemens qui ne ſoient autant d'aſſeurances de ſon Empire. D'eſtimer que ie ne connoiſſe pas quel threſor ce m'eſt que la poſſeſſion de voſtre cœur, il y a trop peu d'apparence, puiſque ayant eſté ſi long temps nourri aupres de vous, vous auez eu tout loiſir d'eſpreuuer mes ſentimens. Vous n'eſtes donc point la cauſe de ma melancholie, vüeille le Ciel que vous ſoyez ma couronne & ma ioye. Si vous ſçauiez comme le cœur me bat, & la main me tremble maintenant qu'il faut que ie leue le premier appareil du ſilence que i'auois mis à ma playe, vous auriez autant d'apprehenſion de lire ces lignes que i'ay reſſenti de crainte en les eſcriuant, & plus de pitié de ma paſſion que ie n'ay de courage pour l'expliquer. Pour Dieu, mon Pylade, demeurons-en là. Ou ſi l'obeiſſance me contrainct de paſſer outre, bride & arreſte icy le cours de ta curioſité. C'eſt icy où la plume me tombe des mains, & où les termes

termes me manquent pour exprimer mon incomparable tourment. Vous m'auez reproché que ie parle en Oracle, & certes c'est de la fureur de ceux qui rendoient autrefois les Oracles, qu'il me faut emprunter la façon de me faire entendre. Si le papier pouuoit rougir, c'est icy que ie m'arresterois tout court, mais me seruant de son priuilege, & de celuy du commun enthousiasme des Amans & des Poëtes, qui met sur le front de ceux qui en sont espris vne rougeur ambiguë, & qui oste le moyen de discerner si elle prouient ou de l'Amour de la veruë, ou de la veruë d'Amour, ie m'escriray, ou plustost ie l'escriray en ces paroles,

    Certes c'est vn mal bien amer
    Que celuy qui prouient d'aimer.

Voila l'effect dont voici la belle & glorieuse cause.

    C'est d'Eufrasie que procedent
      Toutes les douleurs qui m'obsedēt
      Sans remede & sans reconfort;
      Elle file mes destinées,
      Et par son vouloir mes années
      Seront pres ou loing de la mort.

O Hellade i'ay tout & trop dit. Et bien que

ces mots empruntent la mesme rigueur de la contrainte des vers que le soufle qui passe par le canal estroit d'vne trompette & d'où il sort par vn son éclattant; si est-ce qu'ils sont extremement foibles pour representer vne passion si forte comme est la mienne, & ils l'offensent au lieu de l'exprimer. N'en iugez point, ie vous prie par le deffaut de leur eloquence, mais par la perfection du beau suiet que ie viens de nommer. Ha! Hellade, ne vous offensez point contre ma temerité, ne me reprochez point mon inconsideration. Ie sçay que mon desir est vne pure folie, puis qu'il ne peut estre soustenu par l'espoir, veu que ie l'esleue vers vn bien que les inuincibles obstacles logent dans vne impossible acquisition. Ie sçay bien qu'il en faut mourir, & que ie souspireray iusques-là vn mal sans remede. Voylà, Hellade, le vray suiet de mō incurable maladie. Face le Ciel qu'à la perte infaillible de mon temps, de mon Amour, & de mon repos, ie n'adiouste point encore par cet oser temeraire & ceste peu iudicieuse entreprise celle de ton amitié, qui est l'vnique planche qui me reste apres mon naufrage, la seule consolation que ie ressens dans les tourmens que ie souffre, & le seul lien qui retient mon Ame dans sa mortelle prison.

Tout

Tout va bien, dit le prouerbe, il a rougy. Et vn habile personnage voyant vn ieune garçon qui rougissoit, courage, luy dit-il, mon enfant, ceste couleur est la liurée de la vertu. L'attention principale des Medecins est autour de la connoissance du mal qui afflige le malade, vne maladie bien reconnüe est à moitié guerie. Il n'est point de si mauuaise terre qui ne produise quelque chose, si elle se laisse soigneusement cultiuer, ny de passion si farouche qui ne s'adoucisse, pourueu que celuy qui en est agité preste l'oreille à la raison. I'appris par ceste lettre que le mal d'Orant estoit l'Amour. mauuais mal, puis qu'il plaist en sorte que l'on en fuit la guerison. Et que le sujet en estoit Eufrasie. fascheux sujet, puisque l'esperance de l'acquerir est interditte. Cependant ce fut vne espece de soulagement à mon esprit de sçauoir que ie n'estois point en coulpe, & que ceste amitié d'Hellade qui m'est si chere & si necessaire, me seroit conseruée. Ie l'appelle chere, parce que mon Ame est si fort passée en luy, & mon aise & mon repos si fatalemēt attachez à sa personne, qu'il ne faut que m'en esloigner pour reconnoistre que l'on m'arrache à moy-mesme, & à tous les contentemens que ie pourrois gouster. Ie la nomme necessaire, parce que la mauuaise volonté de mon Pere enuers moy, qui ne prouient que de la bonne que i'ay pour Orant, me reduit à de telles extremitez, que sans l'aide de cet Amy, dans la bourse aussi bien que dans le cœur duquel ie treuue ce que ie veux, ce seroit vne chose honteuse de voir le miserable equipage auquel il me faudroit paroistre. Mais outre qu'il est plus riche que Nisard, Lothaire son Pere l'a laissé son heritier vniuersel, & il manie son bien & gouuerne toute sa maison, n'ayant qu'vne Sœur à marier dont la beauté fera la moitié de la dote. Quand bien doncques l'ingratitude me feroit arriuer iusques à ce malheureux point d'oublier laschement tant d'obligations dont ie luy suis redeuable, sa bonté si secourable & sa puissance si necessaire à mes besoins, seroient capables de me le faire rechercher iusqu'au bout du monde. Et à n'en point mentir, si ce n'estoit ceste haine obstinée & implacable que mon Pere & mon frere ont conceüe contre ce Gentilhomme, au-quel

quel quoy qu'ils dient ils sont obligez de la vie, ie ne voy point ie ne diray point en Huesca, mais en tout l'Arragon de party qui fust plus auantageux pour ma Sœur. & si la taye de la haine n'aueugloit point ceux de qui depend sa volonté, ceste alliance leur seroit souhaittable, & seroit à mon auis desirée des plus gens de bien de ceste ville, qui sont attristez, scandalizez & las de voir ceste inimitié irreconciliable & hereditaire entre nos familles. Certes ces mesintelligences & diuisions soustenües de diuerses parts, troublent quelquefois si fort la tranquilité publique, que ceste ville par ces factions s'est veüe souuent à la veille de se demébrer, & d'estre arrosée du sang de ses Citoyens. Et ne seroit-ce pas vn grand bon-heur, si par quelque honnorable alliance ces funestes partialitez pouuoient estre esteintes, & le repos fermement estably ? Ce fut la premiere Idée qui me vint en l'esprit. Idée qui naissoit du bien que ie veux à ma propre famille, & de la bienueillance que i'ay pour mon Amy. Mais las ! il n'y faut pas seulement penser, ny mesme la desirer, puis qu'il n'y a point d'apparence de l'esperer. Quand j'abborday Orant apres sa lettre receüe, il me parut si plein de confusion que s'il eust peu se cacher à ses propres yeux, ie croy qu'il l'eust faict, il n'osoit les esleuer vers mon visage, ny me dire vn seul mot. Ce qui me conuia de parler le premier, & de luy dire : Vrayement c'estoit bien là vn mal qu'il me fallust cacher, comme si ie ne l'auois pas deuiné parmy mes coniectures. Ne sçais-tu pas bien que i'en ay esté attaint à Lerida, & que si ie veux que l'on pardonne à ma folie, ie dois estre indulgent à celle des autres ? Aussi le suiet est bien tel qu'il te doiue couster vne seule heure de mauuaise mine, ou troubler ton repos d'vn seul moment. Mais de peur d'offenser ta passion, qui selon sa coustume met tousiours l'obiect aimé au dessus des estoiles, ie veux croire que tu ayes raison d'affectioner les vertus veritables & les beautez que tu imagines en la Sœur, si tu as de la honte, elle deuroit estre de l'amitié que tu portes depuis tant de temps aux demerites du frere. Ha ! me respondit-il, cher Pylade, il n'y a plus que la seule compassion que tu auras de ma langueur

qui

qui puiffe prolonger ma vie, fi tu te moc-
ques de ma bleffeure ie fuis perdu, i'en
mourray fans plus, car mon malheur fera
fans refource. ne rauale point par tes paroles les bontez que i'ayme en toy, & les
beautez que i'adore au fuiet de mes defirs & de mes defefpoirs : car c'eft non
feulement blafmer mon iugement, mais
m'outrager en ce qui m'eft le plus fen-
fible. Comme ie penfois ainfi qu'vn chien
fidelle guerir les playes de fon Ame en
les lechant, c'eft à dire, en les adouciffant
par les paroles de ma langue, & le deftourner de cefte nouuelle affection, tantoft en meseftimant ma Sœur, tantoft en
luy reprefentant qu'il eftoit impoffible
d'atteindre à cefte alliance, & vain de
l'attendre, nõ qu'il n'euft plus de qualitez
qu'il ne falloit pour efperer ce party, mais
à caufe de l'inimitié capitale des miens,
ie vis que fes bleffeures s'enflammoient
par les remedes que i'y penfois apporter,
& que fa douleur s'irritoit par cefte contradiction. Ie crû qu'il falloit biaifer le
gouuernail, & prefter le flanc du vaiffeau
à ces flots que ie ne pouuois vaincre de
droit fil. Il y a de certaines maladies bi-

gearres, qui requierent que l'on condescende au moins de parole aux humeurs du patient : & tout ainsi que les Medecins qui ne peuuent dessecher vne fluxion, s'essayent de la diuertir & dissiper en diuers lieux, ou de la destourner sur des parties moins sensibles, ou dont l'offense est moins dangereuse ; de mesme voyant que ie ne pouuois tout à coup arracher ceste passion qui auoit gaigné trop auāt en son cœur, ie taschay de l'endormir par de belles promesses de m'employer pour luy vers ma Sœur & mes parens, pour flechir le courage de ceuxcy à la reconciliation, & de celle-cy à luy vouloir du bien. L'amusant par ces douces paroles, qui tomboient en son cœur comme la pluye sur la terre seche, & la rosée sur la toison, ie ramenay la serenité dans son esprit, & vne ombre d'espoir qui se mit en son courage, redonna la vigueur à son corps & l'embom-point à son visage. Bien que i'eusse faict ces promesses asses legerement, toutesfois ne pouuant souffrir le manquement de ma parole, i'acostay ma Sœur, & bien qu'elle fust partisane de mon Pere, de mon frere,

& de

& de ma Sœur Lucrece au peu d'estime qu'ils faisoient d'Orant, neantmoins elle ne l'estoit point de leur haine furieuse, soit parce que sa pieté la fist craindre l'offense de Dieu, soit parce que son humeur assez douce ne la portast pas à l'aigreur, & ne luy peust faire conceuoir d'inimitié contre vn Gentil-homme qui ne l'auoit iamais offensée. Ayant treuué ceste bonne disposition en elle, & croyant comme sur vne carte blanche y imprimer tels characteres que ie voudrois, & la porter à quelque bienueillance pour celuy que i'ayme comme moy-mesme, ie me treuuay deschus de mon attente, par la forte attache qu'elle a aux interests & à la volonté de mon Pere. Et certes ie ne la puis blasmer en cela, puisque c'est le fondement de l'honnesteté d'vne fille bien née que l'exacte obeyssance aux vouloirs de ceux qui l'ont mise au monde. Ce que ie peu faire à force de prieres & de coniurations, pour conseruer la vie de mon Oreste qui ne tenoit qu'à ce petit filé, ce fut d'obtenir d'elle quelques œillades feintes, par lesquelles elle luy témoigneroit sinon des inclinations, au moins qu'elle n'auoit point d'auersion de sa presence. D'autre costé ie priay Orant de mesnager si prudemment ses regards, que ma Sœur Lucrece ny vous ne peussiez vous apperceuoir qu'il les arrestast sur Eufrasie plustost que sur les autres. Et c'est de là que prouient (encore que vous ayez bon pied & bon œil) ceste douce tromperie, qui vous a faict croire qu'elle eust quelque inclination pour luy, encore qu'elle n'en ait point, & qu'il n'en auoit point pour elle, encore que l'affection soit toute de son costé, à raison qu'elle feignoit de le voir & l'agreer, & luy au contraire faisoit semblant de ne la regarder que comme vne personne indifferente. Ie ne laisse pas toutesfois d'admirer la subtilité de vostre sentiment, qui a aussi tost iugé du feu par vn petit filé de fumée, & reconnu aux moindres apparences qu'il y auoit de l'intelligence cachée sous ces regards. Certes il n'appartient qu'aux femmes habiles comme vous, d'auoir l'esprit ainsi aigu & transcendant. Apres auoir mis ceste feinte disposition dans les yeux de ma Sœur, ie pensay toucher quelques traicts en passant à mon

Pere

Pere touchant ceste reconciliation auec Orant; mais il s'est tousiours monstré tellement imployable à cela, que mesme ie suis entré en sa disgrace pour vouloir mettre mon Amy en sa grace. Cela fut cause qu'apres auoir entretenu long tẽps Orant de vaines & trompeuses esperances, ie luy declaray vn iour tout franchement qu'il m'estoit impossible de gaigner rien sur le courage de mon Pere, que la haine qu'il luy portoit estoit tellement enracinée, qu'il ne falloit pas attendre qu'il entendist iamais à ceste alliance dont il flattoit son imagination, & qu'il falloit s'essayer d'arracher ceste passion de son esprit plustost que de la rendre incurable. Ie luy conseillay (puisque nous nous gaignons par le reuers de ce qui nous perd) d'estouffer dans les tenebres de l'absence vne affection née des lumieres de la veüe. Le pauure garçon plus desolé que celuy qui est trainé contre son gré au supplice, s'est par mes remonstrances resolu à ceste éclipse comme à vn aueuglement, & faisant deux sources continuelles de ses yeux, & de sa bouche vn souspiral de sanglots & de plaintes,
s'escarte

s'escarte le plus qu'il peut de cet obiect qui le charme, sçachant que ceux qui sont mordus des bestes enragées, ne peuuent guerir en la presence des animaux qui leur ont planté la rage auecque la dent. Vous auez tres-bien remarqué que depuis les nopces de Lucrece, qui furent le tombeau de ses pretensions, parce que ce fut en ce temps-là que ie le seuray tout à faict de ceste esperance qui l'allaittoit, il ne paroissoit plus de iour aux lieux où ma Sœur alloit, parce que ne voulant plus estre cause de son naufrage, ie luy fais euiter cet escueil autant que ie puis. Mais quelle pitié ne me fait ce miserable? certes quand i'aurois vn rocher en la place du cœur, ie croy qu'il se fendroit de compassion. Ie ne vous veux point raconter les tourmens qu'il endure, parce que leur recit vous feroit horreur. les maux sont naturellement contagieux, ceux que ie vous dirois vous en pourroient causer. Pour moy i'y prens telle part que si son affliction ne prend fin, ie croy que ie seray contrainct de m'abbatre sous l'effort de quelque violente maladie; car ie ne puis plus viure si celuy qui est ma secõde
Ame

Ame endure des supplices continuels. Là le galand auec autant de facilité que s'il eust esté fille, lascha vne pluye douce de larmes volontaires, & bien que ceste eau fust plus artificielle que naturelle, le cœur de la vieille en fut tellemēt attēdry, qu'encore qu'elle ne se souciast pas de moy, i'ētray lors en sa cōsideration par la porte de la pitié qu'elle eut d'Hellade. Vrayement, luy dit-elle, ie plains autant l'amitié que vous auez pour ce Gentil-homme, que l'Amour qu'il y a pour vostre Sœur, & ie crains que ces causes ne produisent de funestes effects. Malheur à l'inimitié implacable des vostres cause de tant de desastres & de seditions, que pleust à Dieu que ce flambeau de guerre fust esteinct, & que nous vissions luire en sa place celuy d'vn iuste & sainct Hymenée. De tels partis & de si heureuses rencontres ne se presentent pas tous les iours. Difficilement Eufrasie treuuerat'elle vn Gentilhomme qui auecque les biens de fortune, ait ceux de nature comme celuy-là, qui est de bonne grace, accort, affable, courtois, vaillant, & qui l'aime auecque tant d'ardeur. C'est dommage

mage qu'il s'abandonne ainsi au desespoir, & à ma volonté que ie le peusse par mes inuentions retirer de cet abysme. Ie ne penserois pas pouuoir rendre vn meilleur office à vous, à vostre Sœur, & à toute vostre maison, que de luy procurer vn tel mary, & de mettre la paix en vostre famille. A ces mots qui touchoient Hellade dās la prunelle de l'œil, car il y alloit de sa gloire quand il s'agissoit de ma felicité, il renouuela ses caresses, & y adioustant des offres immenses, dont elle deuoit attendre l'accomplissement de moy qui estois en possession de mes biens, qu'il luy representoit comme fort grands, par cette batterie à bales d'argent il eut incontinent gaigné le fort de son esprit,

Qui auoit l'or tant seulement
Pour son Nort & pour son aimant.

Son cœur s'ouurit à ces propositions comme fait le soucy aux rayons du Soleil. Si bien que pour le trancher court, apres luy auoir dit qu'elle auoit tousiours reconnu à mon air ie ne sçay quoy de bon & d'agreable, elle n'auoit iamais esté partiale pour la haine de Nisard, qu'autant qu'elle auoit esté obligée par la charge
qu'elle

qu'elle auoit receüe de s'accommoder à son humeur. Mais que cela estant contre la loy de la Charité, elle aimoit mieux obeyr à Dieu qu'aux hommes, & se ranger du costé de ceux qui s'aimoient, que de ceux dont la fureur irreconciliable estoit blasmée de tout le monde. Que les amitiez fondemens des Mariages viennent du Ciel, & que les seconder & appuyer estoit vn œuure meritoire; qu'elle luy conseilloit de releuer par de bonnes paroles mes esperâces abbatuës, & de m'exciter à poursuiure courageusement mon entreprise commencée, sans m'imaginer que la fortune y deust apporter du desordre, & que de son costé tant en disposant l'esprit de la fille que des parens par de subtils moyens, elle en rendroit l'euenement si aisé qu'en leur temps mes pretensions arriueroiēt à leur fin desirée. Quand Hellade eust eu le pouuoir de ietter des pensées dans son esprit, & de mettre des paroles en sa bouche, les eust-il peu former d'vne autre sorte pour arriuer au but qu'il souhaittoit, qui estoit de me contenter? Ma Mere, luy dit-il en l'embrassant, si tu nous rends de si bons offices, car i'ay

vne

vne part qui n'est pas petite en ceste obligation, croy que tu n'auras obligé des ingrats, car outre ma bonne volonté qui t'est toute acquise, Orant est si riche qu'il a moyen de prouuoir tes deux filles, d'auancer ton fils, & de te mettre à ton aise le reste de tes iours; & pour tesmoignage de cela, sçache qu'aussi tost que i'auray donné cet auis à Orant, tu ne manqueras pas de ressentir les effects de sa liberalité. Tout cecy se traittoit entre eux, lors que ie parlois à Eufrasie au lieu & à ma façon ordinaire. nostre entretien fut partagé entre vn Paradis de desirs, & vn enfer de desespoirs: car comme l'affection de ceste vertueuse Amante m'estoit acquise, il n'y auoit aucune apparence de conquerir celle de ses parens irritez. Si bien que ie ressemblois à cet enfant de l'embleme qu'vne aisle pousse vers le Ciel, & qu'vne pierre retient contre la terre. Elle me iuroit bien de n'admettre iamais d'autre affection en son Ame que la mienne, quelque violente tempeste dont ses parens la peussent assaillir; mais qu'elle me prist pour espoux malgré eux, c'est ce que ie n'osois luy proposer, & qu'elle ne m'eust m'eust pas promis, parce que l'honneur & la vertu estans les deux bazes de nostre Amour, il ne luy falloit point parler de violer d'vn seul point non pas l'obeyssance, mais mesme le moindre point des ceremonies & de la bienseance commune, plustost resolüe de mourir affligée & patiente, que de viure contente & blasmée. Car bien que ie n'en esperasse rien que par la voye du mariage, il y a des moyens qui conduisent à ce sacré lien, qui ne sont pas appreuuez par ceux qui comme elle raffinent le point d'honneur iusques au dernier carat. Le signal de la retraitte donné par Hellade, nous ayant faict disparoistre & finir nostre Sabat delicat, que deuins-ie à vostre auis le lendemain, quand mon Amy m'apporta la nouuelle non de l'amusement simple, mais de la conqueste de l'esprit de la vieille? O vieille, dis-ie alors, que ie me repens des iniures que i'ay autrefois vomies contre ta bonté. hé! ne sçauois-ie pas que l'on a de coustume de donner le titre de bons à ceux qui sont vieux, vn bon vieil homme, vne bonne vieille femme? & auecque raison, car en cet âge on ne peut plus estre mauuais, parce que les maux de coulpe nous laissent quand les maux de peine (dont la vieillesse est vne source inespuisable) nous accueillent. Toutes choses comme les singes n'empirent pas en vieillissant, le vin vieil, & les vieux escus, & les peintures anciennes ont leur excellence toute particuliere. le plomb mesme par succession de temps s'affine en argent. & que sçay-ie s'il n'en est point des ames comme des lames, dont les plus vieilles sont celles de la plus fine trempe? Hellade rioit m'entendant prononcer ce paranymphe de la vieillesse, & me disoit, patience Orant, ne faites pas le triomfe deuant la victoire; il y a vn certain animal dont le nom approche de celuy que les Latins donnent à la femme, qui garde long téps vn coup de pied à son Maistre. Ne pensez pas loüer ceste-cy par sa vieillesse, car ie vous apprends qu'encore qu'elle ne marque plus, elle ne pense pas estre si âgée qu'elle est, ioint que le nom de vieille est autant iniurieux à vne femme, que celuy de vieillard est honnorable à vn homme. le nom de laide est vn outrage insuportable à vne femme, & qui ne

sçait

LIVRE IX. 579

sçait que la vieillesse est la compagne inseparable de la laideur? Quand ie te feray parler à elle, garde bien que ces mots de vieillesse ny de mort dont le voysinage est si contigu, sortent de ta bouche, car au lieu d'acquerir ses bonnes graces, ce seroit ruiner entierement tes affaires. L'allegresse qui me trãsportoit estoit si grande, que partie pour cela, partie pour l'auertissement qu'Hellade me donnoit, ie me mis à éclatter de rire, ie m'en pris par les oreilles, & ne finis point que les larmes de cet effort n'en coulassent de mes yeux.

Encor que les respects m'obligent au silence,
  I'ay beau me contrefaire & beau dissimuler,
  Les douceurs où ie nage ont vne violence
    Qui ne se peut celer.
Mais ô rigueur du sort, tandis que ie m'arreste
  A chatoüiller mon Ame en ce contentement,
  Ie ne m'apperçois pas que le destin m'apreste
    Vn triste euenement.
Arriere ces pensers que la crainte m'enuoye,
  Ie ne sçay que trop bien l'inconstãce du sort,
  Mais de m'oster le goust d'vne si chere ioye,
    C'est me donner la mort.

Estant vn peu rassis de mon émotion,

O 2

i'appris d'Hellade tout ce qu'il auoit negocié auprés de ceste bonne Gouuernante, & aussi-tost que i'eu appris les tours de sa ieunesse, ie crû que celle qui auoit eu des mains pour prendre en vn âge où elles ne seruent que pour donner, auroit en ceste arriere-saison les ongles plus crochuës & les doigts plus courbez, & ainsi plus propres à receuoir. Moy qui eusse donné tout vn monde pour auoir acces à celle à qui ie m'estois donné moy-mesme, & qui naturellement ay inclination à donner, ie vis que la pluye de Iupiter me donneroit entrée en la tour d'Acrise, & que celle qui auoit en ses premiers ans faict vn panier, en l'âge plus desireux d'auoir & plus craintif de la necessité, feroit bien vne corbeille. Sur quoy ie fis dessein d'imiter les Romains, qui faisoient largesse en leurs triomfes. S'il ne tient qu'à gorger ceste Surueillante de presens, elle a treuué son homme,

Auec la poudre d'or ie la veux aueugler,
  Et garrotter son Ame;
  Enchaisnant ceste femme,
  Rien plus en mes desseins ne me pourra troubler.

Et

Et d'effect la premiere chose qui me vint à la main, ce fut vne chaisne d'or d'assez grand prix, que ie mis entre les mains d'Hellade, pour la donner de ma part à celle qui fauorisoit mon esclauage. Il jugea le present trop riche, & fit difficulté de le liurer; il me donnoit tout plein de beaux petits conseils touchant la liberalité qui deuoit imiter le progres de la nature, du peu au plus, il suiuoit cela par des communes obiections que l'on fait à la prodigalité. Pauuret qui ne voyoit pas que pressé de ma passion, i'eusse pour m'y faire voye donné toute la flotte de Seuillé. Cecy rendit la Dame aussi douce qu'vne Mere oüaille, & la fit estre de Gouuernante gouuernée. La premiere fois que ie luy parlay ce fut dans vne Eglise. elle me rendit tant de graces de mon premier present, que cela m'obligea à faire de nouuelles oblations à ceste Beate, & ce furent de telles offrandes qu'elles eussent faict riche vn pauure Curé. Elle ne fut iamais à de plus vtiles deuotions. Et l'importance estoit que ie ne desirois d'elle rien que de iuste, de sainct, d'honneste, de legitime, de sacré, qui estoit de fauoriser

O 3

vne affection qui ne tendoit qu'au mariage par les voyes non seulement de l'honneur, mais de la bienseance. Eufrasie estoit auertie de tout cecy, & pour cacher nostre intelligence precedente, elle faisoit la reuesche & la difficile aux persuasions de la vieille, qui employoit toute sa Rhetorique pour luy faire admettre en son Ame vne passion qu'elle eust eu beaucoup plus de peine à en tirer. A cela elle iugeoit combien sont grands les effects de l'or, aussi subtils & merueilleux que ceux de la foudre. Vous pouuez iuger durant ce temps-là de quelle façon en nos entretiens Hellade, Eufrasie & moy nous drappions sur l'humeur auaricieuse de ceste bonne femme, qui pour de l'argent eust peut-estre faict pis que ce que ie luy demandois. Et puis allez ô Peres veufs remettre vos filles à ces preudes femmes, qui pensent gaigner les Indulgences en leur estant indulgentes aux despens de vos volontez, & quelquefois de vostre honneur. A la fin Eufrasie apres auoir remonstré les obstacles qui s'opposoient au dessein de nostre alliance, protesté de son obeyssance enuers son

Pere,

Pere, iuré de se porter à condescendre à me vouloir du bien plustost par compassion de ma douleur, que pour passion qu'elle eust pour moy, se laissa doucement aller aux conseils de ceste guide qu'elle appelloit sa Mere. Et certes bien luy prit d'estre plus sage que sa Gouuernante, mesme d'auoir son frere pour surueillant, & moy pour zelateur & conseruateur plustost que pour aggresseur de son honnesteté : car pour celle qui s'estoit laissé surprendre à l'or, il estoit aisé de la porter à tout ce que l'on eust voulu. Ce fut lors qu'auecque plus de liberté que iamais (reglée toutesfois par la decence & la modestie) i'eu acces à Eufrasie, tantost la voyant parmy les compagnies, tantost luy parlant aux Eglises à la faueur de son mante, qui est vne sorte de voyle qui rend toutes les femmes mesconnoissables & indifferentes, tantost par la fenestre ordinaire; car d'entrer dans sa maison c'estoit sans besoin s'exposer à trop de danger. Qu'Eufrasie auoit bonne grace à contrefaire l'esperduë lors que sa Gouuernante luy disoit que le bien qui reüssiroit de ceste Amour seroit si grand, s'il arriuoit que par vne heureuse alliance nos deux familles fussent reconciliées, qu'elle ne deuoit point craindre de courir vn peu de hazard pour paruenir à ceste paix. Qu'elle me deuoit faire bon visage, m'accueillir fauorablement par ses regards, apres qu'il n'y auoit pas tant de danger de receuoir quelque mot de lettre d'vn Gentilhomme si honneste, qui auoit les intentions si pures & si iustes, si grand Amy de son frere. Et tousiours en gaignant païs elle la porta à me parler en la façon que i'ay ditte durant le iour, & en fin elle-mesme luy conseilla de me parler durant la nuict en la maniere que i'ay ditte, en laquelle Eufrasie feignoit d'estre bien nouice, encore qu'elle y fust toute habituée. Par ceste double conduite vous voyez la tromperie du monde, & la contrebatterie des ieunes & des vieilles gens qui s'entremeinent à l'eschole. Si l'honneur n'eust esté le porte-flambeau de ceste affection, au lieu d'en esteindre les funestes effects des querelles ne nos maisons, ceste bonne Conductrice eust sans doute esté vn boute-feu qui eust causé de grands embrasemens.

Mais

Mais le Ciel qui a tousiours tenu mon esprit assez esloigné des impressions vicieuses, & qui en auoit tiré celuy d'Hellade, qui auoit en horreur les infames liens où il s'estoit veu attaché, nous mena par la main en des voyes droittes, & que ie raconte ainsi tout simplement & à la bõne foy, sans auoir peur de rougir. Aussi ceux qui dressent leur pas dans les sentiers des iustifications & de la loy de Dieu, ne sont point subiects à la confusion & au scandale. Il ne me restoit plus que d'incliner le cœur des parens pour couronner ma teste du Laurier & des Myrthes d'vne conqueste entiere, mais c'estoit-là le point de la difficulté, tout le reste estoit applany, ce seul obstacle comme vn faiste sourcilleux & inaccessible s'opposoit à mon chemin. s'il n'eust tenu qu'au fer & au vinaigre pour surmonter ceste cime, i'eusse essayé d'imiter Hannibal qui trauersa les Alpes de ceste façon. Mais les cœurs humains ne se domptent pas auecque la contrainte, au contraire cela les fait cabrer & les rend plus reuesches & rebours. Nisard estoit semblable au marron tout herissé de pointes, on ne sçauoit par où le prendre sans se picquer. Quelque mine que fist la vieille de luy vouloir parler de reconciliation pour la conclurre par ceste alliance, elle ne nous donnoit que des paroles, elle attendoit, disoit-elle, les occasions, & ces occasions ne venoient iamais, les propos n'estoient point à ce propos; & peut-estre qu'au lieu de les faire naistre elle les destournoit, soit pour crainte qu'elle eust de faillir à son entreprise, & de moissonner son congé dans la colere de Nisard, soit qu'elle voulust imiter ces mauuais Medecins & Chirurgiens qui prolongent les maladies & la guerison des playes, pour augmenter leur salaire aux despens de la bourse & des souffrances du patient. Cependant ie coule ma vie fort doucement aymant & estant contre-aymé, me voyant dans vne honneste faueur & en de belles esperances. Tandis qu'Hellade se mocque de mon esclauage, & se rit de me voir idolastrer mes liens, le Ciel qui n'appreuué pas son insolence, luy prepare vne seruitude pour punition de son libertinage. O cruelle seruitude, qui sous des fers qui luy semblent dorez luy faict espreuuer

preuuer tous les supplices des enfers. Autrefois quand il estoit embarrassé en d'impures affections, il n'auoit treuué que trop de correspondances dans le suiet aymé; tant il est vray que les pecheurs ne manquent iamais de complices en leurs crimes. Maintenant qu'il est retiré de ceste mauuaise pratique, & que tout moitté de son desbris il cherche vn port de salut pour euiter le naufrage, il rencontre le naufrage au port, dans vne cruauté qui n'eut iamais sa semblable, & que le iuste Ciel punira sans doute de quelque rigoureux chastiment. Mais que sçay-ie si ce n'est point la Iustice de ce mesme Ciel dont nous deuons sans murmure adorer la Prouidence, qui le corrige par où il a offensé, & le punit de la conniuence qu'il a eüe à mes erreurs dont ie viens de vous raconter le succes & les diuerses rencontres? Nous nous en allions en vne Eglise où les pardons attiroient tout le peuple. Dieu! au lieu de gaigner les Indulgences nous allions attirer vostre disgrace, & au lieu d'implorer vostre misericorde nous allions irriter vostre iustice. Car quelque sainteté qu'il

y ait

y ait en la pretenſion d'vn mariage, & quoy que ce Sacrement ſe celebre en la face de l'Egliſe, il y a touſiours quelque eſpece d'irreuerence & d'immodeſtie d'y aller conſiderer & mugueter celles que l'on recherche à ce deſſein. Cela n'eſt-ce pas en quelque façon chercher les traicts qui volent de iour, s'expoſer aux illuſions du demon du Mydy, qui eſt celuy de l'ardante conuoitiſe, & ſe ietter dans la negociation des tenebres en vn lieu tout reſplendiſſant de clairté, puiſque l'Agneau eſt la lampe qui y eſclaire? Cela n'eſt-ce pas en quelque maniere vendre des pigeons & des colombes au Temple, & changer la maiſon de Dieu, maiſon d'oraiſon & de ſainteté, en vn lieu de trafic & de commerce, & d'vn commerce odieux, & attirer ſes fouëts & ſes vengeances ſur ſa teſte aux meſmes endroits qui deuroient ſeruir d'aſyle aux pecheurs? D'où vient cela, dit Dieu par la bouche d'vn de ſes Prophetes, que mes mieux aymez commettent tant d'offenſes dans ma maiſon? n'y a-t'il pas aſſez de place dedans le monde, ſans prophaner encore les lieux ſacrez par des actions vo-

lages

lages, & quoy que pluftoft legeres que malicieufes, toufiours meffeantes en ces endroits de veneration & d'adoration? Nous refsēblafmes à ces efclaues fugitifs qui penfans fe mettre en liberté, tombent par leur malheur en la rencontre de leurs Maiftres. Mes yeux cherchoient Eufrafie, & voyla que nous-nous treuuons aupres d'Heduinge ma Mere & de Caffandre ma Sœur. Le voleur qui apperçoit le Preuoft lors qu'il eftoit fur le point de faire fa main, n'eft pas plus eftonné, car au lieu de la veüe que ie fouhaittois, ie me vis en la prefence de celle que ie redoutois, & à laquelle ie n'euffe voulu pour rien que ma paffion euft efté connüe. Auffi-toft qu'elle vid Hellade aupres de moy, fa haine luy fit deftourner les yeux de deffus ce vifage qu'elle auoit en horreur. ô, dif-ie en moy-mefme, quelle Patenoftre peut-elle dire, & demāder qu'on luy pardonne comme elle pardonne à ceux qui l'ont offenfée, puifqu'elle ne peut feulement regarder celuy qui ne l'offenfa iamais? Ma Sœur qui m'auifa, & qui auoit ie ne fçay quoy à me dire(les filles ne manquēt iamais de fuiets ny d'inuentions pour
parler

parler) abbaissant son mante dessus ses espaules descouurist toute sa teste, & sans se soucier de la presence d'Hellade commença à me dire trois paroles à la mode des femmes, qui durerent assez long téps. Durant cet espace mon Amy eut tout loisir de la considerer. & parce qu'il remarqua en son air (autant que peut souffrir la comparaison d'vn sexe à l'autre,) beaucoup de traicts de ma forme, il agrea ceste ressemblance de mon visage par l'inclination qu'il auoit à m'aimer. cet agréement passa dans la complaisance, ceste complaisance dans la consideration attentiue des graces dont la nature (qu'il me soit permis de dire ce mot de ma Sœur, y estant obligé plus par la verité que par le sang) ne luy a point esté auare. Ceste consideration deuint vn desir, & de ce desir sortit l'Amour, comme la flamme sort du feu. Il beut ce doux venin par les yeux insensiblement, si bien que sans y penser il se treuua pris à ces appasts trompeurs que la passion d'aimer seme sur les visages agreables: & comme l'oyseau surpris au filé ou à la glus s'empestre & s'empaste plus il se debat; de mesme plus il

s'efforce

LIVRE IX.

s'efforce de destourner ses yeux de cet air enchanteur, plus ils s'y retournent, & plus il pense effacer ceste image de son cœur, plus elle se graue en sa pensée. Il luy en prit comme à ceux qui sont blessez en la chaleur d'vn combat, & qui ne ressentent la douleur de leurs playes que quand ils sont sortis de la meslée. Quand nous-nous retirasmes de ce riuage funeste où ceste Syrene l'auoit ensorcelé, mais sans autres charmes que ceux de sa beauté, magie purement naturelle, ie vis mon homme tout estourdy du batteau. Et comme ceux qui passent tout à coup ou d'vne grande lumiere à d'espaisses tenebres, ou de profondes obscuritez à la splendeur du Soleil, pour voir trop, ou pour auoir trop veu, ne peuuent plus rien voir, ie remarquay que cet éclat l'auoit tellement esblouy qu'il en auoit perdu la connoissance de luy-mesme. Ses pas estoient incertains & vagabonds, non comme d'vn homme surpris de vin, mais comme de celuy qui trauaillé d'vne forte resuerie en cheminant ne sçait où il va. Ses regards estoient esgarez, sa contenance mal asseurée, son port abbatu, sa face chan changeante, son air melancholique & sombre, ses propos descousus, sa langue begayante, sa desmarche desreglée; bref quand il eust esté renuersé par la foudre ou atterré d'vn coup de massuë, il n'eust pas esté plus estonné. Est-il possible, disois-ie en moy-mesme, qu'vn traict d'œil plus subtil que le Mercure face tant d'effects en vn moment? Il n'y a rien que les bonnes gens de la campagne redoutent tant, que de voir au printemps apres vne gelée blanche paroistre sur l'horizon les rais estincelans du Soleil, parce que ces deux contraires venans à se rencontrer sur les tendres bourgeons des arbres & des plantes, y bruslent & glacent en mesme temps toute l'esperance de la recolte. Auant que les rayons de ce nouuel Astre donnassent dans les yeux d'Hellade, il alloit insolemment triomphant dans le chariot d'vne pleine liberté; & tous les plus rares obiects luy estans à mespris par le desdain general qu'il auoit conceu contre tout le sexe, son cœur n'estoit qu'vn ramas de glaçons, ou plustost vne roche de crystal qui s'endurcissoit deuant tous ces feux, au lieu de s'y fondre. maintenant comme

comme s'il euſt eſté vne maſſe de plomb le voyla fondu tout à coup, & tellement perdu, ou pour mieux dire, eſperdu, qu'il ne peut retreuuer ſa raiſon eſgarée dans vn labyrinthe de péſées diuerſes qui l'accueillent, & comme il n'en a pas apperceu l'entrée, il ne peut en connoiſtre l'yſſuë. Comme ie me connoiſſois perfaittement & en ſon humeur, & en ce mal dont il eſtoit atteint ; auſſi chaſſois-ie de haut vent, & bien qu'à trauers ſes diſſimulations & la contrainte qu'il ſe faiſoit pour cacher ſa bleſſeure, ie leuſſe dans ſes pensées à deſſein ie me teu, pour deuiner par la premiere parole qui ſortiroit de ſa bouche, de quel coſté le poulx luy battoit: car comme les Medecins reconnoiſſent les affections interieures du corps par la diſpoſition de la langue, par là meſme on apperçoit clairement celles de l'eſprit. Le reſſentiment de ceſte pointure eſt ſi vif qu'il eſt impoſſible de n'en former point quelque doleance, la nature meſme l'enſeigne aux animaux, quand ceux qui volent en l'air, ou qui marchent ſur la terre, ſont touchez de ceſt auertin ils ſe trahiſſent par leurs chants & par

Tome 1.　　　　　　　　P p

leurs cris. Oyez mon homme. Vrayement, me dit-il, Orant, ie n'auois iamais si bien consideré voſtre Sœur comme ie viens de faire; mais il me ſemble qu'elle a beaucoup de ton air, ſinon que les traicts de ſon viſage ſont bien plus mignards & ſon teint plus delicat. La raiſon, luy repartis-ie, & la nature le veulent & s'accordent en cela, parce que ce ſexe qui n'a autres armes en ſa foibleſſe que ſes attraits, a tout ſon auantage en ſa beauté. Si elle n'eſtoit pas plus belle que moy, elle ne ſeroit pas conſiderable : car i'ay touſiours ouy dire que d'vn bel homme on ne ſçauroit faire qu'vne laide femme, au lieu que d'vne fille laide (ſans vne exceſſiue difformité) on en pourroit faire vn aſſez beau garçon. Ie l'entends bien ainſi, reprit-il, car puiſque la nature a mis vne ſi grande difference entre les ſexes, il eſt bien raiſonnable que leurs graces ſoient diuerſes comme leurs qualitez. A n'en point mentir, Orant, ie n'auois iamais crû que ta Sœur fuſt ſi belle que ie l'ay treuuée auiourd'huy, & ie m'eſtonne l'ayant veüe tant de fois d'auoir eſté ſi peu accort de ne m'en apperceuoir. vrayement il faut bien

bien dire que i'estois aueugle, ou bien que ce grand éclat m'esbloüissoit tellement, qu'il m'ostoit comme faict le Soleil le moyen de bien iuger de sa splendeur. Voyant mon Cerf qui donnoit de luy-mesme dans les toiles, ie luy repliquay. L'esprit humain est subiect à la plus agreable bigearrerie qui se puisse dire. Souuent il arriue que nous pensons auoir esté aueugles lors que nous auions le iugement bien clair, & lors que l'aueuglement nous saisit nous pensons deuenir fort clairuoyans. Quand elle n'auroit autre auantage, continua-t'il, que la gloire de te ressembler, mon Oreste, i'ay tant d'amitié pour toy que ie ne pourrois manquer d'auoir de l'Amour pour elle, tant ie suis habitué à aimer tout ce qui sympatize auec toy. A ne point flatter, à la douceur de tes yeux elle adiouste dans les siens ie ne sçay quoy de si brillant & de si rauissant, que si la suauité de son cœur correspond à celle de ses regards ce seroit estre dans le Ciel & parmy les Astres que de la seruir. Il ne faut qu'auoir bonne veüe pour y prendre du feu, & ie ne suis pas si stupide que ie n'aye remarqué en son teint des appasts qu'vn Tygre gousteroit. C'estoit trop dit à vn homme qui entendoit son sens à demy-mot. Frere, luy dis-ie, allons à l'hospital des fols, nous sommes tous deux frappez à mesme coing,

Et par contagion mon mal s'est faict le tien.
Ne ruze plus, te voyla aux abois, donne le gantelet, confesse la debte, tu aimes. Ha! Oreste, me dit-il, ie l'auoüe, & c'est tout dire en ce seul mot. La generosité nous commande d'oublier les seruices faicts, mais deffend de perdre la memoire de ceux que nous auons receus. Sans te reprocher les miens, ie sçay qu'en secondant tes iustes desseins, & t'assistant en ta passion ie n'ay faict que mon deuoir, estant le propre d'vn vray Amy de rendre à celuy qu'il ayme toute sorte de bons offices,

Toy qui n'ignores pas l'ardeur de ceste flame,
Apprends à secourir celuy qui te reclame.
Si ie me fusse mis en mille morceaux pour ce cher Pylade, iugez-le par mes anciennes inclinations, & par les nouuelles & inestimables obligations que ie luy auois. Que si pour euiter le titre d'ingrat ie l'eusse

j'eusse voulu seruir en toute sorte d'occurrences, en celle-cy que i'eusse achetée de tout mon bien, & en laquelle ie me voyois en quelque façon interessé l'attirant à mon alliance, pour me faire vn passage à la sienne, & de plus où ie pensois auoir autant de puissance que i'auois pour luy de bonne volonté, representez-vous comme ie me promettois de faire des merueilles. Il me sembloit qu'en trois iours ie l'aurois seruy à son gré, & esleué au faiste de tous ses contentemens; car quoy que ses parens reclamassent, & que son Pere le des-heritast, estant heritier vniuersel de mon Pere, sans autre charge que de marier ma Sœur selon sa condition & à ma volonté, ie pouuois partager auec luy mon heritage, & le rendre maistre de la moitié de mes biens, comme il l'estoit de tout mon cœur. Ma Mere, ce me sembloit, ne s'y pouuoit opposer, puisque luy laissant son bien, ny moy, ny ma Sœur ne luy faisions point de tort. D'abondant cela me faisoit planche, selon mon auis, au mariage d'Eufrasie que i'eusse prise sans dote, si son Pere eust esté si cruel que de la luy refuser, estant assez euident que nous eussions vescu à nostre aise tous quatre du bien que mon Pere m'auoit laissé, qui surpassoit de beaucoup celuy de Nisard dont il viuoit honnorablement auecque ses quatre enfans & vn fort beau train. Mais combien sont vaines & pleines d'incertitude les pensées des mortels! Ceux qui se promettent les volontez d'autruy, s'esleuent au dessus de tout ce qui est appellé Dieu, veu que Dieu mesme qui a creé les ames & leur a donné vn franc-arbitre, ne violente iamais leurs volontez, les laissant en la pleine liberté d'acquiescer, ou de refuser au milieu de ses plus fortes graces & de ses plus puissans attraits. Certes i'ay bien appris depuis à mes despens qu'il ne se faut iamais rien promettre des femmes que toute contrarieté, puisque l'esprit de contradiction est l'Ame de leur Ame. Et celuy-là est pardonnable qui cherchoit contre le fil de l'eau sa femme qui s'estoit noyée.

Dites ouy, vous orrez leur langue cōtredire,
Dites non, & voyla ce que leur cœur desire.

Commandez, c'est ce qu'elles n'executeront iamais, deffendez, & les voyla dans
l'exe

l'execution. Ie dis cecy plus par le sentiment commun que chacun a de ceste humeur qui leur est si propre, que pour mon
ressentiment particulier. Car la courtoisie & la bienseance oblige les honnestes
hommes au respect & à la veneration de
ce sexe, & quant à moy ie suis fort enclin
à leur pardonner tant de deffauts qui se
treuuent meslez dans leurs perfections.
Au reste ce ne peut estre par haine, puisque ie parle de ma Sœur, que le sang me
contraint d'aymer & d'estimer nonobstant les sanglants outrages & les
cruels déplaisirs qu'elle m'a causez, &
dont ie suis encore accablé par sa cruelle
humeur. Reuenons à Hellade, ie remerciay la fortune qui m'auoit presté vn
moyen si aisé, & qui m'estoit si desirable
pour luy rendre des preuues de ma gratitude & de mon amitié. ie ne me plaignois
que de la facilité de mon entreprise, souhaittant de luy donner des témoignages
de mon affection en des occasions plus
dangereuses & plus penibles, ne croyant
pas pouuoir iamais que par le hazard ou
la perte de mon sang & de ma vie luy signaler suffisamment la grandeur de ma

dilection. Ie luy promets ma Sœur sans autre ceremonie, & contant sans mon hoste ie le coniure de ne penser qu'à conseruer ou aggrandir son Amour enuers celle qui auoit treuué tant de grace deuant ses yeux, & esté si heureuse que de conquerir vn si grand courage, & qu'il me laissast prouuoir au reste, que ie luy en rendrois l'acquisition par la voye du mariage si facile que sans vser de beaucoup de compliment ie le ferois arriuer au comble de ses desirs. Alors se iettant à mon col, & meslans ensemble nos larmes de ioye, mon vray frere, me dit-il, que bienheureux est le iour auquel le Ciel me fauorisa de ta connoissance, & que bienheureux sont les seruices qui m'ont acquis vn si precieux thresor que celuy de ton amitié, ie remets en tes cheres mains toutes mes destinées. L'impatient desir de le soulager me fit de ce pas aller vers ma Sœur, qui s'en estoit retournée en nostre maison en la compagnie de ma Mere. L'ayant appellée en vn coing de la sale aupres d'vn lict de repos, ie luy fis entendre tout à la bonne foy & sans y mesler aucun artifice, que de tous les malheurs & funestes

funestes accidens qui auoiét battu nostre famille, il n'en falloit rapporter la cause qu'à la diuision qui estoit entre nous & Nisard, que c'estoit-là le fondement de toutes nos disgraces & de plusieurs calamitez particulieres & publiques. Que ces partialitez troubloiét le repos de la ville, partageoient les habitans, qui estoient pour la plus grande part des alliez ou amis de l'vn ou de l'autre party, & que ie ne croyois pas pouuoir donner vn meilleur establissement à la tranquillité de nos maisons & de nos parens que l'assoupissement entier de ces querelles. Que tous les moyens qui iusques alors auoient esté tentez, n'auoient esté que des legeres fomentations qui auoient plustost aigry le mal que moderé sa violence, qu'il le falloit amortir & esteindre tout à faict, ce qui ne se deuoit esperer que par de communes alliances. d'autant que ces consanguinitez attachent les familles par des nœuds puissans & durables, qui se continuent bien auant dans la posterité. Que sans cela nous ne deuions esperer que des inimitiez capitales, & des haines irreconciliables qui nous feroient trainer vne vie

miserable, pleine tantost d'allarmes, tantost de vacarmes. Qu'il s'en presentoit alors vne occasion la plus fauorable qui se peust souhaitter en l'ardante affection qu'Hellade auoit conceüe pour elle en sa derniere veüe, & en celle que j'auois depuis vn long temps pour Eufrasie Sœur de mon Hellade. Que si nos parens obstinez en leur haine reciproque vouloient continuer par là le chemin de leur damnation, nous ne deuions pas les suiure en vne voye si malheureuse, ny nous rendre heritiers ou partisans de leurs inimitiez. Qu'encore qu'ils s'opposassent à nos iustes pretensions, & refusassent d'y prester leur consentement, que nous estions obligez de leur demander par les loix de la bienseance & de l'honneur que nous leur deuions, nous ne laisserions pas de passer outre, vsans de nos droits & de la liberté de nos volontez, que nous tenions de Dieu, & non pas de nos Peres. Que nous aurions en ce commun accord la voix du peuple, qui est celle de Dieu. Que nous en resioüirions les Anges dans le Ciel, & les hommes en la terre, que toute la Cité en feroit des feux de ioye, au lieu des feux
de

de sedition que les querelles anciennes y auoient allumez. Que la Iustice nous protegeroit, & qu'au pis aller si nos parens en venoient à ce point de nous vouloir priuer de leurs heritages, Hellade & sa Sœur se pourroient passer de celuy de Nisard, ayans en celuy de leur Mere la part qui ne leur pouuoit estre contestée, & nous de celuy d'Heduinge, puisqu'en faueur de mon Hellade ie luy promettois de partager également auec elle les biens dont Lothaire m'auoit rendu seul heritier. Là dessus ie luy esleuay les merites de mon Amy, selon l'estime que i'en faisois, iusques aux estoiles, ie l'estimay heureuse d'auoir conquis vn si braue Cheualier, & d'auoir à passer ses iours auecque les siens, & ses nuicts en des bras si aimables. En somme ie n'oubliay rien de ce que ie crû faire à l'auantage d'Hellade, pour augmenter en elle ceste flamme que ie croyois au seul vent de ma parole se deuoir allumer en son cœur. Dieu, combien fus-ie deceu en mes proiects! Ceste malicieuse eut le courage & la finesse de me laisser conferer ceste longue harangue sans m'interrompre non pas d'vn mot, mais

mais pas d'vn seul mouuement ; elle me consideroit depuis la teste iusques aux pieds, pour espier si c'estoit du fonds du cœur ou par feintise que ie parlois ainsi: mais ayant bien iugé que ce que i'auois dit partoit du vray sentiment de mon Ame, elle en fut plus asseurée quãd pour parfournir la carriere de mon inconsideration, tandis qu'elle me couchoit ainsi en iouë comme vn oyseau que l'on va enferrer d'vn traict empenné de ses propres plumes, elle m'oüit chanter ce ramage:

Cieux de qui les arrests forment nos destinées,
Donnez vn bon succes à ces deux hymenées
Sans les trop differer.
Nous vous les demandons, accordez nos requestes,
Si ie voy ces deux festes,
Ie mourray satisfaict sans plus rien desirer.

Alors la fine femelle fit comme ceux qui reculent pour faire vn plus grand saut; car bien qu'elle ne doutast plus de la verité de mes paroles, elle fit semblant de s'en deffier en me disant: Certes, mon frere, il vous en dit bien de ce que ie connois vostre humeur gaillarde & gausseuse, autrement vous en feriez croire de belles à ma simplicité, contentez-vous que

que c'est auiourd'huy vn iour de deuotion, & qu'apres auoir gaigné les pardons, il n'est pas à propos de prester l'oreille à des railleries. Ie puisse mourir, luy dis-ie, si i'vse en ce que ie vous viens d'auancer d'aucune feinte ou mocquerie, & si au contraire prenant à propos ce temps de pieté comme propre à acheminer des reconciliations, ie ne vous ay parlé aussi serieusement que l'affaire dont il question est saincte & de consequence. Elle feignoit tousiours de ne m'adiouster point de foy, lors que i'en vins à des sermens si solemnels que pour en abuser il eust fallu estre vn demon, ou renoncer tout à faict à la crainte & à la creance d'vn Dieu. Et puis feignant l'estonnée plus qu'auparauant. Ie ne sçay pas, dit-elle d'vn ton mocqueur, si vostre bel Amy m'a treuuée à son gré, mais ie ne puis m'imaginer que vous ayez peu rencontrer sur le front de sa Sœur des pieges capables de surprendre vostre franchise. Vous estes trop ialoux de vostre liberté, & trop delicat en faict de graces, pour vous laisser piper aux manifestes deffauts de ceste affetée. Si ie n'eusse crû qu'elle disoit cela par ieu,

ie

je fusse aussi-tost entré en chaude cole, parce que d'vn mesme coup elle me donnoit dans les deux yeux, mesprisant ainsi deux personnes qui m'estoient plus cheres que n'en estoient les prunelles. Ie luy repartis brusquement : Si vous parlez ainsi pour essayer ma patience, vous auez rencontré le moyen d'en voir bien-tost le bout. Si c'est comme vous le croiez, ie pense que c'est parce que ny vous ny moy ne sommes pas dignes d'aimer, ou d'estre aimez de suiects si remplis de merite. I'ay ceste obligation à ma bonne fortune, reprit-elle, de m'apprendre auiourd'huy par experience ce que ie ne sçauois que par precepte, qu'il n'est point de laides Amours, parce que la passion en la place des veritables deffauts substituë des beautez imaginaires. Vostre Amy & vous en faites ainsi, en vous picquant pour si peu de chose que les graces que vous-vous figurez en Eufrasie & en moy. S'il plaisoit à celuy-là de me treuuer aussi laide que sa Sœur me semble desagreable, vous seriez tous deux en vn mesme instant gueris de vostre folie. Ceste arrogance me despleut, & parce

ce qu'elle faisoit comparaison de sa beauté à celle d'Eufrasie, quelque opinion qu'eust Hellade de leur esgalité, mon Amour ne pouuoit souffrir que rien se parangonnast au sujet que i'honore. Vraiment, luy dis-ie, vous auez bonne grace de vous apparier à celle qui ne void rien d'esgal à ses perfections, si elle ne se regarde elle-mesme ou dans la prunelle de mes yeux, ou dans le crystal d'vne fontaine, ou dans vne fidele glace, ie vous prie de ne faire point de trophée à vostre vanité par ces comparaisons qui me sont odieuses, contentez-vous de n'estre belle que dans l'opinion d'Hellade, opinion qu'il a conceüe du desir qu'il a de me rendre de son Amy son beau-frere par vne double alliance. Si vous n'aimez, reprit-elle, Eufrasie que de ceste sorte, nous ferons mieux de recompenser vos imaginaires affections par des mespris veritables, & si elle me croit (bien qu'il soit malaisé de prendre conseil d'vne ennemie) nous vous laisserons-là comme n'estans gueres plus sage l'vn que l'autre. Car si vous auez le courage si bas qu'estant l'aisné d'vne maison beaucoup plus ac-
commo

commodée que celle de Nifard, vous vouliez espouser vne Cadette, vostre Amy ne l'a pas moins presomptueux, qui de Cadet d'vne si chetiue maison hausse les yeux vers l'aisnée & l'vnique de la nostre. Voyant qu'elle parloit serieusement, & qu'il falloit que ie desenflasse sa vanité en luy rabbattant sa creste: Et viue Dieu, luy dis-ie, petite outrecuidée, puisque vostre fortune est toute entre mes mains, & depend entierement de ma conduitte & de ma disposition, si vous ne vous resoluez à ce mariage, ie vous couperay les aisles de si pres que ie vous rendray la plus petite de nostre race, & alors nous verrons decroistre vostre presomption. Si mon Pere a eu si peu de soin de moy, repartit-elle, que de me laisser à la mercy de vostre discretion, Dieu m'a laissé vne Mere pitoyable, qui selon les tendres affections qu'elle m'a tousiours temoignées, ne m'abandonnera pas, veu que ie ne me suis iamais departie de ses intentions, ny ne me separeray iamais cõme vous auez faict de son obeyssance. Ie n'ay pas tout perdu en la mort de Lothaire; car bien que ce fust vn Pere qui

s'estoit

s'estoit tousiours monstré fort benin enuers ses enfans, i'ay encore la protection de la meilleure Mere qui soit au monde. Et disoit-elle cela selon le sentiment qu'elle auoit fondé sur les promesses d'Heduinge, qui courroucée contre moy à cause de l'amitié que ie portois à Hellade, en me menaçant de me desheriter si ie ne me retirois de sa societé, luy auoit promis de la rendre son heritiere, & c'est ce qui luy enfloit le cœur & le remplissoit d'audace. Ma Mere, luy repartis-ie, vous peut faire du bien : mais selon Dieu & selon les loix humaines elle ne me peut faire du mal, & ne vous peut-elle donner sans mon consentement à aucun à qui ie ne face sentir combien est aigüe la pointe de mon espée. il se treuuera peu de gens qui vueillent de vous à ce prix-là, & qui malgré moy se disposẽt d'entrer en mon alliance par vne si sanglante porte. Il y a des cœurs, dont cestuy-cy en est vn, que les soumissions esleuent, & qui s'abbattent aussi-tost qu'on les gourmande, les complimens les rendent altiers, & les brauades les atterrent, inesgaux en l'vne & en l'autre fortune. mauuais esprits que ceux-là. Tout à coup ie la vis pallir de crainte, & rougir de colere entendant vne repartie si verte, & qui foudroyoit en vn mot toutes ses pretensions. car qui eust iamais entrepris sa recherche m'ayant pour obstacle? peu de gens veulent achepter des femmes au peril de leurs vies, s'ils ne sont affolez d'Amour. c'est vne marchandise dont on ne se charge point sans argent, & ceux qui ont des filles ne s'en deffont pas à si bon conte. Ceste replique altiere la fit ainsi filer doux. Mon frere, ie n'ignore point que vous ne puissiez me faire beaucoup de bien & beaucoup de mal, & que vos mains ne me puissent former telle fortune qu'il vous plaira. La condition de nostre sexe est si miserable, qu'outre que la nature ne nous a point donné de deffense contre ceux qui nous persecutent, nous sommes en vn estat de perpetuelle suiettion qui nous rend dependantes ou de nos Peres, ou de nos Meres, ou de nos freres, ou des maris quand il arriue qu'on nous espouse. Mais ie vous croy si iuste, que vous ne voudriez pas prendre vn empire sur ma franchise que mon Pere n'eust pas voulu s'attribuer, en me contraignant d'aimer vn homme auant que le connoistre, & de le choisir

choisir pour l'obiect de mes feux sans le congé & le consentement de celle qui m'a mis au Monde, & de laquelle ie depens au moins autant que de vous, puisque par la loy de Dieu vous en dependez vous-mesme. La regle du droict naturel nous deffend de faire à autruy ce que nous ne voudrions pas nous estre faict, & celle du Christianisme nous oblige à traitter nostre prochain (& qu'auez-vous au monde de plus proche que moy?) comme nous-mesmes. or par vostre foy voudriez-vous que l'on vous violentast iusque-là, de vous faire prendre vne femme contre vostre gré ? Ou bien est-il possible que vous-vous soyez engagé en l'Amour d'Eufrasie sans auoir vne particuliere connoissance de ses humeurs, ou au moins sans sçauoir si elle vous aime, & si elle vous veut pour espoux? Pleust à Dieu, luy repliquai-ie, que vous eussiez autant de disposition à bienuouloir à Hellade, & encore à le vouloir, comme ie suis asseuré de la bonne volonté d'Eufrasie. Elle a cēt promesses de moy par escrit, & moy autant d'elle, car pour les sermens de nostre reciproque & inuiolable fidelité ils sont innombrables. Ie la voy & luy parle quād

Qq 2

il me plaift, fans que Nifard ou Erneft en fçachent rien, i'ay mille moyens pour les aueugler & pour fouftraire ma conduite à leur connoiffance. Et affin que vous ne vous imaginiez rien de deshonnefte en ces actions qui femblent tenebres, & qui fe pratiquent dans les obfcuritez, fçachez que ie ne luy parle qu'en la prefence de fon frere, ou d'vne petite rüe où refpond vne feneftre de fa chambre. car d'entrer chez elle il n'y auroit pas de feureté pour moy, à caufe de l'implacable inimitié de Nifard. Il eft bien vray qu'au commencement de noftre intelligence elle m'oppofoit toufiours, ce que vous faites maintenant, la difficulté ou pluftoft l'impoffibilité de faire confentir ceux de qui nous dependons à noftre alliance. Mais ce confentement n'eftant que de bienfeance & de refpect, non de neceffité abfolüe, & quand il feroit neceffaire, comme veulent les ames plus religieufes & craintiues, fuffiroit de nos foumiffions pour nous iuftifier quand nous irions au contraire; à quoy fi vous adiouftez leur haine irreconciliable, autát inexcufable que noftre Amour feroit digne de faueur, vous treuuerez que nous aurions des iuftifications
en

en abondance & des raisons de reste. N'estois-ie pas bien inconsideré, que ie ne die bien simple, de descouurir ainsi le fonds de mon Ame à ceste malicieuse qui me tendoit des pieges où ie donnois volontairement? La commune sagesse qui deffend aux maris de cõmuniquer leurs secrets à leurs femmes, me deuoit enseigner qu'vne Sœur me seroit encore moins fidele. Ceste fausse femelle par ses douces & souples responses ne demandoit qu'à pousser le temps à l'espaule, & à me faire degorger tout ce que i'auois tenu caché si heureusement, affin d'en aller aussi-tost auertir ma Mere, & elles deux le publier à tout le monde, plus promptement que la mesme Renommée auecque tous ses yeux, toutes ses aisles, & ses langues. Qui voudra diuulguer quelque chose bien particuliere, la reuele seulement à vne fille, & face cesser hardiment le son de toutes les cloches & de toutes les trompettes de la terre, le rond de l'Vniuers ne laissera pas d'en estre abbreuué. Ce sexe parmy ses autres ruzes a celle-cy fort puissante de cacher ses trahisons sous sa foiblesse, de faire bouclier de la peur, & rempart de ce qu'il y a de

Q 3

plus sainct & religieux parmi les mortels. Pour m'empestrer en mesme temps dans sa trame, & se depestrer des toiles que ie luy tendois, ceste maligne pour me trahir faisoit aucunement semblant de se rendre à mes raisons, & de ceder à mon auctorité, pareille à ces Parthes qui attirent au combat en fuyant, parce qu'estans adextrez à se battre de ceste façon, ils deffont plus aisément ceux qui les suiuent que ceux qu'ils attacquent de droict front. Que la duplicité a de destours, & qu'il est malaisé de garroter vn Protée. A qui me pouuois-ie plus fier qu'à vne Sœur? & de qui pouuois-ie estre vendu de la façon que vous entendrez que par vne personne qui me fust si estroittement coniointe? Que d'autres vantent la bienueillance naturelle du parentage tant qu'il leur plaira, de moy ie luy prefereray tousiours les dilectiõs de nostre election; car si aimer est l'acte d'vne volonté libre & non preoccupée, le choix sans doute aura plus de force à nous conuier à l'amitié, que les obligations ausquelles la naissance nous attache auant nostre connoissance.

CLEO

CLEORESTE.
LIVRE DIXIESME.

L faut que ie vous face voir vne malice noire en ceste cauteleuse pour se desgager de me donner aucune bonne parole, & m'engager à luy en dire plus que ie ne deuois. Mon frere, me dit-elle, ie ne veux plus estre si temeraire que de blasmer vostre iugement en mesestimant vostre Amy & celle qui s'est renduë Maistresse de vostre liberté; ie veux croire que vous auez des raisons puissantes pour iustifier vos inclinations , & que l'vn & l'autre ayent de la vertu pour se tenir auecque vous dans les bornes du iuste & de l'honneste. Mais comme vous sçauez que de deux chiens qui viennent à la lumiere du iour d'vne mesme littée, l'vn sera bon pour l'attache, l'autre pour la chasse; de

Qq 4

mesme encore que nous soions si proches qu'il ne se puisse rien adiouster à nostre proximité, il ne s'ensuit pas que nous ayons les inclinations toutes pareilles, veu mesme qu'entre les iumeaux il y a disparité d'humeur, &, s'il en faut croire les iudiciaires, difference de fortunes selon le changement de la situation du Ciel qui se faict durant leur naissance. Sans donc reprendre ny appreuuer vos raisons, me permettrez vous de vous en dire trois qui me retirent fort de la suitte du conseil que vous me donnez? Ie sçauois bien que la contrainte ne feroit que l'aigrir & la rendre plus reuesche, l'ayant doncques laissée en la liberté des desirs de son cœur, comme souffrant ce que ie ne pouuois empescher, & prié de me rendre ses pensées manifestes par ses paroles, auecque la mesme franchise dont i'auois vsé en son endroict en luy declarant mes intentions, elle poursuiuit ainsi. De quel œil, à vostre auis, pensez-vous que ie puisse voir le fils du meurtrier de mon Pere, veu les pressantes coniectures que nous auons qu'il ait esté empoisonné par Nisard? Ie sçay bien que vous me direz

rez qu'il ne faut pas qu'vne mesme toile enuelope l'innocent auec le coulpable, qu'il ne faut pas auecque celuy-cy faire le proces à celuy-là, qu'il faut separer la rose de l'espine, & le froment de l'yuraye, que les fautes sont personnelles, & que l'equité ne veut pas que le fils porte l'iniquité du Pere. Neantmoins s'il est vray que le sang ne peut mentir, comme ie suis le sang & la chair de Lothaire, Hellade l'est de Nisard. Si les ressentimens d'vn homme mort passent & demeurent en moy, seroit-il possible que ie n'eusse quelque secrette auersion contre le fils de celuy que ie tiens pour l'autheur de l'homicide? & ceste secrette antipathie ne seroit-elle pas vne semence de diuisions dans vn mariage, qui doit estre la mesme vnion des cœurs aussi bien que des corps? Si les cordes qui sont faittes de boyaux de brebis, ne s'accordent iamais sur vn Luth auec celles qui sont faittes d'entrailles de loup, de quelle façon se pourroient accorder ceux qui sont sortis des entrailles de Nisard & de Lothaire, dont les diuisions ont causé tant de conuulsions en ceste ville, que ie ne sçay pas mesme si estans morts ils pourroient compatir en vn mesme tombeau, non plus que ces deux freres qui iettez apres qu'ils se furent entretuez, en vn mesme buscher, en partagerent la flamme? I'auoüe qu'il seroit à desirer que si les Peres ont eu l'vn contre l'autre vne haine implacable, les enfans renonçans à la succession de ceste inimitié sans la rendre hereditaire, passassent en des oublis des querelles passées, & se reconciliassent ensemble selon le deuoir des Chrestiens. Mais de passer iusques à la plus grande vnion qui soit au monde, qui est celle du mariage, par laquelle deux ne sont rendus qu'vne mesme chair, c'est ce que ie tiens pour vne chose si difficile qu'elle me semble auoisiner l'impossibilité. & prenez garde qu'encore que l'on en vinst iusques à ce degré de perfaitte reunion, que ce ne fust vn seminaire de castilles, de riottes & de reproches futures, qui prendroient feu dés les premiers degousts du mariage, d'où s'ensuiuroient des querelles, des iniures, des separations, & des embrasemens, ruines euidentes des mesnages & des familles, & tout cela par vne recheute pire te pire que la maladie, & par vne seconde erreur beaucoup plus dangereuse que la premiere ; ainsi le feu se mettroit aux blesseures par le mesme remede que l'on y pourroit apporter. En faict de playes enormes, comme est celle-là de la mort d'vn Pere empoisonné laschement, apres auoir tenté tant de fois de l'assassiner, bien qu'elles se ferment, la cicatrice en demeure à perpetuité, parce que la posterité n'en peut effacer le souuenir de sa memoire, ny de sa volonté en arracher tout à faict le ressentiment. De moy ie ne puis comprendre qu'vn enfant bien né se puisse iamais accommoder auecque celuy qui a faict mourir son Pere, & mesme que la iuste haine ne passe iusques aux descendans de ce meurtrier. Vous me direz que ie tiens cela de mon sexe, que l'on tient par la foiblesse de sa complexion incapable de resister à l'impetuosité de la colere, fort suiet à la vengeance. Ce sera ce qu'il vous plaira, mais en cela ie fais gloire de ceste impuissance, puisqu'elle témoigne que nous sommes de bon naturel, en ce que nous auons & de si tendres, & ce qui est d'admirable, de si

constans

constans & longs sentimens des torts faicts à ceux de qui nous tenons le sang & la vie. Quand doncques vostre Pylade auroit autant de merites que le Soleil a de rayons, & quand il seroit autant illustre que cet Astre a de clarté, ceste raison seroit capable de former vn nuage qui desroberoit à ma veüe la splendeur de toutes ces perfections que vous allez admirant en luy. Que si i'adiouste à cela la iuste crainte que ie dois auoir des maledictions & imprecations de ma Mere, certes il me faudra confesser que quand l'Amour allumeroit mon cœur & l'eschauferoit de mille brandons, la peur de ces anathemes seroit capable de les esteindre, & de m'emplir d'vne glace que tout le feu du Vesuue ne sçauroit faire fondre. Ie ne sçay pas quelles raisons vous pouuez auoir pour ne redouter pas vne si horrible tempeste, mais pour moy si i'auois attiré sur ma teste la moindre partie des miserables souhaits que ma Mere à faicts à vostre preiudice, à cause de ceste estroitte amitié que vous auez contractée auecque Hellade, ie croirois que les furies attachées à mon col me

sui

suiuroient en tous lieux auecque des torches ardantes, & que tous les malheurs feroient vn but de moy pour y descocher leurs fleches enuenimées; ie chercherois vn autre mõde pour receuoir ma fuitte, estimant cestuy-cy comme vn enfer pour moy tout remply de feux, de supplices & de foudres. Ie vous ay souuent veu faire bouclier du mespris, en disant que le vent emportoit ces menaces auecque le son, & que les maledictions iniustes retournoient sur celuy qui les lançoit mal à propos, se salissant comme vn tonneau plein de moust de sa propre escume. Mais i'ay leu & entendu tant d'autres exemples d'iniustes imprecations des parens contre les enfans qui ont esté effectuées, & dont les tragicques euenemens ont faict voir la force, que ie ne puis que ie ne tremble pour vous, quand ie pense à celles qui ont esté dardées sur vostre chef, & que ie ne sois en vne continuelle apprehension que quelque grand malheur ne vous accueille. De me vouloir pour mesme cause trainer auecque vous en de pareils desastres, ne seroit-ce pas faire comme ceux qui se noyent,

noyent, qui trainent auec eux à la mort leurs plus chers amis quand ils les peuuent empoigner? pour euiter ces chastimens que ie redoute, ie ne puis me resoudre à me rendre vostre complice, au contraire ie souhaitte que vostre bon Ange vous retire de ceste amitié en laquelle vous me desirez engager, affin que vostre resipiscence vous en exempte. Et pour dire la verité en venant à ma derniere raison, ce mespris que vous faites des maledictions de nostre commune Mere, peut-il estre associé auecque l'honneur, le respect & l'obeyssance que la loy de Dieu nous commande si exactement de rendre à nos parens, à peine de voir nostre vie tranchée au milieu de son cours? Si l'on peut mettre le feu & l'eau ensemble, & les contraires en vn mesme suiet, i'auoüe que le desdain & la reuerence se pourront associer. Mais si le iour chasse les tenebres, & les tenebres nous priuent de la lumiere, il faut necessairemēt auouër qu'il est impossible d'honnorer vne personne de qui l'on meprise les commandemens. Ie vous ay ouy souuent respondre qu'il vaut mieux obeyr à Dieu qu'aux hommes, que la mesme

mesme loy de Dieu qui ordonne le respect enuers les parens, commande aussi d'aimer son prochain, & en deffēd estroitement la haine. Mais est-ce haïr que de se ranger du costé de sa Mere? aussi peu, ce me semble, que d'estre en guerre du party de son Prince; au fort elle ne vous commande pas absolument de haïr, mais d'estre amy de ses amis, & ennemi de ses ennemis, en soustenant sa querelle contre ceux qui luy ont faict mourir son Espoux & vostre Pere. Si vous n'en voulez à leurs personnes, au moins detestez leur action. Ceste bonne Mere qui nous aime auec vne tendresse toute maternelle, & qui nous sert de Pere en nous esleuant auec vn courage tout paternel, n'a rien plus desiré de vous, sinon que vous quittassiez la conuersation d'Hellade, qui luy est autant odieuse qu'il est fascheux à Nisard (lequel s'en plaint à tout le monde) que son fils vous frequente. ceste separation de corps n'infereroit pas necessairement vne diuision de cœurs, quoy que l'on die que l'absence se soit tousiours declarée ennemie des plus fortes affections. La hantise de soy est vne chose

indiffe

indifferente, & qui ne peut aimer sans cela aime fort peu, & à la façon de ces nourrices qui ne cherissent leurs nourrissons que tant qu'ils leur pendent à la mammelle. la vraye amitié qui ne peut iamais finir, se maintient aussi bien loing que pres, & peut-estre mieux, comme estant de ceste premiere mode plus spirituelle, & par consequent plus pure & plus excellente. Mais de passer de ceste frequentation dans l'outrage, (pardonnez-moy si ie parle non selon mes sentimens, mais selon ceux qu'elle m'a souuẽt declarez) en luy ramenant sans cesse deuant les yeux & à vos costez vn homme qui luy fait voir l'image de celuy qui a meurtry son espoux, n'est-ce pas rapporter à Calpurnia la robe sanglante de son Cesar, ou à Iacob celle de son fils? Combien de fois m'en a t'elle faict des plaintes que ie vous ay fidelement rapportées? vous n'auez faict qu'en secoüer la teste, & n'auez pas mesme cessé de le faire entrer en nostre maison, de le faire coucher en vostre chambre, pour luy donner le repos que vous rauissiez à nostre Mere; car de croire qu'elle peust fermer l'œil tandis
qu'elle

LIVRE X. 625

qu'elle le sçauoit estre sous le toict mesme qui la couuroit de l'iniure du Ciel & non de la vostre, c'est s'imaginer que l'Ours & le Lyon puissent estre en paix en la presence du chat & du coq, & que celuy-là puisse disner à son aise qui void sur sa teste vn glaiue qui ne pend qu'à vn filé. De moy qui ne suis que fille, ie n'aurois pas le courage de trauailler ainsi vne si bonne Mere, & quãd i'en aurois la puissance, ie penserois pecher contre le Ciel & contre la nature si i'en auois la volonté. la regle de mes actions, le niueau de ma vie, c'est l'œil & la conduite de ma Mere, ie choisiray plustost le tombeau que de me despartir de la largeur d'vne ongle de ses commandemens; ses desirs seront mes inclinations, ses paroles me seruirõt d'oracles, car ie croy que c'est par elles que Dieu me parlera & me fera sçauoir ce qu'il desire de moy. Quand donc i'aurois autant d'inclinations pour Hellade que vous me voulez faire croire qu'il en a pour moy, & que vous en auez pour Eufrasie, & à ce que i'entends que ceste fille en a pour vous, dequoy à n'en point mentir ie suis fort esloignée, ie me garde-

Tome 5. R r

rois bien de m'engager en ceste passion, ou de souffrir vne seule ombre de recherche, quelque couleur d'honnesteté ou pretexte de iustice & de bien public ou particulier que l'on me vouluft faire croire, que premierement ie n'en eusse communiqué à ma Mere & pris le mot d'elle, me gouuernant entierement selon ses conseils & ses desirs. Moy qui apprehendois ceste descouuerte plus que les brebis ne craignent le Loup, & les laboureurs la gelée ou la gresle, parce que ce seroit la ruine totale de mes pretensions, me sentant glacer le cœur de crainte, ne peu d'auantage souffrir qu'elle continuast ce discours qui n'eust iamais pris de fin, selon la coustume des filles qui parlent sans cesse & iusques à perte d'haleine. Mais l'arrestant-là ie luy dis par vne brieue responce à ses trois longues & ennuieuses raisons, que c'estoit iuger temerairement de dire que Nisard eust empoisonné Lothaire, & que si i'estois asseuré de cela ie ne le laisserois pas viure vne heure, parce que si la iustice ne m'en faisoit raison, ie me la ferois à moy-mesme en le sacrifiant aux manes de mon Pere &

à ma

à ma vengeance, que s'il y euſt eu moyen d'en auoir des preuues euidentes nous n'en ferions pas demeurez-là, mais que la haine faiſoit prendre à Heduinge de legeres coniectures pour des veritez manifeſtes, & qu'elle ayant iuré en la creance & aux paroles d'Heduinge, il ne ſe falloit pas eſtonner ſi elle eſtoit en ceſte erreur, mais que pour moy i'auois touſiours tenu ce murmure pour vne calomnie. Si bien que ne le conſiderant pas comme meurtrier de mon Pere, mais comme celuy que mon Pere auant que de mourir auoit recherché d'amitié, me commandant expreſſement de n'en faire point de recherche, & d'aſſoupir autant que ie pourrois la haine qui eſtoit entre nos maiſons, tellement que ſoit par l'amitié d'Hellade, ſoit pour l'honnorable recherche d'Euphraſie ie penſois ſatisfaire aux ſaines & ſaintes intentions du deffunct. Que ſi pour ce ſuiet i'eſtois maudit par ma Mere, i'auois Lothaire pour reſpondant, ou pluſtoſt Dieu qui me diſoit en ceſte occurrence par la bouche de ſon diuin Chantre,

Quand ils te maudiront, lors ie te beniray.

Que ie craignois auſſi peu toutes ces imprecations que des fantoſmes, puiſqu'elles n'auoient aucun ſolide fondement; au contraire que i'en engraiſſois comme font les aloüettes par le froid & la bize, & en profitois comme le ſaffran ſous la greſle. Que ſi elle en auoit peur, elle deuoit pluſtoſt attribuer ceſte fragilité à l'infirmité de ſon ſexe qu'à vne terreur prouenante d'vne iuſte cauſe, & qu'en cela elle reſſembloit aux vermiſſeaux qui filent la ſoye, leſquels meurent quand ils oyent le tonnerre, encore que la foudre n'exerce pas ſa violence ſur de ſi petits ſuiets. Que ie m'en ſouciois auſſi peu qu'Iſraël faiſoit peu de conte des maledictiõs de Balaam, & que ſi i'auois quelque crainte, c'eſtoit qu'elles ne retournaſſent ſur la teſte de celle qui les lançoit, dont la perſonne m'eſtoit autant venerable que meſpriſables les imprecations. Que pour cela ie ne me ſeparerois non plus de la conuerſation d'Hellade, qu'vn vaillant ſoldat de ſa compagnie pour les huées des ennemis, non pas meſme pour les mouſquetades. Que ni la mort, ni la vie, ni le paſſé, ni le preſent, ni l'auenir, ni l'aduerſité, ni

la

la prosperité, ni les parens, ni les Anges, ni aucune consideration me pourroit iamais diuiser d'vn tel Amy, lequel ie preferois à la chair & au sang, & à tous les parentages du monde. Que si ie l'auois conduit chez nous en ma chambre, ce n'auoit point esté à dessein de brauer ny d'offenser Heduinge, au contraire que c'estoit pour l'inuiter par la veüe de ce Gentilhomme innocent & aimable à deposer toute rancune, & pour preparer son esprit à la reconciliation auecque le Pere, par la veüe du fils, qui ne luy auoit iamais faict de tort. qu'au reste ie ne deuois demander congé à personne pour faire entrer vn Amy dans vne maison qui m'appartenoit, & que ie tenois de l'heritage de mon Pere, comme il l'auoit eüe de nos ancestres, que i'vsois de la liberté naturelle, qui permet à chacun de faire du sien à sa volonté. Que si mon amitié qui estoit sainte & prisée de tout le monde, ne luy plaisoit, auecque plus iuste suiet sa haine me deuoit déplaire, & que luy obeyr en me rēdant partisan de ses deffauts, c'estoit pour me témoigner bon fils me monstrer mauuais Chrestien. Que ie sçauois assez

Rr 3

que le precepte d'honnorer nos parens ne se relaschoit iamais, quoy qu'ils fussent iniustes & desraisonnables, ouy bien celuy de leur obeyr, veu qu'Alexandre disoit à sa Mere qu'il n'entineroit ses requestes que quand elles seroient fondées sur l'equité, & Salomon alors le plus iuste, comme le plus sage des mortels, esconduit de telle façon sa Mere Bersabée qui le supplioit pour Adonias, que ceste demande cousta la vie à ce Prince qui estoit son frere. Que ceste superstitieuse obseruance de demander congé à vne Mere pour faire vne honneste recherche & tentante au mariage, ne touchoit que les filles plus par bienseance que par necessité, où les garçons qui en leur minorité n'estoient pas encore ioüissans de leurs droits, la tutele ou curatele les tenant encore sous le ioug, non ceux à qui l'âge par nature, ou les loix par emancipation donnoient vne entiere liberté, telle que ie l'auois. Que ce consentement des parens requis au mariage de leurs enfans, se deuoit demander lors qu'il y auoit quelque apparence de l'obtenir, mais qu'en ceste occurrence c'estoit vne pure folie seulement

ment de l'esperer, & vne chose toute asseurée que ces desseins venans à leur estre connus, ils s'opposeroient de toute leur force à leur execution. Là dessus ie la priay autant qu'il me fut possible, & par toutes sortes de coniurations, si elle ne vouloit entendre à la recherche d'Hellade sans en communiquer à Heduinge, qu'elle temporisast vn peu, iusques à ce que i'eusse treuué les moyens d'appaiser les animositez & d'adoucir les aigreurs de part & d'autre, & sur tout qu'elle ne luy dist rien de la trame que i'auois secrettement ourdie auecque la sœur d'Hellade. Sur ce mot de secrettement ceste ruzée se mit à sousrire, mais d'vn sousris malicieux & mocqueur, & iugeant bien que pour m'estre trop innocemment descouuert elle me tenoit le pied sur la gorge, vrayement, dit-elle, ces secrettes menées ne me semblent pas autrement bien compatibles auecque l'honnesteté, ceste alliance pratiquée de ceste façon ne vous peut iamais estre honnorable, comme la reconciliation que vous proiettez auecque Nisard par des moyens abiects, ne vous peut tourner qu'à vergongne. vne guerre glorieuse est tousiours preferée par les francs courages à vne honteuse paix. quelle infamie vous sera-ce pour espouser vne creature par des voyes si peu legitimes, de vous abbatre laschement aux pieds de vos ennemis, à qui l'ingratitude empesche de reconnoistre qu'ils tiennent de vous l'honneur, les biens & la vie? Que dira le monde en voyant ce changement? dira-t'il pas que c'est Hercule qui se met à filer apres auoir dompté tant de monstres, & qu'apres tant de victoires l'Amour vous meine en triomphe comme vaincu? Ces lettres, ces promesses par escrit, ces entretiens cachez & desrobez à la veüe d'vn Pere ou d'vne Gouuernante, ceste recherche sans la licence des parens, ces pourparlers nocturnes, ces engagemens de parole sont autant de procedures qui me sont suspectes, & si odieuses entre les gens qui font profession d'honneur, que ie ne sçay de quelle façon vous pourrez iustifier toute ceste conduite quand elle viendra à estre sceüe, ce qui doit estre tost ou tard, puisque vous en voulez venir au mariage. Gardez que l'on ne die de vous que vous aurez ramassé

massé beaucoup d'ordures, desquelles par apres vous-vous couronnerez comme d'vn chapeau de roses, à vostre contentement peut-estre, mais aussi à vostre deshonneur. Voyez vn peu en quels termes m'auoit reduict le mauuais office que ma langue me venoit de rendre en decelant mon secret à ceste fille; si i'eusse esté à couuert de ce costé-là, i'y eusse (estant assez haut & prompt à la main) mis sa iouë par vne emprainte si signalée, que redoublant le rouge de son teinct, la marque y eust demeuré tout le iour, & c'est ainsi que i'eusse releué le discours de ceste insolente. Mais pour ne troubler ma feste, ne déplaire à Eufrasie & à Hellade, & n'irriter, selon l'anciē prouerbe, ceste guespe, ie fus contraint de mettre vn frein à mon iuste courroux, & en resserrant mon amertume au dedans de succer mes leûres, affin qu'il n'en sortist que de douces paroles, m'attacquant par l'honneur de ceste fille, qui estoit le mien propre; ie ne sçay comme ma raison peut demeurer en moy sans sauter hors des gonds: toutesfois ie me retins, me reseruant à vne autre fois de luy faire paroistre les effects de mon indignation. Combien falloit-il que ie fuſſe en la fin de cet entretien different de celuy que i'auois eſté au commencement, lors que ie la foudroiois auecque des menaces? ie la flatte, ie l'amadoüe, ie la coniure, ie la careſſe, mais elle reſſemble à ces animaux malings qui payent la bonne chere qu'on leur fait par de ſanglantes eſgratigneures. Elle continue ſa meſdiſance par des traicts gauſſeurs qui m'outrageoient merueilleuſement, & par vn orgueil de Phariſien elle tranchoit du quant à moy, proteſtant qu'elle aimeroit mieux mourir que de preſter l'oreille à la moindre parole, ny reſpondre, ny fauoriſer d'vn ſeul regard vn qui pretendroit à ſes nopces par des voyes ſi eſgarées, qu'vne fille bien ſage & bien nourrie ne deuoit pas ſeulement eſtre exempte de crime, mais du moindre ſoupçon, ſa reputation eſtant auſſi delicate que la ſurface d'vn miroir que la moindre halenée ternit. Que celle qui en venoit iuſqués à ces degrez de liberté de receuoir des lettres, de faire des promeſſes, de donner ſa parole, de parler la nuict, eſtoit demi perduë ſi elle ne l'eſtoit entierement; car que pourroit

roit faire de plus, adiouſtoit-elle, vne deſ-
bauchée, vne qui a faict banqueroute à
l'honneur? Ce fut icy que ie ramaſſay en
vn gros toutes les forces & les puiſſances
de ma raiſon, pour empeſcher que la rage
ne m'emportaſt à luy ſauter à la gorge, &
y faire rentrer les impudentes calomnies
dont elle chargeoit celle qui ſurpaſſoit les
lys en candeur, les roſes en bonne odeur,
& le rayon du Soleil en pureté. Quant à
moy, continua-t'elle, i'aimerois mieux
mourir fille que de viure femme infame,
& ne pretendre jamais au mariage que
d'y aſpirer par des pratiques ſi tenebreu-
ſes & ſi pleines de honte. i'aime mieux
viure miſerable auecque la gloire ſur le
front, que de viure à mon aiſe aux deſpés
du moindre bruict contraire à vne bonne
renommée. & quand le monde n'en ſçauroit rien, de quel front pourrois-ie regarder vn mary qui auroit eu de tels auantages ſur moy auparauant qu'Hymen
nous euſt aſſemblez? certes la continuelle
reproche de ma conſcience me ſeroit vn
bourreau perpetuel, qui me tourmentant
ſans ceſſe ne me permettroit qu'auecque
peine de voir la lumiere du iour. Ce fut

en

en cet endroit que voyant blasmer comme reprehensibles & deshonnorables des actions animées du mesme honneur, & dans lesquelles ne s'estoit pas seulement meslé vn seul dessein qui ne fust legitime, ie m'eschapay non pas certes en effects, mais en paroles, car voyant que la douceur n'auoit point de prise sur ce cœur de Tygre, ie crû qu'il la falloit ramener à son deuoir par la crainte, & que si la bonnace la rendoit presomptueuse, la tempeste l'humilieroit. Ma patience doncques deuint vne fureur, &

Tel qu'en sa plus forte rage
Aquilon esmeut les flots,
Et d'vn asseuré naufrage
Menace les matelots,
Ou tel que leue ses cornes
Vn grand fleuue hors de ses bornes,
Qui escume sa fureur
Lors qu'il rauage la plaine,
Trompant l'espoir & la peine
De l'auare laboureur.

Tel fut mon courroux, qui aux éclairs de mes yeux ioignant les tonnerres des menaces qui rouloient en ma bouche, & luy faisant paroistre les foudres de ma main.

main. Par la vie de mon Ame, luy dis-ie, impudente que vous estes, si vous passez plus auant, ie vous serreray ceste puante gorge qui vomit tant de calomnies, & ie feray retourner sur vostre visage les flegmes que vous crachez contre vn Ciel de beauté & d'honnesteté, deuant lequel vous n'estes que de la terre & de la boüe. Quoy, vous me ietterez de telles iniures en la face, & ie ne vous feray pas taire? vous m'osterez l'honneur, & ie ne vous arracheray pas la langue, ceste langue de serpent qui cache vn venin d'aspic, & qui ne sçait parler que pour mesdire? Sçachez qu'Eufrasie est comme plus belle incomparablement, aussi plus vertueuse que vous, si ie languis pour sa beauté, c'est vn effect necessaire d'vne si digne cause; mais ie mourray tousiours librement pour le maintien & la deffense de son honnesteté. Malicieuse que vous estes, vray boutefeu de querelle & de noise, esprit nourry de fiel, nay à la haine & à la contradiction, ignorez-vous apres vne declaration si franche que ie vous en ay faitte qu'elle est l'obiect de mes vœux, que le moindre blasme qui en peust estre dit m'est plus
sensible

sensible que la mort? Au contraire ie vous maintiens qu'elle est vne Colombe sans fiel & sans reproche, que rien n'est esgal à sa perfection, & que si la vertu de la beauté de son corps est puissante pour donner de l'Amour, la beauté des vertus de son Ame a vne excellence qui ne donne pas moins d'admiration. Rien n'est esgal à sa foy, à sa constance & à sa Pieté, c'est comme cela qu'il faut parler d'vn suiet si plein de merite. Mais pour en dire du mal n'approchez pas de mes oreilles, si vous ne voulez que ma raison vous face mentir, & ma main repentir. Ie l'auois toute leuée quand ce cœur aussi lasche que traistre redoutant vn esclandre, & ne demandant que de se soustraire, à mes yeux par finesse, me demanda mille pardons, protestant que ce qu'elle en auoit dit (voyez la malice) n'estoit pas tant pour blasmer Eufrasie, que pour me faire entendre qu'elle estoit trop timide pour se conduire de ceste façon auecque celuy qui la rechercheroit pour l'espouser. qu'au reste ce n'estoit pas à elle de me reprendre, mais de m'honorer comme son aisné, & comme celuy qui luy tenoit lieu de

Pere;

Pere; qu'elle vouloit croire qu'en ceste recherche il n'y auoit rien que d'honneste aux moyens, puisque la fin estoit legitime, ioint qu'elle m'auoit tousiours reconnu si auisé que ie sçaurois bien conduire ma barque dans le port de salut, qui est l'honneur, malgré la tempeste des passions. Que seulement elle me prioit de ne l'embarquer point auecque moy dans vn mesme vaisseau, parce qu'elle se tenoit trop foible pour se guider comme il faudroit parmy de si dangereuses maximes, les siennes ayans tousiours esté de ne s'escarter point de la veüe de son Ourse, ny de la terre de l'obeyssance qu'elle deuoit à nostre commune Mere. Voyant qu'il ne me falloit esperer aucune condescendance de cet esprit rebours & accariastre, pour finir auecque l'auctorité & le mesme empire qui auoit donné commencement à mon discours, n'estant pas encore reffroidy de la colere où elle m'auoit mis: Viue Dieu, luy dis-ie, si ie m'apperçois que vous causiez, ny que vous auertissiez ma Mere de ma recherche, qui ne manqueroit pas de la trauerser, sçachez que vous n'aurez iamais de bien ny de repos

en

en voſtre vie, & que ie vous ſeray comme vn Demon qui aura pris à taſche de vous tourmenter. Ie me doute que faiſant ainſi la ſuccrée & la retirée, vous aurez attaché vos affections à quelque obiect qui vous empeſche de ietter les yeux ſur celuy que ie vous ay propoſé, & duquel vous eſtes indigne; mais ſçachez que comme vous ne voulez pas vous porter vers celuy que ie vous ſouhaitte, ie ne donneray iamais mon conſentement à celuy que vous deſirerez, car Hellade & moy luy donnerons vne telle chaſſe qu'il ſera contraint de prendre party ailleurs, & quiconque ſoit-il, ce ſera à luy de ſe reſoudre de ne paſſer iamais entre vos bras que par deſſus nos corps eſtendus par ſon eſpée ſur la terre, de ſorte que vous luy ſerez vne eſpouſe de ſang. Me voyant en ceſte fougue elle me fit, pour eſquiuer ma fureur & s'eſchaper de ma preſence, tous les complimens & les promeſſes que i'euſſe peu deſirer, me charlattant iuſques à ce point de me faire croire que la premiere fois qu'Hellade ſe preſenteroit à elle, en ma conſideration elle le traitteroit d'vn regard aſſez doux; & qu'il auroit occaſion

d'eſtimer

d'estimer fauorable, au reste, foy de fille, que de tout ce que ie luy auois dit elle n'ouuriroit pas seulement la bouche à Heduinge. Et ie la crû ceste trompeuse, aussi mal-auisé de me fier à sa foy, que i'a-uois esté de luy ouurir si candidement les replis de mon Ame, Pauure que i'estois, comme si ie deuois ignorer que luy def-fendre, fust-ce sur peine de la vie de dire quelque chose, c'estoit luy ietter des charbons ardans au sein qu'elle n'y pour-roit iamais endurer; & que la priant de se taire, c'estoit l'inuiter à le dire à tout le monde. Aussi pense-ie que les fleuues sur la fin de leurs cours ne se precipitent point dans la mer auec tant de bruict & d'impetuosité, qu'elle s'alla ietter à perte d'haleine entre les bras de ma Mere, pour luy rapporter aussi chaudement que promptement tout ce que ie luy auois raconté. Soit qu'elle se voulust vanger du traittement rude qu'elle auoit receu de moy; ou que par son infirmité natu-relle elle fust aussi peu capable de conte-nir vn secret qu'vn panier de retenir l'eau, ou, ce qui est plus croyable, pour faire la fille obeyssante & honnorablemẽt craintiue, & attirer par ce moyen les bonnes graces de ceste bonne femme dont elle sçauoit l'humeur, qui vouloit estre flattée & reuerée; & ce qui est encore plus vray-semblable, poussée de son propre interest, qui la portoit à s'asseurer de l'heritage de ma Mere, laquelle ne manqueroit pas de m'en priuer, & de la faire son heritiere aussi-tost qu'elle sçauroit mon dessein. Elle luy descouurit tout le mystere de ma recherche d'Eufrasie, & luy fit paroistre celle d'Hellade vers elle beaucoup plus ardante que ie ne la luy auois representée. Que deuint ceste bonne Mere à ce recit se voyant battuë des deux costez, ie le vous laisse à iuger. aussi-tost aux armes des femmes les maledictions & les larmes; mais ie croy qu'il en prennoit comme quand il pleut & fait soleil tout ensemble, car si la pluye tempere les rayons de cet Astre, ses rays sechent les humiditez de celle-là. aussi ie croy que les pleurs lauoient les imprecations, & que l'ardeur de celles-cy essuyoit la liqueur des autres. I'ay sceu depuis que ma Mere toute flambante de courroux ne pouuant d'autre maniere

me

me faire sentir le carreau de son indignation, luy auoit promis tous ses biens ne me reseruant que des anathemes, & que dés le lendemain elle auoit faict son testament solemnel en sa faueur, disant que ie la ferois mourir de déplaisir par mes desobeyssances. Si elle le pouuoit en conscience i'en laisse la decision aux Docteurs. De moy qui ne songeois pas à ces pratiques, mais seulement à contenter comme ie pourrois la iuste passion de mon Amy, qui auoit eu tant de soin de satisfaire à la mienne, quand ie l'abborday ie luy dis que les mesmes difficultez qu'il auoit treuuées pour moy au commencement aupres d'Eufrasie, ie les auois rencontrées pour luy aupres de Cassandre, & qu'en vn mot toutes les filles estoient des filles, & attachées à certaines maximes d'estat qu'il estoit bien difficile de leur faire desmordre, qu'elles font toutes bouclier à leur honneur de leur obeyssance, & bien que le nom du mariage flatte leur imagination, qu'elle faisoient semblant de ny penser non plus que ceux qui font semblant de se boucher les yeux en mettant au deuant leurs doigts tous ouuerts; & quelque auantage de corps, d'esprit ou de fortune qui fut en ceux qu'on leur proposoit, elles ne se rendoient iamais à leur bienueillance que sous quelque image de contrainte, pour cacher sous ceste force leur inclination. Que toute leur conduite n'estoit qu'vn artifice subtil comme ce rets que fit Vulcan pour surprédre les deux Amans, qui seruirent de spectacle de risée à toute la Cour des Dieux. Que ces finesses-là estoiét aisées à descouurir, neantmoins que la douceur de leurs appasts faisoit moins apprehender les hameçons qu'elles cachoiét sous ces amorces. Que i'esperois qu'à leur premiere veüe il liroit dans ses yeux de benignes influences, & reconnoistroit à cet abbord le bon office que i'auois commencé de luy rendre, & auquel i'essaicrois de tout mon pouuoir de donner vne fin conforme à ce commencement & à ses desirs, qui estoient en tout secondez des miens. Tout ainsi que les moindres erreurs ou principe s'aggrandissent par le progres, de mesme les plus petites faueurs à la naissance d'vne affection esleuent si fort l'esperance des

Amans,

Amans, qu'ils en mettent leurs front dans les nuées. Hellade qui s'eſtoit promis merueilles de mon appuy, par cet eſchantillon iugea de toute la piece, & par ces figues douces & ces raiſins que ie luy apportois, crût qu'il ſeroit poſſeſſeur d'vne terre qui luy couleroit le laict & le miel; & comme ie luy auois faict eſperer de ceſte negociation tout cë qu'il en pouuoit attédre, il auoit ſi doucement chatoüillé ſon imagination durant toute la nuict, qu'il auoit nagé dans vne mer de contentemens. En cet Eſprit l'Amour le mena ſur la montagne d'Apollon, & le fit boire de ceſte eau d'Hipocrene plus ennyurante que l'hyppocras, & qui fait les hommes Poëtes en vn inſtant. Ceſte premiere verûe luy fit produire ces

STANCES.

MAintenant que l'honneur, ſeul flambeau qui m'eſclaire,
Fait que i'aime vn obiect qui n'eſt point deceuant,
Ie depite le Sort, & crains moins ſa colere
Que le Soleil ne craint & la pluye & le vent.
Caſſandre dans ſes rets tient mon Ame enlacée,
Et captiue mon cœur en de ſi doux liens,

CLEORESTE,

Que ie suis plus heureux que l'Amy de Thesée
Ne le fut quand Pluton luy relascha les siens.
Desia la liberté faisoit trembler mon Ame,
 Et dedans mon salut ie me sentois perir,
 Ie mourois du regret de n'auoir plus de flamme,
 Bien qu'en mon propre feu ie me visse mourir.
En sortant de prison ie me treuuois sauuage,
 I'estois tout esblouy par les rayons du iour,
 De tous mes sentimens i'auois perdu l'vsage,
 N'estant plus animé de celuy de l'Amour.
Ainsi l'oiseau de cage alors qu'il se deliure
 Pour reprendre son air & voler dans les bois,
 Treuue qu'il a perdu l'vsage de son viure,
 Le mouuement de l'aisle & le ton de sa voix.
Où mon premier malheur auoit porté ma vie,
 Encor que i'eusse faict naufrage à vn escueil,
 Cependant ie sentois que ie mourois d'enuie
 De me voir engagé d'aymer iusqu'au cercueil.
Maintenant que ie suis dans l'honnorable chaisne
 D'vn legitime obiect, mon ioug est asseuré
 I'aime ma seruitude, & me plais en ma peine,
 Et serois bien marry de m'en voir retiré.
Ie ne suis pas si fol que d'escouter encore
 Les discours que pourroit me faire ma raison,
 Et combien que mon mal eust besoin d'Ellebore,
 Ie choisirois plustost de prendre la poison.

Ie leu ces vers qu'il me communiqua, & ie dis en moy-mesme, pauuret, hé ! que tu es esloigné du but où tu aspires, si le Ciel prenant pitié de ton martyre ne change le cœur de ceste inhumaine que tu cheris. Mais aueugle que ie suis, que sçay-ie si ce n'est point ce mesme Ciel qui pour punir tes desbauches passées a permis que tu eusses de la passion pour ceste Cassandre dont les yeux sorciers t'ont charmé, te laissant persuader par ton mauuais Ange que toute la beauté du monde estoit recueillie sur son visage? Tandis qu'abusant insolemment du don precieux de ta liberté, tu rodois parmi les compagnies la teste leuée regardant tant de dignes obiects auec vne indifference germaine du mespris, voguant sur la perilleuse mer du Monde de cap en cap, & de riuage à autre, cherchant vn escueil qui fust digne de ton desbris, tu as eschoüé aupres de ceste orgueilleuse qui a la mine de te mal-traitter, & de payer ta fidelité d'vne ingrate mesconnoissance. Et qui sçait si ceste dureté de cœur qui la rendra difficile à tes desirs, ne sera point le secret fleau ordonné pour ton chastiment, ou la pierre de Lydie pour espreuuer l'or de ta constáce? peut-estre que par ceste desdaigneuse fierté elle ne fera qu'executer les volontez de ceste haute & souueraine puissance, qui par des voyes inconnües & inconceuables gouuerne l'Vniuers. Tandis que ie ruminois ces pensées, (ô Cieux pardonnez-moy ceste duplicité) ma langue comme celle d'vn chien fidele lechoit l'vlcere de son Ame, pour en moderer l'inflammation par de doux propos meslez d'esperance. Ie luy teu tout ce long & colerique pourparlé que i'auois eu auecque ma Sœur, ne prenant le tison que par le bout qui ne brusloit pas, ie veux dire par ceste derniere & trompeuse promesse qu'elle m'auoit faitte de le voir de bon œil à la premiere fois que nous la rencontrerions. & c'estoit de ceste rencontre & de ceste veuë, qui fut plustost de Comete menaçant que de Planette fauorable, que le pauure Hellade estoit alteré. Helas! pareil à celuy qui cherchant vne herbe salutaire pour mettre à ses playes, rencontreroit vne poison qui le feroit mourir. Moy qui connoissois la malice de la pelerine, ie differois ceste entreueüe autant que ie pouuois, la destournant par plusieurs amusemens vraysemblables, & par des fuittes estudiées i'esloignois ce coup que ie tenois pour funestement fatal à mes contentemens

tentemens. Car s'il vient, difois-ie à part moy, à reconnoiſtre des effects contraires à mes paroles, il croira que ie le trompe, & la tromperie contraire à la ſincerité d'vne amitié ſainte en eſt la ruine totale. Vn iour qu'il eſtoit tout deſolé pour la langueur où le mettoit la longueur de ceſte attente, pour ſe ſoulager vn peu il me dit, ha! Caſſandrin, Caſſandrin, & ſe teut. ie luy demande ce que vouloit dire ceſte exclamation. Te ſouuient-il, mon frere, me reſpondit-il, de ce que dit Crœſus deuant le grand Roy des Perſes qui l'auoit vaincu en bataille & faict ſon priſonnier, lors que ſe voyant à la veille de mourir il s'eſcria, ô Solon, Solon! Enquis de ce qu'il vouloit dire, il dit qu'il ſe ſouuenoit de ce que ce ſage homme tenu pour vn Oracle en la Grece, luy auoit reſpondu lors qu'eſtant au faiſte de ſa proſperité il eſtimoit que la terre fuſt trop petite pour vn nom ſi grand que le ſien, & que ſa circonference fuſt vne borne trop eſtroitte pour ſes conqueſtes. Il luy auoit demandé s'il auoit veu quelque autre felicité pareille à la ſienne; il luy reſpondit que l'homme ne pouuoit eſtre appellé heureux deuant

S s 5

sa mort, parce que durant tout le cours de sa vie il estoit subiect aux reuolutions de la fortune. Ie te dis le mesme, mon frere, qu'il arriue tant de fascheux accidens entre la bouche & le verre, & tant d'orages trauersans la nauigation de ceux qui cinglent sur les mers d'Amour & du Monde, qu'il ne se faut asseurer de rien auant la possession, & encore en la possession faut-il tousiours craindre le couteau de la separation & de la priuation. C'est ce que ie te voulois dire en t'appellant Cassandrin; mais voy comme mes melancholiques pensées se multiplient. Ie t'ay appellé Cassandrin, parce que vous auez tant de traicts de ressemblance, que qui void Apollon void sa Sœur; encore si elle se laissoit voir la nuict comme la Cynthienne, comme tu me parois durant le iour, toutesfois oserai-ie dire sans te faire tort que tu n'as pas tant d'esclat que Cassandre, parce qu'elle m'esclaire, & m'esbloüit, & tu m'esclaires sans m'esbloüir? Celle-là me consume par vne ardeur vehemente & fieureuse, qui a sa cause dans l'exces de l'Amour, & ton amitié sainte m'eschaufe d'vn feu doux & esgal; ta douceur

Livre X.   651

cœur me vient luire sans me nuire, & moins sans me cuire, mais elle me tourmente d'vn feu aussi cuisant qu'il est luisant, & aussi nuisant qu'il est cuisant. face le Ciel que ceste Cassandre qui a desia reduict en cendre mon triste cœur, ne me presage point le sac de Troye, & la ruine de ma fortune & de ma vie.

Dementez cet augure ô beauté qui conuie
 A de douces erreurs les plus sages esprits,
Suffise à vos rigueurs qu'il me couste la vie,
Sans que i'en perde encor & l'attente & le
   prix.

Il y a encore vne autre raison pour laquelle ie t'appelle Cassandrin. te souuiët-il du conte que tu me faisois du Cassandrin de Straparole qui prenoit si dextrement les lits & les cheuaux, & des vers que tu fis contre les Tireurs de laine, qui concluoient ce me semble ainsi?

Certes on les deuroit pourfuiure
  Auec vne extreme rigueur,
  Mais non, puisque l'on laisse viure
  Celles qui desrobent le cœur.

A la verité si tu me pris subtilement mon manteau & mon espée lors que ie dormois

mois, ta Sœur a esté plus adroitte, qui m'a en veillant enleué le cœur par les yeux sans que ie m'en apperceusse, & tellement desarmé que ie n'ay point treuué de resistance en ma raison, pour opposer à la douceur de ceste force qui empruntoit toute sa puissance de sa delicatesse & de ma lascheté. L'ayant veu venir de luy-mesme à ce point où ie preuoiois bien qu'il faudroit arriuer par l'humeur barbare de Cassandre, ie pris ceste occasion aux cheueux pour preparer son esprit à la fermeté, ou mesme pour le disposer à quitter de bonne heure ceste passion, pluſtoſt que de souffrir qu'elle se rendiſt incurable en la laissant prendre pied en soy. Quelque parenté, luy dis-ie, qu'il y ait entre Cassandre & moy, ie ne puis que ie ne luy vueille du mal à raison de celuy qu'elle vous fait souffrir. Ie ne veux point me seruir de l'auctorité que la nature me donne sur elle pour mespriser ce qu'elle a de beau, pour paroistre frere, ie ne veux point me mettre en peine de vous déplaire, & en offensant la verité de me monstrer fascheux à mon Amy. A qui aura des yeux les excuses de voſtre passion seront

receua

receuables. bien qu'en ces iugemens le sang touche peu le sang, & que les freres soient assez mauuais iuges des beautez de leurs sœurs, parce qu'ils n'ont pas les yeux de ceux qui les peuuent legitimement desirer, si ne suis-ie pas si grossier que ie ne voye que pour vn autre que moy ses appasts ne sont pas vulgaires. Mais, à dire le vray, quelque merueille qu'il y ait en vn visage, si la beauté qui paroist n'est accompagnée de la bonté de l'Ame, ie n'en fais pas plus d'estat que de ces superbes sepulchres qui ne cachent au dedans que de la puanteur & des crapaux. Et certes pour l'ordinaire les plus belles n'emploiēt les riches faueurs qu'elles ont liberalement receües de la nature, qu'en des vsages cruels, elles font de leurs adorateurs des victimes, & font leurs feux de ioye de ceux qui se consument & se sacrifient à leur rigueur. Elles sont en ceste erreur, de ne mesurer l'Amour qu'à la souffrance, & de ne croire estre aimées que quand on loüe leur tyrannie mesme aux traits de la mort. Si bien que pour leur paroistre amoureux il faut deuenir frenetique; & pour sembler fidele il se faut abandonner

à la

à la rage & au desespoir. Quelle sorte d'aimer? A qui engagent leur vie ceux qui se laissent maistriser à ces humeurs imperieuses, à ces cœurs sauuages, qui font leurs delices comme les Chasseurs du sang & du carnage de ce qu'ils prennent? Celle qui pretendroit de m'acquerir par des voyes si furieuses, auroit bien tost perdu mon affection. Au moins ne me persuaderai-ie iamais qu'vne Amour honneste se puisse conseruer en sa sincerité parmy tant de ruzes & d'artifices. Que ie m'estime heureux d'auoir treuué en celle qui me possede, vne correspondance & vne fidelité qui ne peuuent estre comparées qu'aux extraordinaires graces qui l'accompagnent. Tant de perfections en vn mesme suiet surmontent la connoissance & ne laissent la place qu'à l'admiration. Nous n'auons à nous plaindre en nostre mutuelle bienueillance que de quelques loix ceremonieuses ennemies de nostre felicité, sans cela nous donnerions de la teste dans les Astres. Vous qui estes instruict de toutes les plus petites particularitez de ma recherche, sçauez que i'y marche si religieusement que si

elle

elle estoit autant connüe qu'elle est cachée, les plus effrontez calomniateurs n'en pourroient parler qu'auecque decence;& la plus austere seuerité n'y treuueroit rien qui chocquast ses regles, ny qui peust estre condamné par ses plus estroittes maximes. & ie croy que si l'histoire de mon Amour & de nostre amitié venoit à estre publiée, l'on ne donneroit plus de plus memorable exemple des merueilles de ceste passion. Ne puis-ie pas dire sans faire le vain, qu'il seroit malaisé à ceux qui ont acquis la plus perfaitte connoissance de ce mouuemēt de l'Ame, de remarquer qui a plus de bienueillance de moy pour elle, ou d'elle pour moy, si ie n'estois le premier en datte ? Et pour parler auecque plus de clairté, si l'on peut asseurer quelque chose sur la foy d'vne fille, à vostre auis, comme ie n'ay point d'Amour que pour elle, ne puis-ie pas iustement croire qu'elle n'aime que moy? Le Ciel à ma faueur a faict éuanoüir en elle cette naturelle inclination que son sexe a pour l'inconstance, faisant arriuer sa fermeté à vn point qui a esté ignoré par toutes les autres. Ne vous semble-t'il

pas

pas en l'estat où m'a mis ma bonne fortune, que l'Amour n'ait plus pour moy ny arc, ny fleches, ny brandon, ny bandeau, c'est à dire, qu'il n'ait plus de troubles, de pleurs, de douleurs & de tristesse? Et toutesfois, Hellade, au comble de ceste prosperité ie ne laisse pas de craindre les orages, parce qu'en cette mer où nous voguons, il faut tousiours se preparer à quelque infortune, les naufrages s'y font lors qu'on y pense le moins, les plus beaux iours y sont les plus dangereux, & le calme n'y est iamais si esgal que quand la bourrasque est sur le point de changer par l'effort des vents les flots en montagnes & en valées. Le Soleil mesme peut eclipser, & les plus beaux Astres du Ciel sont appellez Planettes, comme qui diroit des estoiles errantes. Ce qui a faict croire aux plus sensez, qu'on se peut aussi-tost asseurer de la stabilité de l'Ocean que de celle d'vne femme, quelque bonté de courage qu'on luy puisse attribuer. Si mesme l'on n'est pas en seureté dans le port du mariage, le thresor de nostre honneur estant mis en depost en vn vase si fresle, quelle certitude peut-on auoir n'estant encore

qu'à

qu'à l'ancre & dans l'espoir d'vne recherche? L'apprehension de ce Poëte rappellée par ma memoire frappe souuent à la porte de mon imagination,

Ie crains sans cesse que l'absence
Ne luy donne quelque licence
De tourner ailleurs ses appas,
Et qu'estant comme elle est d'vn sexe variable,
Ma foy qu'en la voyant elle a pour agreable,
Ne luy soit contemptible en ne la voyant pas.
Peut-estre qu'à ceste mesme heure
Que ie languy, souspire, & pleure
De tristesse me consumant,
Elle qui n'a soucy de moy ny de mes larmes,
Ses graces estalant fait paroistre ses charmes,
Et met en ses filets quelque nouuel Amant.

Cruelle passion iusques à quand te nourriras-tu de larmes, de souspirs, d'inquietudes, de soupçons & de ialousies? Adieu le repos des ames que tu possedes, adieu la ioye, adieu le contentement. Que si ces peines accompagnent ceux qui se tiennent asseurez par de bons témoignages de la correspondance à leurs affections, que sera-ce de ceux qui flottent encore dans l'incertitude, comme toy mon Hellade? Ce n'est pas que ceste Cassandre ne m'ait promis de te faire vn

bon accueil, mais estraindre le Protée, & tenir vne fille en égale humeur ne sont-ce pas deux impossibilitez? Celle dont elle porte le nom, trompa bien le Dieu du iour apres auoir receu de luy le don de predire. Que sçay-ie si son imbecillité luy pourra permettre de ne deceler point à ma Mere le secret de ta passion que ie luy ay communiqué? veu mesme que ie l'ay laissée en la resolution de n'entendre iamais à ceste recherche que par le consentement de ceste bonne femme, duquel i'ay aussi peu d'esperance pour toy que de celuy de Nisard pour moy. Ie pense que les Astres de nos naissances qui ont incliné nos cœurs à l'amitié, ont esté trauersez du mauuais aspect de quelques Planettes malings deffauorables à nostre Amour, puis qu'ils nous portent à aimer en des lieux où il y a si peu d'apparence de voir reüssir nos desseins. Face le Ciel, dit Hellade, que tu sois mauuais Prophete, en deusse-tu perdre le nom de Cassandrin. Peut-estre que c'est par là, repris-ie, que ie le meriteray disant la verité, & n'estant pas crû, selon le malheur qui accompagnoit les predictions de la
Troyenne

Troyenne Caſſandre. Et d'effect lors que nous penſions acheminer nos proiets au port deſiré, nous fuſmes aſſaillis tout à coup de la plus horrible tourmente qui ſe puiſſe imaginer, & de laquelle nous n'attendons que le naufrage aſſeuré de nos contentemens & de nos fortunes. Bien que la ſuitte de mon diſcours m'oblige de venir à ceſte ſanglante cataſtrophe, & de vous en faire voir le triſte euenement, ie ne puis que retaſtant mes playes ie ne renouuelle mes douleurs, & qu'en vous deſcouurant la plus deplorable deſroute que vous ayez iamais entenduë, ie ne fremiſſe à ce recit de mes malheurs. C'eſt icy que manque la maxime qui dit que le ſouuenir des maux paſſez eſt agreable, parce que continuans comme ils ſont, ils ne ſont pas tant paſſez que preſens, & comme preſens ils ſont auſſi plus viuement preſſans. Que l'homme eſt vn animal double & traiſtre, & qu'il eſt mal-aiſé d'euiter ſes attaintes quand il veut faire tort! Les baſtimens craquettent deuant que tomber, & long temps auparauant les murailles font pauce & iour, & prennent coup à leur ruine,

comme auertiſſans que l'on s'en retire. Le tonnerre éclaire auant que de choir, comme s'il auiſoit qu'on ſe deſtournaſt de ſa fureur. il y a ſur la mer des preſages de tempeſte, qui font que les nautonniers prennent terre, ou ſe retirent au riuage en quelque cale. Il n'y a que tremblemens de terre qui viennent ſoudainement, & qui bouleuerſent tout ſans donner loiſir d'euiter le fracas de ce desbris. Et les plus dangereuſes foudres ſont celles qui ſe dardent en meſme temps que l'éclair. Mais tout cela eſt peu à comparaiſon des trahiſons & ſupercheries humaines; car lors que l'on eſpere du ſecours de quelqu'vn, ſi la malice a corrompu ſon cœur, c'eſt lors qu'il vous accablera plus cruellement quãd il vous fera meilleure mine. Encore ſi Niſard & Erneſt m'euſſent attacqué enſemble, ce ne m'euſt eſté rien de nouueau. Si i'euſſe eu l'eſpée à la main, ie me fuſſe demeſlé de leur ſurpriſe, ou au moins en me deffendant courageuſement ie fuſſe mort glorieuſement ſous leurs armes: mais eſtre vendu & deſcrié par vne Sœur, c'eſt vn comble de deſeſpoir qui ne peut aboutir que dans la rage, c'eſt ſentir

tir vn dur aiguillon de la moufche dont on attendoit le rayon de miel. Pour venir donc à ce mauuais pas dont l'horreur me fuit par tout quand ie penfe à fa perfidie, vous pouuez iuger par la defcouuerte qu'elle fit de mon fecret à ma Mere, s'il fut incontinent fceu par toute la ville, puis qu'il ne fallut que trois filles pour publier mieux que les Anges la Refurreƈtion par toute la terre. Toute Troye eftoit en feu qu'Enée dormant dans fon liƈt n'en fçauoit rien, & fi l'image dolente de Heƈtor ne luy euft apparu en fonge, & ne l'euft refueillé en furfaut, il fuft demeuré tout affoupi dans les embrafemens de fa patrie. Et comme il arriue ordinairement que le Chef de l'armée qui eft en l'arriere-garde, fçait des derniers la defroute de l'auantgarde, & que les bruiƈts de ville viennent le plus tard aux oreilles de ceux qui y font intereffez, auffi tout le monde parloit tout haut de nos affaires & de ces alliances auant que nous en fceuffions rien. Nifard & Erneft en furent auertis deuant Hellade & Eufrafie. Dieu! que deuint celle-cy quand elle fe vid accueillie inopinément d'vne fi horrible

tempeste? car s'il est vray que les traicts preueus blessent moins par la raison des contraires, ceux qui ne le sont pas doiuent faire de plus sensibles atteintes. Quand elle ouyt parler de ces lettres, de ces promesses, de ces entretiens, & particulierement de ces pourparlers de la nuict par la fenestre de sa chambre qui respondoit à la petite ruë, elle pensoit songer, tantost auoir esté trahie par quelque sorciere, & elle se fust figuré tout autre moyen de ceste descouuerte que le veritable. Car d'attribuer cela ou à ma simplesse, ou à la malice de ma Sœur, c'est ce qui n'eust peu tomber en son imagination. Mais l'impression qui s'y attacha plus fortement, ce fut le soupçon qu'elle eut d'auoir esté descouuerte par sa Gouuernante. O ma Mere, luy dit-elle, que vous auois-ie faict pour me causer vn tel outrage? estoit-ce donc ainsi que vous me persuadiez ce qu'il vous plaisoit, pour apres precipiter en vn gouffre de malheurs ma trop facile credulité? vrayment ce vous est beaucoup de gloire d'auoir laschement exposé ma reputation aux lägues des mesdisans, & surpris vne simple
fille

fille qui auoit mis en vous toute sa confiãce. La Gouuernante qui n'estoit point encore auertie de ceste rumeur prit ce discours pour vn ieu, parce qu'il luy estoit enigmatique, & plus elle nioit la trahison qu'elle n'auoit point faitte, plus en estoit-elle tenüe pour coulpable. Elle ne pouuoit nier qu'elle n'eust parlé à Nisard en ma faueur, parce qu'elle s'en estoit vantée plusieurs fois, selon la promesse qu'elle m'en auoit faitte en suitte de mes presens. c'estoit-là vne violente coniecture pour faire croire à Eufrasie qu'elle eust passé plus auant, ou pressée par la crainte des menaces, ou gagnée par de contraires corruptions, comme il arriue assez ordinairement que de plus grands presens d'vne partie font oublier à vn Iuge les plus petits de l'autre. Apres vne longue contestation tout ce bruict fit à l'ordinaire de l'orage, qui apres le vent & le tonnerre ne laisse qu'vn peu de pluye & de boüe, il n'en resta que quelques reproches meslées de larmes. La bonne vieille qui se sçauoit innocente, ne pouuoit comprendre d'où prouenoit ceste descouuerte, & non moins tremblante qu'Eufrasie, sça-

chant que Nisard s'en prendroit à elle, ne sçauoit quelle inuention treuuer pour se mettre à l'abry de ce nuage qui alloit fondre & creuer sur sa teste; peu s'en fallut qu'elle ne s'allast accuser pour preuenir la fureur du Pere, ou qu'elle ne s'en allast sans prendre congé. En ce trouble encore donna t'elle vn salutaire conseil à Eufrasie, qui fut de mettre les lettres & autres menus presens qu'elle pouuoit auoir de moy en lieu inaccessible, de peur que Nisard y iettant la main & puis les yeux, n'apprist par là plus qu'il n'en deuoit sçauoir. Ce que ceste Damoiselle executa promptement, & s'en treuua bien, resolüe au reste de nier tout quand on la deuroit mettre à la gesne. Nisard auerty par personne interposé de la part de ma Mere de toutes les particularitez de mon affection pour Eufrasie, crût que pour bien faire le proces à sa fille, il falloit se saisir de ses pieces iustificatiues de sa desobeyssance. Il entra vn iour auecque son fils aisné dans la chambre de ceste pauurette comme elle s'habilloit, & s'estant faict ouurir tous ses coffres & cabinets iusques aux moindres liettes, il fut bien estonné de ne
treuuer

treuuer rien de tout ce qu'il s'estoit figuré deuoir rencontrer. dequoy aussi ioyeux que ces ialoux qui espians les deportemens de leurs femmes apprennent la fausseté des mauuais rapports qu'on leur en auoit faicts, il ne peut s'empescher de le témoigner par quelques paroles de congratulation qu'il en fit à Eufrasie. Sur quoy la Gouuernante prenant son auantage auec autant de hardiesse que l'autre auoit de frayeur, & ayant à son auis mis tout le Soleil dans les yeux de son faiseur de recherches : Vrayment, luy dit-elle, Monsieur vous auez bonne grace de prédre pour des oracles les bruicts & les murmures de vos ennemis, ne voiez-vous pas bien que ce sont des artifices d'Heduinge & de son fils, qui ne cherchent que les moyens de mettre le feu de diuision dedans vostre famille? m'estimeriezvous bien si simple que ie ne m'apperceusse bien des affections qu'vne fille couueroit, ou si malicieuse que les sçachant i'y apportasse de la conniuence? Vous voyez le port où i'ay conduit Lucrece, bien qu'elle fust muguetée de beaucoup d'endroits, & considerée par beau-

coup de gens qui ont perdu toutes leurs finesses deuant ma vigilance ; celle-cy n'aura iamais la subtilité de l'autre, & ie vous en respondray tousiours auecque toute seureté: mais ie voy bien par ce que vous venez de faire, que ie commence à perdre terre en vostre creance, c'est pourquoy il vaut mieux que ie me retire, & que remettant la conduite de vostre fille à vos propres yeux, vous n'ayez plus de suiet d'auoir des soupçons sur elle, ny de vous plaindre de ma negligence. Tandis qu'Eufrasie tantost rouge de honte, & puis pasle de crainte admire la hardiesse & la soupplesse de ceste bonne Matrone, Nisard auoit bien de la peine à l'appaiser, & ne pouuant treuuer d'autres excuses de sa curiosité que l'auis de tant de gens, & la haine qu'il auoit contre moy iointe à la deffiance d'Hellade, il la flattoit auecque des termes de suppliant, comme fasché d'estre entré en ombrage de sa sagesse & de son innocence, luy promettant de bien reconnoistre ses seruices si elle continuoit à bien conduire sa fille comme elle auoit commencé. Qu'Hellade eust ry de ceste Comedie s'il en eust esté spectateurs

teur ; mais la liberté qu'il auoit d'aller & venir par les compagnies luy rendit ce suiet sinon tragicque, au moins plus triste que ioyeux, quand il apprit en diuers endroits les funerailles de ses pretensions non auortées & mortes en leur naissance, mais, s'il faut ainsi dire, estoufées & suffocquées auant que de naistre & de voir le iour. Il apprend que la fille qu'il aime, & qui ne l'aime pas, a tout dit à sa Mere, qui le hait d'vne haine à laquelle celle de Vatinius qui donna lieu au prouerbe ancien, ne fut iamais comparable. que de là procede ceste rumeur, que la fumée prouient de ce feu; mais ce qui l'estonne c'est d'entendre les particularitez de l'honneste recherche que ie faisois de sa Sœur, si horriblement alterées par la Calomnie, qu'il ne peut deuiner qu'autre que le Diable qui est l'accusateur de ses freres, ait esté l'inuenteur de si malicieuses inuentions. Car ces lettres, ces promesses, ces pourparlers de nuict, ces entreueües secrettes luy sont representées auecque des deguisemens qui changeoiét Hecube en Helene, & qui de procedures lumineuses & honnorables en faisoient des

prati

pratiques tenebreuses & infames. Luy seul comme témoin oculaire & auriculaire, & par consequent irreprochable, pouuoit dementir toutes ces faussetez. ô s'il eust esté aussi fort que Sanson, combien eust-il mis de ces Philistins par terre? Il m'aimoit comme soy-mesme, il aimoit l'honneur plus que sa vie, il estoit ialoux de celuy de sa Sœur, tout cela le touchoit sensiblement; mais tousiours la chemise est-elle plus proche que le pourpoint, & la peau plus voysine de nostre chair que la chemise, ie veux dire que l'interest de son Amour qu'il voyoit mornée, puisqu'on la faisoit mourir auant qu'elle nasquist, le pressoit plus que tout. Il iuge que sa mine sera sans effect, puisqu'elle est euentée, & qu'il n'aura point la place par intelligence, puisque son entreprise est descouuerte. Il craint mesme que cela n'altere tout à faict l'inclination que ie luy auois faict esperer que Cassandre auroit pour luy, & que Heduinge en estant auertie par vne voix si publique, luy deffendroit sa veüe par tant de menaces, & sous peine de tant d'anathemes, que ceste fille intimidée n'auroit iamais le courage de

de retourner ses yeux vers luy, de sorte que ses pretensions seroient gelées en bouton & en bource. Cela le met en vne transe inconceuable. Ie n'estois pas en vne moindre, car que pouuois-ie attendre de toutes ces brouïlleries sinon vne ruine entiere de mon amitié & de mon Amour, apres quoy la fortune & la vie ne m'estoient plus considerables? Le mesme desir qu'auoit Hellade d'abborder Cassandre pour luy faire voir sa passion auecque de plus belles couleurs que celles dont les mesdisances l'auoient defigurée, ie l'auois de parler à Eufrasie pour me iustifier de tous les soupçons qu'elle eust peu conceuoir contre ma fidelité, & pour sçauoir en quel estat estoit sa constance parmy ces violentes bourrasques. Mais l'vne & l'autre nous estoiét également inaccostables. La superbe Cassandre pareille à ce Sinon des Grecs qui auoit trahi Troye, brauoit dãs ces embrasemens, & dans le trouble qu'elle auoit excité en nos esprits, elle esleuoit le trofée de sa gloire. Ma Mere m'accueillit vn matin auecque vne gresle d'outrages que i'enduray comme venant d'vne femme
& d'vne

& d'vne Mere irritée, & ie ne les veux point rapporter pour la reuerence que ie luy dois, & en racontant ses maledictions pour ne tomber en celle de Cham. Apres auoir ouy tout ce que la fureur luy fit escumer, ie luy respondis auecque toute la retenuë que ie peu obtenir sur moy, que Cassandre auoit faict à l'ordinaire des filles, d'vne puce vn Chameau, & d'vne simple pensée vn grand vacarme par son imprudence. Qu'à la verité tous nos amis, & mesme ceux de Nisard, tant pour le repos public que pour celuy de nos familles particulieres auoient tousiours desiré de voir entre nous vne bonne reconciliation, & parce qu'il ne sembloit point qu'il y eust rien qui la peust si bien establir qu'vne alliance reciproque, i'auois par maniere de souhait representé à ma Sœur le bien que ce seroit si par vn eschange honnorable elle la donnoit en mariage à Hellade qui estoit mon Amy de longue main, & fort vertueux gentilhomme, & si prenant Eufrasie ie la rendois sa belle fille, qu'à n'en point mentir iauois de l'inclination à cela, & que pour luy en inspirer vne semblable, & donner

quelque

Livre X.

quelque acheminement à vne si bonne œuure, ie luy auois proposé de n'y contrarier point, & pour l'y conuier d'auantage i'auois feint à deſſein que i'eſtois fort auant dans les bonnes graces d'Eufraſie, encore que ie ne luy euſſe ny eſcrit, ny parlé, ſeulement ayant ſceu par ſon frere lequel ie frequentois tous les iours, qu'elle ne s'eſtoit iamais laiſſé emporter à la haine que ſon Pere auoit conceüe contre moy, & qu'auecque tous les gens de bien elle euſt ſouhaitté vne bonne paix & reconciliation entre nos familles; que pour Hellade c'eſtoit vne choſe qu'il deſiroit de voir auecque paſſion, & autant que i'aurois d'inclination pour ſa Sœur, autant en auoit-il pour la mienne eſtans tous deux portez à cela pluſtoſt pour la conſideration du repos de nos maiſons, que par le motif d'aucune paſſion violente & precipitée. Ie dis cecy d'vne contenance ſi raſſiſe, & y donnay vne couleur de vray-ſemblance ſi viue & ſi apparente, que ma Mere accoiſant vn peu les boüillons de ſon courroux le prit pour vne verité. Les filles ne ſe laiſſent iamais vaincre quand il eſt queſtion
de

de combattre du bec, celle-cy voulut repliquer, mais par vn regard affreux & trauersé ie luy iettay tant de frayeurs en l'Ame qu'elle en deuint toute troublée, & presque le begayement s'empara de sa langue ; toutesfois reprenant vigueur par la presence de ma Mere, elle commença à me repeter vne partie de ce que ie luy auois dit, & bien qu'elle fist son rapport assez fidelement, ie luy donnay tant de dementis & si asseurez, que ie rendis ses veritez aussi noires que des calomnies. Quelque escapade que fassent les enfans, il y a tousiours vn secret Aduocat qui plaide leur cause dans le cœur de leurs Meres, la mienne commença à douter de ce que luy auoit raconté Cassandre, & à donner quelque creance à ce que i'auançois ; le respect & la modestie dont i'auois vsé en luy respondant, luy persuaderent que tout le tort n'estoit pas de mon costé, elle sçauoit que ma Sœur estoit vne ruzée qui ne demandoit qu'à s'auancer en ses graces en m'en escartant, & à faire son profit à mon desauantage. Bien qu'elle ne voulust en aucune façon ceste alliance, neantmoins elle iugeoit

bien

bien que la voix populaire y applaudiſ-
ſoit, & que ce ſeroit vne choſe deſirée de
tous ceux qui eſtoient enfans de paix.
Les nuées qui s'eſleuent en l'air nous voi-
lent bien les rayons du Soleil, mais elles
n'offuſquēt pas ſa lumiere, malgré elles il
fait le iour; auſſi les vapeurs des paſſiōs ne
ſuffocquent pas tellement les rais de la
raiſon, que celle-ci n'entreuoye ce qui eſt
iuſte, & bien que quelques-vns (ce que
l'Apoſtre dit de ſoy) vueillent le bien
qu'ils ne font pas, ils ne laiſſent pas de le
connoiſtre; telle eſt la ſplendeur de la
Vertu (ce qui ſe peut auſſi dire de la Verité) que ceux qui ne la ſuiuent pas, ne ſe
peuuent empeſcher de l'apperceuoir. Ma
Mere eſtant retirée, le debat fut ſanglant
entre Caſſandre & moy, car n'eſtant plus
retenu par la reuerence maternelle, ie fis
comme ces eſtangs de qui quand on leue
la bonde l'eau ſe reſpand auec impetuoſité, & rauage tout ce qui s'oppoſe à ſa fureur. la colere me tira de la bouche beaucoup de choſes que ie ne puis redire, puis
qu'il euſt eſté plus ſeant de les retenir, ie
l'accuſay de trahiſon & de perfidie ſur ce
qu'elle m'auoit promis de n'en ouurir

point la bouche à ma Mere, à quoy ceste insolente repliqua, qu'aussi n'auoit-elle faict, mais qu'elle luy auoit ouuert l'oreille en luy disant mes veritez. Il n'y a rien qui enflamme d'auantage vn homme irrité qu'vn traict de mocquerie, ce sont ces fleches huillées qui excitent de cruelles inflammations dans les playes qu'elles font. cet equiuoque me mit en telle fougue que i'eusse faict suiure par les éclats de ma main les éclairs de mes paroles, si ie n'eusse tenu à honte de frapper vn sexe qui a toute sa deffense en sa debilité. Mais i'en vins bien si auant de luy dire que si elle ne sortoit de ma maison, la rage où sa desloyauté m'auoit reduict me porteroit peut-estre à quelque action tragicque. Alors elle vid bien qu'il n'estoit pas temps d'vser de mocqueries, les larmes luy tomberent des yeux, mais larmes de Crocodile, & elle me voulut demander pardon d'vne offense qu'elle auoit commise plus facilement qu'elle ne la pouuoit iustifier ; mais voyant qu'elle ne me pouuoit appaiser, & qu'elle lisoit en mon visage que i'estois picqué au plus vif de mon Ame par les signes d'vne extreme

treme fureur, elle eut recours à ma Mere, comme le pouſſin ſe tapit ſous l'aiſle de la ſienne quand il apperçoit le Milan, de qui elle fut repriſe comme vne cauſeuſe indiſcrette, & qui adiouſtoit de mauuaiſes inuentions à vne ſimple propoſition; elle auoit beau proteſter qu'elle n'auoit rien auancé de ſa teſte, plus elle iuroit, moins elle eſtoit crûe. La voyla en vne extreme deſolation ſe voyant repriſe pour auoir bien faict, & pareille à ces chiens fideles que l'on bat quelquefois iniuſtement, comme troublans le repos de leurs maiſtres lors que durant la nuict ils iapent contre le larron. Cependant ma Mere qui redoutoit quelque accident funeſte, la mit pour quelques iours chez vne de nos parentes. Apres auoir faict ceſte boutade, i'allay m'en vanter à Hellade que ie vy auſſi-toſt changer de viſage, ſa veüe ſe deſtournant de moy comme d'vn ennemy. ha! me dit-il, qu'auez-vous faict? pouuiez-vous me faire vn plus grād outrage que de traitter ſi rudement celle que ie cheris plus que mes yeux? eſt-ce là le moyen de me la rendre exorable, & de luy faire venir ſinon de l'Amour pour

Vu 2

mes demerites, au moins de la pitié pour mes peines ? est-ce ainsi que ie vous ay mesnagé le cœur d'Eufrasie? ignorez-vous que l'esprit humain tant en l'vn qu'en l'autre sexe ne veut pas estre violenté, & qu'il n'y a rien à quoy l'on s'engage moins par deuoir, ou par force qu'à aimer? comme puis-ie esperer d'auoir acces chez elle, si vous la chassez de chez vous ? Si vous auiez dessein de ruiner mes pretensions, vous ne pouuiez faire autrement, ny pis si vous les vouliez establir. Il semble que vous ayez iuré ma ruine, de qui puis-ie attendre du secours en la langueur qui m'accable, sinon de la main du desespoir, est-ce ainsi que comme vn Ionathas ie vous ay deffendu contre mon propre Pere ? est-ce ainsi que i'ay moderé par de douces consolations le Demon qui vous mettoit en fureur, comme si vous eussiez esté vn autre Saül, & que i'eusse eu la harpe de Dauid ? vne autre amitié que la mienne pourroit-elle resister à vn tel effort, vne autre patience endurer vn pareil affront? Oreste, si vous ne voulez voir conuertir ma constance en fureur, & ma discretion en sottise, & me mettre en la

plus

plus grande rage où la plus malheureuse Ame qui fut iamais puisse estre reduitte, rappellez celle que vous auez si barbarement chassée en offensant les loix du sang & de l'amitié fraternelle, & remettez vous bien auec elle si vous voulez que mon Ame qui est passée en elle, soit bien auecque vous. Nostre amitié, vous le sçauez, n'a autre lien que la Vertu, s'il vient à rompre nous voyla desioints; & quelle vertu peut auoir vn frere qui met sa Sœur hors de chez soy par les espaules auec aussi peu de gloire, & autant de honte qu'Amnon, qui fit sortir sa Sœur Thamar non tant par colere comme vous, que par l'horreur qu'il conceut de la violence qu'il auoit exercée en sa personne? Le pauure Hellade auoit en disant cecy le doigt entre le bois & l'escorce, & le cœur pressé de deux extremes passions: car d'vn costé l'ancienne amitié qu'il me portoit, luy tenoit au cœur, & de l'autre la nouuelle Amour qu'il portoit à sa Sœur. c'estoient les deux iumeaux qui se battoient dans ses entrailles, & qui luy causoient d'horribles conuulsions en l'esprit. O blesseures de l'amitié & de l'A-

Vv 3

mour que vous estes douloureuses! qu'il fait bon n'aimer gueres, si on a moins de plaisir, on a aussi beaucoup moins de douleur. il en faut prendre comme du miel sobrement. l'estomac rempli de celuy-cy en est surchargé, l'esprit comblé de l'autre en est accablé. Vn nuage chargé de chaud & de froid apres les éclairs & les tonnerres a de coustume de se creuer en pluye. Apres que ces paroles qui me furent autant de foudres, furent sorties de la bouche d'Hellade, les grosses larmes qui tomberent de ses yeux m'amollirent tellement le cœur qu'il fut rendu comme de la cire en la presence du feu. ie me iette à ses pieds, ie luy demande pardon de l'offense que i'auois commise contre l'obiect de son Amour me laissant emporter à ma colere, ie luy proteste que ie n'auois en ceste saillie d'esprit autre interest que le sien deuant les yeux, que ie connoissois la fierté de l'esprit auec qui i'auois à traitté, indomptable si on ne luy tenoit la bride haute, que si i'auois mal faict c'estoit en pensant bien faire, comme ces ineptes Chirurgiens qui blessent en pensant. Qu'à sa consideration ie rendrois à ma ma Sœur toutes les satisfactions qu'il m'enioindroit, que le mal n'estoit pas si grand qu'il pensoit, que i'esperois tirer du profit pour luy de tous ces dommages, & que l'aise de reuenir aupres de ma Mere la rendroit plus docile, & plus susceptible des impressions que ie voulois ietter en son esprit. Apres auoir par ces promesses aucunement adouci son regret, ie luy parlay de mes affaires aupres d'Eufrasie, & i'appris qu'elles n'estoient pas en si mauuais termes que mon imagination, laquelle prenoit tout au pis, me faisoit apprehender. ie sceu que celuy qui estoit allé pour accuser sa fille comme coulpable de desobeyssance, n'ayant rien treuué pour l'en conuaincre estoit retourné auecque des excuses, & des protestations de son innocence. Cela me mit au dessus du vent, & me fit faire comme ces nautonniers qui apres vn orage se resioüissent, sans penser que ce premier en appelle vn second à sa suitte beaucoup plus furieux. Soudain ie demanday à luy parler. Tout beau, me dit Hellade, quand les soupçons sont dans vn esprit, les espiós sont en campagne, vous ioüez à vous perdre & à ruiner tous vos desseins. Souuenez-vous que le Lapin qui a esté couru & qui s'est sauué dans son clapier, n'en sort de toute la iournée. Ce n'est pas peu de bonheur pour vous que ma Sœur ne sçache d'où est né tout ce bruict; car si elle croioit qu'il prouinst de vostre imprudence, elle rabbattroit sans doute, sinon de l'affection qu'elle vous porte, au moins de l'estime qu'elle fait de vous. Contentez-vous de luy faire sçauoir par escrit ce que vous auez tant d'enuie de luy dire, encore faut-il que ces oyseaux ne crient point, & ne soient surpris ny par le bec, ny par la plume, car si le moindre venoit à paroistre, vostre proces seroit tout instruict, & vostre condamnation indubitable. Il me fallut contéter de ce remede, & coucher sur du papier toutes les raisons que me suggera mon inuention pour me rendre innocent de tout ce tumulte. Vne imprudence est bien-tost commise, mais il faut bien de la prudence pour la rhabiller. Ie pouuois bien chanter auecque cet autre,

Las! ie souffre des coups faicts par mes propres armes,
Que ceste indiscretion me coustera de larmes.

Si la response que ie receu d'Eufrasie ne
m'eust

LIVRE X.   681

m'eust esté fauorable, i'estois sur la pente du desespoir; car ayant de l'autre costé à combattre pour mon Amy la mauuaise teste de Cassandre, si i'eusse esté assailly de ceste autre part, de quelle façon sans me rendre à l'exces de la douleur eusse-ie peu soustenir ce double assault? Ie n'auois donc plus

Qu'à consulter sans crier
 Le gosier masche-laurier
 De la farouche Cassandre,
 Pour apprendre les moyens
 De retirer les Troyens
 Et du sac & de la cendre.

C'estoit-là le piuot & le pole sur quoy tournoit toute l'affaire, c'en estoit le nœud & la principale difficulté. par où falloit-il se prendre à ceste ronce toute herissée de pointes? Ie l'auois gourmandée, iniuriée, menacée, chassée, rien ne se pouuoit adiouster au mauuais traittement que ie luy auois faict sentir; c'est vne fille facile à la reception d'vne offense, difficile au pardon, semblable à ces chairs delicates que l'on blesse aisément, & dont la guerison est malaisée. Voiez à quoy me reduisoit l'effort de mon amitié, & iugez de la grandeur de mon mal par l'amertume du re-

Vu 5

mede qu'il me fallut aualer. au courage que i'ay i'eusse aussi-tost pris de la poison que de me soumettre à vne reparation si honteuse, que de m'abbattre aux pieds de celle qui dependoit de moy par toutes les loix de la nature & de la raison. Ie la fus treuuer neantmoins, & bien que mon abbord l'effrayast, croyant que comme la mer ie gardasse de l'émotion long temps apres la tempeste, toutesfois quand elle me vid aupres d'elle en forme de repentant & de suppliant, elle se douta bien que ceste soudaine metamorphose prouenoit plustost de l'Empire que mon Amy auoit sur ma volonté, que de celuy de ma raison sur ma passion, & que ce n'estoit pas tant par le mouuement de la Charité, ny de l'amitié fraternelle que ie cherchois de reconquerir son esprit, que pour l'incliner par mes artifices à ce que ie luy auois proposé plus pour mon interest que pour son auantage. Que fit ceste artificieuse creature ? feignant de tendre d'vn costé elle visoit de l'autre, & sous le pretexte de craindre la vehemence de ma colere, elle ne voulut point perdre de veüe nostre Cousine, non tant pour la garantir de l'orage que pour luy
seruir

seruir de témoin de ce que ie luy dirois.
Apres tout plein de paroles satisfactoires
pluſtoſt remplies d'abiection que d'humilité, ie la coniuray de reuenir en la maiſon paternelle, & de ne me croire ſi Demon que i'eſtois noir. ie luy proteſtay que
ie n'auois eu le fiel que ſur le bord des
leûres, nullement dans le cœur, qui n'auoit que le miel d'vne ſincere dilection
pour elle. Soit que ces extremes courtoiſies luy fuſſent ſuſpectes, ſoit qu'elle vouluſt prendre ſon auantage de cet abbaiſſement, elle ſe fit beaucoup prier auant
que de ſe reſoudre à ce retour, & puis reuenant à ſon naturel altier & ſuperbe,
c'eſt merueille comme ſon arrogance
Arragonnoiſe ne me mit hors des bornes
que ie m'eſtois preſcrites. Ce n'eſtoit-là
que l'acceſſoire, il fallut venir au principal, & de quelle façon euſſe-ie peu celer
vn feu qui ſe liſoit en mes yeux & en mon
viſage? apres auoir coniuré noſtre parente
de m'eſtre fidele, ſans m'auiſer que c'eſtoit
vne femme auſſi peu capable de cela que
la mer d'eſtre ſtable, ie me mis à degoiſer
le ramage de mon Amour pour Eufraſie,
& de la paſſion qu'Hellade auoit pour
Caſſandre. de ces mutuelles affections ie
faiſois

faisois dependre le bonheur de nos destinées, & la paix de nos familles, & sauf que ie cachay ceste fois-là le particulier acces que i'auois aupres d'Eufrasie, ie n'obmis rien que ie pensasse deuoir seruir d'éclaircissement pour acheminer ces deux alliances. Cieux, comme peu-ie supporter l'arrogance du mespris de Cassandre, laquelle apres auoir feint des fougues pour rendre ce concert rempli de contre-pointes, & faict semblant de ne pouuoir croire ny que ie fusse espris d'Eufrasie, ny Hellade d'elle, à la fin elle conclut en se tapissant dans l'obeyssance & la dependance de sa volonté attachée à celle d'Heduinge. c'estoit-là son fort & sa muraille d'airain. Mais la malicieuse cachoit vn venin bien plus mortel sous ceste apparence, comme la fueille d'asphalte qui enuelope vn serpent en de belles couleurs. car soit qu'il fust faux, soit qu'il fust vray qu'Hellade l'aimast, au premier elle vouloit opposer le mespris à la mocquerie par contremine, au second elle le vouloit dédaigner pour exercer sa vengeance contre moy, & sa haine contre luy en mesme temps.

CLEO

CLEORESTE.

LIVRE VNZIESME.

'Ayant peu gaigner autre chose que ce renuoy à ma Mere, ie remis le remede de son endurcissement au temps, & la priay de reuenir en la maison, où i'esperois la prescher si souuent, & la presser si doucement, que soit par importunité, soit prenant l'opportunité de ses humeurs, ie la porterois à se ranger à la raison. Elle qui desiroit y reuenir pour redire chaudement à ma Mere tout ce pourparlé auecque le témoignage de nostre parente, faisoit neantmoins la retiue, & si ie n'eusse employé les prieres & les persuasions de son hostesse, il sembloit que mes coniurations eussent esté sans effect. Ce point-là gaigné, en voicy vn autre qui me sembla grand, mais qu'elle

ne

ne m'accorda que pour me faire & à Hellade vn plus sanglant affront. Ce fut de se laisser voir à ce Gentilhomme, mais voir seulement sans parler, & auec vn visage indifferent, c'est à dire, ny doux ny cruel, ny gracieux ny dédaigneux, ny ioyeux, ny triste. D'vn mauuais payeur on tire ce que l'on peut; nous nous retirasmes chez nous sur ceste promesse. Ma Mere fut bien contente de voir que nostre querelle eust si peu duré. Mais Cassandre pour ne dementir ny son naturel, ny son nom, me gardoit en son cœur de sinistres propheties. Si elle redit tout à ma Mere en presence de nostre Cousine qui le confirma, iugez-le par sa premiere equipée. Heduinge qui connoissoit à la mesme espece que le tesmoin n'estoit pas d'autre alloy que l'accusateur, soupçonna du complot, & suspendant son iugement retint vne oreille pour l'accusé. Les larmes & les souspirs de Cassandre faschée comme la Troyenne de n'estre pas crûe quand elle auançoit des veritez, ne l'esmeurent non plus qu'vn rocher battu de la pluye & du vent. la parente s'en retira toute irritée. Ma Mere
me

me tirãt à part pour me faire vne seconde querelle pire que la premiere, me representa assez moderément ceste nouuelle accusation, y adioustant des larmes de Mere capables de faire fondre vn cœur de metail. Ie niay le tout hardiment, me sauuant par la fausse porte d'vne secrette intelligence. & à vostre auis pouuois-ie pas rompre la foy à qui me la rompoit, & nier d'auoir dit ce que l'on m'auoit promis de taire? Voila Cassandre deceüe pour la seconde fois, & qui paye l'amende encore qu'elle eust esté battuë. Ma Mere proteste de ne donner plus de foy à ses mensonges, bien qu'elle n'eust auancé que des veritez, & de remarquer tout ce qu'elle auoit faict en sa faueur. Ce mot plustost eschapé que pensé me donna la curiosité de m'en enquerir; or interroger vne femme & sçauoir ce qu'elle pense, c'est tout vn, il en est comme d'vne espinette, mettez le doigt sur vne touche, la corde sonne incontinent, donnez luy suiet de remuër la langue, vous entendrez aussi-tost resonner ce qu'elle a dans le cœur. I'appris donc la cabale du testament, & comme ceste fille auecque la

voix

voix de Iacob & les mains d'Esaü auoit supplanté son aisné en l'heritage de sa Mere. mais il luy en prit comme aux verriers, qui soufflent auecque beaucoup de chaleur & de trauail des ouurages qui se cassent par le moindre effort. ce fut vne toile d'aragnée que ie debiffay en vn moment. Ma Mere passa le canif où elle auoit mis la plume, & ainsi furent dissipez les desseins & s'esuanoüirent les pensées de Cassandre. Le lendemain i'allay treuuer Hellade qui n'auoit resué toute la nuict qu'à ses affections. L'espoir n'est pas sans raison appellé le songe d'vn homme qui veille, & l'Amour, l'occupation des faineans. ô que ce plaisir est remply de tourment, & ceste oisiueté laborieuse! La poësie amusement des gens inutiles auoit esté son entretien, par le charme des vers il auoit moderé la morsure des vers qui luy rongeoient le cœur, cherchant en vain son remede en son mal mesme. Aussi-tost qu'il me vid, ce fut à s'enquerir de ce que i'auois faict pour luy: car tout ainsi que la main court aux playes du corps, la langue va à celles du cœur. Ie luy racontay le rappel de bon

que

i'auois faict de Caſſandre, mais que ie l'a-
uois treuuée auſſi peu flexible pour luy
que le fut la fille de Priam pour Apollon.
Et c'eſtoit, me reſpondit-il, en l'eſchole
de ceſte diuinité qui preſide parmi les
Muſes, que i'allois apprenant la verité de
ceſte auanture finiſtre par de mauuais
augures, la poëſie qui a ie ne ſçay quoy
de diuin, & qui penetre dans le futur, m'a
dicté par vn enthouſiaſme ce

SONNET.

D'*Vn ſommeil peu tranquile à ma flame reſuant*
  J'eſueille auant le iour mes yeux & ma penſée,
  Et ceſte longue nuict ſi durement paſſée,
  Ie me treuue eſtonné dequoy ie ſuis viuant.
Demy deſeſperé ie iure en me leuant
  D'arracher cet obiect à mon Ame inſenſée,
  Et ſoudain de ces vœux ma raiſon offenſée
  Se deſdit, & me laiſſe auſſi fol que deuant.
Ie ſçay bien que la mort ſuit de pres ma folie,
  Mais ie voy tant d'appats en ma melancholie
  Que mon eſprit ne peut ſouffrir ſa gueriſon.
Chacun à ſon plaiſir doit gouuerner ſon Ame,
  Mithridate autrefois a veſcu de poiſon,
  Les Leſtrigons de ſang, & moy ie vis de flame.

Apres auoir paſſé les yeux ſur ces lignes
plus noires de ſa douleur que de l'ancre

Tome I.   X x

qui les marquoit, pauure Hellade, luy dis-ie, à quoy te condamne la rigueur de ton Sort, ou pluſtoſt la chaiſne de ta volonté autant empriſonnée qu'empoiſonnée? Romps, romps de bonne heure, s'il te reſte quelque grain de ſageſſe & vne once de courage, ce malheureux eſclauage où tu te ſens engager. Chante la palidonie, & ne donne plus tant de gloire ny de priſe ſur toy à celle que tu tiens d'vn eſprit abuſé pour vne merueille. Bien qu'elle me tou-che de ſi pres, ſi ne puis-ie en faueur du ſang & du parentage tellement dementir la verité, que ie la tienne pour autre que pour vne belle Ingrate, & qui efface par la noirceur de ceſte ſeconde qualité le luſtre & la candeur de la premiere. Enco-re eſt-ce vn terme bien radouci, & que i'ay trié à deſſein, de peur d'offenſer tes oreilles, qui ne peuuent ſouffrir que l'on te die vne verité quand elle eſt tant ſoit peu au deſauantage de ceſte dédaigneuſe. A quoy faire appeller l'arbitre de ta vie & de tes contentemens, celle qui ſemble en auoir iuré la ruine, & ne te vouloir abreuuer que de fiel en ta plus grande al-teration? Et qui eſt celuy, s'il n'a perdu le

iugement

iugement que l'aueuglemét de la passion t'a desrobé, qui ne voye le deffaut qu'elle en a en faisant si peu d'estat de ton Amour, qui est vn bien qu'elle ne meritera iamais? Si la Vertu iointe à la gentillesse & à la bonne grace oblige les plus grossiers à la biéueillance, ne deuroit-elle pas faire vn grand triomphe à sa vanité de t'auoir conquis? & ne faut-il pas estre au rang des animaux qui n'ont point d'entendement, pour ignorer la valeur d'vne telle perle? Que si tu as quelque part en ceste faute, ayant assis ton cœur en vn suiet si mesconnoissant, n'est-ce pas à la façon d'vn bon ioüeur qui dresse mal ses parties, & les perd, non pour manquer de dexterité, mais de consideration à les bien noüer? Le laboureur seroit blasmé qui mettroit son industrie apres vne terre qui ne respondroit pas à son trauail, & dont la sterilité deuoreroit sa peine & sa semence sans luy en rendre aucun fruict. Si parmi tant de conditions qui te rendent autant aimable qu'homme qui viue, tu n'as pas les succez que meritét tes vertus & tes perfections, il ne s'en faut pas estonner, puisque tu adresses tes vœux à vn Autel qui n'y respond pas, & qui est sourd à tes plaintes. Et ce fut icy où pour destourner le coup qui luy donnoit dans la veüe, ie m'emportay contre vn fantosme respandant mon fiel contre ceste aueugle deité qu'adorent les Amans, en luy reprochant qu'elle pouuoit inspirer de plus fauorables inclinations en l'Ame de Cassandre, & la rendre aussi pliable aux affections d'Hellade qui valoit tant, comme elle m'auoit renduës faciles celles d'Eufrasie que ie ne pouuois iamais acquerir par mes merites : & l'accusant que par pure ialousie elle s'estoit opposée à ceste correspondance, de peur que la bonté de l'esprit iointe à la beauté du corps en vn mesme suiet, n'eust démoli ses Autels & ruiné son empire. Et à dire la verité, il eust fallu sortir hors du monde pour treuuer vne felicité pareille à celle de ces volontez, si elles se fussent rencontrées semblables. Mais le Ciel, ialoux de voir en la terre des beatitudes qui ne sont reseruées que pour les Anges, ne souffrit pas ceste intelligence, qui eust mis les estoiles sous leurs pieds, & leurs testes dans le firmament d'vne gloire où l'on ne peut atteindre

LIVRE XI.

teindre que par la pensée. Puis reuenant à Hellade ; Quoy qu'il en soit, luy disois-ie, cher Amy, i'auoüe que s'il y a quelque chose à reprendre en cecy, elle n'est pas en vostre personne, mais en la fantaisie de la bigearre Cassandre, laquelle apres tout ne peut estre que fille, c'est à dire, mal asseurée en son choix, incertaine en ses imaginations, & irresoluë en ses conseils. C'est desirer inutilement que le Ciel multiplie les miracles sans necessité, que de souhaitter qu'vne fille soit autre chose qu'vne fueille, ie veux dire le iouët de l'inconstance & de l'instabilité, c'est vouloir fixer le Mercure que de pretendre d'arrester leur legereté, & les presser à la bienueillance par la grandeur d'vn vray merite ou d'vne forte affection, c'est les inuiter à y fermer les yeux, & à se plonger dans l'ingratitude. Souuenez-vous, Hellade, des conseils que vous me donniez lors que vous eustes appris la naissance de mon affection pour Eufrasie, en laquelle bien que vous treuuassiez de la docilité, & vn esprit disposé à reconnoistre la sincerité de mes affections par des inclinations reciproques, toutesfois vous me perſuadiez d'en deſtourner mes penſées, en conſidération des obſtacles qui naiſtroient de la haine de vos parens. Ie ne l'ay pas faict, il eſt vray, parce que deſirant plus l'amitié de celle-là que ie ne craignois l'inimitié des autres, i'eſperois, ce que i'eſpere encore, que m'eſtant acquis le cœur que i'aimois, le Ciel autheur d'vne ſi ſainte vnion diſpoſeroit les volontez de ceux de qui elle depend, à conſentir à nos legitimes deſirs. Mais vous n'eſtes pas en ces termes, car outre l'ineuitable oppoſition de ma Mere, laquelle en ſa diſcorde auecque vos parens ſera bien-toſt d'accord en ce point-là, vous auez à combattre l'opiniaſtreté d'vne fille, que i'eſtime beaucoup moins domptable qu'aucun des monſtres qui furent ſurmontez par Alcide. De moy ſi i'euſſe eu ceſte double difficulté en teſte, aux fureurs qui m'agitoient au commencement de ma paſſion, ie croy que i'euſſe par le deſeſpoir appliqué le commun remede de tous les maux, qui eſt la mort, ou que par vn iuſte deſpit ie me fuſſe gueri tout à coup de mes fantaiſies. Que s'il vous reſte encore quelque rayon de bon ſens,

& quel

& quelque estincelle de sagesse, faites vn effort à vous-mesme pour vous desengager de ceste poursuitte, en laquelle vous ne pouuez recueillir que des espines, au lieu des roses que vous y figure la tromperie de l'imagination. Ie vous prie, me repliqua-t'il, de ne me contraindre point à prendre vne medecine côtre mon cœur, que vous n'auez pas seulement voulu sentir aux plus grands efforts de vostre mal. quand nous sommes sains ou exépts de la tyrannie des passions, il n'y a rien de si aisé que de faire de belles ordonnances, & de donner de salutaires auis aux malades; mais quand nous sommes aux prises auecque la douleur, tous ces discours s'esuanoüissent de nostre pensée, & nous ne voulons rien faire de ce que nous persuadions aux autres, cela nous paroissant impossible que nous iugions se pouuoir par vn autre si facilement executer. Pour moy i'auoüe que mon Ame s'est tellement esloignée de moy pour se perdre en cet obiect aimé, qu'il n'est plus en ma puissance de la rappeller, & quelque deffaut de douceur que vous blasmiez en elle, ie ne puis oster son Idée de mon esprit. Ie preuoy bien l'orage que m'appreste ce dessein, & que ma mort est attachée à ceste entreprise temeraire, mais quelque difficulté que l'on me puisse representer, la porte du tombeau m'en fera tousiours sortir.

Car ie me sens estraint d'vne chaisne eternelle,
Et quand i'en pourrois rõpre ou dissoudre les nœuds,
Il n'aduiendra iamais qu'en violant mes vœux
La cruauté d'autruy me rende moins fidele.
Des dédains plus sanglans les rigoureux supplices
Gesnans ma fermeté pourront si peu sur moy,
Qu'aimer trop constamment, & trop garder ma foy,
Se pourra iustement dire l'vn de mes vices.
En vain donc la raison à ma flamme s'oppose,
Mon Amour est celeste, il ne sçauroit perir,
Au moins il ne sçauroit qu'auecque moy mourir,
Car viure & le garder, en moy c'est mesme chose.
Le feu dont la Chimere estoit iadis à craindre,
S'esteignoit par la terre, & s'allumoit par l'eau,
Le mien en est ainsi; la terre du tombeau
Seule esteindre le peut, si rien le peut esteindre.

Quand bien l'esprit de Cassandre seroit tousiours impitoyable & inflexible pour moy, si ne pourroit-elle pas empescher que iusques aux derniers traicts de ma vie ie n'honnorasse sa cruauté, comme si c'estoit vne vertu, parce qu'il n'est pas en
ma

ma puissance de m'empescher d'aimer ce qui me semble si aimable;& bien que i'aye pour la constance vn cœur de diamant, ie n'en ay pas pour cela l'insensibilité. Si tu ne veux donc, cher Amy, perdre ton credit aupres de moy, ne me viens plus blasmer ce que ie tiens accomply de tout point, ny remarquer deuant moy des taches dans le Soleil, i'entends des deffauts en celle dont les rigueurs mesmes me semblent des qualitez qui releuent son honnesteté, en la mesme façon que la vernisseure rehausse le prix des pieces antiques ; & si tu ne veux que ie tienne tes conseils pour des trahisons, ne me parle point de changer la resolution que i'ay faitte de mourir seruiteur de l'incomparable Cassandre. Voyant que ie perdois mon temps à lauer ce More, & à leuer les mouscheteures de ce Leopard, & redoutant par ma propre faute de le faire entrer en fureur, ie me mis de son costé, & apres auoir esleué son courage & le suiet de ses peines iusques aux nuées, ie luy promis de ioüer pour luy de tout mon reste, & de n'estre iamais à repos que ie ne l'y eusse mis, & qu'à l'auenir ie souffrirois à son sujet toutes les humeurs de Cassandre, en luy rendant le bien pour le mal, pour tascher de prendre pied dans son courage & le flechir à luy vouloir du bien. Ce langage conforme à ses desirs, le rauit de telle sorte que se iettant à mon col, c'est à ceste heure, me dit-il, mon cher frere, que tu me donnes la vie, ne m'assassines donc plus de ces discours meurtriers contraires à mes pretensions, & si tu veux que ie continuë à auoir soin de tes affaires, ie te coniure par ceste courtoisie qui t'est si naturelle, de prendre les miennes en main ; & de te persuader qu'il n'y a cœur si endurcy dont la patience, la soumission & la perseuerance ne viennent à bout. Apres auoir renouuelé les sermens de nostre inuiolable & mutuelle fidelité, i'allay retreuuer la cruelle Cassandre, pour essayer si par douceur, par promesses, ou par importunité ie n'auancerois point mon entreprise. Ie la treuuay triste & mesme toute esplorée ; la cause de ses larmes estoit que se voyant descheüe de l'heritage de ma Mere par la reuocation qu'elle auoit faitte de son testament, & de plus auoir perdu vne grande partie de

sa

sa creance aupres d'elle, & tout cela pour auoir esté trop veritable, elle en auoit conceu vn extreme regret. O larmes d'Hyene, qui ne pleure & ne gemit que pour attirer le passant en sa cauerne, & s'en repaistre! ô pleurs dangereux que vous me pipastes malheureusement! Ce fut bien icy que manqua pour moy le prouerbe qui dit qu'il vaut mieux abborder à la maison des larmes qu'en celle où l'on rit : car ce fut par là que ie fus meschamment trompé en la façon que vous allez entendre. Croyant que son cœur attendry par ses pleurs se rendroit susceptible des impressions que i'y voulois grauer, ie l'accoste comme pour luy donner de la consolation, & parce que ie sçauois quel ascendant l'interest des biens auoit sur son esprit, ie luy promis que si elle vouloit entendre à l'affection honnorable d'Hellade, ie luy laisserois entierement tout le bien de ma Mere selon son attente, & luy ferois outre cela telle part de celuy de mon Pere qu'elle auroit iustement la moitié du bien de nostre maison. Elle me voyant d'abord tombé dans le discours où elle auoit faict dessein de me

ietter

ietter auec vn complot estrange, faisant semblant que quelque chose eust trauersé sa gorge qui la prouocast à tousser, fit ce bruict-là si haut & si long temps que ie luy demanday d'où luy prouenoit ce rheume. mais las! ce catarrhe deuoit tomber sur moy, car c'estoit le signal de la trahison qu'elle m'auoit brassée. Ce bruict estant passé ie continuay mon propos auecque des loüanges d'Hellade, des persuasions si vehementes, & des coniurations si ardantes, iusques à me mettre de genoux deuant elle, les larmes aux yeux, les souspirs en la bouche, luy serrant les mains, & luy protestant mille soumissions tant de ma part que de celle d'Hellade, que ie n'obmettois rien que ie iugeasse pouuoir incliner son courage à ce que ie desirois pour mon Amy. En ceste émotion pensant estre seul auec elle, ie me descouuris iusques au centre de l'Ame, & luy fis voir mes interests si conioints aux siens, qu'elle ne deuoit point craindre de s'embarquer au mesme vaisseau où ie me mettois, & où ie luy promettois de garantir sa fortune & son honneur de tout naufrage. Alors ceste ruzée qui sçauoit

que

que les parois auoient des oreilles, me demanda pourquoy ie l'auois dementie si cruellement & si faußement deuant ma Mere, veu que ceste amertume estant faitte, & là dessus iettant mes persuasions qui estoient si puissantes, c'estoit la le moyen d'amener son esprit à consentir à cette double alliance. Alors ie luy fis voir combien il importoit que ma Mere n'en sc'eust rien, iusques à ce que par l'entremise de quelques personnes de qualité i'eusse faict disposer Nisard à permettre ces deux mariages, & que ie ne l'auois pas tant contrariée pour l'outrager, (veu que ie souhaittois son bien comme le mien propre) que pour cacher à ma Mere ce qu'il n'estoit pas encore temps qu'elle sceust. Comme i'acheuois ces paroles ie vis paroistre Heduinge, qui sortit d'entre deux pantes de tapisserie où elle s'estoit glissée au signe de la toux que Cassandre luy auoit donné. Pour vous dire l'estonnement qui me saisit, il le faut exprimer par celuy d'vn criminel qui se void saisi par la iustice lors qu'il commet son crime. les excuses tarirent en ma bouche, & l'espoir de pardon en mon esprit, il me
fallut

fallut seruir du bouclier de l'audace, qui est tout ce qui reste en l'extremité du peril. Le respect que ie porte à celle de qui ie tiens la vie, m'empesche de reciter tout ce que l'indignation luy fit pousser contre moy. Ce ne fut point la patience, mais la iustice qui me fit endurer tous ses outrages, car me voyant pris comme vn renard dans les filets, que pouuois-ie faire sinon filer doux, & souffrir les iniures & les reproches dont ie me sentois coulpable? Il n'estoit plus temps de nier, non pas mesme de supplier; car quoy que l'on die que la douce & humble parole rompt le coup à la colere, c'est demander vne grace hors de saison, quand celuy de qui on la desire tirer, est trãsporté de fureur. Car comme toutes choses paroissent rouges à trauers vn verre ainsi coloré; aussi toutes demandes paroissent iniustes à vn esprit coleré. Ie pensay en cet euenement si soudain qu'il ne me donna pas le loisir de consulter mes deffaittes, qu'il n'estoit rien de tel que d'écraser le scorpion sur la playe par vn aueu franc & plein d'ingenuité. Ie me iette aux pieds de ceste bonne femme, ie confesse comme vn prodigue

digue que i'ay peché deuant le Ciel &
contre elle, mais qu'ayant esté violenté
par l'effort d'vne Amour & d'vne amitié
qui maistrisoient absolument mes pensées, i'ay crû que le vent emportoit les
sermens & les mensonges de ceux qui aiment. de là ie me iette sur les paroles de
soumission & de complimens, qui flat-
toient si doucement les oreilles de ceste
chere Mere, qu'elle se resolut aussi-tost
de me pardonner, me croyant conuerti &
repentant de ces affections qu'elle appelloit les erreurs de ma ieunesse & mes
ignorances. Mais quand releuant mon
discours, elle cognut par sa suitte que
i'estois bien loing de m'en corriger, puisque ie protestois de ne m'en pouuoir repentir, & que l'amitié que ie portois à
Hellade, & l'Amour que i'auois pour Eufrasie, estoient les deux poles sur lesquels tournoit toute ma volonté, quels
esclats n'eslança le redoublement de sa
fureur ? certes comme aux rencontres
nauales quand on vient aux approches,
l'on a de coustume de charger certaines pieces de pierres, de clouds & de
chaisnes, pour faire en les laschant vne
grande

grande escarre dans le vaisseau ennemy. aussi emplit-elle sa bouche de tant de menaces, iniures, anathemes & maledictions, que si la iustice de ma cause n'en eust destourné l'effect, i'en deuois seicher sur le champ, comme ce figuier infructueux maudict par le Redempteur. A la fin voyant que mon humilité l'irritoit, comme ces grands fœux qui s'embrasent plus fort par l'eau que l'on y iette, ie fis rempart de mon audace, & comme i'estois Maistre de mes biens par emancipation, ie crû que ie pourrois m'émanciper en paroles, & luy faire sçauoir que i'estois aussi Maistre de mes volontez, principalement au suiet du mariage, auquel elles doiuent estre si libres que la moindre contrainte est capable d'en rendre nulle la liaison, ou au moins d'en rendre le nœud malheureux & desagreable. Ie taschay de luy faire voir les vtilitez qui reuiendroient & au public, & à nos familles particulieres par ces deux alliances; mais c'estoit monstrer de belles couleurs à vn aueugle, & reciter de beaux airs en la presence d'vn sourd: car sa haine estoit tellement enracinée contre Nisard & toute

sa race,

LIVRE XI.

sa race, qu'elle eust plustost conduit ses enfans au sepulchre, que de les voir alliez à ceux de cet homme-là. Nous ne tirasmes autre conclusion de nostre conteste, sinon que si Cassandre se tenoit attachée à ses volontez, Hellade ny deuoit rien pretendre; mais de me separer de l'affection d'Eufrasie, qui estoit mon tison fatal, qu'il n'estoit pas au pouuoir de tous les humains. Apres cela me voyla des-herité, ma Sœur remise en grace mieux que deuant, & renduë triomphante par la trahison qu'elle m'auoit brassée. Elle se retira sous l'abry des aisles de ma Mere auec vne contenance triste, sous laquelle se cachoit vn cœur ioyeux & content. Voyla comme ie fus vendu par ceste pipeuse, contre laquelle ie n'osay témoigner de ressentiment pour la parole que i'auois donnée à mon Amy, & parceque i'esperois en vn autre temps luy faire honte de la trousse qu'elle m'auoit iouée. Ie vay treuuer Hellade, auquel (de peur que la dissimulation ne me iettast en des embarrassemens qui me priuassent de son amitié, qui m'estoit aussi chere que necessaire) ie racontay tout simplement

Tome 1.   Y y

ceste frasque de Cassandre, affin que par ce traict il iugeast de l'esprit de ceste malicieuse, & se retirast bagues sauues d'vn pas si dangereux. Mais quoy que cela l'emplist de desespoir, ie le treuuay aussi peu resolu de la quitter qu'elle de le receuoir. Durant mon absence il auoit entretenu ses pensées dans la poësie, & deschargé ses fantaisies sur du papier. en voicy quelques-vnes qui se presentent à ma memoire & que ie seray bien aise de vous faire entendre, affin que vous iugiez de la fertilité de son esprit par ces eschantillons,

Que l'ingratitude ne peut loger en vne Ame vertueuse.

SONNET.

AVssi-tost que mes yeux firent comparaison
    Des malheureux appasts de ma premiere vie,
A ceux-là dont Cassandre à l'aimer me conuie,
    Mon cœur de tous ses maux obtint la guerison.
Et bien que iusqu'ici le temps ny la raison
    N'eussent peu me la rendre ou m'en donner enuie,
Ce miracle nouueau dont mon Ame est rauie
    M'eust faict prēdre en horreur ma premiere prison.
On me dit que ce choix mille maux me prepare,
    Et que

Et que ie n'auray rien de cet obiect si rare
Où toute vertu loge au degré le plus haut.
Mais c'est en ses vertus que mon espoir se flatte,
Car puis qu'il est ainsi qu'elle n'a nul deffaut,
Dois-ie pas m'asseurer qu'elle n'est point ingratte?

Voyla comme il flattoit son imagination contre l'ingratitude de ceste barbare, indigne certes de l'amitié qu'il luy portoit. Voicy vne autre saillie, par laquelle il monstre

Que le Ciel authorise les saines affections.

SONNET.

Lvmiere de mes yeux dont mon Ame est rauie,
A combien de malheurs me dois-ie preparer
Puis qu'aucune raison ne sçauroit moderer
Vostre extreme rigueur ny mon extreme enuie?
Depuis que vous tenez ma franchise asseruie,
Ie n'ay faict nuict & iour que plaindre & souspirer,
Et semble que iamais ie ne doiue esperer
La fin de mon tourment qu'en la fin de ma vie.
Quand i'implore vostre aide au fort de mes douleurs
Auecque des discours accompagnez de pleurs,
Veritables témoins de l'ennuy qui me touche,
Si le Ciel est autheur d'vn pudique lien,
Pensez biē que c'est luy qui vous dit par ma bouche,
Qu'en reiettant mes vœux vous fuyez vostre bien.

Et parce que ie m'estois efforcé de luy persuader qu'il quittast vn dessein si penible, & où il y auoit si peu d'apparence qu'il peust reüssir, son enthousiasme luy dicta ceste autre piece, pour me faire voir

Que la vraye amitié ignore le changement.

SONNET.

IE n'ay part dessus moy, cartilage, ny veine,
 Qui ne sente l'effort d'vne ardante poison,
I'ay perdu le repos auecque la raison,
Doucement enyuré d'vne esperance vaine.
I'ay tout le dos courbé de trauail & de peine,
 Ie languis sous le faix, estant par trahison
 Hoste perpetuel d'vne fiere prison,
 Qui est dans les rigueurs de Cassandre inhumaine.
Ha! charge trop pesante, ha! trop pesant fardeau,
 Celuy qui le premier fit l'Amour au pinceau,
 Et qui dessus le dos luy figura des aisles,
Il estoit ignorant de l'humeur de ce Dieu,
 Qui iamais ne s'enuole & ne change de lieu,
 Et ne sçauoit sinon peindre des arondelles.

Tandis que nous-nous amusons apres ces gentillesses, ma Mere fait ses diligences pour trauerser le dessein que i'auois pour Eufrasie, estant bien asseurée que sa fille n'auoit n'auoit aucune inclination pour Hellade, & ne s'escarteroit iamais de sa volonté. Nisard est auerty de nouueau de l'aueu que i'ay faict d'aymer sa fille iusques au tombeau, il se mocqua d'abbord de ce second auis, disant qu'il estoit esclairci de ses doutes & asseuré du contraire. On le pressa d'y prendre garde de plus pres, & l'auertit-on qu'Hellade estoit de l'intelligence, lequel estoit autant picqué pour Cassandre fille de Lothaire, que ie l'estois pour Eufrasie; ce furent tout à coup deux esperons dans ses flancs. Si bien que lors que ie pensois que l'orage fust calmé pour moy, s'esleua la plus forte bourrasque dont i'eusse encore esté battu. Nisard recommença à tempester aux oreilles de sa fille, & à l'espouuanter de mille menaces de la perdre s'il luy arriuoit de pratiquer des intelligences auecque moy, il dit mesme des outrages à sa Gouuernante, qui luy mirent la terreur en l'esprit, & luy firent craindre que la mesche ne se fust veritablement descouuerte. Ainsi donc que i'estois sur le point de reprendre mes premieres brisées, & de parler à Eufrasie en la façon que ie vous ay ditte à la faueur des ombres de la nuict, voyla vn vent de terre qui me reiette en haute mer si loing du riuage que ie ne le voyois plus. Comme nous estions Hellade & moy en ces angoisses mortelles priuez de l'aspect des iumeaux, en ceste horrible tourmente nous prismes la resolutiõ que le desespoir apporte aux plus irresolus, qui fut de nous declarer, & de faire nos recherches à camp ouuert, & de remuër toute pierre pour venir à chef de nostre entreprise. Eufrasie à qui la crainte glaçoit le cœur, estant auertie par son frere de ce conseil aussi genereux que de difficile execution, ne pouuoit se resoudre à tremper en cette partie, & ce grand courage qu'elle m'auoit témoigné par tant de paroles & d'escrits, luy manqua au besoin, tant il est vray que les Colombes ne deuiennent iamais Aigles. Tout ce que son frere peut gaigner sur elle, ce fut de luy faire auoüer à son Pere que ie la recherchois, & qu'elle ne me haïssoit point, que mesme Hellade luy auoit persuadé que ceste bonne intelligence seruiroit pour assoupir les querelles de nos familles, mais que pour cela elle ne s'estoit iamais relaschée à vne seule

seule parole qui preiudiciast à l'obeyssance qu'elle luy deuoit, dont elle ne se departiroit en aucune maniere. Nisard ayant vn iour tiré Hellade à quartier, s'enquit de luy si le bruict qui couroit de ses affections pour Cassandre estoit veritable. A quoy Hellade, Monsieur, vous sçauez que i'ay souffert toutes les extremitez où vostre colere m'a voulu reduire, pour me conseruer l'amitié du frere, cela vous doit faire croire que ie ne suis pas resolu d'en endurer moins pour maintenir l'Amour que ie porte à la Sœur. l'vn & l'autre ont tant de merite, que ie tiendray à gloire pour de si dignes suiets toutes les peines qui me pourront affliger, Ce bruict est veritable, mais il n'est que trop veritable aussi que Cassandre n'a nulle affection pour moy. Le Ciel le permettant peut-estre ainsi pour contéperer par ceste contrepointe le trop de felicité que ie goustois en l'amitié d'Orant, & me faire connoistre que comme l'amitié vertueuse n'est iamais sans douceur, l'Amour pour legitime qu'elle soit, a tousiours quelque sorte d'amertume. Ie sçay combien de trouble & d'orage m'appreste ce dessein, tant par la resistance de la fille que par la haine de la Mere, & mesme par vostre opposition; mais ces difficultez ne me rebuttent point, parce que ie suis assisté d'vn Amy dont la maison sera mon refuge, quand vous m'aurez banny de la vostre, & qui sans partager auecque moy me lairra aussi absolument Maistre de ses biens que ie le suis de son cœur. Au reste le temps change tout, la patience dompte tout, & l'Amour peut tout, ie veux esperer contre l'apparence, & croire pour mon contentement que les chemins rabboteux se feront vnis, & les montagnes deuiendront des plaines. Rien n'est impossible à vn grand cœur, les plus penibles entreprises sont tousiours les plus glorieuses. Et ie me veux promettre de la grandeur de vostre courage, que vous-vous rendrez à la voix publique, qui est celle de Dieu, laquelle semble comme fourriere de la paix, auancer & auctoriser les deux alliances d'Orant auec Eufrasie, & de moy auec Cassandre, pour terminer par ce moyen tous les differends de nos familles. Et certes qui voudra considerer sans passion ce proiet, iugera que le Ciel où les où les mariages se font, nous a inspiré ces bienueillances pour le bonheur de nos maisons. Ce fut auec vne extreme contrainte que le furieux Nisard se retint pour entendre tout ce discours, par lequel il descouurit que l'auis qu'on luy auoit donné n'estoit que trop veritable ; sur quoy foudroyāt à son accoustumée, apres beaucoup de paroles outrageuses il en vint aux effects, chassant honteusement Hellade de sa maison, comme vn enfant incorrigible & rebelle à ses volontez. De là il fut en la chambre d'Eufrasie à qui nous auions faict le bec, si bien que ne la treuuant coulpable d'autre crime que d'auoir presté les oreilles aux discours de son frere sans l'en auertir, à quoy elle repliquoit que la crainte de le fascher, & d'estre cause de la disgrace d'Hellade l'en auoit empeschée, il termina ses criailleries par d'estroites d'effenses de me vouloir du bien, sans considerer qu'il est autant impossible de haïr ce que l'on aime, comme d'aimer ce que l'on hait. Hellade vint à moy comme son azyle, & apres m'auoir conté son bannissement, ie croy, me dit-il, que ce mal sera mon bonheur,

Yy 5

& que ceste sortie de la maison paternelle me rendra possesseur de la Rachel que ie souhaitte. Car si vous me receuez chez vous, & si ie puis voir Cassandre & luy parler, i'espere la rendre susceptible de mon tourment par ceste necessité si naturelle d'aimer ceux qui nous aiment. Cher Amy, luy dis-ie, tu sçais que ie n'ay rien qui ne soit à toy, car que puis-ie reseruer à celuy à qui i'ay donné mon cœur ? mais il est à craindre qu'au lieu des beaux yeux de Rachel, la chassieuse Lia ne te vienne en partage : car ie preuoy de grandes trauerses en ceste retraitte en ma maison. Tu sçais qu'elle est l'humeur d'vne Mere courroucée, & comme meslant le Ciel auecque la terre elle fera tous ses efforts pour t'en esloigner ; pour y prendre tes repas tu sçais qu'il est impossible, aussi estant Maistre de ma bourse, te sera-t'il plus commode de les prendre ailleurs : pour le repos, si ceste femme nous en donne, tu le prendras en vne chambre voysine de la mienne, qui est depuis vn long temps destiné à ton vsage. Ie l'entends bien ainsi, repartit-il, & qui a du pain & de la patience, n'est point tout à faict

faict deploré. Pour moy ie n'estois pas tant en peine de quelle façon ie continuerois mon intelligence auec Eufrasie, sçachant bien que faisant briller le present aux yeux de la Gouuernante, ie ne serois iamais absent de sa memoire. Cependant nous mettons tout en ieu, & nous remuons le Ciel & la terre, le spirituel & le temporel, pour auancer nos affaires; nous voyons les communs amis de nos maisons, ausquels nous declarons nos intentions, qui estoient si saintes, si honnorables & si iustes, que les dire c'estoit les faire appreuuer. tous y donnent leur consentement, & nous promettent d'employer tous leurs efforts pour procurer ces alliances souhaittées. Les Ecclesiastiques & Seculiers & Reguliers firent la charge du costé de la conscience, les Confesseurs donnerent l'assaut, les Laïques grands & petits alloient à l'escarmouche selon leurs rangs & leurs qualitez, Iamais Nisard & Heduinge ne se virent en telle peine, car il leur en prenoit comme des mousches qui nuisent plus par leur quantité & leur importunité, que par leur force. La multitude des intercesseurs

tercesseurs les accabloit, il sembloit mesme que tous prinssent vn particulier interest à ceste reconciliation de nos familles. Nos demandes estoient raisonnables, nostre proposition plausible, la haine publique (qui est le plus horrible anatheme qui puisse foudroyer vn homme) pendoit sur la teste de celuy qui s'opposeroit à vn si grand bien. Tous le deuoient persecuter comme vn ennemy du repos de la ville, vne peste du genre humain, vn Demon implacable. L'Euesque mesme d'Huesca se mesla de cet accord : c'estoit vn Prelat ancien & venerable que ses merites auoient esleué à ceste dignité, en le tirāt de la famille des freres Predicateurs, aussi estoit-il grād Predicateur & d'vne vie fort exēplaire. Ceste ancienne diuision de nos maisons, qui n'estoit inconnüe qu'à ceux qui estoient estrangers en nostre ville, luy estoit fort à contrecœur, mais quelque soin & industrie qu'il eust apportée pour l'esteindre, il n'auoit peu vaincre l'obstination des partis, le mal s'aigrissant contre les remedes qu'il y vouloit apporter. Ceste reciproque alliance luy pleut, comme l'antidote souuerain de ceste zizanie

qui

Livre XI. 717

qui empliſſoit les eſprits de ſon troupeau de haines & de partialitez. Mais ne pouuant arracher le conſentement de nos parens, & treuuant meſme de la reſiſtance és parties, car les deux filles ne ſe vouloient departir en aucune façon de l'obeyſſance de leurs parens, Caſſandre par animoſité, & Eufraſie par crainte, il fut contraint de s'arreſter, & de remettre au temps l'accommodement de toutes ces difficultez, remede tardif, & quelquesfois pire que le mal meſme. Nous fuſmes ſur le point d'implorer le ſecours de la Iuſtice apres celuy de la Pieté; mais ce conſeil ne reüſſit pas, d'autant que ceux qui l'adminiſtrent ſont & protecteurs de l'auctorité paternelle, & ne veulent pas (comme il eſt bien equitable) que les volontez ſoient violentées au ſujet des mariages. Or Caſſandre declaroit ouuertement qu'elle ne vouloit point d'Hellade; & Eufraſie ſans me rejetter, ny me receuoir, ſe remettoit entierement au vouloir de Niſard, qui la menaçoit de la mettre en pieces pluſtoſt que de la voir entre mes bras. Voila bien peiné, bien ſollicité, bien remué, bien prié, bien trauaillé, bien eſ-
ſayé

sayé pour ne rien faire. Ie sçauois que les vieilles gens se meinent souuent plustost par l'interest des biens que par le mouuement de la haine; ie fis proposer à Nisard que ie prendrois sa fille sans dote, & que ie donnerois la moitié du bien de mon Pere dont i'estois possesseur à Cassandre, si elle vouloit receuoir Hellade pour espoux. de ceste façon & luy & Heduinge ma Mere retenoient le leur, receuant sur moy toute la charge de ces mariages. Mais au refus qu'ils firent & l'vn & l'autre d'entendre à ce party, ie iugeay que la colere en eux predominoit la conuoitise. Nous en vinsmes Hellade & moy iusques à ces desseins furieux d'enleuer nos Maistresses en des terres estrangeres, & puis de guerir ces rauissemens par le mariage. Quand ie fis sonder Eufrasie si elle voudroit imiter la Grecque Helene dont le rapt suiuit le consentement, elle renuoya si loing ceste ouuerture que i'en pensay tomber en sa disgrace. Pour Cassandre il n'y auoit que la force qui la peust arracher des bras d'Heduinge, en la façon que Pyrrhe tira du milieu du temple de Minerue & du pied des Autels la Troyenne

yenne Caſſandre. Tant de difficultez & de riſques reconnuës en cet attentat nous firent moderer la violence de nos paſſions, & tenter des voyes plus douces. Hellade ſe retiroit tous les ſoirs chez moy, & quelques criailleries que fiſt ma Mere, il s'y accouſtuma comme font au bruict de la cheute du Nil les habitans de ces Catadoupes. Il faiſoit comme l'Aigle qui volant bien haut guette ſa proye de loing. Bien que ma Sœur euitaſt ſa rencontre auſſi ſoigneuſement que celle d'vn corps mort ou d'vn fantoſme, ſi eſt-ce qu'il ne laiſſoit pas de l'entreuoir quelquesfois en paſſant, comme l'on fait vn éclair qui eclipſe auſſi-toſt qu'il paroiſt, & qui esbloüit pluſtoſt les yeux qu'il ne les éclaire. Comme elle ne luy donnoit pas le loiſir de l'aborder, beaucoup moins de luy parler, il eſtoit ſi ſaiſi de reſpect à la preſence de cet object, qu'il n'auoit pas la hardieſſe de luy dire vne ſeule parole. ce qui luy donna ſujet de ſouſpirer vn ſoir ces paroles ſur ſa guitterre.

SOVS

SOVSPIRS.

Las! ie meurs d'vn secret martyre
  Et d'vne muette douleur,
  Heureux qui librement souspire;
  S'oser plaindre est l'heur d'vn malheur.
I'oste la voix à mon angoisse,
  Ie deffends les pleurs à mon œil,
  La peur que mon dueil apparoisse
  Me trauaille autant que mon dueil.
Ainsi meurt l'Agneau qu'on presente
  A l'Autel pour sacrifier.
  Et dedans sa gorge innocente
  Reçoit le couteau sans crier.
O Cieux consolez ma tristesse,
  Moderans vn peu mes douleurs,
  Ou donnez moy la hardiesse
  De dire en mourant, ie me meurs.

Quelquefois il prenoit resolution de se ietter à ses pieds auecque des paroles pitoyables qu'il estudioit & preparoit à ce dessein, mais à ces soudaines recontres tout ce qu'il auoit proietté de faire s'esuanoüissoit en son souuenir, & tous ces mots curieusement meditez tarissoient en sa bouche. de sorte que cet obiect se
pouuoir

pouuoit appeller tout enfemble & le Paradis de fes yeux, & l'Enfer de fon efprit. Voyant qu'il ne pouuoit obtenir de fa trop ceremonieufe crainte le moyen de luy faire fçauoir fon tourment, & preuoyant bien que cefte Parque inexorable qui filoit fa deftinée, ne luy protefteroit iamais audiéce, & luy fermeroit fes oreilles comme vn Afpic qui redoute la mufique de l'enchanteur, ce qu'il pouuoit faire, c'eftoit ou de fe ronger en filence, ou de fe plaindre eftant feul pour donner vn peu d'air à fa flamme. Vne nuict i'ouys qu'il faifoit du bruict en fa chambre, & m'approchant de la porte ie l'entendis qui exhaloit cefte plainte. Chetif Hellade! faut-il que tu periffes ainfi à la veüe de ton remede, fans ofer eftendre la main au dictame qui te tireroit du cœur le dard qui le trauerfe? faut-il que tu meures d'vne fombre mort, fans ofer au moins faire connoiftre à celle qui la caufe le facrifice que tu luy fais de ta propre vie? Rigoureufe Caffandre, vous n'ignorez pas les extremitez où voftre cruauté me reduict, vne caufe fi belle ne peut mefconnoiftre l'effect neceffaire de ma pafsion; mais est-il possible que vous ne sentiez en vous aucune bluette de ce feu que vous auez si viuement allumé en mon Ame. Pourquoy falloit-il qu'en vous voyant i'esprouuasse les tyrannies volontaires qui font paroistre en vostre visage autant de morts pour moy, qu'il y a de graces en vous? Qui eust iamais pensé qu'vn traict d'œil m'eust cousté tant de larmes? le Ciel vous a-t'il renduë si perfaitte pour rendre vostre veüe plus dangereuse? C'est maintenant qu'à mon dommage i'experimente qu'il vaudroit mieux estre tout à faict priué de la veüe de ce qu'on aime, que le voir sans l'oser accoster; car la presence augmente le desir, lequel a de beaucoup moindres eslans durant l'absence. ô quel mal c'est que l'aspect d'vn bien deffendu! Et bien, puisque c'est par la porte de la seule mort qu'il faut sortir de ce labyrinthe, il s'y faut resoudre & trancher tout d'vn coup tant de nœuds autrement indissolubles. La mer plus douce que toy m'offre ses eaux pour esteindre mes feux en suffocquant ma vie, les rochers plus pitoyables ne me refuseront pas leurs precipices, & si ces

tombeaux

tombeaux comme trop defefperez font moins honnorables, le fer de la guerre qui ne pardonne pas aux plus genereux, me fera doux en me tirant de tant de peines. Il trancha ces paroles auec vn grand foufpir, & parce que ie craignois que le defefpoir ne le portaſt à quelque effect plus tragicque, ie frappay à fa porte qu'il m'ouurit aſſez pareſſeuſement, & luy ayant reproché le defordre de fes penſées par celuy de fes difcours, il connut qu'ils eſtoient entrez en mes oreilles. il en voulut faire des excuſes auſſi confuſes que fes premiers propos. Sur quoy ie pris occaſion de luy dire; Mon frere, puifque vous eſtes vn autre moy-meſme, ie iuge de vous par moy, les folies que ma paſſion m'a faict faire lors que i'eſtois au plus chaud acces de ma fieure, me font craindre que vous n'en veniez à ces degrez de fureur qui me faiſoient quelquefois oublier mon falut & le nom de Chreſtien; vos remonſtrances qui m'eſtoient en ce temps-là auſſi faſcheuſes que les medicamens font en horreur aux malades, me repaſſent maintenant dans la memoire, & ie les remettrois en la voſtre ſi ie ne croyois que vous l'auez trop bonne pour oublier ce que vous auez autresfois auancé auecque tant de iugement. C'est en vain que vous menacez la mer de vostre naufrage, ses eaux deuiendront douces plustost que vous-vous y perdiez, & puisque la Mere des Amans y a pris sa naissance, vous n'y treuuerez point vostre mort. Les rochers s'amolliront quand vous chercherez leurs precipices, & le Zephir amy de la rigoureuse Flore vous supportera en l'air, affin de rendre vostre cheute molle, & empescher que vous ne vous froissiez. Pourquoy faut-il que vous vous laissiez abbattre à ces extrauagances d'esprit, & que par la foiblesse d'vne fille vous nous fassiez paroistre la vostre? Si vous me reiettez au visage les miennes propres lors que ceste passion alteroit mon discours & troubloit ma fantaisie, souuenez-vous que Pylade dont vous soustenez le personnage, doit estre plus sage qu'Oreste le furieux. En ceste qualité il m'est permis de me plaindre auec vn rugissement de Lyon, & d'accuser les Astres & les hommes de violence & de cruauté, & de vuider par ce canal

nal toute la rage dont ie serois rempli. Mais à vous, Hellade, il n'est pas permis de dire de semblables resueries ; car ces desreglemens seroiët aussi blasmables en vostre personne qu'ils sont tolerables en la mienne. Quelque disgrace dont la fortune trauerse vostre vie, vostre contenance n'en doit point estre alterée, puisque vous faittes vne particuliere profession de souffrir constamment tous ses assauts. Vous parlez de la guerre, dans laquelle vous pensez rencontrer ou vn glorieux diuertissement à vostre tristesse, ou vn honnorable tombeau pour toutes vos douleurs, & vous ne considerez pas que ce n'est pas le propre de ceux qui sont enrollez sous les estendards de la Reyne d'Auratonte, de passer sous les drapeaux de Mars, veu que celuy-cy se vient ranger à la suitte de celle-là pour temperer son humeur guerriere. Peut-estre que vous pensez estaler en Flandres, theatre ordinaire des Tragedies de nostre temps, des actions si valeureuses, que l'histoire vous desterrera tout mort, lors que vostre courage vous aura enterré tout viuant. Mais i'ay de la peine à croire que vous puissiez demeurer victorieux des ennemis estrangers, tandis que vous serez vaincu de vos passions domestiques, accoisez la discorde ciuile de vostre poictrine, & puis vous serez propre à terrasser les aduersaires de la Foy. Puis que vous ne cherchez qu'à mourir, vous n'estes pas en disposition d'oster la vie aux rebelles à ceste Couronne. La guerre veut des hommes deliberez de tuer, non determinez à se laisser meurtrir. Tant que vous-vous laisserez blesser aux yeux d'vne fille, & desarmer à ce petit Garçon qui met en traistre le feu dans les cœurs, vous dompterez aussi peu de monstres qu'Alcide quand il eut changé sa massuë à vne quenoüille, vaincu comme vous estes par ce volage enfant qui ne tire sa force que de nostre lascheté, & par vn sexe qui n'a que la foiblesse en partage. Parlez seulement de vous rauoir de ceste profonde melancholie qui vous occupe, & qui assiege vostre raison, & ne faites pas à vostre dommage naistre le contraire de son contraire, faisant sortir les eaux par vos yeux du milieu des flammes qui enuironnent vostre cœur. Ceste passion qui doit

estre

estre Mere de la ioye & de la gentillesse, pourquoy sera-t'elle en vous vne source de chagrin & de desespoir? pourquoy tirer vn effect si déplaisant d'vne cause si gracieuse? releuez vostre esprit, Hellade, & rejettez par vne belle esperance ce lasche descouragement qui ne peut tomber qu'en vne Ame poltronne,

Celuy qui peut esperer,
Doit constamment endurer.

Ie taschois par ces discours de chasser ce Demon de desespoir qui rodoit autour de sa fantaisie. Nous passasmes vne partie de la nuict en ces entretiens, & bien que mes miseres ne fussent de guere differétes des siennes, neantmoins comme si i'eusse esté bien sain ie faisois le Medecin, & le traittois en malade, en telle façon neantmoins que ie prenois ma part aux remedes que ie luy proposois. Quand nous fusmes las de causer, & que la nature debilitée de tant de cuisans soucis voulut reparer nos forces par vn doux repos, le sommeil gracieux glissant son humide vapeur en nos yeux commença à appesantir nos paupieres. quand ie le sentis disposé à dormir, ie me retiray doucement en ma chambre, pour prendre ma part à ce benefice commun aux grands & aux petits, & qui esgale les païsans aux Roys, & les miserables aux plus heureux de la terre. Hellade gousta bien peu ceste trompeuse felicité, parce que les songes estans les Idées du iour alterées par l'ombre de la nuict luy ramenoient sans cesse en la fantaisie l'image de ses déplaisirs, & les songes, comme ces lunettes qui dilatent les objects, aggrandissans ses peines, le troubloient autant que les plus poignans soucis dont il eust peu estre agité en veillant. Ne pouuant donc plus clorre les paupieres, & les plumes de son lict luy estans des espines, il se leua aussi-tost que l'Aurore eut quitté le sein de son vieil mary pour ramener le iour au monde; & apres auoir longuement resué aux moyens de faire connoistre à Cassandre ceste grande passion qu'il souffroit pour elle, il crût que la plume feroit mieux cet office que sa langue, & que i'aurois peut-estre assez de credit aupres de ceste farouche pour luy faire arrester les yeux sur quelques lignes où il peindroit sa douleur auec vn crayon de feu. Il fit donc vne lettre aussi

digne

digne de son esprit, que conforme au ressentiment de son Ame, par laquelle auecque des complimens qui ne pouuoient sortir que du carquois de celuy dont les fleches d'or donnent vn langage semblable, il luy representoit ses saintes & honnorables affections. Si ie me pouuois ressouuenir des paroles, ce seroit bien vn des plus riches ornemens dont ie pourrois embellir mon discours; mais comme la prose s'attache beaucoup moins à la memoire que ne font les pieds nombreux & les cadances des rimes, il n'est resté dans la mienne que ces vers qu'il mit à la fin, & qui reueilloient tout le sens de son discours.

AFFECTION MANIFESTEE.

STANCES.

IE ne veux plus, fiere Cassandre,
   Cacher mon feu dessous la cendre,
Et deguiser ma passion,
Ie veux bannissant toute crainte,
Sans aucun respect & sans crainte
Descouurir mon affection.

Qu'importe-t'il si le vulgaire
 Et ignorant & temeraire
 En va tenant mille discours?
 C'est vne beste à plusieurs testes,
 Qui des choses les plus honnestes
 Ne sçauroit iuger qu'à rebours.
Me doit-on imputer à crime,
 Si espris d'vn feu legitime
 Mon cœur en sa peine se plaist?
 Est-ce vne action si blasmable
 Que d'aymer vn obiect aymable,
 Et de treuuer beau ce qui l'est?
Si Dieu destinoit que nos ames
 Fussent exemptes de ces flames,
 Il deuoit du commencement
 Ne creer point de choses belles,
 Ou nous separer d'auec elles,
 Ou nous oster le iugement.
Pour moy ie consens que l'on croye
 Que ie sois vne digne proye
 D'estre conquise par vos yeux,
 Me reputant à plus de gloire
 D'estre le but de leur victoire,
 Que de vaincre en mille autres lieux.
Aussi sans estre mal contente
 Que l'on vous nomme mon Amante,
 Ne prenez pas à point d'honneur

LIVRE XI.

Tous les propos pleins d'artifice,
Que peut inuenter la malice
Des enuieux de mon bon-heur.
Si ce murmure vous offense,
I'entreprendray vostre deffense
D'vn stile si fort & si beau,
Que malgré l'effort de l'enuie
Ie vous redonneray la vie,
Quand vous seriez dans le tombeau.
Ie diray si bien vos loüanges,
Que mesmes les peuples estranges
En orront le bruict à leur tour,
Et vostre belle renommée
Auec mes vers sera semée
Par tout où éclaire le iour.
Encor ne sçay-ie si peut-estre
Quelqu'vn apres nous pourra naistre,
Qui vous voyant dans mes escrits
Comme dans vn tableau depeinte,
Formera ceste triste plainte
D'enuie & de douleur surpris.
O sort iniuste ! ô Ciel auare!
Pourquoy d'vne grace si rare
N'ay-ie peu paistre mon regard?
Que ne vins-ie de meilleure heure
En ce monde faire demeure,
Ou que n'y vint-elle plus tard?

Ie fis

Ie fis tout mon possible soit par artifice, soit par prieres pour faire voir cet escrit à Cassandre, mais à peine la pouuois-ie abborder moy-mesme, tant parce qu'elle redoutoit ma colere apres m'auoir si laschement trahi, qu'à cause qu'elle sçauoit que ie luy parlerois d'Hellade; si bien que comme l'on fuit ceux qui pensent les pestiferez ou qui les hantent, comme s'ils auoient la peste, elle m'euitoit de la sorte, pour n'auoir occasiō d'ouyr parler d'Hellade, ny de voir rien qui partist de sa main. Vne fois ie luy monstray le papier qui m'auoit esté remis, mais comme si ces fueilles eussent caché des Aspics, ou eussent esté escrites de characteres magiques, elle ne voulut iamais ny les prendre, ny les voir, ny seulement en ouyr la lecture que ie luy en voulois faire pour rendre son Ame docile. Elle courut s'en plaindre à ma Mere, qui m'en fit vne reprimende aussi aspre que si i'eusse voulu destourner sa fille du train de son deuoir. I'en fay le rapport à Hellade, qui ne s'en vange que par des souspirs, & au lieu de s'en prendre à la cruauté de ceste infidele, il n'en accuse que son demerite & son

mau

mauuais sort. Vn iour voyant qu'il n'a-
uoit de son feu que la fumée qui le faisoit
pleurer, & l'ardeur qui le consumoit sans
aucune lumiere de consolation, ou le
moindre rayon d'esperance, il exprima
en ces vers sa

FANTAISIE.

TRiste ie respandis vn iour
 Tant de pleurs en faisant ma plainte
 Dessus le flambeau de l'Amour,
 Que i'en rendis la mesche esteinte,
 O que n'ay-ie tant larmoyé
 Qu'il s'y fust luy-mesme noyé!
Luy tournoyant cherche par tout
 A ranimer sa mesche morte,
 Mais il n'en peut venir à bout,
 Car chacun luy ferme la porte,
 Sçachant bien qu'il mal-traitte ceux
 Qui l'osent receuoir chez eux.
Comme il trauaille en ce soucy,
 Regardant les yeux de Cassandre,
 Il void les miens, & void aussi
 Mon cœur prest à reduire en cendre,
 Cà, dit-il, ie vien de treuuer
 Dequoy mon flambeau rauiuer.

Alors

Alors à cet Astre fatal
   Où ma vie & ma mort repose,
   Comme deux boules de crystal
   Mes yeux droittement il oppose,
   Affin qu'vnissans leur rigueur,
   Leurs rayons embrasent mon cœur.
Son espoir ne le deçoit point,
   Les rayons en mes yeux s'amassent,
   Ioignent cent pointes en vn point,
   Puis de là dans mon cœur ils passent,
   Lequel de nafte composé
   Se void aussi-tost embrasé.
Alors il rallume son feu,
   Et puis d'vne malice extreme,
   Va, dit-il, tournant tout en ieu,
   Sers toy d'vne lampe à toy-mesme
   Desormais par l'obscurité,
   Tu ne seras plus sans clarté.
Traistre boutefeu tu mentis
   Quand tu me dis ceste parole,
   Mes iours sont en nuicts conuertis
   Par la passion qui m'affole,
   Et le feu causant mon trespas,
   Me brusle & ne m'éclaire pas.

Ie vous veux encore faire connoistre vn traict de son incomparable temperance,

pour

pour vous monstrer de qu'elle façon l'honnesteté regnoit dans son esprit, & que la moderation y auoit vn grand empire. Reuenant vne fois de la ville, ie treuuay ma Sœur endormie sur vn lict de repos qui estoit en la sale, durant la chaleur du iour. Ie pris ceste occasion aux cheueux pour luy faire voir à loisir cet obiect de sa ioye & de sa douleur, dont il estoit si affamé. Il vint tout tremblant à ce spectacle, & comme ie luy donnois courage de la resueiller & de luy parler, il ne fut iamais en ma puissance de luy faire passer les termes du respect & de la modestie. cela, luy disois-ie, n'est pas aimer ou honnorer, c'est idolatrer. A ce murmure elle s'esueilla, & de peur que ceste hardiesse qu'il auoit prise sous mon aueu & en ma presence, ne l'irritast, il se retira comme vn éclair qui disparoist en vn clin d'œil; elle l'entreuit neátmoins, & si ie ne l'eusse retenüe elle alloit crier allarme, parce que ceste veüe luy estoit plus effrayable que celle d'vn Demon. En vain i'essayay de luy persuader qu'elle n'auoit pas veu Hellade, & que c'estoit vn traict de son imagination blessée, & vn reste de sa resuerie

uerie. elle le crût, & en ceste creance me laissa-là pour aller conter sa vision à ma Mere, qui m'en fit depuis vne forte Mercuriale, protestant qu'elle quitteroit ma maison, & iroit demeurer autre part, si Hellade y hantoit plus, ne se tenant pas ny l'honneur de sa fille en seureté estant si proche de cet ennemy. Hellade s'estant retiré en sa chambre, & enfoncé dans son Cabinet pour recueillir tous ses sens, & ramasser toutes ses pensées autour de la memoire de cet obiect dont l'image nageoit sans cesse dans sa fantaisie, dans ceste profonde resuerie fut saisi d'vn enthousiasme qui luy dicta des vers sur ceste veüe de Cassandre dormante, que vous iugerez outre l'elegance des termes ne pouuoir partir que d'vn esprit extremement delié & d'vne imagination delicate.

STANCES.

HEllade languit d'vne attainte
Si pure, si iuste, & si sainte,
Qu'il ne cherit que sa prison,
Estant pour le suiet qu'il aime

Amy

LIVRE XI.

Amy de sa douleur extreme,
Ennemi de sa guerison.
Cassandre aussi chaste que belle,
Aux loix de l'amitié rebelle
N'a du tout point d'affection,
Mais bien qu'elle ne soit que glace,
Elle est aussi grande en sa grace
Qu'Hellade l'est en passion.
Vn iour la voyant sommeillante,
Sur sa main doucement pendante
L'or de sa teste s'espanchant,
Et ses deux prunelles pressées,
Astres, dit-il, de mes pensées
Estes vous en vostre couchant?
Flambeaux qui de paupieres closes
Ainsi que de fueilles de roses
Estes legerement couuerts,
Si cachans vn peu vostre flame
Fermez vous embrasez mon Ame,
Que ferez-vous estans ouuerts?
Ie n'ose quand elle sommeille,
Et beaucoup moins quand elle veille,
La considerer à loisir.
Soyez flambeaux en asseurance,
Ce qu'elle oste à mon esperance,
Que ne le puis-ie à mon desir?
Aucuns de vous ne me regarde,

Tome I.   Aaa

Mais le respect faict bonne garde,
Qui redoute vostre courroux,
Et le sommeil en vos prunelles
Témoigne en y bruslant ses aisles,
Qu'il vous garde comme vn jaloux.
En mon malheur ie me console,
De ce que iamais il ne vole
Aux miens veillans incessamment:
Car mon Ame son ennemie
Craindroit en estant endormie
Qu'il ne moderast son tourment.
Vos graces seroient offensées,
Si les moindres de mes pensées
Estoient capables de repos.
Cependant les yeux de Cassandre
Par ce bruit qui se fit entendre
S'entr'ouurirent à ce propos.
Ils se retirent & s'auancent,
Et cependant qu'ils se balancent
Entre le somme & le resueil,
Ils iettent deux larmes esgales,
Mais deux perles orientales
Qui viennent du lict du Soleil.
Comme en se leuant l'œil du Monde
Moitié dessus & dessous l'onde
Pleure & rougit d'auoir dormi,
Ses yeux aucunement humides,

Confus,

LIVRE XI.

Confus, enflez, pesans, timides
N'osoient se monstrer qu'à demy.
Enfin ces iumelles lumieres
Coulant sous leurs douces paupieres,
Et de mille tours varians
Leurs erreurs comme languissantes,
Auecque leur clartez naissantes
Firent vn nouuel Orient.
Hellade void par ceste Aurore.
Qu'il est desia temps qu'il adore
Le soleil comme vn Leuantin,
Et resue au feu qui le consomme,
Si c'est le veiller ou le somme,
Si c'est le soir ou le matin.
Les effects luy firent connoistre
Qu'en ce qu'il auoit veu paroistre
Son œil n'estoit point surueillant.
Mais las! si de ceste Cassandre
L'œil dormant le reduit en cendre,
Il faut qu'il le tuë en veillant.

Tout de mesme que c'est en vain que l'on tend des rets à des oyseaux dont le vol est hautain & la veüe lointaine, & encore plus vainement qu'on pense les auoir par la force des bras ou par des coups de fleche, l'vnique moyen de les prendre consistant en la ruze des appeaux ou des appas. Aussi n'y auoit-il aucun espoir de venir à bout de Cassandre que par sa finesse, en luy faisant lire par industrie & sans qu'elle y pensast, ce qu'elle ne verroit iamais si on luy dõnoit le loisir d'y songer. *Car elle craignoit trop les presens des Danois.* On fait ordinairement les amorces pour attirer & surprendre les animaux auec les viandes dont ils sont les plus friands. La curiosité estant vne inclination presque ineuitable aux filles, Hellade s'auisa, & i'appreuuay cet artifice, de semer quelques lettres en des lieux où Cassandre passeroit, affin de la conuier à voir ce qu'elles contiendroient. Ce proiet reüssit, mais ce fut à l'auantage de sa malice & de nostre dommage, parce qu'en ayant ramassé plusieurs qu'elle portoit aussi-tost à Heduinge, ces pacquets firent le proces par escrit au pauure Hellade, mais proces qui verifioit euidemment la gloire de sa constance, & la cruauté de Cassandre. Ie vous veux faire voir par vn échantillon de ces pieces, s'il y auoit dequoy passer condamnation contre luy, si le respect & la bienueillance ne sont mis au rang des actions criminelles.

LOVAN

Livre XI.

LOVANGES RESPECTVEVSES.
STANCES.

CLair miroir de Vertu, Ame des belles ames,
  Glace dont les froideurs eſpādent tant de flames,
  Qui me bleſſez d'vn traict viuement decoché,
Ie ſçay qu'en vous aimant ie fais beaucoup d'offenſe,
  Mais las! i'en fais auſſi beaucoup de penitence,
  Et ma punition efface mon peché.
I'ay dans vos volontez ma fortune arreſtée,
  Ce ſont les Alcyons de ma Mer irritée,
  Dans les rais de vos yeux me voulant conſumer;
L'vn me donne la mort, & l'autre m'en retire,
  Semblables en effect aux fontaines d'Epire,
  Dont l'eau peut tout enſemble eſteindre & rallumer.
Quand le Ciel m'auroit faict vn redouté Monarque,
  Pour laiſſer icy bas vne eternelle marque
  D'auoir faict choix d'vne Ame à qui riē ne deffaut,
Ie ne pourrois ailleurs addreſſer mes ſeruices,
  Et vos Autels tous ſeuls auroient mes ſacrifices,
  Encore penſerois-ie auoir volé trop haut.
I'ay crû pour quelque temps cheriſſant ma deffaite,
  Qu'vne autre que i'aimois eſtoit toute perfaite,
  Et que ie ne pourrois autre part m'engager:
Mais n'ayant pas de vous encore connoiſſance,
  Caſſandre, ſi i'eu tort d'auoir ceſte creance,
  Ce fut faute de voir, & non pas de iuger.

A voſtre auis ne falloit-il pas que ce cœur encheriſt ſur la dureté des diamans, & ſur

la ferocité des Tygres que l'on tient ne se pouuoir iamais appriuoiser, pour ne se rendre à tant de soumissions & de perseuerance? mais à la fin ce cœur endurci s'en treuuera mal, & celle qui ne se veut pas rendre à la force de la douceur, se verra contrainte de recourir à la douceur pour euiter l'impetuosité de la force. Durant ce temps-là i'auois mis comme sous le pied mes passions & mes interests, pour penser à ceux de mon Amy qui me sembloient plus pressans, i'auois toutes les peines qui se peuuent imaginer à le retirer des griffes du desespoir qui en vouloit faire vne malheureuse curée, ie surueillois ses actiõs, i'espiois ses paroles pour mieux connoistre ses sentimens, ie taschois de diuertir sa melancholie, mais rien ne le pouuoit esgayer, ie ne voyois autour de luy que de sinistres presages, qui comme des Corbeaux de mauuais augure me signifioient ie ne sçay quoy de tragicque. Où finit la prudence humaine, l'on commence à recourir à la Sapience diuine, on consulte les Oracles & les Voyans, ie cherche les seruiteurs de Dieu dans les Monasteres, comme ceux qui hors du
tabut

tabut du Monde oyent mieux dans la solitude ce que Dieu dit en leurs cœurs, & de ceſte façon ſe rendent truchemens & fideles interpretes de ſes volontez. Ie prends leurs auis ſur ce que i'auois à faire pour deſtourner Hellade de ſa perte, & le retirer de ce deluge de douleurs qui le ſubmergeoit. Tous d'vne commune voix me conſeillerẽt de luy perſuader la fuitte de l'obiect qui le trãſportoit, n'y ayant rien qui eſteigne pluſtoſt le feu de l'Amour que la terre de l'abſence. Mais comme faire comprendre ceſte philoſophie à celuy qui peuſt eſtre mort, quand il ne void plus ce qui luy rend agreable la lumiere du iour? Pour moy qui eſtois atteint de ceſte meſme fieure (mais plus moderée, parce que i'auois de la correſpondance en mon affection) ie iugeois ce remede qu'ils me preſchoient comme ſouuerainement ſalutaire, pire que le mal; & plus difficile à prendre qu'à ſouffrir la gracieuſe langueur de la preſence. Au fort, diſoiſ-ie, il ne nous peut manquer, nous le prendrons à l'extremité, mais auant que de l'eſſayer & de gouſter ce breuuage d'abſynthe, il ne faut rien laiſſer d'intenté.

l'encourageay mon patient le mieux que ie peu, & l'ayant faict resoudre tellement quellement de prendre auec hardiesse la premiere occurrence qui se presenteroit pour parler à Cassandre, vn soir qu'elle estoit descenduë dans le iardin pour prendre le frais sous vne tonnelle de lauriers (presage de victoire, & que la foudre du courroux ne tomberoit point en ce lieu là, mais cet augure se treuua faux) ie pris Hellade en sa chambre, & l'ayant faict couler auecque moy par vne allée assez couuerte, nous fusmes à la porte du cabinet auant que Cassandre se fust apperceüe que nous vinssions. Hellade s'estant mis de genoux, & voulant commencer sa harangue, cette fille ou esperduë de crainte, ou furieuse de despit, soit qu'elle fust faschée de se voir surprise, ou qu'elle s'imaginast (bien que ma presence luy deust essuyer ce soupçõ) qu'on la voulust violenter dans ce Iardin comme vne Susanne, sans vouloir ietter les yeux sur la contenance plus morte que viue, & prester les oreilles à la voix tremblante de ce suppliant, se mit à crier de toute sa force comme vne fille à qui
l'on

l'on voudroit rauir l'honneur. Ie la voulus saisir, & luy parler pour l'empescher d'éclatter si haut, & l'asseurer de son estonnement; mais comme vne Bacchante enragée elle me sauta au collet, & auecque les ongles & les dents menaçoit de me faire la guerre. Elle crie plus fort, ie parle, Hellade supplie, nous parlons tous trois, & pas vn n'escoute. Là dessus mon Amy desesperant d'auoir audience, mit la main à vn stilet Barcelonnois qu'il portoit ordinairement attaché à sa ceinture, & l'ayant pris par la pointe en presenta la poignée à ceste furieuse, en luy disant ces tristes mots accompagnez de larmes; Vertueuse Cassandre, puisque ma vie vous est si odieuse, ie vous supplie de vous en deffaire, i'en estimeray la perte plus que la conseruation, pourueu qu'elle serue de sacrifice à vostre rigueur. Il vouloit continuer ce discours, n'estant rien si facile à vn miserable que de treuuer des paroles; mais elle redoublant ses cris, soit par l'effray qu'elle eust en voyát ceste lame, soit par malice, toute la famille accourut au Iardin. Mais voyát qu'Hellade commençoit à empoigner ce poignard à la façon d'vn homme qui se l'alloit enfoncer dans le sein, ie laisse ceste criailleuse, & sautant à son bras i'empeschay le coup qu'il s'alloit impitoyablement donner. Ie fus long temps à me debattre auecque luy pour luy arracher ce fer execrable ; la crainte qu'il auoit de m'offenser me donnoit de l'auantage, mais le secours de nos domestiques me rendit le plus fort, car ie leur criay qu'ils m'aidassent à le desarmer. durant ce debat Cassandre se iettant au trauers de la presse, s'enfuit dans la maison tousiours criant au meurtre & à la force. Ma Mere luy vint à la rencontre, à qui elle donna pour premiere impression que ie l'auois trahie à Hellade, qui l'auoit voulu forcer ou la tuër. La peur leur donna des aisles, de sorte qu'elles s'allerent cacher, & s'enfermans dans leür chambre dont vne fenestre respondoit sur la ruë, elles crient à l'aide, au secours, allarme, à la Iustice : tout le voysinage s'assemble, la maisõ fut aussitost remplie de gens de toutes façons. Hellade resolu de mourir ne cherchoit que les moyens de se deffaire de tant de gens qui l'assiegeoient, pour se deffaire

soy

soy-mesme. L'effort que nous auions faict pour luy arracher les armes de la main, donnoit vne violente preuue aux assistans qu'il eust voulu violer ma Sœur. Le desespoir où il estoit luy faisoit dire tout haut qu'il vouloit mourir, ceux qui accoururent de dehors, sur la premiere impression qui leur fut donnée crurent que c'estoit pour euiter l'ignominie d'vne mort publique. Ie ne sçauois en ce tumulte comme luy parler & le remettre. Ie le tiens de pres, ont croit que c'est de peur qu'il ne s'eschape, & n'euade la punition à laquelle ie le destinois. Parmy tant de tireurs pas vn n'atteignoit au blanc de la verité. Ma Mere sur ces entrefaittes enuoye soudainement à la Iustice, laquelle court aux querelles aussi auidemment que les soldats au butin. Le Iuge nous treuua encore dans le Iardin, Hellade est mis dans vne chambre, & moy dans vne autre, & quoy que i'alleguasse il me fallut en ma propre maison souffrir ceste rigueur de m'y voir prisonnier. Mon Amy estant interrogé confesse plus qu'on ne veut. il a voulu tuer & violer Cassandre, il m'a voulu assassiner, il

demande

demande qu'on le depesche, qu'on le fasse mourir promptement, autrement qu'il anticipera la main du bourreau. Tous ces discours enragez & confus estonnent la Iustice, c'est vne maxime parmy ceux qui la manient d'auoir pour suspectes les depositions de ceux qui veulent perir. On vient à moy, ie declare d'vn sens rassis & posé ce qui est de la verité du faict, que s'il y a de la coulpe elle est toute en moy, qui ay introduict Hellade aupres de ma Sœur, qu'il n'auoit nulle intention de luy faire violence, mais seulement de luy parler auec vn respect d'adoration plustost que de simple honneur. que le desespoir de flechir ce courage obstiné l'auoit faict resoudre à se tuer soy-mesme, ce que i'auois empesché; que ie donnois auis qu'on prist soigneusement garde à luy pour ce regard. Apres moy on interrogea Cassandre, qui dit le pis qu'elle peut contre Hellade & contre moy, qu'on l'auoit voulu violer, & qu'à ce dessein on luy auoit mis le poignard en la gorge, que ie la tenois & l'empeschois de crier, en fin autāt de faussetez que de paroles. On me vint rapporter sa deposition, ie demanday
à luy

à luy estre confronté, aussi-tost qu'elle me vid, le remords de la conscience qui la rendoit coulpable de tant de mensonges, la fit varier, & puis quand ie priay le Iuge de luy faire leuer la main, elle qui ne s'estoit iamais treuuée en semblable feste, craignant que la foudre ne l'accablast, ou que la terre ne creuast sous ses pieds si elle disoit vn faux témoignage, ou se pariuroit à la face de la Iustice, elle chanta sur le champ vne honteuse palinodie, qui remplit son visage d'autant de confusion qu'elle en vouloit ietter sur le mien. Voyla comme sont confondus, dit la sainte parole, ceux qui meditent des choses friuoles ou malicieuses, ou qui regardent inutilement l'iniustice en leurs cœurs.

CLEO

750

CLEORESTE.
LIVRE DOVZIESME.

AR cet aueu de Caſſandre & ma depoſition auſſi claire que le Soleil, Hellade eſt deſchargé & ſon innocence miſe en euidence ; neantmoins comme le Soleil ne peut entrer que malaiſement dans les cauernes, il perce encore plus difficilement les priſons. A n'en point mentir, c'eſt vne belle choſe que la Iuſtice, ſans elle non les Royaumes ſeulement, mais tout le monde ne ſeroit que brigandage; toutefois ie ne puis que ie ne m'emporte contre les formalitez de la Iudicature, qui mettent des nuages deuant le Soleil de la Verité, & qui l'embroüillent au lieu de l'éclaircir. C'eſt l'ancre de la Seiche qui trouble la veüe du peſcheur. C'eſt à vous procedures chicaneuſes à qui i'en
veux,

veux, non à ceste diuine Astrée que le Ciel enuoye en la terre pour y mettre la paix; car pour obseruer les formes plustost que pour aucune coulpe qu'on remarquast en Hellade, il fut mené honteusement en prison au trauers des ruës estant monstré au doigt par vn tas de petites gens mal informées, qui le tenoient pour vn meurtrier & vn rauisseur de filles. Le desesperé Gentil-homme qui ne demandoit que la mort, ne pensoit point à ces discours qui resonnoient tout haut à ses oreilles, & sans se soucier de sa gloire passée, & de son ignominie presente, il se hastoit d'aller au cachot d'où il pensoit sortir pour aller au supplice qu'il souhaittoit. A tout ce qu'on luy disoit il ne respondoit autre chose sinon qu'il auoit merité la mort, puis qu'il auoit violé le respect qu'il deuoit à Cassandre. Ces mots recueillis par des esprits preoccupez, leur faisoient dire, voyez comme il confesse d'auoir voulu violer Cassandre. La renommée qui marche plus viste que le Soleil, porta aussi-tost aux oreilles de Nisard les nouuelles de l'emprisonnement d'Hellade. ce Pere desnaturé, au lieu de

s'en

s'en fascher s'en resiouyt, disant que c'estoit l'effort de tant de maledictions qu'il auoit lancées sur sa teste. Luy mesme aggrauoit son crime & l'augmentoit par ses paroles, le iugeant digne de mort, bien qu'en semblables offenses la volonté ne soit pas tousiours punie comme l'effect. Quãd on luy disoit qu'il y alloit de l'honneur de sa famille, nullement, repliquoit-il, car ie le desauoüe pour mon fils. I'accompagnay le pauure Hellade iusques à la Conciergerie, le recommandant au Geollier, affin qu'il prist garde qu'il ne se meffist, car ie me deffiois plus de ses propres mains que de celles de la Iustice. La nuict nous separa de la sorte. Reuenu chez moy, ie treuuay que ma Mere portée à cela par la malice de ma Sœur, en estoit sortie, bien qu'elle n'eust plus occasion de rien craindre, mais Cassandre qui se sentoit coulpable redoutoit ma vengeance & la pesanteur de mon bras. La blancheur de l'Aurore qui n'entre iamais dedans les prisons, ayant ramené le Soleil qui n'y enuoye ses rayons que d'vne façon languide & craintiue, le iour me donna dans les yeux qui n'auoient point fermé de

toute

Livre XII. 753

toute la nuict, non plus que ceux d'Hellade, ie courus auſſi-toſt à la priſon, comme le ſang à la partie bleſſée. Ie crie, ie tempeſte, ie demande à parler à mon Amy, & proteſte de prendre les Iuges meſmes à partie s'ils ne ſignent ſon eſlargiſſement. Il y auoit d'eſtroittes deffenſes de parler à luy; ie vay chez le Iuge, auquel ie parlay auecque tant d'audace eſtant aſſeuré de l'innocence de mon Hellade, que peu s'en fallut que ma temerité ne me rendiſt compagnon de ſon deſaſtre, & c'eſtoit ce que ie demandois. Luy-meſme au dedans eſtoit en des impatiences extremes de ſortir, non pour auoir ſa liberté, mais pour aller à la mort, pour les nouuelles de laquelle il euſt volontiers donné les eſtreines. Croiriez-vous ce que ie vous vay dire, & iuſques où alloit l'inimitié de Niſard contre noſtre maiſon? à meſme temps que ie ſortois de la maiſon du Iuge pour remonſtrer l'innocence & procurer la deliurance de ſon fils, il y entroit pour ſolliciter contre luy & pour auancer l'execution de ſa mort. Le Iuge eut horreur d'vne telle requeſte, & le reiettant comme vn mon-

Tome I. Bbb

stre honteux à la nature, promit qu'il alloit trauailler à sa descharge malgré ce Pere plus que brutal. Cassandre ayant toute la nuict consulté auecque sa conscience, vient auecque ma Mere chez le Iuge pour manifester encore plus clairement l'innocence d'Hellade. Nisard qui les vid entrer, croyant qu'elles allassent former leur plainte, courage, dit-il, ie me vangeray de mon rebelle par mes ennemis mesmes, le malheur luy arriuera dont ie l'ay si souuent menacé. Ne se trouuant point de partie formée, ny aucūs témoins qui peussent rien asseurer, bien que le bon pratticien eust bōne enuie d'allonger les formalitez, & de tirer l'affaire en longueur, voyant que l'on estoit sans chair & sans moüelle, que personne ne se plaignoit, que c'estoit vn effort de desespoir qui auoit porté ce ieune homme contre soy-mesme, qu'il n'y auoit rien à gaigner autour de luy, que c'estoit vn fils de famille, ou plustost de famine, comme il n'y a larron qui ne soit liberal d'vne chose qui ne vaut rien, il n'y a si aspre chicaneur qui n'expedie promptement vn proces où il n'y a rien à gaigner. ces gens-là ressemblent

blent aux bons beuueurs, qui n'aimēt aucune viande si elle n'est de haut goust & beaucoup espicée. Ce bon personnage pareil aux mousches qui ne s'attachent qu'aux lieux où il y a prise, alloit à ma priere & pressé de son propre deuoir tirer iustement Hellade du cachot, où il l'auoit faict mettre auec peu de iustice. Le barbare Nisard ayant auis qu'il alloit donner la clef des champs au prisonnier, vint aussi-tost au guichet s'opposer à sa deliurance, disant qu'il auoit beaucoup de plaintes à former contre ce fils ingrat, desobeyssant, rebelle à ses volontez, & tout à faict incorrigible. La Iustice qui doit auoir des oreilles pour tout le monde, & qui fait vne particuliere profession de soustenir l'auctorité paternelle pour tenir les ieunes gens en deuoir, continua cet arrest d'Hellade, & receut le Pere en sa complainte. Moy qui voyoit que ce n'estoit qu'vne secrette vengeance qu'il vouloit prendre de moy en la personne de son fils, ie le prends à partie, & offre de donner caution pour mettre mon Amy en liberté. Mais parce que l'on sçauoit l'animosité de nos familles, ie ne fus receu ny comme caution, ny comme partie, Nisard me disant par brauade que i'estois complice des desbauches de son fils, & comme cause de sa perte, qu'il me feroit mettre en vn cachot plus noir, & si chargé de fers qu'il m'empescheroit bien de courir, sinon qu'on me les ostast pour me mener au supplice. La presence de la Iustice modera ma ieune ardeur, qui en vn autre lieu luy eust faict rentrer ces paroles-là dans la gorge. Ie ne laissay pas neantmoins de desclamer contre ce Pere desnaturé, indigne d'vn si bon fils qu'estoit Hellade, suppliant le Iuge de n'affliger pas l'innocent, pour satisfaire à l'appetit vindicatif d'vn accusateur plus coulpable que l'accusé. Neantmoins par la regle commune qui donne tousiours l'auantage au Pere contre son fils, & le tort au fils quand il s'attacque à son Pere, mes remonstrances furent reiettées, Hellade resta en prison & moy en des déplaisirs inconsolables. Sans doute ce malheur fut son salut, & ceste iniustice cause de sa conseruation, tant il est vray que tout reüssit à bien à ceux qui sont bons. Ouy, car comme ie ne desirois que

sa

sa consolation; ie le fis visiter dans sa captiuité par des Religieux & d'autres Ecclesiastiques d'insigne pieté, qui remirent peu à peu son Ame en vne meilleure assiete, & le ramenerent à la raison. La tourmente passée, le calme reuint à son esprit, & par ceste douce paix il connut l'horreur de l'action desesperée qu'il vouloit faire en tournant la pointe de sa fureur contre soy-mesme. Il n'y a rien de si doux que le miel, ny rien de plus ardant quand on le fait boüillir. Le mouton est l'image de la mansuetude, mais quand il est eschauffé par la colere, voyez comme il frappe de la corne iusques à se fendre la teste. Il ny auoit rien de si benin ny de plus modeste qu'Hellade, mais en ce transport qui l'auoit saisi c'estoit vne foudre & vn torrent, rien ne pouuoit demeurer deuant sa fureur. Mais tout de mesme que le fer rouge, ou le charbon embrasé allentissent peu à peu leur chaleur, aussi n'y a-t'il aucune manie qui petit à petit ne puisse estre adoucie, pourueu que celuy qui en est atteint preste l'oreille à ceux qui charment sagement ce mauuais Demon. Tandis que les seruiteurs de Dieu le font ren-

trer en luy mesme, & rappellent son bon sens que la passion auoit escarté, ie trauaille au dehors à son eslargissement, ie fay en sorte auec vne clef d'or qui ouure toutes serrures, que mes lettres viennent entre ses mains, pour luy témoigner mon amitié en ma diligence. L'impitoyable Nisard ne le secouroit pas d'vn denier, le voulant matter ce disoit-il, par la faim & la necessité, comme ces cheuaux rebours à qui l'on soustrait l'auoyne, & que l'on met aux entraues. Mais ie me fusse pluſtoſt vendu comme Sainct Paulin pour racheter vn si cher Amy que i'estimois plus que tous les thresors du monde. Aussi faisois-ie en sorte que rien ne luy manquoit non seulement de ce qui estoit necessaire, mais de ce qui pouuoit seruir à son soulagement, ie ne dis pas pour le resiouyr, car outre la melancholie où il estoit plongé, la ioye n'entre iamais dedans les prisons, non plus que le iour dans les cauernes. Non seulement la liberté est le plus precieux de tous les biens, mais on peut presque dire qu'il n'est aucun bien sans elle. Sans elle les cages peintes, &
l'abon

l'abondance de la mangeaille sont desagreables aux oiseaux. Aussi bandois-ie tous mes ressorts pour la luy faire obtenir. Les Peres Spirituels qui l'auoient consolé durant son affliction, luy ayans tous d'vne voix conseillé de quitter le païs pour vn temps, & de se diuertir par des voyages de Pieté, qui sont les saincts Pelerinages, bien qu'il fust deuot & plein de bons sentimens pour le Ciel, il auoit de la peine à s'y resoudre, luy semblant que ce trauail qui doit estre entrepris purement pour Dieu, se terminoit en luy-mesme. Et quoy qu'on luy remonstrast que reuenant à soy-mesme, c'estoit vn grand acheminement pour retourner à Dieu, suiuant l'auis de ce grand Penitent qui disoit à Dieu, Seigneur i'ay connu par moy les merueilles de vostre science & de vos voyes; & de cet autre qui auoit pour dicton ordinaire: Mon Dieu faites que ie me connoisse, & que ie vous connoisse, comme estant vne mesme eschelle de Iacob qui nous fait descendre en la veüe de nostre neant, & nous fait remonter à l'admiration de la grandeur & de l'excellence de Dieu; neantmoins considerant que la visée regardoit la guerison de son esprit plustost que la gloire de Dieu, il goustoit d'auantage le dessein que son courage luy dictoit d'aller en Flandres ou en Hongrie, où la guerre estoit alors allumée, contenter l'humeur guerriere qui l'animoit, comme estant vn remede à son mal, & plus honnorable, & plus conforme à la generosité d'vn Gentilhomme qui fait profession de ne porter point inutilement vne espée penduë à son costé. Ceux dont les pieds euangelizent la paix Mere de tous biens, n'agreoient pas qu'il allast chercher la guerre pepiniere de tous maux, veu que voulás remettre son esprit dans vn train bien reglé, ils iugeoient que les occupations Martiales l'en detraqueroient plustost, selon l'opinion commune qui bannit la pieté de l'exercice des armes; ioint qu'ils voyoient que ce proiect estoit vn reste de sa fureur, qui luy faisoit prendre le parti de ce Corebe insensé de la Muse des Latins, qui se precipita dans les embrasemens d'Ilion, se voyant hors d'espoir de pouuoir posseder Cassandre. Neantmoins comme de deux maux il faut choisir le moindre, pour ne faire

cabrer

cabrer son esprit ils acquiescerent en quelque façon à ce dessein, parce que c'estoit vn moyen conuenable à sa condition, digne de sa naissance & de sa valeur, & qui l'esloigneroit de l'obiect qui l'auoit porté à des extremitez si dangereuses pour son Ame. D'vn mauuais payeur on prend ce que l'on peut. Tandis que ie presse Nisard de produire ses complaintes, outre les delais qui immortalisent les formalitez de la Iustice, il auoit tant de faueur, principalement lors qu'il auançoit que ceste prison estoit plustost pour corriger son fils que pour le perdre. que ie ne sçauois plus comme le prendre, ce Prothée m'eschapant en plus de façons que ie n'auois d'inuentions pour l'estraindre. En fin comme i'estois sur le point de me pouruoir à la Iustice d'Arragon, qui a en main le couteau d'Alexandre pour trancher tous ces nœuds Gordiens, il auança certaines foibles raisons, qui toutes aboutissoient à ce point de rendre Hellade coulpable de l'amitié qu'il me portoit, & de l'Amour qu'il auoit pour ma Sœur contre la volonté de son Pere, si le bon homme eust conclu à ce que la Iustice l'eust condamné à me haïr & à persecuter nostre maison, il ne restoit plus que ce beau traict pour couronner diray-ie sa felonnie, ou sa folie ? Quand vne fois les Medecins ont bien connu la maladie d'vn patient, sa cure est fort auancée, mais quand ils prennent vne cause pour vne autre, ce n'est pas de merueille s'ils faillent aux euenemens, & si la vie des hommes est mise au hazard. il n'y a rien de si dangereux qu'vn vice affublé du manteau de la vertu. Quand la tyrannie se cache sous le nom de puissance paternelle, qui est si saincte & si venerable aux plus scelerats & que la fraude & la vengeance se mettent à l'abry sous le sacré manteau de la Iustice, tout n'est-il pas au comble du malheur ? Quand vn Pere veut reprendre ou chastier son fils personne ne le treuue mauuais, parce qu'on ne se peut persuader que la haine & la colere le portent à cela, nul n'estant si ennemy de la nature que de haïr sa propre chair. Cependant il n'y a rien de si sainct qui ne puisse estre souillé par vne Ame profane, ny de Loy tant inuiolable qui ne treuue son transgresseur. Tandis qu'Hel qu'Hellade gemit sous ce fleau, d'autant plus cruel qu'il est moins visible, & que le pauure est affligé durant que l'impie s'enfle d'orgueil, vous voulez bien que rentrant chez moy ie vous declare comme vont mes affaires. I'y fais reuenir ma Mere & ma Sœur par vne voye amiable, & comme des brebis que le bruict escarte se ramassent aussi-tost qu'il est passé, elles s'y rendirent apres ceste terreur Panique dont elles auoient esté espouuantées. Cela faict, ie me retourne vers mon Nort, & ie mets tout mon soin pour faire sçauoir à Eufrasie de quelle façon tout se passe. Elle aimoit ce frere prisonnier & par le deuoir du sang, & par inclination particuliere & encore comme le promoteur de nostre saincte bienueillance, elle en estoit en vne peine & en des agonies qui ne se peuuent comprendre, parce qu'elle n'osoit parler pour luy, de peur de se rendre complice de son crime, qui ne consistoit qu'en l'amitié qu'il auoit pour moy. Mon occupation estoit de consoler ces deux esclaues de la tyrannie de Nisard, mais mon déplaisir estoit de ne pouuoir visiter Hellade en sa prison, ny estre visité

par

par celle qui estoit la geolliere de ma liberté. Les malheurs ne vont iamais qu'en foule; à vostre auis n'estois-ie pas assez malheureux, sans estre accablé d'vne surcharge qui m'a faict perdre terre? Et c'est icy où il faut que ie m'emporte contre ton iniustice, aueugle & cruelle Fortune, qui non contente de persecuter ces innocens, & de brauer insolemment en eux tant de vertus qui sont l'object de ton enuie & de ta malice, viens encore me dresser de nouueaux pieges pour me perdre sans espoir de resource. Va impitoyable, puissent de meilleures destinées ruiner tes Autels, & empescher que tant d'abusez ne te sacrifient, comme si tu estois vne Deesse digne des adorations de tout l'Vniuers. Voicy ma pierre d'achoppement, voicy le faiste de mes desastres, voicy ce qui m'a faict sortir de mon païs & de la terre de mon parentage, pour estre autant qu'il plaira à la diuine Prouidence Pelerin sur la terre, comme ont esté tous ceux qui addressans leurs pas vers le Ciel n'ont point eu icy bas de cité de demeure. Barbastre est vne petite ville de nostre Arragon non trop esloignée d'Huesca, là vn

Gentil

Gentilhomme plus signalé par ses richesses que par l'antiquité de sa noblesse, eut plusieurs enfans, entre lesquels le second fut plustost contrefaict que simplement mal faict; à de hautes espaules qui le rendoient vouté, se ioignoit vn teinct de mort en vn visage hideux, tant pour la laideur de sa forme que pour l'inesgalité raboteuse qui paroissoit en la peau, à cause de ceste maladie ordinaire à la ieunesse q̃ nous appellons des bubes. Ce n'est point tant la haine que la verité qui me tire ces paroles de la bouche, ce n'est pas à dire qu'vn homme pour estre nostre ennemy ait encore mauuaise mine, ny qu'vn larron ne puisse auoir la iambe bien faitte. Et puis à vn Ecclesiastique ce n'est pas vn grand blasme que le deffaut de la beauté, au contraire ce luy est vn auantage d'estre tel que les femmes le fuyent autant qu'il les doit euiter, estát à vn homme de ceste condition comme au Cyclope, sinon vne belle chose, au moins vne bonne que d'estre laid. Il en est de ces gens-là tout au rebours des aymans, dont le noir attire le fer que le blāc reiette. il est bon que pour ce sexe ils soient des Ismaëls, contraires à
toutes

toutes les femmes, & toutes les femmes à eux, autrement si le sel retourne à l'eau d'où il a esté tiré, que peut-il faire sinon se fondre? Et ce fut peut-estre ce manquement de grace corporelle, qui le fit destiner & comme condamner par ses parens à se circoncire pour auoir sinon Dina, au moins à disner, i'entends pour tenir des benefices. O enfans des mortels que vous estes trompeurs en vos balances! vos iugemens ont vn poids & vn poids, & comme si vous croisiez les bras, vous pesez les choses profanes au poids du Sanctuaire qui estoit le plus grand, & les sacrées au commun qui estoit plus leger. Iusques à quand imiterez-vous ce reprouué meurtrier de son frere, qui offroit à Dieu en ses sacrifices le rebut de ses troupeaux & de ses fruicts? Ce qui est de plus belle deffaitte est reserué pour le monde, ce qu'il y a de chetif est presenté à Dieu, & des maleficiez pour l'ordinaire on en fait des beneficiers. Ignorez-vous que sous les ombres de la loy escrite, qui n'auoit que la figure de celle de grace, ny le manchot, ny le contre-faict n'auoient point d'entrée au Temple? & de quel front amenez-vous

non

Livre XII.

non au Temple seulement, mais au ministere des Autels ce qu'il y a en vos lignées de moins plaisant à voir? Ce n'est pas qu'il ne puisse arriuer qu'vne belle Ame soit mal logée. si le sage commande aux Astres, beaucoup mieux aux imperfections de son organe par la force de sa raison. Neantmoins si les iugemens se peuuent faire des choses plus frequentes, il se void assez ordinairement comme l'eau qui est receuë dans vn vase en prend la forme, que l'esprit par l'estroicte liaison qu'il a auecque le corps, se ressent des deffauts de son estuy; & de mesme que l'eau d'vne fontaine retient quelque chose du canal par où elle passe, que les sens mal affectez ou indisposez alterent l'vsage de la raison. & comme rarement on void de ces personnes imperfaittes en la forme, encore plus rares sont celles qui par la bonté ou beauté de l'esprit recompensent ce deffaut que la nature a mis en leur composition. O parens iniustes, qui sans sonder les facultez interieures ne consultez que les exterieures, (iugeans de l'homme par ce qui n'est pas luy) pour consacrer à de saincts mysteres ceux qui
par

par le deffaut de vocation profaneront vne vacation toute saincte, ne voyez-vous pas que vous iettez dans les desordres ceux que vous attachez ainsi contre leur inclination aux saincts Ordres? Celuy dont ie parle, & duquel par modestie ie voileray le nom sous celuy de Cecilian, parce qu'il nous est commandé de cacher la honte de ceux qui nous tiennent rang de Peres, à la mauuaise constitution de son corps ioignit vne pire institution d'esprit; & comme il y a des asnes qui portent plus pesant que des cheuaux, il n'y en auoit point entre les plus capables de nostre contrée qui eust tant de reuenus Ecclesiastiques que cet ignorant. A la multiplicité de ses benefices il auoit ioint vn Canonicat, auquel estoit annexée vne des premieres dignitez de l'Eglise Cathedrale d'Huesca; mais parce qu'il entroit en ceste vie qui a le Celibat attaché à sa profession, contre son gré, il s'y portoit comme Cacus à sa cauerne à contrepied, & bien qu'il sceust que celuy qui met la main au sac & regarde en arriere, n'est pas digne du royaume de Dieu, qui est son Eglise, neantmoins il commença vn bastiment

ment qu'il ne vouloit pas acheuer, se tenant à ce premier des Ordres qu'ils appellent Maieures, duquel, encore qu'il oblige à la continence ceux qui y sont engagez, il se promettoit de se degager par vne dispense, si son humeur le rappelloit dedans les desirs seculiers. Comme si le temps de ses folies & de mon desastre fust tombé sous l'aspect d'vn mesme Planette, il auint lors que i'estois dans les intrigues que ie vous viens de representer, que son Pere & son frere aisné s'estans suiuis au tombeau à trois mois l'vn de l'autre, il se treuua l'heritier & le Chef de sa famille, & auec vn grand patrimoine qui surpassoit de beaucoup ses reuenus Ecclesiastiques. aussi-tost il se resolu à ce qu'il auoit proietté de lõgue main, de ietter sa soutane sur les buissons, si la fortune luy offroit vne occasion de mener vn train de vie plus libre que celuy auquel sans son choix on l'auoit engagé. Pour conseruer ses benefices à sa maison, selon la façon de posseder le Sanctuaire par heritage, il delibere d'en inuestir vn de ses Cadets. En ceste pensée comme il alloit roulant par les compagnies,

Tome 1.   C c c

& voguant sur la mer du Monde pour y treuuer vn escueil digne de son naufrage, ie veux dire vn parti qui le contentast, & vn object capable d'arrester ses desirs, ne voyla pas pour acheuer de me peindre, que ses yeux se vont attacher au visage d'Eufrasie, & par ces fenestres entra ce petit brigand qui luy vola le cœur? il fut à l'abbord tellement esbloüi de ceste beauté, qu'il en perdit le sens & la connoissance de soy-mesme. S'il eust regardé ses deffauts naturels, ce luy eust esté vne presomption de souhaitter tant de gloire, mais il se fioit tant à l'éclat de ses richesses, qu'il crût que toute matiere estoit belle quand elle estoit dorée. Sans faire le transi & l'idolatre il se resout d'obtenir sa dispense, de quitter ses benefices, de s'attacher vne espée au costé, & puis d'en faire faire la demande pour l'auoir en mariage; cependant il s'accoste d'Ernest, pour se faciliter l'acces vers ce beau suiet qui estoit le Paradis de ses yeux. Il contracte vne amitié fort particuliere auecque ce Gentilhomme, & l'attirant par l'interest & par la commodité de l'argent qu'il luy bailloit pour iouër & se parer, dequoy

Nisard

Nisard luy estoit fort auare, il l'acquist aussi-tost, plustost pour esclaue que pour Amy. Ernest ne le quittoit non plus que l'abeille les fleurs, il estoit l'ombre de Cecilian, il le suiuoit par tout, par ceste amorce il le rendit tout sien, les voyla compagnons inseparables. L'amitié ouurant le cœur ne ferme pas la bouche, au contraire elle deslie la langue pour manifester à l'Amy le secret des pensées. Cecilian luy descouurit la passion qu'il auoit pour Eufrasie, proposition qu'Ernest tint à honneur, & qu'il estima fort auantageuse pour l'appuy de sa maison. Il se faisoit fort de la faire agréer à son Pere; mais la bien-seance vouloit que l'on attendit la venuë de la dispense de se marier, auant que de faire la demande. il n'estoit que Soudiacre, & se promettoit-il de l'obtenir facilement à Rome, apres cela il deuoit quitter sa robe auecque ses benefices, puis qu'il n'y tenoit que par là, non par le cœur, & puis se mettre dans le mariage. Tout cecy deuoit estre conduit secrettement, mais de quelle façon cacher vn feu qui se monstre tousiours par quelque estincelle? Ce bon Chanoine introduict chez Nifard par Erneft fon confident, se mit à caioller Eufrafie d'vne façon vn peu bien efmeüe pour vn entretien d'Ecclefiaftique, auffi dit-il que fa foutane ne tient plus qu'à vn bouton, & qu'il veut faire vn braue Cheualier d'vn mauuais Preftre. La veneration attachée à l'habit des gens d'Eglife, laquelle s'imprime par la fuitte du têps dans les efprits, donnoit tant de confufion & d'horreur à Eufrafie de fe voir ainfi traittée par vn homme qui fous vne robe facrée difoit des paroles profanes, qu'elle ne fçauoit qu'elle contenance tenir. Ce n'eft pas qu'il auançaft aucun propos qui peuft offenfer la modeftie & l'honnefteté, mais il y a des termes qui font tolerables en la bouche des perfonnes mondaines, qui paroiffent des blafphemes ou des infolences en la langue de ceux qui font deuoüez au feruice des Autels, & qui doiuent auoir les leûres purifiées auecque le charbon du Seraphin qui purgea celles du Profete. Cefte fille toute fcandalifée de voir qu'vn homme qui luy fembloit deftiné à chanter les loüanges de Dieu en vn Chœur, luy vinft dire les fiennes auecque des

offres

LIVRE XII.

offres de son cœur & de son seruice, se plaignit à son frere de la liberté de son Amy qu'elle appelloit insolence, le priant de luy faire chãger de langage, autrement qu'elle seroit contrainte de se retirer en sa chambre aussi-tost qu'elle le verroit entrer en la maison, & de fuir son entretien plus que le sifflement d'vne vipere, Alors Ernest pour luy faire voir qu'elle ne deuoit point treuuer estranges de semblables caiolleries affectueuses en la bouche de ce personnage, luy reuela le secret de son dessein ; ce qui luy dessilla les yeux, & luy fit voir vn homme à trauers vne robe de Prestre. Ernest adiousta tout plein de persuasions à ceste declaration, couurant les deffauts visibles du corps de son affidé par la recommandation de ses belles vertus, telles que vous les pouuez imaginer, pourueu qu'elles ne soyent ny Theologales, ny Cardinales, ny Canoniques : mais sur tout il surdore la pillule par l'estat qu'il luy fit de ses grands biens, comme si estre riche eust enclos toutes les perfections. On dit communément que les richesses monstrẽt l'homme, mais Ernest cachoit cestuy-cy dans les siennes,

& le vouloit faire prendre à sa Sœur ainsi empacqueté. Elle qui se fut aussi-tost iettée entre les bras de la mort qu'en ceux de cet homme, qui luy sembloit vn monstre en laideur, & qui ayant accoustumé de le voir à l'Eglise dans les fonctions des offices publics, ne les sçachant pas bien distinguer le prenoit pour vn Prestre, reietta si loing l'auis que luy donnoit Ernest de l'accueillir desormais comme celuy qui deuoit vn iour estre son espoux, qu'il se mit contre elle en vne extreme colere, iusques à la menacer de luy faire commander par Nisard d'agreer ceste recherche, de laquelle elle se deuoit sentir trop honnorée. Cela estoit la toucher en la prunelle de l'œil, & irriter vne guespe. Que ne dit-elle à Ernest de ce beau mary qu'il luy preparoit? de quelles mocqueries ne chargea-t'elle ce Vulcan? quelles protestations ne fit-elle de n'obeyr iamais en cela ny à Pere, ny à frere, ny à auctorité quelcõque? Quelles reproches ne fit-elle à son frere de ses curiositez passées en l'enqueste dont nous auons parlé, l'accusant d'estre cause en partie de la prison d'Hellade, & que non content de rauir la

liberté

liberté à son frere, il la vouloit sacrifier à son auarice, & la plonger dans vn mariage qu'elle auoit plus en horreur que l'Enfer? Vrayment, luy dit-elle, c'estoit bien à vous de reprendre le dessein qu'auoit Hellade pour Orant qu'il me destinoit pour seruiteur, vous m'auez faict choix d'vn homme de belle deffaitte. Or sçachez que ie n'ay point voulu entendre à l'vn, parce que mon Pere ne le veut pas, & quand il me le commanderoit i'entendrois encore moins à l'autre; il me peut oster la vie qu'il m'a donnée, non la liberté de ma volonté que ie tiens de Dieu, & en laquelle ie me veux conseruer ou mourir. Ie luy promets bien de n'auoir iamais pour mary celuy qui ne luy plaira pas, mais aussi quelque puissance ou force qu'il employe, ne me fera-t'il iamais prendre celuy qui ne me plaira pas. Ie sçay ce que ie luy dois, mais ie sçay aussi ce que ie me dois à moy-mesme. ie ne me fouruoyeray point en l'ordre de la Charité. Ernest qui auoit le courage fier & hautain ne pouuoit souffrir la liberté de parler de ceste Cadette, & bien qu'il connust qu'il s'estoit trop auancé, & que c'estoit vn mauuais moyen pour la conuier à vouloir du bien à Cecilian que de la menacer, suiuant neantmoins pluſtoſt le mouuement de sa paſſion que ce que la raiſon luy dictoit, il la chargea d'outrages qui picquerent tellement ſon eſprit, que depuis ce temps-là elle ne ſe laiſſa plus abborder à ce beau Chanoine, qui vouloit quitter Marie pour Marthe, & de Confeſſeur ſe faire Martyr. Elle ne manqua pas au pluſtoſt de me donner auis de tout cela par vne lettre, qui m'obligeoit autant par les marques d'affection qu'elle me témoignoit, que par l'auerſion qu'elle monſtroit auoir de cet homme deſagreable. la deſcription qu'elle y faiſoit de ſes difformitez, m'eſtoit plus douce que ſi elle m'euſt depeint comme vn homme fort accomply. Ie connu par ceſte oppoſition que comme le feu deuient plus aſpre quand le froid l'enuironne, & les œillets ſe font plus odorans par le voyſinage des aulx, auſſi que l'horreur qu'elle auoit conceuë de ce remede d'Amour, me chaſſoit plus auant dans ſa bienueillance. elle proteſtoit à la fin d'eſpouſer pluſtoſt le tombeau toute viuante, que de ſe voir attacher à cet imperfaict

LIVRE XII. 777

perfaict. A quoy ie respondis qu'elle ne se mescontoit en rien, puisque cet homme estoit vn sepulcre viuant. Au reste de la lettre ie respondis par des traicts Satyriques contre ce beau riual, pour lequel ie protestois n'estre pas en ma puissance de conceuoir aucune ialousie, & puis ie finissois par mes ordinaires complimens & les protestations de mon inuiolable fidelité. La maxime n'est que trop vraye qu'il ne faut iamais mespriser vn ennemy pour petit & foible qu'il puisse estre; car bien que ceste autre soit veritable, que le commencement de vaincre c'est de s'asseurer, il ne faut pas pourtant passer de la seureté dans la nonchalance de se garder, mais auoir l'œil au guet, & se souuenir qu'vn grãd & puissant Taureau peut estre porté par terre par la picqueure d'vne petite vipere. Soit par mes mocqueries contre Cecilian qui faisoit le ioli, soit que luy-mesme, comme vn oyseau par son chant, se fust trahi par son ramage propre, soit par quelque autre voye qui me fust inconnüe, le bruict de ceste Amour de Cecilian pour Eufrasie se respandit par Huesca, non sans quelque scandale de ceux qui le tenoient plus attaché à sa profession qu'il n'estoit pas. L'on en fit des contes que ie ne veux point rapporter, tant pour le respect que nous deuons à la robe qu'il portoit, & à ceux de qui nous deuons croire les paroles sans imiter leurs œuures, que pour ne faire seruir la verité d'instrument à descouurir ma haine. Ceux qui parloiēt de ceste derniere recherche, resueillerent le souuenir de la premiere que l'on m'auoit attribuée. & sans faire le vain, il y en auoit peu, si ce n'estoit de ceux qui estoiēt partisans des humeurs de Nisard, qui ne me donnast l'auantage. biē que ce me fust fort peu de gloire de me voir preferé à vn homme si mal faict que celuy-là. Si i'appris de ses nouuelles, il ne pouuoit ignorer les miennes. Sur le rebut que fit de luy Eufrasie lors qu'il reuint pour luy faire de nouueaux contes de sa passion, ne sçachāt pas ce qui s'estoit passé entre elle & Ernest, il soupçonna aussi-tost que i'estois la remore qui l'empeschoit de cingler à pleines voiles au port où il aspiroit. il en fit ses plaintes à son Amy, lequel ne l'aymant que pour ses escus, flattoit son humeur pour augmenter ses desirs par de vaines

espe

esperances. L'angoisse où il se void de ne pouuoir accoster ceste fuyarde dont la veüe estoit la felicité de ses yeux, ne se peut mieux exprimer que par la mienne. Il est malaisé que deux hommes qui se promenent en mesme allée ne s'entre-heurtent quelquefois. Encore que ie le mesprisasse, & que le bon iugement d'Eufrasie me mist hors de crainte de me voir changé pour cet homme-là, i'auois à redouter la violence de Nisard enuers sa fille, autant que sa facilité à se laisser esbloüir aux richesses, ioint que la haine qu'il me portoit l'eust faict consentir pour me supplanter au premier party qui se fust presenté pour sa fille. Et de faict Ernest perdant son temps autour d'Eufrasie, sans luy pouuoir faire accorder vn moment d'audience à Cecilian, il fut contrainct de faire sçauoir à Nisard le dessein de ce deuot Orateur. Il prit feu aussi-tost, & comme celuy qui ne demandoit qu'à se descharger de ses enfans, il promit celle qu'il ne pouuoit donner contre son gré, presque auparauant que la demande en fust acheuée. Ernest comme s'il eust gaigné vne bataille, court à Cecilian pour
luy

luy chanter ce triomphe dont la victoire luy sera funeste. Nostre Chanoine plus aise de ceste nouuelle que s'il eust pris la datte d'vn benefice en Cour de Rome, pense estre au dessus de ses affaires, & ne croyant plus que rien le peust empescher de voir celle dont la veüe luy estoit plus agreable que celle de son Breuiaire, il se treuua descheu de ses pretensions par le refus qu'elle fit de luy parler, quelque commandement qu'elle en eust de son Pere. Il declara là dessus l'ombrage qu'il auoit de moy à Ernest, lequel ayant eu ceste pensée se treuua de mesme auis; il luy promet de veiller sur cela, & de faire tant par ses diligences qu'il s'esclairciroit de ceste verité. Les Amans ont des fantaisies estranges, & qui arriuent en quelque sorte à la ressemblance de ces appetits desordonnez qu'ont celles qui sont tourmentées des pasles couleurs. quand ils ne peuuent ce qu'ils voudroient bien, ils cherchent à se contenter en ce qu'ils peuuent, & souuent ils se repaissent d'Idées à faute de plus solides entretiens. Me souuenant du bon-heur que i'auois autrefois possedé lors qu'il m'estoit permis de voir

mon

mon iour à la faueur de la Lune, & de parler par la feneftre qui refpondoit à la petite ruë à celle qui poffedoit mes affections, ie ne pouuois m'empefcher de roder durant la nuict autour de fon logis, & de paffer & repaffer en refuant par cefte ruë eftroite, hauffant les yeux vers la chambre où tout mon bien me fembloit enfermé. Ie m'arreftois quelquefois à confiderer les barreaux de cefte prifon, & auecque des foufpirs & des apoftrophes que ma paffion me dictoit fur le champ, ie parlois au fer & aux murailles, comme fi elles euffent efté capables de m'entendre & de me refpondre. Noftre Chanoine atteint de pareille maladie que moy, bien qu'il fuft affez pareffeux d'aller à Matines, eftoit fort diligent à fe promener durant la nuict par ces mefmes lieux en habit court, mais d'vn pas & d'vne façon qui me le firent bien-toft reconnoiftre. Il en vint iufques-là de faire donner des ferenades deuant le logis de Nifard; mais il deuoit pour la perfection de l'aubade la faire chanter par les enfans de Chœur. I'en fis fous main auertir l'Euefque, qui le tenant defia pour vn membre

pourry

pourry & comme retraché de son corps, ne fit pas beaucoup d'estat de ces amis, l'appellant desia par ioyeuseté le Cheualier de longue robe, bien qu'il eust peu aussi raisonnablement le nommer le Chanoine de robe courte. Desia il ne faisoit plus l'Amour à cachettes, mais ayant diuulgué le dessein qu'il auoit de secularizer son corps aussi bien que ses desirs, 'il se publioit pour le seruiteur d'Eufrasie. Le monde qui en est abreuué en fait diuers iugemens, & plusieurs personnages pleins de pieté & desireux de son salut, l'auertirent que ces changemens inconsiderez & fondez sur des passions plus animales que raisonnables, auoient de coustume d'attirer de grands malheurs, & d'auoir de funestes Catastrophes. Qu'on ne se mocquoit pas de Dieu impunément, que s'il ne rendoit iusques au dernier quatrin les biens de l'Eglise dont il auoit abusé, ce seroit vne plume d'Aigle qui rongeroit le reste de sa substance, que comme les passages soudains du froid au chaud, ou du soleil à l'ombre alteroient la santé du corps, ceux d'vne vie retenüe & modeste à vne libertine & desreglée estoient fort

preiu

Livre XII. 783

preiudiciables à l'Ame,& mortels à la reputation. Qu'encore qu'il changeast d'habit il ne renuerseroit pas pourtant l'opinion populaire, qui diroit tousiours en le monstrant au doigt, voyla ce Chanoine Gendarme. Mais luy qui estoit attaché à la maxime de ses plaisirs, comme sont d'ordinaire ceux qui ont en main de grandes commoditez, & sçauoit que la volupté laquelle possedoit l'ascendant parmy ses passions, est vne qualité peu ambitieuse, se rioit de tous ces auis, s'imaginant assez mal à propos, qu'vne habitude se posoit aussi facilement qu'vn habit. Comme il auoit vn mesme mal que moy, il ne se faut pas estonner si les acces estoient semblables. Ne pouuant donc appriuoiser ceste fille qui se rendoit pour luy aussi sourde qu'vn Aspic, & aussi farouche qu'vne fere sauuage, il repaissoit son imagination des mesmes viandes creuses dont ie nourrissois la mienne, & faisant les mesmes proiets en son esprit, il faisoit aussi mesurer à ses iambes les mesmes tours que ie faisois aux enuirons de la maison de Nisard. Comme il y auoit plus d'acces que moy, il n'ignora pas où
estoit

estoit la chambre de celle qui le fuyoit, ny en quels lieux en respondoient les fenestres. à cet esperon de son propre desir, le marteau que mon ombre mettoit en sa teste en adioustoit vn autre, qui le rendirent Amant & Espion tout ensemble, qualitez d'aussi facile coniecture que l'Amour & la Ialousie. Nous-nous rencontrasmes quelquefois en ces promenades, où si mon mespris n'eust reprimé ma colere, i'eusse sans doute chargé ses espaules de quelque chose plus pesant que la soutanne qu'il auoit mis bas, & sans crainte des censures, puis qu'il estoit sans son habit & en des lieux où ceux de sa profession n'alloient-pas à telles heures, i'eusse renouuelé sa tonsure si pres de la peau, qu'il luy eust fallu faire vne couronne d'emplastres. Il auoit pour l'ordinaire Ernest à ses costez, comme son bouclier & son espée. vne fois i'entendis en passant qu'Ernest luy disoit qu'il vouloit reconnoistre qui i'estois, pour le tirer d'ombrage; mais ils eussent mal ioüé des orgues, car encore que l'vn soufflast bien, l'autre ne sçauoit pas remuer les mains. Ils alloient couuerts iusques à la gorge, &

armez

armez de fer & de feu. neantmoins parce que i'eſtois en faueur & en chance, ie ne craignois point vne partie tant ineſgale, ayant aſſez de courage, ce me ſembloit, pour les empeſcher de me faire du mal, ſi ie n'auois aſſez de force ou d'addreſſe pour leur en faire. A la fin on porte tant de fois à la fontaine vn vaſe de terre qu'il s'y caſſe, & il eſt malaiſé de porter long temps des vaiſſeaux freſles enſemble ſans les feſler. Voicy le coup de partie, & qui me l'a faict ie ne ſçay ſi perdre ou gaigner, mais au moins quitter le ieu pour quelque temps. I'importunay tant Eufraſie par mes lettres, qu'elle me permit de la voir vne fois comme i'auois accouſtumé, & de luy parler par la petite ruë pour l'informer de toutes nos affaires. Qu'elle eut de peine à m'accorder ceſte faueur en l'abſence d'Hellade! la curioſité neantmoins de ſçauoir des nouuelles de ce cher frere, la porta à la feneſtre toute tremblante preſageant, me diſoit-elle, en ſon cœur quelque accident ſiniſtre, en quoy elle fut vne vraye Sibylle. I'auois mis deux de mes ſeruiteurs en ſentinelle aux deux bouts de la ruë, auecque charge

de faire du bruict si quelqu'vn passoit, crainte que mon Riual & son confident ne me surprissent en cet entretien. Mais dequoy sert la prudence à ceux qui ont les destins pour contraires? Mes deux aduersaires qui faisoient la ronde auāt moy, me sentans venir se tapirent en vn recoin parmi des tenebres plus que Cimmeriennes, de là ils ouyrent ce que ie commandois à mes seruiteurs, & puis ils virent paroistre Eufrasie à la fenestre, & ne perdirent pas vn seul mot de tous nos deuis. Par lesquels ils connurent toutes les particularitez de nostre honneste affection, de laquelle nous fismes vne legende plus longue qu'aucune de celles du Breuiaire de Cecilian. Car c'est la coustume des Amans de cheminer en tournoyant, & de recommencer sans cesser, & ce qui est admirable, sans se lasser, les complimens & les protestations de leur bienueillance, comme s'ils estimoient que le nœud qui les lie ne deust iamais estre assez estroittement serré. Ils sceurent tous nos desseins, & comme Hellade estoit complice de toute nostre trame, les moyens que ie tenois pour le remettre en liberté, l'esperáce
que

que les Iuges m'en donnoient. nous parlasmes de nos lettres, de nos promesses; bref, comme si nous eussions pris à tasche de nous trahir entierement, nous n'oubliasmes rien de ce que nous estimions pouuoir rafraischir la memoire des obligations que nous auions l'vn à l'autre. Mes termes estoient si ardans & ses responses si affectueuses, qu'il estoit aisé à iuger que nostre reciproque affection n'estoit pas des mediocres, ny de celles qui se peuuent aisément dissoudre. Des paroles nous vinsmes aux faueurs, & ie tiray vn bracelet semé de quelques perles, dont ie fis vn grand trofée à ma vanité, & par vn filet qu'elle me tendit, elle receut apres beaucoup de prieres de ma part vn cachet faict d'vne grosse emeraude, où i'auois faict grauer le chiffre de nos noms. Apres cela nous tombasmes sur le discours de mon Riual & de son assistant, dont nous ne pensions pas auoir les oreilles si proches. Dieu que ne dis-ie de ce Chanoine deffroqué? quelles descriptions ne fis-ie de sa laideur? ces peintures le faisoient plus hideux qu'vn Cyclope, plus noir que Vulcan, & plus contrefaict qu'vn Therſite. Eufraſie rioit ſi fort de me l'entendre deſchifrer, ou pluſtoſt deſchirer de ceſte façon, que i'entendis ſa Gouuernante qui couchoit en ſa chambre qui l'auertis de moderer vn peu le ton de ſa voix & d'abreger ſes diſcours, de peur d'vne ſurpriſe. Ie lançay auſſi quelques traicts contre Erneſt que i'appellois le Clerc de noſtre Preſtre; & s'il n'euſt pas eſté le frere de celle à qui ie parlois, ie l'euſſe bien noirci d'vne autre façon. Eufraſie contribuoit à tout cela des reparties qui encheriſſoient ſur mes mocqueries, & par là pouuoit-on iuger combiẽ noſtre Prebendier luy eſtoit à contre-cœur. A voſtre auis de quelle oreille pouuoient entendre tout cela nos deux eſcoutans? il euſt fallu ſans doute eſtre tout à faict priué de ſentiment & de courage, pour ne ſentir les mouuemens de la plus violente impatience qui puiſſe aſſaillir vn eſprit. L'vn eſtoit embraſé de ialouſie dont les flammes ont vne pointe infernale; l'autre d'vne haine inueterée, qui le mettoit en vne rage nompareille, ſe ſentant decouper ſi deſauantageuſement par ſon ennemy: imaginez-vous ſi les furies

auecque

auecque leurs torches ardantes arriuerent aupres d'eux, & s'ils appellerent en leurs esprits les vengeances & les meurtres. Qui a veu deux Ours sortans d'vne mesme cauerne se ruer sur vn passant pour en faire curée, a peu voir vne image du spectacle que ie vay dépeindre. L'horreur de la nuict, vne surprise tant inopinée, l'assaut impetueux de deux hommes armez de pistolets & d'espées, tout cela comme vne foudre sans éclair me vint saisir en vn instant, chacun d'eux sautant en la ruë, & en trois pas me mirent dans la teste deux bouches à feu, & neātmoins les frayeurs ne s'emparerent point de mon Ame pour en enleuer le iugement & mettre la raison hors de son siege. Le cry d'Eufrasie qui les apperceut auparauant moy m'estonna plus que tout, ie me retourne entendant du bruict à mes espaules, heureux destour qui me sauua la vie. L'vn des pistolets ne prit point de feu, (les pierres mesmes aidans à l'innocence) l'autre haussé par mon bras, y laissa son coup au lieu de la teste qu'il me deuoit fendre. I'eu plustost l'espée à la main que ceux qui m'auoient ainsi attacqué, & dés la premiere atteinte i'en perce de part en part le corps de ce Chanoine, qui euſt eu plus vtilement comme plus dextrement ſon Breuiaire à la main que ſes armes. Auſſi-toſt il crie qu'il eſt mort, & demande confeſſion dans la confuſion qui l'accable, voyant qu'il perdoit l'Ame, les biens, l'honneur & la vie tout enſemble. Erneſt voyant ſon Amy qui meſuroit le carreau, ne ſçauoit s'il deuoit vanger ſa mort ſur moy, ou courir au ſecours des reſtes de ſa vie. Le courroux aueugle luy fit prendre l'autre party, & ioignant les outrages de la langue aux coups de la main, il ſe vient eſlancer furieuſement ſur moy comme vn gros orage. Ie luy dis qu'il penſaſt pluſtoſt à ſecourir celuy qui imploroit ſon aide auecque tant d'inſtance, que de ſe ietter ſur celuy qui employeroit le meſme fer qui l'auoit vaincu autresfois pour le guerir de ſa folie. Comme ie croyois qu'il deuſt prendre le plus ſage party, ayant feint de ſe tourner vers Cecilian, comme ie tournois viſage pour le laiſſer faire & me retirer, il vint par derriere pour me cacher l'eſpée dans les reins, ſi l'vn de mes gés qui eſtoit accouru

au

au bruict que faifoit le bleffé, ne m'euft auifé d'y prendre gardé. ie ne peu me retourner fi promptement qu'il ne me donnaft dans l'efpaule, où la pointe de fon eftoc fut arreftée par vn os, & à mefme temps ie l'atteignis d'vn reuers au droict du coude, & luy couppa des nerfs, qui aydans au manimans de la main, par leur retranchement luy firent lafcher l'efpée qui tomba contre terre. Ie la recueillis, & auffi-toft fe ioignit à moy mon autre feruiteur, fi bien qu'il fe vid en mefme temps trois hommes fur les bras qui auoient les armes à la main, & luy fans efpée, fi bien qu'il eftoit pluftoft en eftat de me demander la vie que de me l'ofter. L'vn de mes valets qui eftoit vn rude ioufteur, me demandoit permiffion de le defpefcher, me difant que i'auois droict d'arracher la vie à celuy qui me l'auoit voulu rauir en trahifon. mais ie le menaçay de le tuër fi feulement il le frappoit. Erneft me demanda la vie que ie luy donnay fort librement, & pour accomplir la courtoifie, nous allafmes à ce Clerc qui crioit au fecours de fon Ame; il croyoit que ie vinffe pour l'acheuer apres auoir desarmé Erneſt, ce qui luy tira de la bouche des paroles abiectes & lasches en celle d'vn homme qui vouloit faire profeſſion de Cheuallier. cela le rendit plus digne de ma pitié que de mon deſpit. Mais parce que les bleſſeures que i'auois me preſſoiẽt plus que les ſiennes, ie laiſſay vn de mes ſeruiteurs auec Erneſt pour aider ces bleſſez, me retirant auecque l'autre, partie pour me faire penſer, partie pour me mettre à couuert des dangereuſes mains ie ne diray point de la Iuſtice, mais de la Iudicature, qui fait ſouuent payer l'amende aux battus, & punit ceux qui ont ſuiet de ſe plaindre. Quand mes playes eurent leur premier appareil, deuant que l'aube ramenaſt le iour ie gaignay la clef des champs, & me iettay en aſſeurance dans la maiſon d'vn de mes Amis. Ie mis ordre auant que departir, que l'on me donnaſt auis de tout ce qui ſe paſſeroit à la ville touchant la rencontre de la nuict, & quel ſeroit le ſucces des bleſſeures de mes ennemis. I'appris donc que le coup du miſerable Chanoine auoit eſté iugé mortel par les Chirurgiens, & qu'Erneſt ſeroit eſtropié du bras droict tout le reſte

de

de sa vie. Ie vous ay raconté comme tout se passa en ceste bâterie, & cependant voyez comme les artifices de Nisard & d'Ernest desguiserent la verité. Le seruiteur que i'auois laissé aux deux blessez pour les soulager fut mis en prison, & disoit-on que i'auois attacqué Cecilian & Ernest desarmez accompagné de plusieurs satellites, & que ie les auois reduits en ce pitoyable equipage. Iugez de l'ingratitude de celuy-cy à qui i'auois si genereusement & sauué & donné la vie, & de la malice de l'autre que ie n'auois blessé qu'en me deffendant & apres auoir esté atteint le premier. Nisard remuë contre moy le Ciel & la terre. Par le Ciel i'entends le Clergé dont la conuersation est tousiours dans le Ciel, & l'occupation dans les choses celestes : par la terre ses parens & ceux de Cecilian, qui tous ensemble coniurerent ma ruine. I'admirois que les Chanoines de la Cathedrale se fussent ioints aux interests de cet homme qu'ils deuoient plustost tenir pour faux frere, que pour confrere. L'Euesque plus iudicieux estant sollicité d'entrer en ceste cause, s'en deporta comme Pere com-

Ddd 5

mun, & abandonna la protection de celuy qui se vouloit soustraire à son obeyssance & quitter sa profession. Quant à Nisard, la rage de voir son fils estropié, & son gendre pretendu si voisin du tombeau, luy faisoit mettre toute pierre en œuure pour m'accabler sous les ruines de ma maison. Ma fuite faisoit soupçonner qu'il y eust de la supercherie de mon costé, & donnoit fueille aux calomnies de mes aduersaires. Mon seruiteur mis à la gesne auoüa tout ce qu'on voulut, & confessant que ie l'auois mis en sentinelle, fit croire que i'auois mis en embuscade des Braues pour me despescher d'Ernest & du Chanoine. plusieurs de mes amis abreuuez de ceste opinion, me blasmoient desia comme ayant faict vn acte indigne d'vn Gentilhomme qui a l'honneur en recommandation: Mais Dieu qui a vn soin particulier de l'innocence, dissipa tous ces artifices de Nisard, & sa douleur enragée retournant sur sa teste, sa malice retomba sur son visage, luy arriuant comme à celuy qui mousche vne chandelle auecque les doigts, ceux-cy demeurent sales, & l'autre plus claire. Cecilian mourut trois iours

apres

apres sa blessure muny des Sacremens necessaires au Chrestien en ce dernier passage; celuy de la Penitence l'obligeant à me restituer ce que sa premiere deposition m'auoit rauy, il auoüa sa mensonge, & racontant tout naïuement aux Iuges comme le tout s'estoit passé, il n'y eut celuy qui ne me iugeast plus digne de grace que de supplice, & de loüange que de chastiment. Cecy mit l'euent à la mine que me creusoit Nisard pour renuerser ma maison de fonds en comble, & l'estropié Ernest demeura mocqué auecque sa blessure. Ie n'osay pourtant reuenir à la ville, parce que les parens de Cecilian faschez de la perte de ses benefices, qu'vne mort si precipitée auoit rendus vacquás, & croyans deuoir par vne haute vengeance témoigner le regret qu'ils auoient de sa perte, s'estans ioints auecque les partisans de la fureur de Nisard, disoient tout haut qu'ils me feroient assassiner. Il faudroit estre bon Orateur pour vous exprimer les déplaisirs d'Hellade, quand il se vid dans vne prison priué de mon assistance, en laquelle apres Dieu il auoit fondé tout son espoir. Mais il me faut vn

voyle

voyle pour cacher le visage d'Eufrasie, laquelle se fust cachée si elle eust peu à ses propres yeux, apres auoir veu que toute nostre trame estoit descouuerte. Pour vous representer les tempestes dont elle fut affligée par Nisard & Ernest, il faudroit vn estomac d'acier & vne voix de tonnerre. Apres mille iniures qu'ils vomirent contre elle, & le congé donné à sa Gouuernante, elle se vid enfermer dans vne chambre qu'on luy donna pour prison, apres auoir beu tous les opprobres & les reproches qu'on eust peu faire à vne fille perduë, iugez de son creuecœur, & representez-vous ses regrets que ie consigne au silence. Ce fut en ceste occasion que la nature ioüa son ieu, & que les entrailles maternelles d'Heduinge fûrent esmeuës, celle qui ne faisoit que me maudire & tourmenter estant present, ressentit si viuement la peine de mon absence, principalement quand par la deliurance de mon valet que l'on auoit faict prisonnier, elle vid que la Iustice mesme me reconnoissoit innocent, qu'on ne la pouuoit consoler; pour pleurer mon malheur, deux yeux luy sembloient des ca-

naux

naux insuffisans de vuider l'amertume de la douleur qui la suffocquoit. O qu'elle se repentit des maledictions qu'elle m'auoit données, estimant qu'elles fussent cause de ceste rencontre dont l'infortune me desroboit à ses yeux? Thesandre negociateur des affaires de nostre maison, & qui auoit blanchi au seruice de feu mon Pere, taschoit de la consoler autant qu'il pouuoit, mais il ne pouuoit affermir son courage contre ceste tendresse si naturelle que les Meres ont pour leurs enfans. Il n'y eut que Cassandre dont les artifices furent tels qu'elle esteignit ces doux ressentimens que ma Mere auoit pour mon exil, en luy representant qu'encore que ie fusse sans coulpe de m'estre desmeslé si vaillamment de deux ennemis qui m'attacquoient, ie n'estois point excusable en l'affection obstinée que i'auois pour Eufrasie malgré les parens de ceste fille & contre la volonté d'Heduinge. S'il faut peu de cicuë pour esteindre toute la chaleur naturelle qui est dans vn estomac, il faut encore moins de haine pour allentir beaucoup d'Amour. Ceste cause de ma disgrace qui luy estoit si odieuse,

luy

luy fit treuuer moins rigoureux l'effect de mon bannissement, & en peu de temps ses larmes s'essuyerent. ce qui me les fera comparer à ces torrens qui s'enflent en vn moment, & qui sont incontinent à sec. Ce fut au moyen de Thesandre ancien seruiteur de nostre maison, que i'eu par des inuentions qu'il treuua des nouuelles d'Hellade & d'Eufrasie, (car il n'y a point de si estroitte prison où n'entre ce metal qui arrosa Danaé.) Les lettres qui rendent les absens presens, ramassent aussi les personnes escartées. ce fut le seul remede à nos langueurs, & le seul lenitif de la boëtte de Pandore. Par là nous sceusmes nos intentions qui toutes aboutirent à suiure le conseil de nos amis, lesquels nous conseilloient quelque voyage pour dissiper toutes ces broüilleries. Mais ie n'estois pas encore assez enfoncé dans le desastre, si le malheur n'eust treuué quelque nouueau supplice pour me tourmenter. I'appris que Cecilian estant mort, vn vieil Tithon, ou pour le mieux nommer, vn tison fumant regardant mon Aurore, c'estoit vn Cheualier d'Huesca, lequel apres auoir marié tous ses enfás s'auisa de se marier

rier luy mesme. Les laideurs inseparables d'vn âge caduc l'accōpagnoient, & à cela se ioignoit vne chiragre & vne podagre, qui noüoiēt ses pieds & ses mains de liens moins dissolubles que le Gordien. ouy, car celuy-cy se trancha par le glaiue d'A-lexandre, mais les autres ne pouuoient se deffaire que par le tranchant de la mort. A cet auis ie pensay sauter aux nuées, & peu s'en fallut que plein de fureur ie ne retournasse à la ville, pour rompre le filet par où ce malheureux tenoit encore à la vie. Est-il possible que les glaces de tant d'années & d'incommoditez ne puissent esteindre ce feu subtil qui se glisse dans les courages? pourquoy non, puisque c'est la cendre qui nourrit le feu au lieu de l'estoufer? Demander à Nisard sa fille & l'obtenir, fut vne mesme chose, soit qu'il crût que c'estoit se vanger de moy en la logeant en lieu où elle fust hors de mes pretensions, ou que les richesses que possedoit ce goutteux vieillard luy eussent esbloüi la veüe. Et ce fut icy vne rude touche à la patience d'Eufrasie; car se voyant sans l'appuy de son frere Hellade & sans le mien, elle ne sçauoit où donner

de la

de la teste. Contredire à son Pere, c'estoit changer sa prison en vn Enfer. d'espouser aussi ce corps demy mort, c'estoit se resoudre à vn continuel supplice. Que fit elle? ce qu'ont accoustumé de faire en ces extremitez les filles de qui l'on veut violenter la franchise, elle appelle vn Cloistre à son aide, pour sortir tout d'vn coup de tant de perplexitez. Le barbare Pere voyant que ny les menaces, ny tous les mauuais traittemens qu'il luy pouuoit faire, ne pouuoient plier sa volonté aux desirs du vieillard amoureux; Par l'Ame de la Mere qui m'a enfanté, luy dit-il, puisque vous ne voulez point d'homme vous aurez vne muraille, & vn Monastere sera vostre tombeau dés vostre vie. Il auoit vne Sœur Religieuse en vn Conuent qui est à Huesca; vous serez, continua-t'il, sous la conduitte de vostre Tante, qui sçaura bien veiller sur vos actions & vous apprendre à estre sage. Eufrasie comme vne personne qui se noye se prit à la premiere chose qui se rencontra, & sans faire plus long seiour en la maison paternelle, elle fut plustost dans le Monastere que ie ne sceu le dessein qu'elle

auoit

auoit faict de s'y enfermer. Quand ie sceu ce coup que i'estimois fatal à mes affections, Cieux, disois-ie, que vous à faict nostre pudique amitié pour la persecuter ainsi à outrance ? fortune aueugle, pour m'aueugler comme toy tu m'as osté mes deux yeux, Hellade & Eufrasie, & voylant ces deux beaux Astres des tenebres de deux diuerses prisons, tu me laisses en vne liberté pire que l'esclauage, puisque c'est la mesme dont iouyssent ceux que leurs crimes bannissent du seiour de leur naissance. Par de semblables plaintes i'aiguisois tellement ma fureur, que souuent ie fus en resolution de me lancer au trauers des perils qui menaçoient ma teste, pour aller tirer de captiuité ceux qui m'estoient plus chers que ma propre vie. Mais le sage Thesandre modera ces boutades par ses prudens auis, & comme rien n'estoit impossible à son addresse, il fit en sorte qu'Eufrasie me fit par vne lettre sçauant de sa volonté, qui n'estoit point de se confiner dans ce Cloistre pour y vser ses iours comme les autres Vestales, sinon que par ma mort ie la misse au pouuoir de faire des vœux, qui n'estoient point compatibles auecque les promesses qu'elle m'auoit faittes de me receuoir pour espoux selon les loix de l'Eglise & de la bienseance. Que si on la contraignoit à prendre l'habit & à faire profession, elle protesteroit si haut de la violence qui seroit faitte à sa volonté, & en prendroit des actes si authentiques qu'ils ne pourroiet preiudicier à ce qu'elle m'auoit iuré, me coniurant de m'escarter pour quelque temps, & de me reposer sur sa fidelité & sa constance. Estant asseuré de ce costé-là, ie voulus sçauoir le dessein d'Hellade, qui estoit de s'esloigner de ces riuages funestes aussi-tost que les rayons de son innocence ayans percé les tenebres des cachots, il seroit remis à l'air & en la liberté d'aller où il voudroit. Nous-nous donnasmes le redez-vous à Tolose, lieu de nostre premiere institution. Là nous-nous deuions rencontrer vestus en Pelerins, & deguiser nos noms sous ceux, luy de Pyladon, & moy de Cleoreste, pour y prendre la resolution ou d'aller en Pelerinage à Lorette & à Rome, ou de tirer du costé de la Flandre, pour y changer nos myrthes en Lauriers ou en funestes

Cypres

Cyprès selon le sort des armes. Quelque conseil que ieusse de mes amis, quelque commandement d'Eufrasie de me retirer, ie ne pouuois m'y resoudre. Tousiours il me sembloit que ie ferois vn faux bond à mon Amour & à mon Amitié, si ie n'estois le Persée de ceste belle Andromede que ie voiois attachée à vn rocher, & le Thesée de ce Pirithoë que ie consideroi dans vne prison comme dans vn Enfer; car sans mentir, si l'Enfer est vne prison diuine au centre du monde, la prison est vn Enfer humain sur la face de la terre. Comme ie me deliberois de rouler par les maisons de mes amis autour d'Huesca, ou au pis aller de m'escarter en quelques lieux inconnus dans les Pyrenées, pour donner ordre de plus pres à la deliurance d'Hellade, & empescher qu'Eufrasie ne fust contrainte de se cacher sous vn voyle, qui eust eclipsé mes esperances sans enseuelir mes desirs. Ce qui m'eust obligé de dire bien qu'en vn autre sens, les mesmes paroles que l'ancienne Philis disoit à Demophoon,

Cruel Demophoon, ta voyle & ta parole
  Furent mises au vent tout en vn mesme iour,

Trop lente est celle-là, celle-cy trop friuole,
Ta parole est sans foy, ta voyle sans retour.

Mais il m'en arriua comme à ces vaisseaux qui estans à l'ancre, selon la diuersité des vents se mettent en diuers lieux de la plage, en attendant que la marée ou quelque vent propice leur facilite l'entrée du port, & tandis qu'ils sont en ceste attente, il arriue vn orage soudain qui les reiette bien auant dans la mer, qui tantost cruelle, tantost pitoyable les balance sur ses flots entre l'espoir de se sauuer, & la crainte de se perdre. I'eu auis par Thesandre que ce vieillard Amoureux d'Eufrasie estant comme au desespoir de se voir rebutté, auoit crû que i'estois le diamant dont la presence empeschoit que le cœur ferre de ceste fille ne vinst à l'ayman du sien, & que pour oster cet obstacle il auoit coniuré ma perte auecque Nisard & Ernest, & aussi auecque les heritiers de Cecilian. Si ie n'eusse eu que Nisard en teste, i'auois assez de credit dans la ville pour ne ceder pas à la violence de sa persecution. Mais quel moyen auois-ie de resister à la force de ce Geryon, ie veux dire de ces trois partis si puissans, qui me me mettoient en teste le Clergé, la Noblesse & la Iustice,& encore vne partie du peuple, animal qui suit les passions de ceux qui l'animent? Ceste machine, ou plustost ceste machinatiõ m'a enleué plustost que ie ne pensois de la terre de ma naissance, aimant mieux me conseruer à ceux que i'aime, que de leur faire perdre l'appuy qu'il peuuent auoir en moy par vne temerité manifeste. Puisque la persecution n'estoit qu'en ma personne, ie n'ay pas voulu tenter d'auantage la fortune, & m'exposer à quelque autre naufrage qui me fist perdre les biẽs, puisque sans eux on ne peut que trainer vne vie miserable & pire que la mort, & au contraire auecque des richesses on est bien receu par tout, & toute terre est nostre patrie. I'en laissay le gouuernement entier au fidele Thesandre, auecque charge de n'espargner rien à la poursuitte de la deliurãce d'Hellade,& d'assister Eufrasie en la façon qu'il luy plairoit, soit dedans, soit dehors le Monastere. Que si quelque bon Genie la faisoit resoudre à se deliurer de la tyrannie de son Pere en quittant ces funestes riuages, ie luy commanday de ne l'abandonner iamais, & d'estre le fidele executeur de toutes ses volontez, puis qu'elles m'estoient des loix inuiolables. Ce que m'ayant sainctement promis, ie pris congé de mes deux Astres par des lettres que Thesadre leur fit tomber entre les mains. Comme aussi quelques presens que ie leur faisois, plustost affin qu'ils leur seruissent en leur besoin, que pour me conseruer en leur memoire où i'estois trop bien graué. Hellade eut vne chaisne d'or & quelques-vnes de mes pierreries. Pour Eufrasie i'auois faict faire il y auoit quelques iours vne boëtte d'or en forme de triangle, couuerte d'vn costé de diamans & d'vne pointe au milieu qui estoit de grand prix; de l'autre c'estoit vne grande Topase de mesme forme taillée à facettes par dehors de fort bonne grace, & au dedans grauée d'vne deuise qui auoit Icare pour corps, & ces mots pour Ame, AVT SOL AVT SORS. De l'autre costé estoit mon visage enfermé dans le milieu d'vn labyrinthe. Ie me souuiens qu'à la fin de ma lettre apres beaucoup de complimens & de souspirs il y auoit ces mots.

Ie ferois

Ie ferois tort à vostre memoire si ie vous disois que pour m'y maintenir ie vous enuoye vn triangle, qui enferme vostre Icare entre vne Topase & des diamans. Si ie pensois y estre si foiblement attaché, ce seroit bien le comble de mes malheurs; ie desire seulement par ceste inuention vous faire voir que ceste perfaitte figure est la marque de la perfaitte correspondance que l'Amour & l'amitié me donnent auecque la sœur & le frere. si le cœur est triangulaire, elle vous representera encore l'irreuocable present que tant de fois ie vous ay faict de mon cœur. les diamans vous feront voir ma constance, & la Topase vous apprendra que l'affliction tost passe, & que mon affection passe tout moyen de l'exprimer. I'ay commencé à me faire connoistre à vous sous la forme d'Icare, presage des desastres qui m'accueillent maintenant, & qui m'enferment dans vn Dedale de peines. permettez que ie vous explique l'Ame de ceste deuise par ce

HVICTAIN.

VN Icare insensé volant droit au Soleil,
   Tombãt fut submergé dãs les flots de Neptune,
Ie ne puis qu'esperer vn succes tout pareil,
De ioindre mon Soleil, ou d'auoir sa fortune.

Flambeaux de mes pensers, Astres clairs & brillans,
Si le Sort me deffend d'abborder vostre flame,
Les pleurs pour vn iamais de mes yeux distillans
Seruiront d'Ocean pour submerger mon Ame.

Ma passion me tira de la plume beaucoup d'autres paroles si enflammées que si l'eau de mes larmes ne les eust destrempées, le papier n'eust point esté capable sans embrasement de supporter leur ardeur. Ie receu des responses si fauorables & pleines de tant de reconnoissance & d'affection, que quand ie les eusse dictées moy-mesme, elles ne m'eussent point esté si auantageuses ny si consolatiues. Vne fois outré de ma douleur ie me despitay contre le Destin, qui me separoit de l'aimable seiour où dans le cœur d'autruy i'auois laissé le mien propre, & luy reprochay qu'il n'auoit permis que i'aymasse cherement ces deux personnes, que pour m'outrager d'auantage en me separant d'elles. Mais quand ie repassay les yeux sur leurs lettres, qui me coniuroient de me conseruer pour leur consideration; & par vne fuite salutaire de mettre à l'abry leur esperance qui estoit toute en moy, alors ie fus contrainct de benir mon infortune

LIVRE XII. 809

fortune, & d'auoüer que celuy qui en aymant est bienheuré d'vne reciproque bienueillance,

Mesme dans son tourment heureux se pouuoit dire,
Le bien de l'amitié surpassant son martyre.

M'estant donc faict tailler cet habit de Pelerin dont vous me voyez couuert, pour fuir les persecutions des Esaüs dont ie vous ay parlé, ie m'arrachay de ceste douce demeure auecque la mesme douleur d'vn corps qui se sent separer de son Ame. i'ay trauersé les monts de Pyrene à petites iournées, & passé par le port de Venasque pour me rendre à Tolose par ce païs de Bigone. Ie me souuiens que parmi l'horreur de ces affreuses cimes qui semblent se herisser contre les nuées, & faire la mine aux tonnerres qui les menacent, ie me soulageois par vn air plaintif que i'auois autrefois appris en France, & que l'on tenoit auoir esté faict par vn de vos plus renommez Poëtes sur l'abandonnement qu'vn de vos Princes fit de la France, pour aller regner en Pologne. les paroles en sont si belles & si douces, qu'encore qu'elles se soient rendües com-

Eee 5

munes pour mon propre soulagement, ie ne feindray point de les redire.

REGRETS SVR L'ABAN-DONNEMENT DV PAYS.

Lieux de moy tant aimez, si doux à ma naissance,
Rochers qui des saisons dédaignez l'inconstance
Francs de tout changement,
Effrayables deserts, & vous bois solitaires,
Pour la derniere fois soyez les secretaires
De mon dueil vehement.
Ie ne suis plus celuy dont la grace & la veüe
Rendoit ceste contrée en tout temps si pourueüe
De ioye & de plaisirs,
Qui donnoit à ces eaux vn si plaisant murmure,
Tant d'email à ces prez, aux bois tant de verdure,
Aux cœurs tant de desirs.
Ma fortune amiable a tourné son visage,
Mon air calme & serain n'est plus rien qu'vn orage
D'ennuis & de malheurs.
Mes iours les plus serains sont changez en tenebres,
Et mes chants de victoire en complaintes funebres,
Mes plaisirs en douleurs.
Quand i'approche de vous belles fleurs printanieres,
Vostre teinct se flestrit, les prochaines riuieres
Cherchent d'autres destours.
I'ay faict tarir l'humeur de ces fontaines claires,
Qui craint que de mes yeux les sources mortuaires
Ne profanent son cours.
Pleust au Ciel dont les loix me sont si rigoureuses,

Que

LIVRE XII.

Que ie fusse entre vous, grandes masses pierreuses,
  Vn rocher endurci.
On dit qu'vne Thebaine y fut iadis changée,
Hé! pourquoy ne fait donc mon angoisse enragée
  Que ie le sois aussi?
Helas! ie le suis bien, car se pourroit-il faire,
Si i'auois d'vn mortel la nature ordinaire,
  Que ie peusse porter
Si long temps les effects des ennuis & des peines?
Non, ie suis vn rocher dont on void cent fontaines
  Nuict & iour degoutter.
Nymphes de ces forests mes fideles nourrices,
Tout ainsi qu'en naissant vous me fustes propices,
  Ne m'abandonnez-pas
Quand i'acheue le cours de ma triste auanture.
Vous fistes mon tombeau, faites ma sepulture,
  Et pleurez mon trespas.

Et affin de ioindre mes inuentions à celles des autres, en descendant ces sourcilleuses montagnes, ie taschois de diuertir mon esprit par ce Romance.

PLAINTE SVR VN ESLOIGNEMENT.

Qvel prodige est cecy qu'en ma douleur extreme
  Il falle qu'vn mortel face autant que les Dieux?
Car en laissant icy la moitié de moy-mesme,
  Il faudra desormais que ie viue en deux lieux.
Si le Destin sur moy assouuissant sa rage
  M'escarte

M'escarte de l'object de ma sainte amitié,
Ie seray cōme vn corps qu'en deux parts on partage,
Et faudra que ie viue en chacune moitié.
Las! puisque dés meshuy ie ne verray plus celle
Qui desrobe l'esprit à ce malheureux corps,
Et que la mort n'est rien qu'vne absence mortelle,
Ie me puis bien tenir pour estre au rang des morts.
Adieu donc cher object qui m'as l'Ame rauie,
En ne te voyant plus qu'en esprit seulement,
Il faudra que ie sois ainsi qu'vn corps sans vie,
A qui le seul malheur donnera mouuement.
Quand ie seray sans vie, alors mes pures flames
Ranimeront mon corps de tous maux oppressé,
Comme on void vn Demon pour deceuoir nos Ames
Animer pour vn temps le corps d'vn trespassé.
Ie seray ranimé du Demon de l'absence,
Tandis que mon esprit sera dedans vos fers,
Mais ce Demon sera de peine & de souffrance,
Car il entrainera ma vie en des enfers.
Encore les enfers sont des lieux de plaisance
Au respect de celuy de mon esloignement;
Car les ombres d'Enfer perdent la souuenance,
Mais ceste souuenance aceroistra mon tourment.
Puisque laissant ma vie en ces lieux prisonniere,
L'Enfer de mon esprit est par tout establi,
Ie ne deurois plus voir ny fleuue ny riuiere,
Qui n'eust la qualité du fleuue de l'oubli.
Oubliant le sujet qui m'a l'Ame saisie,
Ie guerirois du mal qui cause mon tourment:
Mais il est impossible estant loing d'Eufrasie
D'auoir du souuenir sans du gemissement.
Adieu tison fatal enuironné de charmes,

Ie sens

LIVRE XII. 813

Ie sens en vous perdant tant de tourmens diuers,
Que si ma grande ardeur ne desseichoit mes larmes,
Ie pense que mes yeux n'oyeroient l'Vniuers.

C'est peut-estre importunément que ie vous fais le rapport de ces fantaisies, mais non pas inutilement pour moy, puisque ce sont autant de lenitifs que ie mets à mes playes, & autant de soulagement à mon incomparable douleur. Douleur qui seroit au dernier point, si elle n'auoit de la voix pour se plaindre, & par ceste plainte le moyen d'euaporer vne partie de son ardeur. Encore me semble-t'il que ie feray mieux de tirer au deuant le rideau du silence, que de raualer en l'exprimant ceste grandeur qui la rend demesurée, laissant à vos iugemens d'estimer par la cause que ie vous ay racontée, quel doit estre le cruel effect d'vne si dure separation.

Parmi le rigoureux tourment
 Qui me trauaille incessamment,
 Si ie sçay mieux souffrir que dire,
 C'est parce que ie ne croy pas
 Qu'on puisse exprimer mon martyre,
 Si bien par le discours cōme par le trespas.
Les maux dont ie suis poursuiui,
 Par le bonheur qui m'est raui

        Du

Du Destin & de l'Iniustice,
Me blessent de coups si puissans
Que le plus estrange supplice
Seroit doux au respect de celuy que ie sēs.

Laissant donc à part ce qui ne se peut representer qu'auecque des paroles de feu & des souspirs de flamme, adorons les traicts de la Prouidēce eternelle, laquelle pour arriuer à des fins qu'elle ordonne & determine, par des moyens d'autant plus admirables qu'ils sont inconnus, & par des dispositions aussi estranges que suaues, a permis que descendant de ces hautes montagnes ie fisse la rencontre heureuse pour moy, & glorieuse pour le Seigneur Theobalde, de ce duel furieux qu'il faisoit dans la prairie de Baguieres, qui est à la teste de ceste belle vallée de Bigorre, où Dieu benissant mes armes par mes intentions, donna vn succes tel que meritoit son extreme valeur, iointe à la iustice de sa cause. C'est vne felicité de laquelle la marastre fortune a voulu succrer tous mes desastres precedans, encore a-t'elle voulu selon son ordinaire me rendre cet heur malheureux, en me rendant incapable de ioüir du bien que me preparsoit roit la genereuse reconnoissance de Monsieur le Baron, en la possession de tout ce qu'il a de plus cher au monde. O si en mon exil ie ne trainois point ma chaisne, & si par vn redoublement de desastre la captiuité n'estoit pas iointe à mon bannissement, que i'estimerois heureux le naufrage qui m'auroit ietté en ces Isles fortunées, & faict eschoüer en ce doux climat de la France! Mais par le discours de ma vie dont ie ne vous ay teu aucune particularité, vous pouuez clairement connoistre mes biens, & voir que mes promesses de parole & par escrit me desrobans à moy-mesme ne me permettent pas sans vne desloyauté inexcusable de m'engager en vn autre lieu. Ce n'est pas que prenant la volonté pour l'effect, ie ne me ressente aussi redeuable à la franchise de ce Cheualier, que si ie possedois tant de faueurs que sa liberalité me preparoit,& dont ie me reconnois indigne. Que si la mort ou naturelle, ou ciuile (ce qui arriue par la profession religieuse)ostoit Eufrasie à mes pretensions, ne me sentant pas assez fort pour donner du pied au monde, & n'ayant point d'inspiration

spiration particuliere qui me porte à l'estat qui s'ê sequestre, il n'y a point de doute que ie tiendrois à tant d'honneur l'alliance de ceste maison, que (sauf l'engagement de ma foy que tout homme de bien doit preferer à sa vie) il n'y a point de bonheur en la terre que ie souhaittasse auecque tant d'affection. Le Ciel sous les mouuemens duquel roulent nos bonnes ou mauuaises destinées, en ordonnera selon sa volonté; ce que ie puis est de monstrer la candeur de la mienne, & par ingenuë declaration de ce que ie suis, & sans fard & sans art vous faire voir que si la fortune a peu me rendre miserable en la façon que vous voyez, il n'est pas en son pouuoir de me rendre trompeur & mensonger. Receuez donc Seigneur Baron & vous vertueuse Quitere, le peu que ie puis pour le beaucoup que ie voudrois faire pour vostre contentement & vostre seruice, & puisque vous voyez ce que ie dois à mon Amy, permettez que suiuant la pointe de mon voyage ie me rende à Tolose pour y attendre celuy qui m'y doit rencontrer, pour delà prendre nostre essor vers l'Italie ou la Flandre, selon

selon nos plus fortes inclinations, ou les meilleurs conseils qui nous y seront donnez. Vous asseurant si Dieu nous laisse la vie & rend nos courses prosperes, qu'à nostre retour en nostre païs nous repasserons par cet heureux sejour de Montfleur, pour y receuoir l'honneur de vos commandemens. Pendant ceste absence à laquelle me condamne la rigoureuse influence de mon estoile, ie vous supplie de me conseruer tousiours quelque part en vostre memoire, & de croire que vos courtoisies & vos bienfaicts seront à iamais les plus precieux ioyaux de mon souuenir. A tant se teut le Pelerin, qui par la closture de son discours me conuie à faire icy la fin de ce Liure.

BRISEE.

Evx qui courent la grande beste ne peuuent pas tousjours terminer leur chasse d'vne course & d'vne haleine. Car quand vn grand Cerf frais & dispos, & qui a l'eschine ferme, sans s'amuser aux ruzes & à se mesler aux autres pour donner le change à la meutte qui le poursuit, tire de longue ayant assez de vent & de iambes pour gaigner païs à trauers les forests, les campagnes & les riuieres, les Chasseurs apres auoir beaucoup relayé, picqué, forhué, voyent quelquefois en ce penible exercice esteindre le flambeau du jour, qui par sa retraitte les auertit de faire la leur, puisque la lumiere leur manque à se conduire. Que font-ils pour ne perdre point l'esperance de prendre cet animal qui leur

a cou

BRISEE.

a cousté tant de peine, & faict despenser tant de pas ? Ils rompent les branches des arbres voisins du lieu où ils s'arrestent, deliberez de venir le lendemain dés que l'Aurore ramenera le jour, de reprendre les passées du Cerf encor assez fortes pour donner du sentiment aux chiens pour l'aller treuuer en son lict, l'en relancer, le reduire aux derniers abois, & en le forçant le contraindre à respandre pour leur satisfaction autre humeur que des larmes. Cela s'appelle en termes de chasse faire & reprendre ses brisées. Il nous est arriué quelque chose de semblable en composant ceste Histoire, nous ne pensions pas au commencement qu'elle nous deust conduire si loing, ny qu'il en falluft faire deux traittez & la separer en deux Volumes. Mais puisque l'abondance du Sujet nous y contraint, faisons icy nos brisées. Mais à telle condition, mon Lecteur, que ta censure attende de faire curée de ceste proye iusques à la fin de la chasse, autrement tu ressemblerois à ces chiens peu sages & mal ameutis qui prennent le change, ou qui s'arrestent au moindre sault qui leur fait perdre les fumées & le flair de la trace. Et ce qui n'est en ces animaux que deffaut de sentiment, le seroit de iugement en toy, deffaut qui seroit beaucoup plus blasmable que les plus signalez que tu pourrois remarquer en nous. Ce mot d'auis attaché au pied de ce Premier Volume, mettra à tes leûres vne porte de circonstance, de peur que ta langue ne se porte en des paroles de precipitation, & que la fin de ceste lecture ne soit le commencement d'vne iniustice. Car ie te prie, quand tu aurois remarqué des imperfections en vn Ouurage qui n'est pas perfait, ne monstrerois-tu pas en l'imperfection d'vn iugement la perfection d'vne ineptie? On ne peut iuger selon le niueau d'vne loy sans l'auoir toute leüe, ny d'vn faict sans l'auoir entierement compris & entendu. Ie te demande vne oreille, ou plustost vn œil pour l'autre Partie. Les anciens Peintres & Sculpteurs pour témoigner qu'ils n'auoient pas mis toute leur industrie en leurs ouurages, mais qu'ils se reseruoient encor des traicts qu'ils ne vouloient pas mettre en euidence, escriuoient ou ou grauoient au bas de leurs Tableaux ou de leurs Statuës, Apelles ou Phidias faisoit cecy. Bien que ie sois fort esloigné de penser conduire vne piece à sa perfection, & que ie voye assez combien imperfaittement i'ay depeint ce TABLEAV DE LA PERFAITTE AMITIE': si est-ce que ie puis dire qu'il n'est qu'esbauché en ceste Premiere Partie, & que ie reserue les couleurs & les reliefs en celle qui suit. & au pied de l'vne & de l'autre ie pourrois mettre auec plus de verité que de vanité, de sincerité que d'affetterie, MVSAC FAISOIT CECY PAR DIVERTISSEMENT.

Fin du Premier Volume de CLEORESTE.

Priuilege du Roy.

LOVYS par la Grace de Dieu Roy de France & de Nauarre, à nos Amez & feaux Conseillers les Gens tenans nos Cours de Parlement, Baillifs, Seneschaux, Preuosts, ou leurs Lieutenans, & à tous nos autres Iusticiers & Officiers qu'il appartiendra salut. Nostre bien amé ANTOINE CHARD Marchand Libraire en nostre ville de Lyon, Nous a fait remonstrer qu'il a recouuert vn liure intitulé, LE CLEORESTE du Rme. P. en Dieu Messire IEAN PIERRE CAMVS Euesque & Seigneur de Belley, Prince du Sainct Empire, Conseiller du Roy en ses Conseils d'Estat & Priué, lequel il desire faire imprimer & mettre en lumiere, mais il craint qu'apres s'estre consommé en grands frais & despens, quelques vns voulussent entreprédre de l'imprimer à son preiudice, s'il n'auoit sur ce nos Lettres à ce necessaires. A ces causes desirant bien & fauorablement traicter ledit exposant, & qu'il ne soit frustré du fruict de son labeur, luy auons permis & octroyé, permettons & octroyons par ces presentes, imprimer, ou faire imprimer, & mettre en lumiere, en tel marge & charactere, ou par tel Imprimeur & Libraire que bon luy semblera, ledit liure, iceluy mettre & exposer en vente durant le temps de neuf ans, à commencer du iour qu'il sera acheué d'imprimer. Faisant deffenses à tous Imprimeurs & Libraires estrangers, & autres
person

personnes de quelque qualité qu'ils soyent, d'imprimer ny mettre en vente durant ledit temps, en tout ou en partie ledit liure, sous couleur de fausses marques, ou autre desguisement, sans le consentement dudit exposant, ou de ceux ayant charge de luy, sur peine de confiscation d'iceux, de dix mille liures d'amende, & de tous despens, dommages & interests vers ledit C H A R D, à la charge de mettre deux exemplaires en nostre Bibliotheque publique auant que le faire exposer en vente, suiuant nos reglemens, à peine d'estre descheu du present Priuilege. Si vous mandons que du côtenu en ces presentes vous faciez souffrir, & laissiez iouyr ledit exposant pleinement & paisiblement, & à ce faire souffrir & obeyr tous ceux qu'il appartiendra, & mettant au commencement ou à la fin dudit liure ces presentes, ou vn bref extraict d'icelles, voulons qu'elles soyent tenuës pour deüement verifiées & signifiees, & qu'à la collation foy soit adioustée comme au present original. Car tel est nostre plaisir. Donné à Paris le deuxiesme iour d'Auril, l'an de grace mille six cens vingt-six, & de nostre Regne le seziesme.

Par le R O Y en son Conseil.

RENOVARD.

Et seellé du grand Seau en cire jaune.

Acheué d'imprimer le 15. May, 1626.

www.ingramcontent.com/pod-product-compliance
Lightning Source LLC
Chambersburg PA
CBHW070900300426
44113CB00008B/898